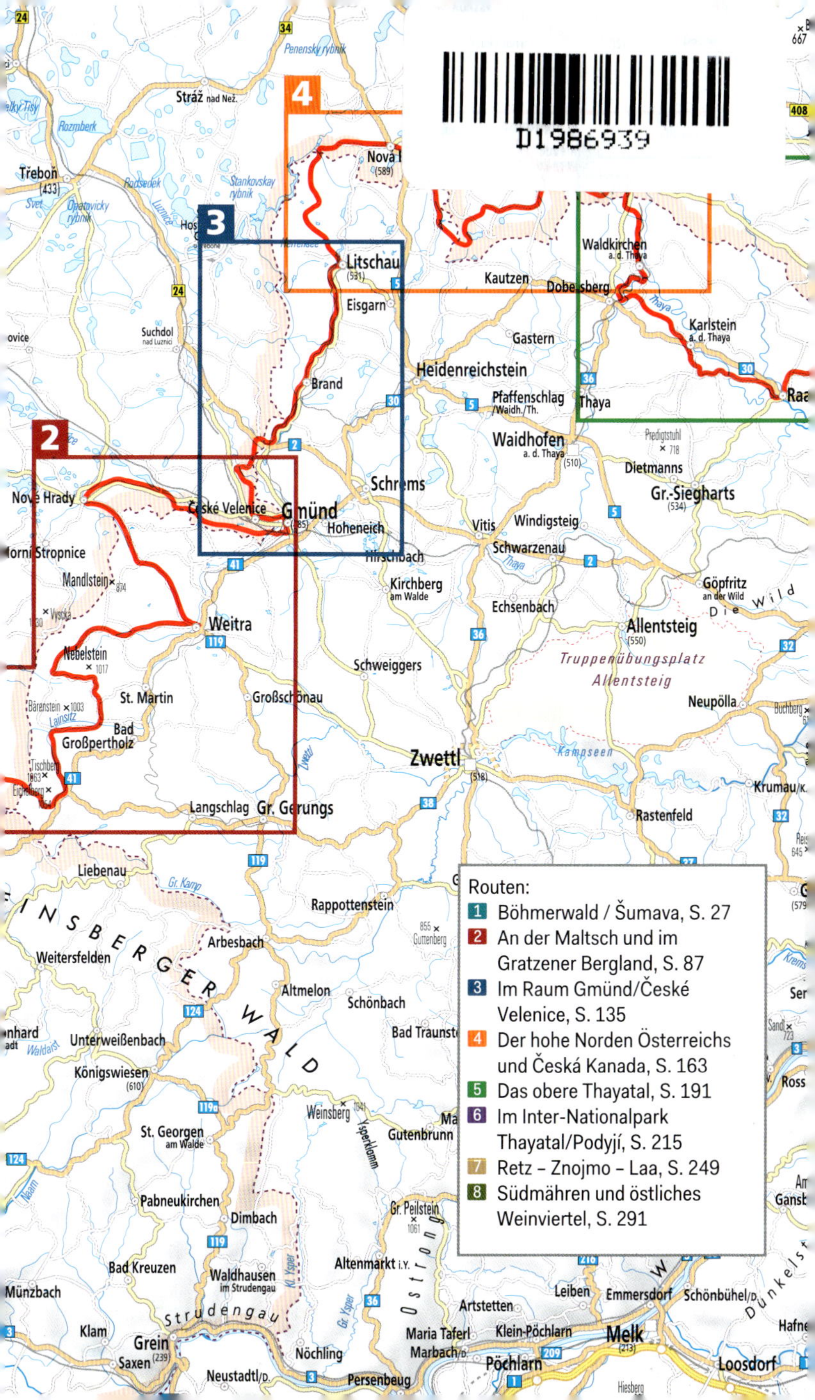
Routen:
1 Böhmerwald / Šumava, S. 27
2 An der Maltsch und im Gratzener Bergland, S. 87
3 Im Raum Gmünd/České Velenice, S. 135
4 Der hohe Norden Österreichs und Česká Kanada, S. 163
5 Das obere Thayatal, S. 191
6 Im Inter-Nationalpark Thayatal/Podyjí, S. 215
7 Retz – Znojmo – Laa, S. 249
8 Südmähren und östliches Weinviertel, S. 291

Grenzenlos Radeln

ISBN 978-3-85439-591-1

1011 Wien, Marc-Aurel-Straße 9
T: +43/1/536 60-0, F: +43/1/536 60-935
E: bv@falter.at, service@falter.at
W: faltershop.at

Autorin: Julia Köstenberger
Lektorat: Helmut Gutbrunner
Fotos: Die Fotos stammen größtenteils von Julia Köstenberger; detaillierter Bildnachweis auf Seite 348
Karten: arbeitsgemeinschaft kartographie
Grafik und Layout: Marion Großschädl
Bildbearbeitung: Reini Hackl, Raphael Moser, Marion Großschädl
Produktion: Susanne Schwameis
Gedruckt in der EU

FSC www.fsc.org MIX Papier aus verantwortungsvollen Quellen FSC® C014138

Dieses Buch erhebt keinen Anspruch auf Vollständigkeit. Obwohl wir versucht haben, so gründlich wie möglich zu sein, können wir Änderungen bei aktuellen Angaben wie Öffnungszeiten, Telefonnummern etc., die sich nach Erscheinen des Buchs ergeben haben, nicht ausschließen. Bitte haben Sie dafür Verständnis, dass wir keine inhaltliche Haftung übernehmen.

Legende:

= Einkaufen
= Essen, Trinken
= Übernachten
= Bankomat
= Öffentliche Verkehrsmittel

Julia Köstenberger

Grenzenlos Radeln

Die schönsten Touren zwischen Österreich und Tschechien.
Orte entdecken, Natur erleben, Geschichte erfahren

Falter Verlag

Inhalt

2 Vom Urwald zum Kurwald | An der Maltsch und im Gratzener Bergland 87

3 Leben mit der Grenze | Im Raum Gmünd/České Velenice 135

8 Unbekanntes Land vor Wien | Südmähren und östliches Weinviertel 291

Einleitung

Grenzenlos Radeln zwischen Österreich und Tschechien – das ist erst seit dem Jahr 2007 möglich. Keine formalen Grenzkontrollen halten uns mehr auf, wir können an jeder beliebigen Stelle die Seite wechseln, vorbei an leeren Zollhäusern oder querfeldein durch Wald und Wiese fahren. Nur Schilder wie „Achtung Staatsgrenze" oder „Pozor hranice!" markieren das Ende des Staatsgebiets. Hier war noch vor dreißig Jahren faktisch das „Ende der Welt". Hier verlief zwischen 1948 und 1989 der gefürchtete Eiserne Vorhang, der Europa in Ost und West teilte und die Staaten mit totalitären kommunistischen Systemen abschirmte. Hier ließen viele Menschen ihr Leben, weil sie in die Freiheit wollten.

Im einstigen Sperrgebiet des Eisernen Vorhangs hat sich ein „grünes Band" gebildet, das heute die besten Voraussetzungen für einen sanften Tourismus bietet. Die Freiheit auf zwei Rädern lässt sich in dieser einzigartigen Erinnerungslandschaft besonders intensiv erleben. Der neue europäische Fernradweg Eurovelo 13 (Iron Curtain Trail) und andere reizvolle Routen führen uns durch die Regionen beidseits der 466 Kilometer langen Grenze: Südböhmen, Südmähren, das nördliche Mühlviertel sowie Wald- und Weinviertel. Lange waren diese unserem Blickfeld entzogen, lange litten sie an den Folgen der wechselhaften Geschichte des 20. Jahrhunderts und der Randlage. Heute erwarten uns in diesen Regionen bezaubernde Naturwelten und faszinierende Orte.

Wir genießen den Böhmerwald, das Moldautal, die Auen der Maltsch, das Gratzener Bergland, den Fluss Lainsitz, das Land an der Thaya und vieles mehr. Die Natur kennt keine Grenzen. Grenzen sind die Wunden der Geschichte. Diese hier erzählen vom Zerfall der Habsburgermonarchie 1918, von der Entstehung neuer Staaten, den Folgen für die unmittelbare Umgebung, den furchtbaren Auswirkungen von Nationalismus, Intoleranz und autoritären Systemen, von Krieg, Verlust der Heimat, Vertreibung und Flucht, vom Verschwinden von Lebenswelten. Wenn wir mit den Menschen hier sprechen, erfahren wir etwas vom Alltag an der „toten Grenze", von der Euphorie des Jahres 1989, von grenzüberschreitenden Initiativen.

Wir begeben uns in die Vergangenheit, um die Gegenwart besser zu verstehen und – hoffentlich – für eine Zukunft in

Bei der ersten Radtour im Juni 2012

Frieden und Freiheit zu lernen. „Grenzenlos Radeln" ist ein ganz besonderes Abenteuer – eine Entdeckungsreise und Horizonterweiterung.

Der vorliegende Radreiseführer ist das Ergebnis von vielen Touren, die ich entlang der österreichisch-tschechischen Grenze seit 2012 unternahm. Ich kam in Regionen, die ich bis dahin nicht kannte; Regionen, die früher mit Österreich eng verbunden waren; Regionen, in denen ich, wie viele andere auch, familiäre Wurzeln habe. Land und Leute sind mir inzwischen sehr vertraut. Viele engagierte Menschen haben sie mir nähergebracht und mich motiviert, dieses Buch zu schreiben. Auch das große Interesse meiner Freunde, Bekannten, Familie und nicht zuletzt der Besucher meiner Vorträge über „Grenzerfahrungen" war ein wichtiger Antrieb für das Projekt. Ihnen allen möchte ich an dieser Stelle ganz herzlich danken.

Julia Köstenberger
Wien, im März 2018

Allgemeine Informationen und Tipps

Gesamtlänge der Route: ca. 670 km

Routen, Regionen und Reisezeit. Der Weg ist das Ziel, und nicht die Schnelligkeit. Die vorgeschlagenen Routen führen zu den historisch interessantesten Orten, den schönsten Sehenswürdigkeiten und durch naturbelassene Landschaften. Die österreichisch-tschechische Grenze bildet dabei die Leitlinie, die dazu da ist, überschritten zu werden. Der „Einzugsbereich" für die Erforschung reicht jeweils ca. zehn Kilometer ins Landesinnere.

Das Buch teilt die Landschaft zwischen Plöckensteiner See und Hohenau an der March in acht unterschiedlich lange Abschnitte, die sich aus Geografie, Charakteristik und Infrastruktur ergeben: Anfangs- und Endpunkt der einzelnen Touren liegen an Bahn- oder Radbusstationen. Die Route jeder Region schließt an die jeweils vorangegangene an, sodass man nach Belieben zwischen Etappen oder Gesamttour wählen kann. Zu Beginn jedes Abschnitts gibt es eine kurze Beschreibung der Region und nützliche Informationen zur Reisevorbereitung, Quartiersuche, Tipps für Ausflüge und Veranstaltungen.

Die Hauptzeit für unsere Reise(n) ist von Mai bis Mitte September bzw. Oktober, nicht nur aus klimatischen Gründen, sondern auch wegen der Öffnungszeiten der Museen. Besonders reizvoll sind Fahrten im Frühling, der durch die unterschiedlichen klimatischen Verhältnisse in den Regionen mehrmals erlebt werden kann! So sind der Böhmerwald mit seinen höheren Lagen und das kühle Waldviertel später dran als das trockene, wärmere Weinviertel und Südmähren. Und im Herbst kann man mit etwas Glück einen schönen „Indian Summer" erleben.

Zum Eurovelo 13. Bei unseren Touren radeln wir viele Kilometer auf dem europäischen Fernradweg Eurovelo 13 (EV 13, Iron-Curtain-Trail), der seit ca. 2015 eine Route an der österreichisch-tschechischen Grenze vorgibt. Dieser ca. 10.400 Kilometer lange Radwanderweg entlang des einstigen Eisernen Vorhangs geht auf die Initiative des deutschen Abgeordneten des EU-Parlaments Michael Cramer zurück. Ziel ist die Erinnerung an die Teilung des Kontinents zwischen 1948 und 1989. Gleichzeitig soll er einen Beitrag zur Schaffung einer europäischen Identität leisten und den sanften Tourismus fördern. Rund um den EV 13 entstehen derzeit Tourismuskonzepte und verschiedenste Projekte, auf die im Buch auch hingewiesen wird.

Oft verläuft der EV 13 auf den ehemaligen Begleitwegen des Eisernen Vorhangs bzw. der Signálka (Signallinie), auch Kolonnenwege oder Panzerwege genannt. Sie sind inzwischen ein wichtiger Bestandteil des ausgezeichneten tschechischen Radroutennetzes. Wir nehmen aber auch andere Routen, um möglichst viele historisch spannende Orte und Landschaften zu sehen, z. B. die Route 33 (Šumavská magistrála), die Nr. 34 (Vyšší Brod–Nové Hady), die Kamp-Thaya-March-Radroute (KTM) usw. Nur in Ausnahmefällen fahren wir auf Wegen, die nicht Teil einer markierten Route sind. Genaue Wegbeschreibungen im Text helfen bei der Orientierung.

Beschilderung der Routen. In Tschechien treffen wir ein sehr gut strukturiertes und einheitliches System von Hinweisschildern an, mit (meist) nummerierten Radrouten. Die gelben Tafeln markieren in regelmäßigen Abständen den Weg. An signifikanten Stellen gibt es Informationen über die Entfernung zu den nächsten Stationen. In Österreich fallen die Unterschiede zwischen den Bundesländern auf. So ist z. B. der Eurovelo 13 in Oberösterreich (im Gegensatz zu Niederösterreich) derzeit nicht extra beschildert, es wird einfach auf bestehende Regionalradwege verwiesen. Aber diese sind in der Regel ausreichend markiert.

Kartenmaterial. Für die Orientierung bei unseren Radtouren benötigen wir unbedingt genaue Pläne, denn da und dort können Beschilderungen fehlen oder verwirrend sein. Empfehlenswert sind die Karten des SHOCart Verlags *(www.shocart.cz)*. Diese und andere werden in den Touristeninformationen in Tschechien verkauft. Als Ergänzung kann man sich das Material der Tourismusverbände oft gratis zusenden lassen. Darüber hinaus gibt es exzellente Onlinekarten, die Radrouten, Infrastruktur und Sehenswürdigkeiten anzeigen und entsprechende Apps zur Verfügung stellen: Die Seite *www.mapy.cz* bietet verschiedene Ansichten an, die Karte „Turistická“ ist für unsere Zwecke am besten geeignet und erfasst auch österreichisches Territorium.

Hinweisschilder in Niederösterreich, Tschechien und Oberösterreich

Hilfreich sind Funktionen wie Routenplanung und die Darstellung eines Höhenprofils. Auch der Cykloatlas auf der Website *www.cykloserver.cz* stellt eine gute Grundlage dar.

Ausrüstung. Die vorgeschlagenen Routen verlaufen meist auf gut befestigten, manchmal holprigen Wegen oder asphaltieren Straßen, nur in Ausnahmefällen auf Pfaden mit Waldboden. Mit einem Trekkingbike kommt man überall sehr gut voran. Für das Rennrad sind nur wenige Strecken geeignet. Es versteht sich von selbst, sein Rad vor der Reise noch einmal durchchekken zu lassen. Phasenweise fahren wir durch wenig besiedeltes Gebiet, daher gehören ein kleines Werkzeug und eine Erste-Hilfe-Tasche für den Notfall, genügend Wasser (mind. 1–1½ Liter), etwas Proviant und ein Handy zur Grundausstattung. In manchen Naturlandschaften gibt es Orientierungspunkte mit Notrufnummern, sodass man seinen Standort genau mitteilen kann.

Notrufnummern: Euronotruf 112
Tschechien: Feuerwehr 150, Rettung 155, Polizei 158, Bergrettung +420 12 10, Tourist in Not +420 12 22
Österreich: Feuerwehr 122, Polizei 133, Rettung 144, Bergrettung 140

Sprache/Währung. Ein paar Wörter und Phrasen auf Tschechisch parat zu haben kann sicherlich nicht schaden – schon allein aus Gründen der Höflichkeit. Ein kleiner Sprachführer im Anhang hilft durch die wichtigsten Situationen. Ansonsten wird man mit Englisch, Deutsch, Händen und Füßen überall gut durchkommen. Ein Taschenwörterbuch zahlt sich aber aus. Und schließlich das liebe Geld: In der EU könnte man schon manchmal aus dem Blick verlieren, dass Tschechien noch seine eigene Währung hat: die Krone. Also, Geldbörse entsprechend umrüsten! Bankomaten findet man in größeren Orten. Der Kurs liegt bei etwa 25 tschechischen Kronen für 1 Euro. Übrigens, in Tschechien kommt es nicht selten vor, dass man die Rechnung für die Unterkunft am Anreisetag bezahlen muss.

Vorschrift ist Vorschrift. In Tschechien nimmt man es bei manchen Dingen strenger als in Österreich. Kinder und Jugendliche bis 18 Jahre müssen beim Radfahren einen Helm tragen (Ö: bis 12 Jahre). Es herrscht absolutes Alkoholverbot (in Ö: Grenze bei 0,8 Promille) auch für Radfahrer! Im Straßenverkehr gilt in Tschechien Licht am Tag. Und nicht vergessen: Auch wenn wir grenzenlos radeln, müssen wir ein gültiges Reisedokument mitführen.

Planung

Unterkünfte/Ubytování. Radurlaube werden allseits immer beliebter, das kommt uns bei dieser Reise entgegen. In Tschechien ist Radfahren überhaupt ein Volkssport – und die Quartiere sind häufig gut darauf eingestellt. In Österreich besteht da und dort in den Grenzregionen in dieser Hinsicht schon noch Aufholbedarf. Gute Planung bei der Quartiersuche ist aber ganz grundsätzlich gefragt, denn in eher dünn besiedelten Abschnitten gibt es wenig Angebot. Selbst in den touristischen „Hotspots“ wie am Moldaustausee können in der Hochsaison oder um Feiertage herum die Zimmer schon ausgebucht sein. Spontanes Suchen kann da zur Nervenprobe werden. In jedem Abschnitt finden sich im Einleitungsteil und bei den Ortschaften nützliche Links zur Reisevorbereitung. Auf Orte mit guter Infrastruktur, die sich als Basislager für einen längeren Aufenthalt besonders eignen, wird ebenfalls hingewiesen.

Auch die hier aufgelisteten Websites der größeren Tourismusverbände bieten eine gute Unterstützung. Ein besonderes Service ist die Website Cyklisté vítáni (Radfahrer willkommen), das besonders radfreundliche Lokale, Unterkünfte, Betriebe mit Zertifizierung in Tschechien anführt. Für den Abschnitt des Eu-

Auf dem Weg von Mikulov nach Valtice

rovelo 13 Gmünd–Bratislava stellt Weinviertel Tourismus Listen mit radfreundlichen Betrieben an der Strecke bereit.

- Radfahrer willkommen, *www.cyklistevitani.cz*
- Iron-Curtain-Trail (Abschnitt Gmünd–Bratislava), *www.weinviertel.at/iron-curtain-trail*
- Tourismusportal Südböhmen, *www.jiznicechy.cz*
- Mühlviertel Tourismus Information, *www.muehlviertel.at*
- Waldviertel Tourismus, *www.waldviertel.at*
- Tourismusportal Südmähren, *www.jizni-morava.cz*
- Weinviertel Tourismus, *www.weinviertel.at*

Grenzüberschreitendes. In den Grenzregionen ist es alles andere als langweilig. Festivals, Feste oder Veranstaltungen mit grenzüberschreitendem Charakter finden öfter statt, als man vielleicht meint. Das Buch verweist auf regelmäßige Events solcher Art und auf Institutionen, die sich in diesem Bereich engagieren. Darüber hinaus biete ich einen aktuellen „einschlägigen" Veranstaltungskalender auf meiner Homepage zum Download an *(www.ikju.at).* Außerdem werden in der Rubrik „Grenzüberschreitendes" einige ausgewählte Themenwege genannt.

Besichtigung von Museen. Außerhalb der angegebenen Öffnungszeiten ist es bei so gut wie allen Einrichtungen für Gruppen möglich, gegen Voranmeldung Zutritt bzw. eine Führung zu bekommen. In Tschechien können Schlösser in der Regel nur mit Führung besichtigt werden. Die im Buch angeführten Preise beziehen sich auf tschechischsprachige Rundgänge. Meist gibt es bei Bedarf Handzettel auf Deutsch oder Englisch. Fremdsprachige Führungen sind gegen Voranmeldung und einen Preisaufschlag möglich. Genauere Informationen sind auf den Homepages der Museen ersichtlich.

Feiertage in Österreich und Tschechien

Jänner	Neujahr (Nový Rok) (1.1.), Dreikönigstag (6.1., A)
März/April	Karfreitag (CZ), Ostermontag
Mai/Juni	Tag der Arbeit bzw. Staatsfeiertag (1.5.) Tag des Sieges (8.5., CZ), Christi Himmelfahrt (A), Pfingsten (A), Fronleichnam (A)
Juli	Tag der slawischen Apostel Kyrill und Method (5.7., CZ) Jan-Hus-Tag (6.7., CZ)
August	Maria Himmelfahrt (15.8., A)
September	Tag der tschechischen Staatlichkeit (28.9., CZ)
Oktober	Nationalfeiertag (26.10., A), Tag der Entstehung eines selbstständigen tschechoslowakischen Staates (28.10., CZ)
November	Allerheiligen (1.11., A) Tag des Kampfes für Freiheit und Demokratie (17.11., CZ)
Dezember	Maria Empfängnis (8.12., A), Heiliger Abend (24.12., CZ) Weihnachtsfeiertage/Christtag und Stefanitag (25.12., 26.12.)

Mit Bahn und Bus

Mit der Bahn. Die Anreise lässt sich in den meisten Fällen mit der Bahn sehr bequem bewältigen. Die zwei *Hauptausgangspunkte* von Österreich aus sind Wien und Linz. Von dort führen Mühlkreisbahn (Linz–Aigen-Schlägl), Summerauer Bahn (Linz–České Budějovice), Franz-Josefs-Bahn (Wien–Gmünd/České Velenice), Nordwestbahn (Wien–Znojmo), Laaer Ostbahn (Wien–Laa an der Thaya) und Nordbahn (Wien–Břeclav) in die Regionen. Über weitere Details informiert der Abschnitt „Mit Bahn und Bus" in den jeweiligen Abschnitten.

Bei Rybník. Pozor vlak! Achtung, Zug!

In den Zügen des Nah- und Regionalverkehrs brauchen wir keine Reservierung für das Rad, es muss nur extra bezahlt werden. Praktisch für Kleingruppen (2 bis 5 Pers.) ist das „Einfach-Raus-Radticket" der ÖBB, das im Nah- und Regionalverkehr in Österreich (!) gültig ist (S-Bahn, Regionalzüge R und Regional-Express-Züge REX). Die Westbahn hat interessante Angebote für die Fahrt auf der Westbahnstrecke nach Linz oder Wien. Es ist zu beachten, dass die Mitnahme von Rädern in Schnellzügen reservierungspflichtig ist.

Tickets für den grenzüberschreitenden Verkehr können bei den ÖBB (Online, Automat oder Schalter) gekauft werden. Bahnfahren in Tschechien ist recht günstig, Tickets sind auch im Zug erhältlich, sofern es keine Kaufmöglichkeit am Einstiegsbahnhof gegeben hat. Man sollte den Zugbegleiter jedoch gleich aufsuchen. Achtung: Die Radmitnahme in Regionalzügen sollte über die Grenze keine besonderen Mehrkosten verursachen! Nur bei Schnellverbindungen gibt es Aufschläge.

Um unliebsamen Überraschungen vorzubeugen, sollte man rechtzeitig vor der Reise überprüfen, ob die entsprechende Bahnstrecke frei von Baustellen ist. Denn in den Bussen des Schienenersatzverkehrs darf man meist keine Räder mitnehmen. Fahrpläne, Angebote, Preise und Streckenstörungen sind auf den Seiten der Bahngesellschaften zu finden: Österreichische Bundesbahnen – ÖBB *(www.oebb.at)*, die private Westbahn *(westbahn.at)*, České dráhy – ČD *(www.cd.cz)*.

Herbstbeginn im Thayatal

Radbusse. In einigen Abschnitten unserer Tour können wir auf die Unterstützung von Bussen und Taxidiensten zurückgreifen (→ Informationen in den einzelnen Kapiteln). Ein wichtiges Service, das mehrere Regionen betrifft, nennt sich Cyklotrans *(www.cyklotrans.cz)*: Von České Budějovice (Budweis) ausgehend sind in den Sommermonaten einige „Cyklobusse" unterwegs. Die Fahrpläne sind zwar auf Radfahrer aus České Budějovice ausgerichtet, aber hin und wieder kann das Angebot hilfreich sein. Fahrkarten bekommt man im Bus.

Relevant für die Region Böhmerwald/Šumava (Kap. 1) sind zwei Linien: 1. Rote Linie (Červená linka) über Český Krumlov, Horní Planá, Nová Pec und weiter nach Norden. 2. Moldau-Linie (Vltavská linka) über Český Krumlov, Vyšší Brod, Lipno bis Horní Planá. Durch Česká Kanada und das Thayatal (Kap. 4, 5 u. 6) verläuft die Grüne Linie (Zelená linka). Sie verbindet České Budějovice mit Znojmo und macht z. B. in Nová Bystřice, Staré Město pod Landštejnem, Slavonice und Vranov nad Dyjí Station.

Anmerkung. Sämtliche Informationen wurden mit großer Sorgfalt recherchiert (Stand: Februar 2018), wobei Irrtümer natürlich nicht ausgeschlossen sind. Für die Inhalte der angegebenen Links, Museen, Ausstellungen etc. übernehme ich keine Verantwortung.

Über Hinweise, Anregungen, Neuigkeiten und Informationen freue ich mich sehr, bitte schreiben Sie an: *grenzenlos@ikju.at*

Historischer Abriss

Ein chronologischer Überblick mit einigen „Meilensteinen“ und wichtigen Namen aus der Geschichte Österreichs und Tschechiens hilft uns bei der Orientierung während unserer Zeitreise entlang der Grenze.

Streifzug durch das Mittelalter

Viele Burgen, Schlösser, Klöster und Ortschaften entlang unserer Reiseroute gehen auf das 12./13. Jahrhundert zurück und sind Zeugen der mittelalterlichen Siedlungs- und Grenzgeschichte. In Böhmen und Mähren herrschte zu dieser Zeit das Geschlecht der *Přemysliden* (Ende des 9. Jh. bis 1305), das die Einigung der slawischen Stämme und den Status als Königreich Böhmen im Heiligen Römischen Reich erreicht hatte. 1212 bestätigte Kaiser Friedrich II. dem böhmischen König *Ottokar I. Přemysl* die Erblichkeit der Königswürde. In Österreich, dessen Gebiet erst im Entstehen war, waren die *Babenberger* als Markgrafen und Herzöge (976–1246) die wichtigste politische Kraft. Als in den waldreichen Gebieten zwischen Böhmen und den Ländern der Babenberger („Nordwald“) die Besiedlung voranschritt und es zu Konflikten kann, legte Kaiser Friedrich I. Barbarossa 1179 erstmals eine (ungefähre) Grenze fest. Für die Kolonisation und Bewirtschaftung der Gebiete luden die Landes- und Grundherren deutsche Siedler ins Land, auch nach Böhmen und Mähren.

Im Jahr 1246 endete die Ära der Babenberger mit dem Tod Friedrichs II. des Streitbaren. In der Zeit der Machtschwäche im Heiligen Römischen Reich (ca. 1250–1273) gelang es *Ottokar II. Přemysl* ab 1251 die benachbarten Länder unter seine Kontrolle zu bringen. Er war somit Herzog von Österreich und folgte 1253 seinem Vater Wenzel I. als König von Böhmen nach. Die Wahl zum Herrscher des Heiligen Römischen Reiches blieb ihm allerdings verwehrt, stattdessen kam *Rudolf I. von Habsburg* 1273 auf den Thron. Der Machtkampf um die ehemaligen babenbergischen Länder entbrannte und wurde in der *Schlacht bei Dürnkrut* vom 12. August 1278 auf dem Marchfeld mit dem Sieg Rudolfs I. und dem Tod Ottokars II. entschieden. Das Erbe der Babenberger ging an die *Habsburger* und begründete deren Hausmacht in Österreich. Das Königreich Böhmen blieb vorerst in der Hand der Přemysliden. Von den späteren Herrschern sind

Ruine Landstein in Südböhmen – eine Grenzfeste vom Anfang des 13. Jahrhunderts

die einflussreichen Luxemburger (1311–1437) und Jagiellonen (1471–1526) hervorzuheben.

Der nächste Zeitraum, bei dem wir kurz verweilen, sind die *Hussitenkriege* (1418–1436), die in der Folge der Hinrichtung des böhmischen Reformators *Jan Hus* auf dem Konzil in Konstanz im Jahr 1415 ausbrachen. Hus ist bis heute eine wichtige nationale Symbolfigur in Tschechien. Die Hussiten – eine revolutionäre Bewegung mit religiösen, sozialen und frühnationalen Zügen – richteten sich gegen den Herrscher Sigismund von Luxemburg, den sie für den Tod von Hus verantwortlich machten. Im Kampf gegen das Volksheer der Hussiten half auch Herzog Albrecht V. von Habsburg, der Schwiegersohn Sigismunds. Die heftigen Auseinandersetzungen brachten schwere Verwüstungen in Böhmen, Mähren und im nördlichen Niederösterreich und gruben sich tief in das kollektive Gedächtnis ein.

1526–1918 Böhmen und Mähren unter der Krone Habsburgs

1526 begann die fast 400 Jahre dauernde Ära der engen gemeinsamen Geschichte von Böhmen, Mähren und Österreich: Nach dem Tod des letzten Jagiellonen Ludwig II. fielen die böhmischen Länder als Erbe an die Habsburger, das zur Großmacht aufsteigen sollte. Wesentlich für das Verständnis weiterer Entwicklungen ist der *Dreißigjährige Krieg* (1618–1648) mit politisch-religiösen Kämpfen und vor allem der *Schlacht am Weißen Berg* (Bílá hora) 1620. Die protestantischen Stände Böhmens hatten den Habsburger Ferdinand II. abgesetzt und Friedrich V. von der Pfalz zu ihrem König gewählt. Mithilfe katholischer Mitstreiter und seines Feldherrns Karl Bonaventura von Buquoy, der am Sieg bei der Schlacht am Weißen Berg beteiligt war, behauptete sich Ferdinand II. von Habsburg. Die Folgen: Hinrichtung der gefährlichsten Gegner, Gegenreformation und Vertreibung von Protestanten, das Ende der Macht der Stände in Böhmen, rigorose Enteignungen, Neuverteilung der Besitzungen an die treue Gefolgschaft wie z. B. die Buquoy und die Liechtensteiner. Die folgenden Jahrhunderte werden in der nationalen tschechischen Geschichtsschreibung oft als „*Temno*", als Zeit der Finsternis, bezeichnet. Ab Mitte des 19. Jahrhunderts wurde die „nationale Frage" zu einem bestimmenden politischen Faktor. Eine Gleichstellung der Slawen in der Habsburgermonarchie, so wie es den Ungarn 1867 gelang, blieb Utopie. Versuche, einen Ausgleich in Böhmen zu erzielen, scheiterten am Widerstand der Deutschen, die eine soziale und politische Vorrangstellung hatten.

1914–1918 Erster Weltkrieg und Zerfall Österreich-Ungarns

Der für Österreich-Ungarn katastrophale Verlauf des Ersten Weltkriegs führte zum Ende der Habsburgermonarchie. Im Exil arbeiteten Politiker wie Tomáš Garrigue Masaryk und Edvard Beneš an der Schaffung einer unabhängigen Tschechoslowakei. Legionäre kämpften aufseiten Russlands, Frankreichs und Italiens, ihr Einsatz gilt als Baustein für den neuen Staat. Zudem wirkte die Erklärung des US-Präsidenten Woodrow Wilson vom Jänner 1918 über die Grundsätze der Nachkriegsregelungen nach dem Selbstbestimmungsrecht der Völker negativ auf Österreich-Ungarn. Am 16. Oktober 1918 versuchte Kaiser Karl I. mit dem Völkermanifest noch den Staat zu retten, doch es war zu spät. Am 28. Oktober 1918 wurde in Prag die Tschechoslowakische Republik ausgerufen. Am 30. Oktober 1918 entstand Deutschösterreich, am 12. November 1918 wurde die Republik gegründet. Am 3. November 1918 hatte noch Österreich-Ungarn den Waffenstillstand unterzeichnet. Für die einen waren die Geschehnisse von 1918 ein traumatisches Erlebnis, für die anderen ein Neubeginn.

1918–1938 Neue Grenzen und Zwischenkriegszeit

Mit dem Zerfall der Habsburgermonarchie begannen sofort die Auseinandersetzungen um Staatsterritorien. Die Tschechoslowakei pochte (zumindest) auf die historischen Grenzen ihrer Länder, während Deutschösterreich sich auf das Selbstbestimmungsrecht der Völker, d. h. der deutschsprachigen Bevölkerung in den Grenzgebieten, berief. Ab Mitte Dezember 1918 waren die umstrittenen Grenzregionen unter der Kontrolle der Tschechoslowakei, und der Friedensvertrag von Saint-Germain vom 10. September 1919 bestätigte im Wesentlichen diesen Umstand. Zusätzlich wurden noch Gebiete von Niederösterreich um Gmünd und Feldsberg abgetrennt. Die schwierige Umbruchphase war durch Proteste, Unruhen und auch Gewalt gekennzeichnet. Am 4. März 1919 eskalierte in der ČSR die Situation anlässlich eines Generalstreiks in den deutschsprachigen Gebieten, bei Zusammenstößen starben 54 Menschen.

In den folgenden Jahren beruhigte sich die Situation allmählich. Die Rechte der nationalen Minderheiten in der ČSR waren im internationalen Vergleich großzügig. Gleichzeitig förderte der Staat das „tschechische Element" stark, was zahlreiche Deutsche subjektiv als Bedrohung wahrnahmen. Damals, in den 1920er- und 1930er-Jahren, bürgerte sich der Begriff *Sudetenländer* stärker ein. (Namensgebend ist der Gebirgszug Sudeten.) Er bezeichnete Gebiete, die bis dahin als Deutschböhmen, Deutschsüdmähren und Deutschschlesien bekannt waren. Der Name *Sudetendeutsche* für die deutschsprachige Bevölkerung in der Tschechoslowakei setzte sich als politisches Schlagwort zur Identitätsstiftung in den 1930er-Jahren durch.

Die Weltwirtschaftskrise ab 1929 und die *Machtübernahme Adolf Hitlers* und der Nationalsozialisten in Deutschland 1933 veränderte die politische Lage in Europa deutlich. Auch in Österreich wurde ab März 1933 unter Bundeskanzler Engelbert Dollfuß autoritär regiert. Bis 1938 fanden schätzungsweise 20.000 Flüchtlinge aus Deutschland und Österreich Zuflucht in der ČSR, wo die parlamentarische Demokratie noch intakt war. Jedoch verschärfte sich dort das innenpolitische Klima, nachdem *Konrad Henlein* 1933 die Sudetendeutsche Heimatfront bzw. Partei (SdP) gegründet hatte. Diese wurde von Hitler massiv unterstützt, gewann bei der Parlamentswahl 1935 auf Anhieb zwei Drittel der deutschen Stimmen und war mit 15,18 Prozent stärkste Partei in der ČSR. Die Grenzgebiete waren strukturbedingt von hoher Arbeitslosigkeit betroffen, die Menschen fühlten sich benachteiligt und sahen ihre Zukunft bei Hitler. Angesichts der äußeren Bedrohung durch NS-Deutschland begann die ČSR 1934/35 an ihren Grenzen einen Verteidigungswall zu bauen.

Ein ehemaliges Zollhausgebäude aus den 1920er-Jahren bei Langau

1938–1945 Zeit des Nationalsozialismus

Nach dem „Anschluss" Österreichs an Hitler-Deutschland im März 1938 heizten während des Sommers terroristische Aktionen des Sudetendeutschen Freikorps Henleins die *„Sudetenkrise"* an. Vor diesem Hintergrund einigten sich Großbritannien, England und Italien im *Münchner Abkommen* vom 30. September 1938 mit NS-Deutschland. Die ČSR wurde genötigt, die Grenzgebiete mit über drei Millionen Einwohnern abzutreten. Während ca. 400.000 Menschen ins Landesinnere flohen, annektierte Anfang Oktober 1938 die Wehrmacht die Sudetenländer unter dem Jubel großer Teile der Bevölkerung. Die Hoffnung, dass Hitler nun zufrieden sein würde, erfüllte sich nicht. Am 15. März 1939 marschierte die Wehrmacht in die „Rest-Tschechei" ein und das „Reichsprotektorat Böhmen und Mähren" wurde gebildet. Die Slowakei fungierte als Vasallenstaat Hitlers.

Der *NS-Terror* gegen die tschechische Bevölkerung wird zumeist an zwei Ereignissen symbolisch festgemacht: Am 17. November 1939 schloss das NS-Regime die tschechischen Hochschulen, was mit Verhaftungen, Deportationen von über tausend Studierenden und der Hinrichtung von neun Studenten einherging. 1942 wurden als Rache für die Ermordung des stellvertretenden Reichsprotektors Reinhard Heydrich 1300 Tschechen standrechtlich hingerichtet, im Juni fand im Dorf Lidice ein Massaker an der männlichen Bevölkerung statt. Diese Geschehnisse bestärkten Edvard Beneš, Präsident der Exilregierung der ČSR, in seinem Entschluss, nach Kriegsende eine radikale „Lösung der nationalen Frage" herbeizuführen.

1945–1989 Nachkriegszeit und Kalter Krieg

Im Frühjahr 1945 befreiten die Alliierten die Tschechoslowakei und Österreich von der NS-Herrschaft. Bald nach Kriegsende setzten in der ČSR die „wilden Vertreibungen" der deutschsprachigen Bevölkerung mit Gewaltexzessen und vielen tausenden Toten ein. Die Dekrete des Präsidenten Edvard Beneš, die sogenannten *Beneš-Dekrete*, begründeten die Enteignung „staatlich unzuverlässiger Personen", unter die kollektiv Deutsche und Ungarn fielen. Bei der Potsdamer Konferenz im Sommer 1945 beschlossen die Alliierten die geregelte Aussiedlung. Insgesamt ca. drei Millionen Deutsche mussten das Land verlassen.

1948 gelangten in der ČSR die Kommunisten an die Macht, womit der Staat eine Volksrepublik in der sowjetischen Einflusssphäre wurde. Angesichts der Flucht tausender Menschen aus dem Land, errichtete das Regime Grenzsperranlagen, den *Eisernen Vorhang*.

Österreich war von 1945 bis 1955 von den Truppen der USA, Großbritannien, Frankreich und der Sowjetunion besetzt. Hier gelang der Wiederaufbau der parlamentarischen Demokratie und die Erhaltung der Einheit des Landes. Am 15. Mai 1955 wurde nach jahrelangen zähen Verhandlungen der *Staatsvertrag* unterzeichnet und Österreich erhielt die volle Souveränität zurück. Eine wichtige Rolle spielte dabei die Erklärung der Neutralität in der Zeit des Kalten Krieges zwischen Ost und West. Das Land war zugleich Drehscheibe für Spione und Agenten sowie Ziel- und Transitland für viele Flüchtlinge aus dem „Ostblock", so nach der Niederschlagung des *Prager Frühlings* in der Tschechoslowakei im August 1968.

1989–2018 Der Weg in ein neues Europa

Das Ende des Eisernen Vorhangs kam 1989, als in den osteuropäischen Staaten nacheinander die kommunistischen Regime zusammenbrachen. Die *Samtene Revolution* in der ČSSR wurde am 17. November 1989 in Prag mit einer Massendemonstration anlässlich des fünfzigsten Jahrestages der Schließung der Universitäten in der NS-Zeit eingeläutet. Als die Demonstration gegen die Regierung von der Polizei zerschlagen wurde, kam es zu breiten, lang anhaltenden Protesten und im Dezember 1989 zum Ende der kommunistischen Parteidiktatur. Im April 1990 erfolgte die Umbenennung in ČSFR (Tschechische und Slowa-

Reste des Eisernen Vorhangs bei Čížov

kische Föderative Republik), 1993 trennten sich Tschechien und die Slowakei auf friedlichem Wege.

Die politische Wende von 1989 ermöglichte eine dynamische Entwicklung in Europa: die Wiedervereinigung Deutschlands und die Erweiterung der Europäischen Union von zwölf (1989) auf 28 (2013) Mitgliedstaaten. 1995 trat Österreich bei, im Jahr 2004 kamen Tschechien und die Slowakei hinzu. Im Dezember 2007 sind auch die Schengen-Grenzen, d. h. formale Grenzkontrollen, zwischen diesen drei Ländern gefallen. Doch Misstrauen, Ängste, Vorurteile, Grenzen im Kopf sind bei vielen geblieben. Die Traumata der Geschichte wirken bis heute nach.

Die Euphorie von 1989 ist schon lange verflogen, und heute – im Jahr 2018 – steht die Europäische Union vor großen Herausforderungen: der geplante Austritt Großbritanniens, das Aufkeimen von Nationalismus, politischen Extremen und mangelnde Solidarität. Das Jahr ist auch Anlass für uns zum Gedenken: 1918 – 100 Jahre Ende des Ersten Weltkrieges und Gründung von Republiken, 1933 – 85 Jahre Ende der Demokratie in Österreich, 1938 – 80 Jahre „Anschluss" Österreichs an NS-Deutschland und Münchner Abkommen, 1948 – 70 Jahre kommunistische Herrschaft in der Tschechoslowakei, 70 Jahre Erklärung der Menschenrechte, 1968 – 50 Jahre Niederschlagung des Prager Frühlings.

Dass der Reiseführer „Grenzenlos Radeln" in diesem Multi-Gedenkjahr 2018 erscheint, ist eigentlich Zufall. Doch wie heißt es so schön: Zufälle gibt es nicht.

Blick von der Ruine Wittinghausen (Vítkův hrádek) auf den Böhmerwald

1 Im Land Adalbert Stifters
Böhmerwald / Šumava

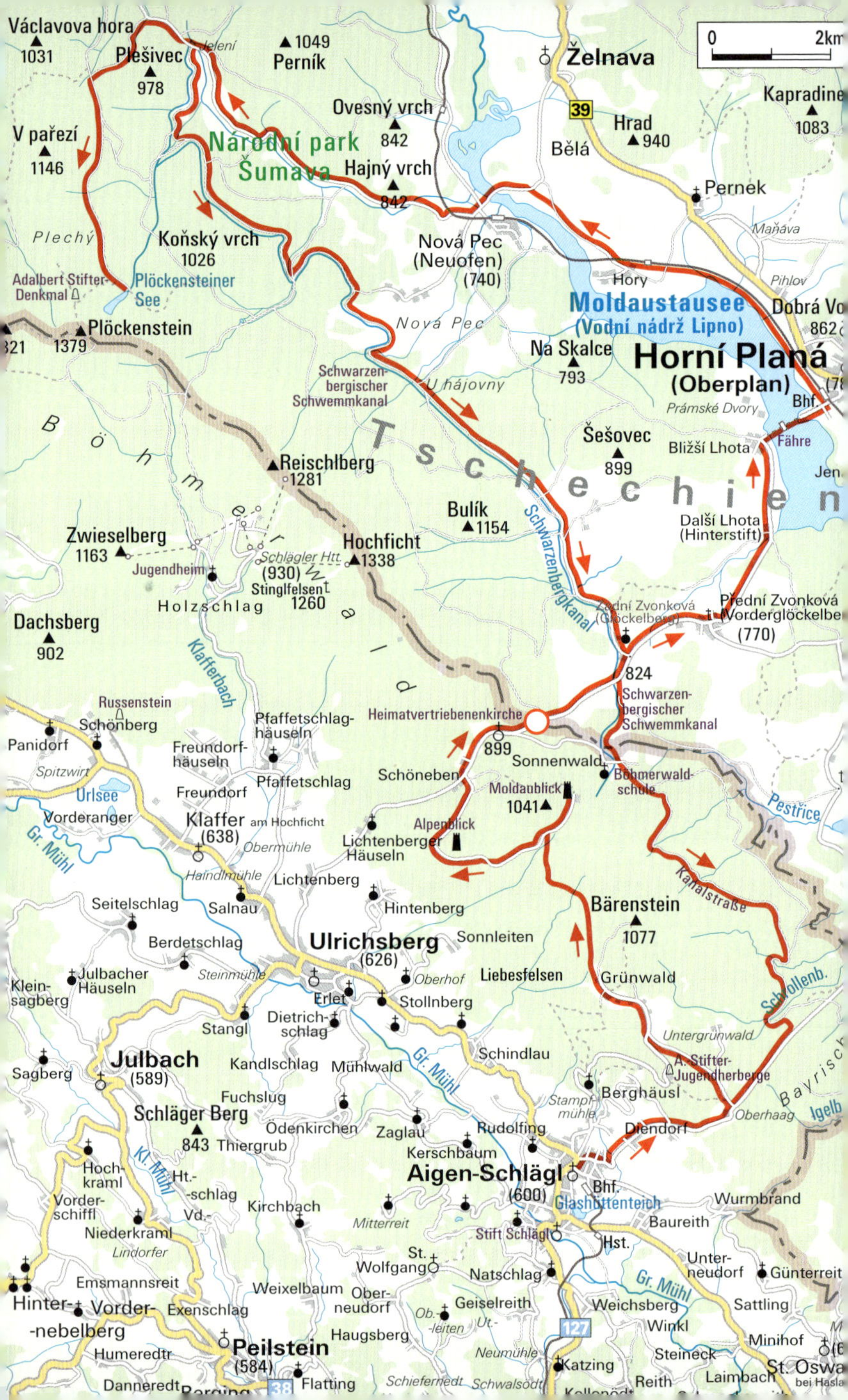

0
2km
Václavova hora
1031
Plešivec
978
Jelení
1049
Perník
Želnava
39
Kapradine
1083
V pařezí
1146
Národní park
Šumava
Ovesný vrch
842
Hajný vrch
842
Hrad
940
Bělá
Pernek
Plechý
Koňský vrch
1026
Nová Pec
(Neuofen)
(740)
Maňava
Adalbert Stifter-
Denkmal
Plöckensteiner
See
Hory
Pihlov
Moldaustausee
(Vodní nádrž Lipno)
Dobrá Vo
862
Plöckenstein
1379
Nová Pec
Na Skalce
793
Horní Planá
(Oberplan)
Bhf.
Schwarzen-
bergischer
Schwemmkanal
U hájovny
Prámské Dvory
Böhmerwald
Tschechien
Šešovec
899
Bližší Lhota
Fähre
Reischlberg
1281
Bulík
1154
Schwarzenbergkanal
Další Lhota
(Hinterstift)
Zwieselberg
1163
Schlägler Htt.
(930)
Hochficht
1338
Jugendheim
Stinglfelsen
1260
Holzschlag
Zadní Zvonková
(Glöckelberg)
Přední Zvonková
Vorderglöckelberg
(770)
Dachsberg
902
Klafferbach
824
Russenstein
Heimatvertriebenenkirche
Schwarzen-
bergischer
Schwemmkanal
Schönberg
Pfaffetschlag-
häuseln
Panidorf
899
Sonnenwald
Freundorf-
häuseln
Spitzwirt
Schöneben
Böhmerwald-
schule
Pfaffetschlag
Urlsee
Freundorf
Moldaublick
1041
Pestřice
Vorderanger
Klaffer am Hochficht
(638)
Alpenblick
Gr. Mühl
Lichtenberger
Häuseln
Obermühle
Kanalstraße
Haindlmühle
Lichtenberg
Seitelschlag
Salnau
Hintenberg
Bärenstein
1077
Berdetschlag
Ulrichsberg
(626)
Sonnleiten
Julbacher
Häuseln
Steinmühle
Oberhof
Liebesfelsen
Grünwald
Klein-
sagberg
Erlet
Stollnberg
Schwollenb.
Stangl
Dietrich-
schlag
Untergrünwald
Sagberg
Julbach
(589)
Kandlschlag
Mühlwald
Gr. Mühl
Schindlau
A. Stifter-
Jugendherberge
Bayrisch
Fuchslug
Berghäusl
Schläger Berg
843
Thiergrub
Ödenkirchen
Zaglau
Rudolfing
Stampf-
mühle
Oberhaag
Igelb
Diendorf
Hoch-
kraml
Kl. Mühl
Ht.-
-schlag
Kerschbaum
Aigen-Schlägl
(600)
Bhf.
Vorder-
schiffl
Vd.-
Kirchbach
Glashüttenteich
Wurmbrand
Niederkraml
Mitterreit
Stift Schlägl
Baureith
Lindorfer
Hst.
St.
Wolfgang
Natschlag
Unter-
neudorf
Günterreit
Emsmannsreit
Gr. Mühl
Hinter-
-nebelberg
Vorder-
Exenschlag
Weixelbaum
Ober-
neudorf
Geiselreith
Weichsberg
Sattling
Ob.-
-leiten
Ut.-
127
Winkl
Peilstein
(584)
Humeredtr
Haugsberg
Neumühle
Steineck
Minihof
Katzing
Reith
Laimbach
St. Oswa
bei Hasla
Danneredt
38
Flatting
Schieferredt
Schwalsödt

Böhmerwald / Šumava

Gesamtlänge der Route:
165 km

Kartenmaterial:
- Shocart Nr. 436 turistická mapa (1:40.000): Šumava, Lipensko, Český Krumlov, www.shocart.cz
- Wander- und Radkarte der Ferienregion Böhmerwald, www.boehmerwald.at

Weite Wälder, wilde Naturschönheiten und romantische Burgen, wie sie Adalbert Stifter im 19. Jahrhundert beschrieben hat, – ja, die gibt es im Böhmerwald. Wer noch nie dort war, hat wohl eher diffuse Vorstellungen von der Region: dunkel, menschenleer, mystisch. Šumava, „die Rauschende", heißt der Böhmerwald auf Tschechisch treffend, und viel Gefühl und Energie schwingt darin mit. Bei unserer Reise ist es jedoch nicht immer einsam hier, denn der Urlaub am „südböhmischen Meer" Moldaustausee erfreut sich großer Beliebtheit. Gleichzeitig scheint der wachsende grenzüberschreitende Tourismus dazu beizutragen, dass die Wunden der dramatischen Ereignisse des 20. Jahrhunderts allmählich heilen. Der Hauch der Geschichte rauscht durch die Wälder und das Moldautal. Es ist hoch an der Zeit, das Land der „böhmischen (Ur-)Großmutter" zu erforschen.

Gut zu wissen

Radfahren in der Region. Für Radfahrer herrschen in der Böhmerwaldregion ausgezeichnete Bedingungen. Beiderseits der Grenze gibt es ein gut ausgebautes Routennetz auf autofreien Wegen oder wenig befahrenen Straßen. Das Gebiet sorgt für Abwechslung: Steigungen für Sportliche, aber auch flachere Strecken für Gemütliche, vor allem entlang der Moldau. Will man aber den Böhmerwald wirklich erkunden, Ausblicke genießen und öfter über die Grenze fahren, sollte man genügend Grundkondition mitbringen, um eine Anhöhe im einstündigen „Schiebegang" bewältigen zu können. Immerhin ist der Böhmerwald ein verwittertes Gebirge. Die Passhöhen in unserem Abschnitt liegen zwischen 650 und ca. 1000 Meter. Aufgrund der weiten Wälder und des Moldaustausees herrschen hier klimatisch eigene Gesetze. Es ist kühler und feuchter als z. B. im Landesinneren bei Český Krumlov – also ideal, um extremer Sommerhitze zu entfliehen.

Planung

„Basislager"/Ausflüge. Allein aufgrund der Größe der Böhmerwaldregion, die für uns vom Dreiländereck bis zur Nord-Süd-Verkehrsverbindung Summerauer Bahn reicht, ist ein mehrtägiger Aufenthalt empfehlenswert. Die besten Voraussetzungen als „Basislager" bringen folgende Ortschaften mit: Aigen-Schlägl und Horní Planá (Oberplan) für den ersten Abschnitt bis zum Plöckensteiner See; Haslach an der Mühl, Přední Výtoň (Vorder Heuaffl) und Lipno (Lippen) für den zweiten Abschnitt um Wittinghausen, Vyšší Brod (Hohenfurth) und Rožmberk nad Vltavou (Rosenberg an der Moldau) für den letzten Teil im engen Moldautal. Die Reise will gut und rechtzeitig geplant sein, denn in der Hochsaison im Sommer sind die Quartiere in Tschechien trotz zahlreicher Unterkünfte sehr gut ausgelastet. Die Urlaubsregion bietet zahlreiche Möglichkeiten der aktiven Freizeitgestaltung wie Wandern im Dreiländereck, Wassersport an der Moldau oder Ausflüge in die Umgebung. Hier warten z. B. der Kurort Bad Leonfelden und insbesondere die Unesco-Weltkulturerbe-Stadt Český Krumlov.

Grenzüberschreitendes. Die zentrale grenzüberschreitende Tourismusachse der Böhmerwaldregion ist der Schwarzenbergische Schwemmkanal. Mehrmals im Jahr finden in den renovierten Teilen Schauschwemmen statt: in Tschechien bei Jelení oder in Österreich an der Rotbachschleuse bei Sonnenwald, an der Schrollenbachschleuse bei Oberhaag (Aigen) sowie weiter kanalabwärts bei der Grenze am Iglbach. Beginn und Ende der Saison werden mit großen Veranstaltungen mit Folklore aus dem Dreiländereck begangen.
www.boehmerwald.at, www.schw-kan.com

Mit Bahn und Bus

Radtransport in der Region. Zur Unterstützung unserer Fahrten bzw. Ausflüge gibt es auf tschechischer Seite die Bahnlinie České Budějovice–Český

Krumlov–Horní Planá–Černý Kříž mit weiteren Verbindungen nach Nové Údolí und Volary. Wichtig ist auch die Schmalspurbahn im Moldautal Rybník–Lipno. Außerdem sind mehrere Cyklobusse (→ S. 18) unterwegs *(www.cyklotrans.at).* Grenzüberschreitende Verbindungen mit Österreich sind noch nicht dauerhaft etabliert, doch es lohnt sich nachzufragen. Das Überqueren des Stausees Lipno ermöglichen bei Bedarf drei Fähren (Přívoz): 1. Horní Planá–Bližší Lhota (halbstündlich); 2. Dolní Valtice–Kyselov (stündlich); 3. Frymburk–Frýdava (stündlich). Die Fahrkarten kann man direkt auf der Fähre kaufen, bei der Verbindung 1 jedoch nur beim Automaten am Ufer.

Im Mühlviertel bieten mehrere private Taxidienste den Transfer zur bayrisch-tschechischen Grenze Haidmühle/Nové Údolí an (nur für Gruppen). Von dort ist es nicht weit zum Beginn der gemütlichen Route entlang des Schwarzenbergischen Kanals (→ S. 56). Für jene, die den ersten Aufstieg in den Böhmerwald von Aigen-Schlägl nach Schöneben vermeiden wollen, fährt in den Sommerferien täglich um 9.07 Uhr vom Bahnhof Aigen-Schlägl der Wander- und Radbus. Gruppen sollten sich voranmelden (Tel. +43 664 6243526), Transport nur in Richtung Schöneben möglich. Weitere Infos unter *www.boehmerwald.at*

Anreise in die Region. Die direkte Anreise zum Ausgangspunkt der Tour erfolgt über die Mühlkreisbahn von Linz-Urfahr nach Aigen-Schlägl. Eine direkte Verbindung zur Westbahnstrecke besteht nicht. Vom Hauptbahnhof Linz fährt man ca. 3,5 Kilometer auf das linke Donauufer. Der Radtransport ist durch neuere Niederflurwagen bzw. Schienenbusse mit einem großen Radanhänger in der Regel gewährleistet.

In die Region gelangt man auch über die Summerauer Bahn von Linz Hauptbahnhof nach Rybník und weiter auf der Flügelbahn durch das Moldautal nach Lipno. Nach Horní Planá (Oberplan), das strate-

Wichtige Links zur Region:

- Ferienregion Böhmerwald www.boehmerwald.at
- Nationalpark Šumava www.npsumava.cz
- VisitLipno.cz www.visitlipno.cz
- Tourismusportal Lipno.info www.lipno.info
- Informationsseite der Stadt Český Krumlov www.ckrumlov.info

Einsteigen in Linz-Urfahr

gisch auch sehr günstig liegt, kommt man per Bahn über Český Budějovice (Budweis), das von Linz aus über die Summerauer Bahn oder von Wien aus über die Franz-Josefs-Bahn zu erreichen ist.

Mühlkreisbahn-Museum
Station Rohrbach-Berg, Voranmeldung Tel. +43 7289 6255145, E-Mail: berger@rohrbach-berg.ooe.gv.at, Eintritt: € 2,–/€ 1,–

Die Mühlkreisbahn. Wenn wir in Linz-Urfahr in den Zug steigen, liegt eine fast abenteuerliche, abwechslungsreiche Nostalgiefahrt vor uns: 13 Eisenbrücken, zwei Tunnels, bis zu 46 Promille Steigung beim „Saurüssel", 627 Höhenmeter auf 58 Kilometern, 92 Minuten Fahrzeit durch die anmutige Landschaft des Mühlviertels. Am 17. Oktober 1888 fuhren das erste Mal Züge nach Aigen-Schlägl. Damals benötigte man dafür noch fast vier Stunden! Die erste Lokomotive „Aigen" ist heute bei der Station Rohrbach-Berg im *Mühlkreisbahn-Museum* zu sehen.

Die Mühlkreisbahn ist die einzige Bahnverbindung ins nordwestliche Mühlviertel und verläuft auf einem ca. 900 Jahre alten Nord-Süd-Handelsweg, der Via Regia (Königsstraße). Pläne für eine Verbindung nach Böhmen oder nach Bayern machten Kriege, Grenzen und Krisen zunichte. Die Mühlkreisbahn blieb ein Stückwerk, die bisher nicht einmal einen Anschluss an die Westbahnstrecke Wien–Salzburg schaffte. Ihre Zukunft ist ungewiss. Die teils mangelnde Auslastung lässt Diskussionen über die Einstellung bzw. Verkürzung der Nebenlinie nicht verstummen. Eine Modernisierung und Übernahme durch das Land Oberösterreich ist aber schon länger im Gespräch und in der Planungsphase.

Aigen-Schlägl

Tor zum Böhmerwald

Aigen-Schlägl im Tal der Großen Mühl ist für uns der am besten geeignete Ort für den Einstieg in unsere Radreise. Dies hat zum Teil historische Gründe: Seit dem 13. Jahrhundert war das traditionsreiche Prämonstratenserkloster Schlägl – wie schon der Name andeutet – maßgeblich an der Erschließung der waldreichen Region beteiligt. Und im 20. Jahrhundert diente Aigen-Schlägl mehrmals als Ausgangspunkt für militärische Aktionen in Richtung Böhmen. Für unsere friedliche Erkundungsfahrt gibt es zudem ganz praktische Faktoren: Die freundliche Marktgemeinde liegt öffentlich direkt erreichbar am Ende der Mühlkreisbahn und bietet ausreichend Möglichkeiten, hier abwechslungsreiche Tage zu verbringen. Es erwarten uns z. B. grenzüberschreitende Ausflüge im reizvollen Dreiländereck, ausgedehnte Waldspaziergänge oder ein frisches Bad im Fluss (neben einem beheizten Becken). Das Gästeservice in Aigen als Sitz der Tourismusregion Böhmerwald stellt die erste Anlaufstelle für Informationen zu Sehenswürdigkeiten, Veranstaltungen, Sport und Erholung dar.

Seehöhe: 596 m

Ferienregion Böhmerwald, Hauptstraße 2, Tel. +43 57890 100, www.boehmerwald.at, www.aigen-schlaegl.at

ÖBB (Linz-Urfahr–Aigen-Schlägl), Wander- und Radbus nach Schöneben (→ S. 37)

Aigen-Schlägl im Mühlviertel

Vogelwelt im Kulturhaus Aigen-Schlägl
Kirchengasse 8, Tel. +43 7281 8047, Mai bis Sept. Sa u. So 15–17 Uhr, Eintritt: € 4,–/€ 2,–

Rundgang

Erst im Jahr 2015 wurden die Ortschaften Aigen und Schlägl offiziell zu einer Marktgemeinde fusioniert, was schon etwas verwundert. Denn wohl seit Ewigkeiten werden sie in einem Atemzug genannt, besteht doch Aigen seit 1242 bezeichnenderweise als Gründung des Stiftes Schlägl. Um den planmäßig angelegten *Hauptplatz* reihen sich einige repräsentative Ackerbürgerhäuser, am südlichen Ende steht ein Brunnen, der ursprünglich, von 1645 bis 1858, im Stift Schlägl zu Hause war und den der „Mann mit der Sonne" ziert. Der Dargestellte, Propst Martin Greysing (1627–1665), machte sich um den Wiederaufbau des Stifts verdient, nachdem aufständische Bauern das Kloster weitgehend zerstört hatten. Die neugotische *Pfarrkirche zum heiligen Johannes Evangelist* wurde zwischen 1897 und 1901 an der Stelle von Vorgängerbauten errichtet und gehört zu den wichtigsten späthistoristischen Sakralbauten Oberösterreichs. Hinter der Kirche können Interessierte in die *Vogelwelt* eintauchen und sich im Erkennen von Vögeln und Vogelstimmen üben. Wer Ruhe und Muße sucht, sollte einen Spaziergang in Richtung Norden zur *Kalvarienbergkapelle* aus dem 17. Jahrhundert unternehmen. Dort findet man in der Nähe ein Heiliges Grab, eine kleine, um 1900 errichtete Kuriosität. Insbesondere beeindruckt aber der Blick auf Aigen-Schlägl. Die wichtigste Sehenswürdigkeit ist das Stift Schlägl, zu dem vom Marktplatz die abschüssige Hauptstraße führt.

Der „Mann mit der Sonne" am Hauptplatz in Aigen

Stift Schlägl

Das Prämonstratenserkloster in Schlägl feiert im Jahr 2018 sein 800-jähriges Bestehen. Es wurde 1218 von Kalhoch von Falkenstein (gest. 1238) gegründet und prägte ab diesem Zeitpunkt die Erschließung und Entwicklung der Region wesentlich mit. Eine besondere Rolle spielten dabei Stiftungen der böhmischen Adelsfamilie der Rosenberger (→ S. 81), sodass das Stift Schlägl auch Besitzungen im Moldautal, z. B. in Friedberg (Frymburk), hatte. Die Bedeutung der Rosenberger für Schlägl spiegelt sich in den drei roten Waldrosen im Wappen des Stiftes wider. Noch heute ist das Stift mit seinen Besitzungen, wie 6500 Hektar Wald oder fünfzig Prozent Beteiligung am Skigebiet Hochficht, ein wichtiger wirtschaftlicher Faktor im Mühlviertel.

Das heutige Aussehen des Klosters und der Stiftskirche stammt aus dem 17. Jahrhundert. Eine *Stiftsführung* ist jedenfalls empfehlenswert: Man sieht viele Kunstgegenstände, die romanische Krypta aus der Gründungszeit, den schönen Bibliothekssaal von 1852 und die sehr beeindruckende gotische Kirche mit barocker Einrichtung. Wer das Klosterambiente länger genießen will, kann sich im Stift vorübergehend einquartieren. Im *Stiftsmeierhof Schlägl* befindet sich seit 1997 ein Museum zum früheren bäuerlich-handwerklichen Leben in der Region mit zahlreichen Exponaten aus dem Bezirk Rohrbach-Berg. Außerdem bietet Österreichs einzige *Stiftsbrauerei*, die auf eine Tradition von mehr als 400 Jahren zurückblickt und derzeit ca. 25.000 Hektoliter Bier pro Jahr produziert, Interessantes für Liebhaber dieses Getränks. Seltene Sorten wie Roggen und Pils werden noch in traditionellen, offenen Bottichen erzeugt. Zusätzlich erweitert eine Kreativbrauerei das Sortiment mit limitierten Spezialeditionen. Sämtliche Einrichtungen des Stifts können Gruppen (ab acht Personen) auch außerhalb der fixen Führungszeiten gegen Voranmeldung besuchen (Tel. +43 7281 8801-0).

Stiftskirche Schlägl

Stift Schlägl und Kultur.Gut. Oberes Mühlviertel (Museum im Meierhof)
www.stift-schlaegl.at
Stiftsführungen Ostermontag bis 26.10., Di–Sa 10.30 u. 14, So u. Fei 11 u. 14 Uhr, Eintritt: € 5,–/€ 3,50.
Kultur.Gut nach Anmeldung, Eintritt: € 5 ,–/€ 3,50.
Kombikarte Stift + Museum € 7,50/€ 5,–

Stiftsbrauerei
www.stiftsbrauerei-schlaegl.at,
April bis Nov. fixe Führungen jeden Mi 10.30 Uhr (ausgenommen Fei), Eintritt: € 9,50

★ DAS STIFT SCHLÄGL ZWISCHEN 1938 UND 1945

Die Jahre 1938 bis 1945 waren für das Stift Schlägl eine sehr ereignisreiche, schwierige Zeit. Gleich nach dem „Anschluss" Österreichs an NS-Deutschland durchsuchten Nationalsozialisten das Kloster nach Waffen. Die örtliche SA verhaftete am 13. März 1938 den abgesetzten Landeshauptmann von Oberösterreich, Heinrich Gleißner, der sich mit Erlaubnis des Gauleiters August Eigruber ins Stift zurückziehen wollte. Kurzfristig quartierte sich ein Reichsarbeitsdienstlager für „Maiden" ein, und im krisenhaften Herbst 1938 waren Flüchtlinge aus der ČSR untergebracht. Als im Oktober 1938 die Grenzgebiete der Tschechoslowakei annektiert wurden, richtete die Wehrmacht im Stift Schlägl ihr Hauptquartier für den Einmarsch in Südböhmen ein. Am 16. Oktober übergab das Militärkommando die Bezirke Krumau und Kaplitz offiziell an den „Gau Oberdonau" (d. h. Oberösterreich). Die Unterzeichnung des Akts fand im kleinen Tafelzimmer des Stiftes vor der Galerie der Prälatenbilder statt.

Während des Krieges wurden immer wieder größere Gruppen im Stift untergebracht, wie 1940/41 Südtiroler Optanten, dann Umsiedler aus Bessarabien und der Bukowina. Mehrere hundert Personen gingen durch das Umsiedlerlager. Ein schwerer Schlag folgte am 29. April 1941: Die Gestapo beschlagnahmte „aus staatspolizeilichen Gründen" das Vermögen des Klosters und die Mitglieder wurden versetzt. 1944 brachte das Regime einen geheimen Elektrotechnik-Entwicklungsbetrieb unter, außerdem ungarisches Militär und Flüchtlinge. Nach der Befreiung durch die Amerikaner erhielt der Orden am 6. Mai 1945 das Vermögen des Stiftes zurück. Der Sieg der Alliierten wurde am 10. Mai 1945 gebührend gefeiert. US-General Paul lud sowjetische Offiziere aus Budweis zu einer Siegesfeier ins Stift Schlägl ein. In den ersten Monaten der Besatzung kontrollierten die Amerikaner das westliche Mühlviertel (bis zur

Summerauer Bahn bzw. Reichsstraße). Am 3. August 1945 zog die sowjetische Armee ins Klostergebäude ein.

Von Aigen-Schlägl nach Schöneben

800, 802
Distanz: 11 km

Von Aigen fahren wir auf der Moldaustausee-route 800 die Landstraße hinauf zur Anhöhe des Böhmerwaldes und den Haager Pass. In aller Ruhe bewältigen wir die anstrengende, langgezogene Steigung (1,5 km/250 Hm) und können dann die Ausblicke auf das Mühlviertel – bei schönem Wetter bis zu den Alpen – genießen. Beim Haagerhof biegen wir nach links auf einen Güterweg mit der Markierung Sonnenwaldroute 802 und radeln den Kamm entlang durch den meist dichten Wald. Es geht 6 km lang stetig leicht bergauf (200 Hm). Zwischendurch bekommen wir die ersten südböhmischen Landstriche zu sehen. Wir gelangen schließlich auf einen Forstweg, der auf den Sulzberg bei Schöneben führt.

Schöneben

Seehöhe: 934 m

Katastralgemeinde von Ulrichsberg, www.ulrichsberg.at, www.boehmerwaldarena.at

Nach dem Zweiten Weltkrieg und der Vertreibung der deutschsprachigen Bevölkerung aus der Tschechoslowakei 1945/46 erlangte Schöneben bzw. Ulrichsberg als Treffpunkt der ehemaligen Bewohner Südböhmens besondere Bedeutung. Vor allem jene aus Glöckelberg (Zadní Zvonková) und Oberplan (Horní Planá) konnten hier ihrer alten Heimat nahe sein, auch wenn der Eiserne Vorhang vierzig Jahre lang den Zutritt verhinderte oder zumindest erschwerte. Für die möglichst gute Sicht nach Südböhmen wurde 1967 auf dem Sulzberg (1040 m) der Aussichtsturm *Moldaublick* errichtet. Es handelt sich dabei übrigens um einen ausrangierten Ölturm aus Gänserndorf im Weinviertel. Heute ist der Moldaublick ein beliebter Treffpunkt für Wanderer und Radfahrer im grenzenlosen Dreiländereck. Im Holzhaus vertiefen Stimmungsbilder aus der Region und Texte vom Böhmerwalddichter Adalbert Stifter das

Auf dem
Moldaublick

**Moldaublick/
Alpenblick**
Sulzberg bei Schöneben, www.boehmerwaldarena.at, Mai bis Okt. je nach Wetter tägl. geöffnet, Eintritt: € 2,–/€ 1,–, Kombikarte: € 3,–/€ 1,–

Erlebnis. Karten werden in der kleinen Jausenstation vor Ort (10–17 Uhr) oder in der BöhmerWald-Arena direkt in Schöneben verkauft. Man sollte sich gleich eine Kombikarte für den *Alpenblick* zulegen. Ansonsten ermöglichen auch Münzapparate den Zutritt.

Der Aufstieg über 137 Stufen in 24 Meter Höhe auf den Moldaublick lohnt sich jedenfalls. Man genießt bei entsprechendem Wetter ein phänomenales Panorama, den weiten Blick auf die fast endlosen Wälder und den riesigen See der aufgestauten „Wulda", d. h. Moldau. Die einseitige Ausrichtung des Ausblicks am Sulzberg hat seit 2009 ein Ende. Zum Moldaublick hat sich der 33 Meter hohe Holzturm Alpenblick gesellt, der eine herrliche Sicht ins Landesinnere von Österreich ermöglicht. Er begegnet uns auf der Fahrt auf der Forststraße nach Schöneben.

★ AF'D WULDA – DER DEUTSCHE SÜDBÖHMISCHE DIALEKT

In der Nähe des Moldaublicks befindet sich ein Gedenkstein mit dem Text des bekannten Heimatlieds der Böhmerwäldler „Af'd Wulda" (= Auf der Moldau), das 1925 entstanden ist und die Holztrift auf dem Fluss besingt. Es ist im südböhmischen deutschen Dialekt verfasst, der in der Region einst verbreitet war. So ist „Wulda" der Ausdruck für Moldau, der dem tschechischen Vltava sehr ähnelt. Er geht auf den germanischen Ausdruck Wilth-ahwa zurück und bedeutet „wildes, reißendes Wasser". Die Form Moldau findet man ab dem 13. Jahrhundert.

Der besondere Akzent und Dialekt der deutschsprachigen Böhmerwäldler kennzeichnete die Menschen, die 1945/46 nach Deutschland und Österreich geflüchtet bzw. vertrieben worden waren, als Fremde („Behm"). Sie verwendeten auch viele spezielle Ausdrücke wie z. B. dama – schimpfen, Fiachta – Arbeitsschürze, gigazn – stottern, Kluifel – Schimpfname für Männer, Tragatsch – Schubkarren, wuifla – billig, Zahan – Tränen.

BöhmerWaldArena in Schöneben

In der Siedlung Schöneben selbst suchen wir beim Parkplatz noch das *Denkmal* für die südböhmische Nachbargemeinde Glöckelberg (→ S. 41), das 1987 errichtet wurde. Es geht neben dem großen Komplex *BöhmerWaldArena* fast unter. Die letzten Jahre haben große Veränderungen für den kleinen Grenzort gebracht, denn seit 2008 hat sich hier ein Zentrum für Freizeit, Sport und Wellness entwickelt: Hotels, Chalets, Selbstversorgerhütten im Böhmerwaldhorst, Streichelzoo, Klettergarten und ein großes Restaurant beleben die Hochebene. Besonders interessant ist das *Waldkompetenzzentrum* mit der Multimedia-Ausstellung „WunderWeltWald". Sie bietet Einblicke in die vielfältige Lebenswelt des Waldes und in die Forstwirtschaft. Dabei kann man sich in einem Fällsimulator selbst als Holzarbeiter ausprobieren. In einem Schauraum und Shop kann man in Büchern schmökern oder Mitbringsel verschiedenster Art aus der Böhmerwaldregion aufstöbern.

Waldkompetenzzentrum
Ausstellung „WunderWeltWald"
BöhmerWaldArena, Schöneben 10, www.boehmerwaldarena.at, ganzjährig geöffnet, tägl. 8–21 Uhr, Eintritt: € 6,–/€ 3,50

Wald hautnah und mit allen Sinnen zu erleben, das ist das erklärte Motto der *Böhmerwaldschule* in Sonnenwald. Sie bietet Workshops und Erlebnisführungen im „Klassenzimmer Wald" an. Es ist ein Angebot für Kinder, Jugendliche und auch Erwachsene, die sich entschleunigen und die Natur auf besondere Weise kennenlernen wollen. Das „Schulgebäude" befindet sich im ehemaligen Forsthaus des Stiftes

Böhmerwaldschule
Sonnenwald 17, www.boehmerwaldschule.at, ganzjährig nach Voranmeldung, Tel. +43 7288 27055, +43 676 3010997

Schlägl direkt an der Grenze in Sonnenwald (Abzweigung nach der Böhmerwaldkirche auf der Straße zur Grenze).

Ohne Markierung, Distanz: 2 km

Zum Grenzübergang Schöneben

Auf der Fahrt zur Nachbargemeinde Glöckelberg (Zadní Zvonková) finden wir schnell wieder Spuren des wechselhaften 20. Jahrhunderts. Zunächst kommen wir an der 1962 errichteten Böhmerwaldkirche der Heimatvertriebenen vorbei, kurz darauf sehen wir ein Wohnhaus, das einst die „Grenzschule" (s. u.) war. Es geht flott bergab, doch wir sollten uns einbremsen, um dem Grenzübergang Schöneben und dem ehemaligen Zollhaus entsprechende Beachtung zu schenken. Immerhin überqueren wir das erste Mal auf unserer Reise die Grenze zu Tschechien.

Grenzübergang Schöneben

Das *ehemalige Zollhaus* in Schöneben ist das erste von vielen Beispielen, denen wir auf unserer Tour entlang der Grenze begegnen werden. Diese wurden Anfang der 1920er-Jahre nach Festsetzung der Staatsgrenzen in einem einheitlichen Stil erbaut und sind somit recht leicht zu erkennen, auch wenn sie ihre ursprüngliche Funktion längst verloren haben. In der Regel wurden daraus Wohnhäuser oder Ferienappartements.

Willkommensgruß von Kindern an der Grenze (2015)

Wie heute gehörte Schöneben in Zeiten der Monarchie zwar zur Gemeinde Ulrichsberg, war jedoch aufgrund seiner exponierten geografischen Lage stark nach Norden ausgerichtet. Über Jahrzehnte gingen Kinder aus Schöneben nach Glöckelberg in die Volksschule, selbst nachdem Österreich-Ungarn 1918 zerfallen und der südböhmische Nachbarort in einem anderen Staat zu liegen gekommen war. Erst im September 1937 war es mit dem grenzüberschreitenden Schulbesuch in Glöckelberg vorbei. Die Gemeinde richtete provisorisch im Zollhaus Schöneben zwei Klassen für die einheimischen Schulkinder ein.

Gleichzeitig erfolgte der Spatenstich für ein Schulgebäude in unmittelbarer Nähe, was für die Gemeinde Ulrichsberg eine große finanzielle Belastung war. Der Bau war auch eine Maßnahme zur Bekämpfung der Arbeitslosigkeit in der strukturschwachen Region, die Bundeskanzler Kurt Schuschnigg im Juni 1936 besucht hatte. Die neue „Grenzschule“ trug daher den Namen „Dr. Schuschnigg-Schule“, doch dann kam 1938 der Regimewechsel. Die Volksschule Sonnenwald existierte noch bis 1972, als der Schulleiter in Pension ging. Dann fuhren die Kinder mit dem Schulbus nach Ulrichsberg und das Gebäude wurde verkauft.

Vom Grenzübergang Schöneben nach Zadní Zvonková

1020
Distanz: 2 km

Nach vierzig Jahren „toter Grenze“ wurde der Übergang bei Schöneben im April 1993 wieder geöffnet. Die wildromantische Landschaft des Böhmerwaldes zieht uns sofort in ihren Bann und gemütlich radeln wir auf welligem Gelände dahin, bis wir zu einer einsamen Kreuzung kommen. Auch wenn es auf den ersten Blick nicht so scheint – wir sind bereits inmitten der ehemaligen Ortschaft Glöckelberg (Zadní Zvonková). Wir fahren ein Stück nach links, bis wir ein kleines Museum und die Kirche entdecken.

Zadní Zvonková (Glöckelberg)

Seehöhe: 824 m

Gemeindegebiet von Horní Planá (→ S. 47), www.horniplana.cz

Von der Ortschaft Glöckelberg (Zadní Zvonková), die 1670 als Holzfällerdorf gegründet worden war, hat die Geschichte der zweiten Hälfte des 20. Jahrhunderts nur wenig übriggelassen: die Kirche, den Friedhof und das ehemalige Mesnerhaus; all dies befand sich 1990 in einem desaströsen Zustand. Aber das war genug für die Entstehung eines einzigartigen Erinnerungsortes, der heute zu den bekanntesten Sehenswürdigkeiten der Gemeinde Horní Planá

(Oberplan) gehört. In einem würdigen Ambiente kann man sich mit dem Schicksal des Ortes in der früheren Grenzsperrzone beschäftigen. Im Internet hat Glöckelberg noch eine eigene virtuelle Existenz, mit vielen Informationen über seine Geschichte und aktuellen Terminen *(www.gloeckelberg.at)*.

In der Böhmerwaldgemeinde Glöckelberg, mit all seinen zugeordneten Siedlungen (z. B. Vorderglöckelberg, Josefsthal und Hüttenhof), lebten laut der Volkszählung von 1930 insgesamt ca. 1300 Personen, überwiegend mit deutscher Muttersprache. Viele von ihnen fühlten sich in der Tschechoslowakei benachteiligt und wie die meisten Sudetendeutschen begrüßten sie im Oktober 1938 den „Anschluss" an NS-Deutschland. Einige aber hatten den Ort schon zuvor „freiwillig" verlassen, wie der jüdische Kaufmann. Nach der Katastrophe des NS-Regimes und des Weltkrieges reagierte die Führung der Tschechoslowakei mit der rigorosen Enteignung und Zwangsaussiedlung ihrer deutschsprachigen Bevölkerung. So wurde auch der Großteil der Bewohner Glöckelbergs 1946 deportiert. Für den Abtransport wurden diese im „Kreuzwirt" beim Marterl unweit der Kreuzung versammelt. Sie durften nur wenige Habseligkeiten mitnehmen. Danach kamen Neusiedler – Tschechen aus der Karpato-Ukraine und Rumänien. Doch diese mussten 1951 aufgrund der Sperrzone des Eisernen Vorhangs ebenfalls weg. 232 Häuser wurden im Laufe der Zeit geschliffen. Das Schulgebäude stand noch bis 1982, da es als Quartier für die Grenzsoldaten diente, bis diese nach Přední Zvonková (Vorderglöckelberg) übersiedelten. *Die Kirche zum heiligen Johannes Nepomuk* (1794 eingeweiht) überstand die Zeit als Turn- und Lagerhalle des Grenzschutzes – allerdings mit schweren Schäden.

Wie geht's weiter?

Ab 1990 konnten die Kirche und der Friedhof durch das tatkräftige Engagement ehemaliger Bewohner, österreichischer und tschechischer Freiwilliger und mit Unterstützung der Behörden renoviert werden. Am 22. August 1992 fand die Wiedereinweihung des Gotteshauses statt. Seitdem rufen zwei neue Glocken mit ihren Inschriften „über alle Grenzen hinweg zur Versöhnung" und „die Völker zum Frieden" auf. Inzwischen haben am Friedhof ehemalige Bewohner ihre letzte Ruhe gefunden. Eine berührende Inschrift lautet: „Hoam wollt a und Hoam is a gonga" (Nach Hause wollte er und nach Hause ist er gegangen). Eine Gedenktafel erinnert an den Priester Engelbert Unzeitig (1911–1945). Der junge Gemeindepfarrer wurde 1941 nach wenigen Monaten in Glöckelberg denunziert und von der Gestapo verhaftet. Er starb 1945 im KZ Dachau an Fleckfieber, nachdem er aufopfernd kranke Mithäftlinge gepflegt hatte. Aufgrund seines Wirkens wurde Unzeitig „Engel von Dachau" genannt und 2016 seliggesprochen.

Seit 2006 ist im einstigen Mesnerhaus ein *Ortsmuseum* untergebracht. Sollte dieses geschlossen sein, kann man neben dem Gebäude im „Album Šumavy" (Fotoalbum des Böhmerwaldes) zumindest historische Ansichten von Glöckelberg sehen. An Wochenenden aber sollte man die Gelegenheit zum Besuch nützen: Mit vielen historischen Fotos, Objekten, Dokumenten sowie zweisprachigen Texten (Tschechisch/Deutsch) wird das frühere Leben im Ort und in dessen Umgebung eindrucksvoll dokumentiert. Auf Tschechisch ist das Museum nach dem etwas in Vergessenheit geratenen Schriftsteller Johannes Urzidil (1896–1970) benannt. Dieser gehörte wie Franz Kafka, Max Brod, Franz Werfel und Erwin Kisch zum bedeutenden Prager Dichterkreis. Zwischen 1933 und 1937 weilte er als prominenter Gast zur Sommerfrische in Josefsthal und bekam von der Gemeinde Glöckelberg sogar das Bürgerrecht verliehen. Wenig später musste Urzidil wegen seiner „nichtarischen" Herkunft vor dem NS-Regime fliehen. Er emigrierte schließlich in die USA. In den 1950er-Jahren schrieb Urzidil die Erzählung „Grenzland" (als Teil des Bandes „Die verlorene Geliebte"), die hier im Böhmerwald spielt.

Zadní Zvonková (Glöckelberg)

Museum im ehemaligen Mesnerhaus/ Muzeum Johannese Urzidila
Juli u. Aug., Sa und So 10–16 Uhr, Eintritt: freie Spende, Infos unter www.gloeckelberg.at

1033, 1020
Distanz: 6 km

Von Schöneben nach Bližší Lhota

Auf unserer weiteren Fahrt geradewegs zum Moldaustausee verlassen wir allmählich die einstigen Sperrzone des Eisernen Vorhangs. Es geht auf der Route 1033 weiter wellig bergab. Zunächst sehen wir noch auf der rechten Seite die ehemalige Kaserne von Přední Zvonková (Vorderglöckelberg) und bald darauf einen großen landwirtschaftlichen Betrieb, ein ehemaliger sozialistischer Staatsbetrieb. An der folgenden Kreuzung befindet sich eine Unterkunfts- und Rastmöglichkeit. Hier, in der früheren Grenzzone, haben die Ortschaften durch die Isolation zwar sehr gelitten, aber doch überlebt. Es beginnt die Markierung 1020, die nach Bližší Lhota (Vorderstift) führt. Bis auf eher kurze Steigungen geht es leicht bergab und wir nähern uns rasch dem Ufer des Stausees.

Bližší Lhota (Vorderstift)

Seehöhe: 730 m

Gemeindegebiet von Horní Planá (→ S. 47), www.horniplana.cz

In Bližší Lhota (Vorderstift) heißt es für uns absteigen, wenn wir auf dem direkten Seeweg nach Horní Planá (Oberplan) wollen. In den Sommermonaten bringt eine Fähre Ausflügler und Autos von Ufer zu Ufer. Es ist kaum mehr vorstellbar, dass in Vorderstift einst der Bahnhof von Oberplan war und zwischen 1886 und 1945 eine eiserne Brücke über die Moldau führte. Falls man eine Fähre versäumt hat, kann man sich die Wartezeit mit einer Rast in der Jausenstation verkürzen und den Blick über das Wasser streifen lassen. Hier ist auch der beste Moment, um über den in Tschechien verbreiteten Gruß „Ahoj" nachzudenken.

Ein Seemannsgruß in einem Land ohne Meerzugang? Ja, man hört das informelle „Ahoj" in Tschechien recht oft unter Kanufahrern, Wanderern und Radfahrern, aber auch im Alltag – doch warum? Vielleicht einfach aus Sehnsucht nach dem Meer und der Ferne? Eine Annahme geht davon aus, dass tschechische Matrosen, die über Moldau und Elbe zur

SPERRZONE UND GRENZZONE DES EISERNEN VORHANGS

Auf unseren Touren auf der tschechischen Seite der Grenze radeln wir viele Kilometer in der ehemaligen Sperr- und Grenzzone des Eisernen Vorhangs. Wann genau und warum sind diese Zonen entstanden? Blicken wir in das Jahr 1948: Im Februar erlangten in der Tschechoslowakei die Kommunisten die Macht, ein autoritäres Regime – eine sozialistische Volksrepublik – wurde installiert. Um die Kontrolle über die Bevölkerung zu behalten, erklärte die neue Regierung am 23. Februar 1948 alle Reisepässe für ungültig, und ab 1949 erhielten die Bürger keinen Reisepass mehr. Viele flüchteten in den Westen, vor allem nach Deutschland. Bis 1955 barg der Weg nach Österreich wegen der sowjetischen Besatzungszone im Mühlviertel und Niederösterreich die Gefahr der Auslieferung in sich. Bis 1951 verließen tausende Menschen (ca. 12.000 bis 25.000) die Tschechoslowakei über die Grüne Grenze.

Sperrgebiet mit Wachturm und Stacheldraht (1974)

Um den Bevölkerungsverlust zu stoppen, verschärfte die Regierung das Grenzregime radikal. Sie ließ nicht nur Grenzzäune errichten, sondern bestimmte 1951 eine „Sperrzone“, die nur Angehörige des neu gebildeten militärischen Grenzschutzes oder Personen mit Sondererlaubnis betreten durften. Die Grenzgebiete waren durch den „Abschub“ der deutschsprachigen Bevölkerung von 1945/46 ohnehin stark ausgedünnt. Die (Neu-)Bewohner in dieser etwa zwei bis vier Kilometer breiten Zone wurden abgesiedelt, die geräumten Orte bald darauf geschliffen. Auf die „Sperrzone“ folgte die „Grenzzone“, die noch weitere sechs bis zwölf Kilometer in das Landesinnere reichte. Hier durften Zivilpersonen leben und arbeiten, der Zugang in dieses Gebiet war nur mit einer Genehmigung des Ministeriums für Nationale Sicherheit möglich. Das Leben in den Grenzregionen war von der Anwesenheit des Militärs geprägt. Etwa 20.000 Soldaten gehörten in der Volksrepublik dem Grenzschutz an.

Schiff Ahoj am Moldaustausee

Nordsee fuhren, den Gruß ins Land brachten. Denn aufgrund einer Regelung der Friedensverträge nach dem Ersten Weltkrieg konnte die Tschechoslowakei ab 1929 für 99 Jahre einen Hafen in Hamburg pachten. Wahrscheinlicher ist jedoch, dass tschechische Jugendliche, die sich Tramper („trempi") nannten, den Gruß in den 1920er-Jahren verbreiteten. Ähnlich wie Pfadfinder waren sie in der Natur unterwegs, allerdings mit Kanus auf den Flüssen. „Ahoj" hat einen internationalen Touch und hat sich im Gegensatz zu „Nazdar!" („Es möge dir gelingen!") aus der nationaltschechischen Turnerbewegung durchgesetzt. Was auch immer der Grund sein mag, ein fröhliches „Ahoj" kommt in Tschechien jedem leicht über die Lippen, egal, woher man ist.

Fahrt mit der Fähre

Von Bližší Lhota nach Horní Planá

Die Fahrt über den See ist eine schöne Abwechslung bei unserer Tour und dauert nur wenige Minuten. Die Karte muss man zuvor bei einem Automaten kaufen (Fahrrad + Person Kč 30). Neben Kronen werden auch Ein- u. Zwei-Euro-Münzen akzeptiert. Die Fähre ist gewöhnlich im Halbstundentakt zwischen 6.25 und 19.35 Uhr unterwegs, im Sommer bis 20.35 Uhr *(www.horniplana.cz/prevoz-horni-plana-blizsi-lhota.php)*. Am Anlegeplatz beim Strand von Horní Planá angekommen, radeln wir 1 km geradewegs weiter leicht bergauf ins Ortszentrum.

Horní Planá (Oberplan)

In Horní Planá (Oberplan) stand die Wiege des bekannten Schriftstellers Adalbert Stifter. Für das südböhmische Städtchen ist Stifter nach wie vor ein wichtiges Markenzeichen. Früher übte auch das durch den mäandrischen Flussverlauf geformte „Moldauherz“ im Tal eine große Anziehungskraft aus, doch dieses versank in den 1950er-Jahren im Stausee Lipno. An seiner Stelle breitet sich das „südböhmische Meer“ aus, an dem der Sommertourismus floriert. Horní Planá hat einen recht schönen Sandstrand, sodass hier trotz des eigentlich eher rauen Klimas die Vorstellung vom Urlaub im Süden aufkommt. Schon zu Zeiten des Kommunismus war der Stausee ein beliebtes Urlaubsziel, obwohl das Vergnügen durch die mitten durch das Wasser verlaufende Grenzzone eingeschränkt war. Heute haben wir die Freiheit, von Horní Planá aus die großartige Natur- und Erholungslandschaft des „Stifterlandes“ zwischen Plöckenstein und der Ruine Wittinghausen zu erkunden.

Seehöhe: 776 m

Infocentrum
Náměstí 8, Tel. +420 380 738008, www.sumava-lipno.eu, www.horniplana.cz

ČD (České Budějovice–Černý Kříž)
Cyklobus (→ S. 18)

Adalbert-Stifter-Geburtshaus/ Rodný dům Adalberta Stiftera

Wir beginnen den Spaziergang durch Horní Planá (Oberplan) gleich beim *Adalbert-Stifter-Geburtshaus* in der Palackého-Straße östlich vom Hauptplatz. Das Gebäude stammt aus dem 17. Jahrhundert, wurde aber großteils nach einem Brand, der das Haus im Jahr 1934 fast vollständig zerstörte, wiederaufgebaut. Seit 23. Oktober 1960 befindet sich darin ein Museum. Horní Planá setzte damit die Tradition der Verehrung des deutschsprachigen Dichters auch unter dem Kommunismus fort, den man als „treuen Sohn des Böhmerwaldes“ würdigte. Ausführlich widmet sich die zum Regionalmuseum Český Krumlov gehörende Einrichtung in einer Dauerausstellung dem Leben Stifters sowie dessen vielfältigem Werk in Literatur und Malerei. Objekte aus der Region ergänzen das Bild der Vergangenheit. Im Bereich „An den

Adalbert-Stifter-Geburtshaus/ Rodný dům Adalberta Stiftera
Palackeho 21, www.muzeumck.cz/o-muzeu/pamatnik-a-stiftera, April bis Sept. Di–So 10–12.30, 13.30–18 Uhr, Okt. Di–So 9–12, 12.30–16 Uhr, Nov. bis 15. Dez. Di–Sa 9–12, 12.30–16 Uhr, Eintritt: Kč 50/Kč 25

Ufern der alten Moldau" bekommen wir durch zahlreiche historische Fotos aus Oberplan und Umgebung eine bessere Vorstellung von früheren Zeiten. Das Museum organisiert regelmäßig Sonderausstellungen und Veranstaltungen. Hier nimmt selbstverständlich auch der Lehrpfad Stifterweg (Stifterova stezka) durch die Stadt seinen Anfang.

★ ADALBERT STIFTER – DER LANDESPATRON DER BÖHMERWALDREGION

Der Name Adalbert Stifters (1805–1868) eint das Dreiländereck Bayern, Oberösterreich und Südböhmen über alle Grenzen hinweg. Zahlreiche Denkmäler, Museen, Stifterwege, Skulpturen und Infotafeln erinnern an den deutschsprachigen Dichter, der in Oberplan geboren wurde. Durch Schriften Stifters wie z. B. „Hochwald" (1842), „Witiko" (1865–1867) mit ihren ausführlichen – manche meinen langatmigen – Landschaftsschilderungen wurde der Böhmerwald weithin bekannt. Der „Kult" um den Böhmerwalddichter begann in seiner Heimatregion schon bald nach dessen Tod und blieb über die Zeiten hinweg ungebrochen.

Adalbert Stifter hatte als Sohn einer armen Leinweberfamilie eigentlich nicht die besten Voraussetzungen für eine solche Karriere. 1817 starb sein Vater bei einem Unfall. Dank der Unterstützung des Großvaters konnte er das Gymnasium in Kremsmünster in Oberösterreich besuchen. Später begann er in Wien das Studium der Rechtswissenschaften

Adalbert-Stifter-Denkmal in Horní Planá

Adalbert Stifter (Ölgemälde vor 1820)

und schlug sich als Hauslehrer durch. Außerdem beschäftigte er sich mit Mathematik, Naturwissenschaften und Kunstgeschichte. Stifter arbeitete als Hauslehrer, Maler und Schriftsteller und veröffentlichte ab 1840 seine Werke. Stifter unterrichtete sogar den Sohn des Staatskanzlers Fürst Metternich. Weniger bekannt ist, dass er sich an der Märzrevolution 1848 in Wien beteiligte und zum Wahlmann für die Frankfurter Nationalversammlung bestimmt wurde. Nach der Zerschlagung der Revolution zog sich Stifter nach Linz zurück. Ab 1850 machte er sich als Landesschulinspektor für Volksschulen in Oberösterreich um die Förderung der Bildung verdient.

Stifter starb am 28. Jänner 1868 in Linz nach einem Selbstmordversuch, den er wegen unerträglicher Schmerzen – vermutlich aufgrund einer Leberzirrhose – unternommen hatte. Sein Werk erfuhr erst verzögert Anerkennung. Er gilt heute nicht als Heimatdichter, sondern als Schriftsteller der Weltliteratur, dessen Werke in mehr als zwanzig Sprachen übersetzt wurden.

Rundgang

Unser Weg führt uns nun auf den *Hauptplatz* des Städtchens, wo uns ein Informationszentrum mit einem Stadtplan versorgt. Das historische Ortsbild blieb im Zentrum im Großen und Ganzen gut erhalten. Dieses stammt meist, wie das Rathaus, aus der Mitte des 19. Jahrhunderts, da einige Brände die ältere Bausubstanz weitgehend vernichtet haben. Besonders bemerkenswert sind zwei Denkmäler mit Bezug auf das 20. Jahrhundert. 1985 wurde eine *Skulptur* in Erinnerung an die Opfer eines Todesmarschs 1945 (Na paměť Obětem pochodu smrti) errichtet. Damit sind die Gewaltexzesse des NS-Regimes in den letzten Kriegswochen gemeint: Anfang April 1945 wurden ungarisch-jüdische Zwangsarbeiter und KZ-Häftlinge durch Oberplan getrieben. Die Spur des Marsches lässt sich bis nach Aigen verfolgen. Vermutlich war das KZ Mauthausen das Ziel.

Kirche St. Margaretha (Kostel sv. Markéty)

In der Mitte der kleinen Parkanlage fällt das ramponierte *Kriegerdenkmal* für die Gefallenen des Ersten Weltkriegs auf. Eine von Vertriebenen verfasste Ortschronik Oberplans berichtet, dass die Namenstafeln 1938 unter dem NS-Regime entfernt worden seien, weil sich der Name eines Juden darauf befunden hat.

Am oberen Ende des Hauptplatzes wacht die *Kirche St. Margaretha* (Kostel sv. Markéty) über das Geschehen. Teile stammen noch aus der zweiten Hälfte des 13. Jahrhunderts, also aus der Frühphase des Ortes, ansonsten finden sich am Gebäude und in der Einrichtung Stilelemente von Renaissance bis Rokoko. Dahinter erstreckt sich auf dem Abhang des Gutwasserbergs (Dobrá Voda) der 1886 angelegte *Adalbert-Stifter-Park* (Stifterův park). Es ist ein lauschiges, sehr waldiges Plätzchen – und in dieser Form macht es dem Böhmerwalddichter wirklich alle Ehre. 1906 folgte anlässlich des hundertsten Geburtstags Stifters (etwas verspätet) das monumentale *Denkmal*. Bei dessen Enthüllung hatte man von dem Standort noch einen freien Blick auf den Böhmerwald. Oben auf dem Gutwasserberg finden wir die spätbarocke *Kapelle der schmerzhaften Mutter Gottes* (Kostel Panny Marie Sedmibolestné) (1777–1779) und die zwei „Wunderwasserquellen". Der weitere Stifterweg führt über eine schöne Baumallee etwas außerhalb von Horní Planá. Man spaziert an schönen Aussichtsplätzen, an Stationen wie Stifterbuche und Stifterfichte vorbei und kommt zurück zum Stifterhaus.

Von Horní Planá nach Nová Pec

33
Distanz: 9 km

Von Horní Planá kann man gemütlich am Nordufer des Moldaustausees entlang nach Nová Pec (Neuofen) fahren. Die neu verlegte Route 33 startet in der Bucht unweit der Anlegestelle der Fähre und verläuft meist neben der Bahnstrecke. Stets orientieren wir uns am Plöckenstein (Plechý), der mit 1379 Metern die höchste Erhebung Südböhmens und des Mühlviertels ist. Kurz vor unserem Ziel überqueren wir auf einer Brücke die noch nicht aufgestaute Moldau – ein wunderschönes Landschaftsbild.

Nová Pec (Neuofen)

Seehöhe: 744 m

Infocentrum Nová Pec, Nové Chalupy 41, Tel. +420 602 391 223, www.novapec.info (tsch.)

ČD (České Budějovice-Černý Kříž) Cyklobus (→ S. 18)

Das kleine Nová Pec (Neuofen), das im 17. Jahrhundert als Holzfällersiedlung am Fuße des Plöckensteins gegründet wurde, ist ein guter Ausgangspunkt für einen Ausflug zum Plöckensteiner See und zum Schwarzenbergischen Schwemmkanal. Das Leben der Ortschaft war bis ins 20. Jahrhundert als Umschlagplatz für den Holztransport über die Moldau bzw. die Eisenbahn geprägt. Heute profitiert der Ort, der unter der Lage am Eisernen Vorhang merklich gelitten hat, allmählich vom sanften Tourismus. Vor der Bergfahrt direkt ins Dreiländereck kann man sich in Nová Pec noch in einem Lokal stärken.

Vor uns liegt der im März 1991 gegründete *Nationalpark Šumava*, der mit 680 Quadratkilometern der größte Tschechiens ist. Im Kern geht er auf das im Dezember 1963 errichtete Naturreservat Trojmezná horá (4 km^2) zurück. 1990 erklärte die Unesco das Gebiet zum biosphärischen Reservat. Gemeinsam mit dem Bayrischen Wald bildet der NP Šumava einen Waldkomplex von 2000 Quadratkilometern, der den passenden Beinamen „Grünes Dach Mitteleuropas“ trägt. Er bietet Lebensraum für selten gewordene Tierarten wie Dreizehenspecht, Zaunkönig, Auerhahn, Waldhaselhuhn, Elch oder Eurasischer Luchs. Die Landschaft ist von Hochmooren, pflanzenreichen Talwiesen und riesigen Waldbeständen geprägt. Auffällig sind die vielen Bäume, die sichtbar unter Borkenkäferbefall leiden. Wir befinden uns in einem Naturschutzgebiet mit der höchsten Stufe. Hier wird so gut wie alles der Natur überlassen, und die Umweltschützer erwarten einen interessanten „Nachwuchs".

1027, 1023
Distanz: 14 km

Von Nová Pec zum Plöckensteiner See

Wir nähern uns dem höchsten Punkt unserer gesamten Reise, denn der Plöckensteiner See liegt auf 1090 m. Wir nehmen die Route 1027 durch das hübsche Tal „Jelenské údolí" und radeln über eine stetige leichte Steigung nach Jelení (Hirschbergen). Erst das letzte kurze Stück vor der Siedlung nötigt uns mehr Kraft ab (7,5 km/140 Hm). Von Jelení fahren wir noch 6,5 km über 300 Hm bis zum Plöckensteiner See (Plešné jezero). Zuerst gilt für uns die Route 1023. Nach ca. 2,5 km halten wir uns bei einer Weggabelung links und folgen der Markierung 1029. Auf diesem letzten Abschnitt wird es steiler, und hier gilt wahrscheinlich: „Wer sein Rad liebt, der schiebt."

Seehöhe: 1090 m

i Gemeindegebiet von Nová Pec (→ S. 51), www.novapec.info (tsch.)

Plešné Jezero (Plöckensteiner See)

„Unheimlich Naturauge" und „versteinerte Träne" – so nannte der Böhmerwalddichter Adalbert Stifter im 19. Jahrhundert den Plöckensteiner See, als er ihn in seinen literarischen Werken („Der Hochwald", „Der Granit") verewigte. Wenige Jahre nach Stifters Tod setzte man ihm hier ein steinernes Denkmal: Seit 1876/77 wacht ein *Obelisk* auf der Anhöhe oberhalb des Sees über das Idyll. Der Entwurf dafür stammt übrigens vom bekannten Wiener-Ringstraßen-Architekten Heinrich von Ferstel. Wer diese Aussichtsstelle erklimmen will, muss einen Fußweg von 4,5 Kilometern (in eine Richtung!) zurücklegen. Von dem kleinen See im Dreiländereck geht eine

eigenartige Faszination aus, im Sommer tummeln sich hier nicht wenige Wanderer und Radfahrer, um das Relikt aus der Eiszeit (Pleistozän) – einen sogenannten Karsee – zu bewundern. Links neben dem Unterstand am See hält ein Album Šumavy (Album des Böhmerwaldes) alte Ansichten aus dem 20. Jahrhundert für uns bereit.

Der Ausflugstourismus hierher begann früh, und so errichtete der Deutsche Böhmerwaldbund 1911 am Nordende des Sees ein Schutzhaus. Die „Luxemburger Hütte" wurde 1935 noch erweitert, brannte aber 1952 ab, als hier bereits Soldaten ihren Dienst in der Grenzsperrzone machten und sich im Dreiländereck dramatische Szenen abspielten (→ S. 54 f.). Auf der Front der 1953 gebauten Militärbaracke stand das Motto „Chráníme hranice tábora socialismu" (Wir schützen die Grenze des sozialistischen Lagers). Von alledem merkt man heute nichts mehr, 1989 wurden die baufälligen Häuser abgerissen. Nach dem Fall des Eisernen Vorhangs wurde schon am 1. Juni 1990 in der Nähe des Grenzsteins I/10 ein kleiner Grenzübergang für Wanderer und Radfahrer feierlich eröffnet. Für die Oberösterreicher erfüllte sich damit ein langgehegter Wunsch nach einem Zugang zum Plöckensteiner See.

Josef Hasil als Grenzer (1948)

★ DER KÖNIG DES BÖHMERWALDES: JOSEF HASIL

Der Böhmerwald war nach der kommunistischen Machtübernahme in der Tschechoslowakei 1948 Schauplatz vieler Fluchtversuche. Schleuser lotsten Flüchtlinge über die grüne Grenze in erster Linie nach Bayern, wo die Amerikaner stationiert waren. Auch Agenten des Westens bewegten sich illegal in dem Gebiet. Ein besonders erfolgreicher „Grenzgänger" war Josef Hasil – er erlangte den Ruf als „König des Böhmerwaldes" („Král Šumavy").

Hasil war sicher kein Angepasster: Schon während der NS-Zeit beteiligte er sich als Verbindungsmann der Partisanen am Widerstand. Nach dem Krieg meldete sich Hasil als Freiwilliger zum Korps der nationalen Sicherheit und gehörte ab Jänner 1948 zur Grenzschutzeinheit Zvonková (Glöckelberg). Und ausgerechnet als solcher brachte er im Laufe der folgenden Monate ca. dreißigmal größere Menschengruppen über die Grenze, bis zu seiner Festnahme im Oktober 1948. Hasil wurde zu sieben Jahren Haft verurteilt, im Mai 1949 konnte er aber flüchten und sich nach Bayern absetzen, wo bereits sein Bruder Bohumil lebte.

Beide Brüder waren für den amerikanischen Nachrichtendienst im Gebiet Prachatice (Prachatitz) tätig. Während Bohumil 1949 bei dem Versuch starb, seinen eigenen Sohn nach Deutschland zu bringen, entkam Josef Hasil. Er blieb als Schleuser aktiv, bis die Grenze hermetisch abgeriegelt war.

Hasil gilt als Inspiration für den in Tschechien sehr beliebten Film „Král Šumavy" (ČSSR 1959, Regie: Karel Kachyňa) und für die gleichnamige Erzählung. Darin fassen die Grenzsoldaten den Schleuser und krönen sich so selbst zu „Königen des Böhmerwaldes". Doch in der Realität wurde „König" Hasil nicht gestürzt, er emigrierte 1953 in die USA, wo er noch 2018 als über Neunzigjähriger lebt. Am 18. Oktober 2001 verlieh ihm Staatspräsident Václav Havel die Medaille für Heldentum.

Alois Jeřábek in Haft

7. JÄNNER 1953: GRENZSOLDAT AUF DER FLUCHT

Im Jänner 1953 stapfte Unteroffizier Alois Jeřábek (1927–1953) gemeinsam mit einem Grundwehrdiener auf Skiern durch den verschneiten Böhmerwald im Dreiländereck. Er hatte den Entschluss gefasst, durch das Mühlviertel nach Bayern zu fliehen. Vermutlich war der Jungkommunist Jeřábek, der aus bürgerlichen Verhältnissen stammte, unzufrieden: Sein Ansuchen um Aufnahme in die Akademie der Grenzwache war abgelehnt worden, verschiedene Rügen im Dienst ließen ihn an Flucht denken. Die Zeit drängte, denn der Grenzzaun wurde gerade errichtet. Auf dem Kontrollgang in der Nähe des Plöckensteiner Sees steuerte Jeřábek die Grenze zu Österreich an. Hier entwaffnete er seinen Begleiter und forderte ihn ebenfalls zur Flucht auf, doch dieser weigerte sich.

Während Jeřábek seinen Plan ausführte, lief der Grundwehrdiener sofort zum 600 Meter entfernten Kontrollpunkt 1054 und schlug Alarm. Zwei Grenzsoldaten nahmen die Verfolgung auf, wobei sie widerrechtlich österreichisches Territorium betraten. Jeřábek war mit den Skiern gestürzt, seine ehemaligen Kameraden konnten ihn einholen. Die folgende Schießerei dauerte ca. 45 Minuten, mindestens 113 Patronen pfiffen durch die Luft und der Flüchtige wurde schließlich schwer getroffen. Ein Selbstmordversuch Jeřábeks misslang, weil die Pistole versagte. Die Grenzer schleppten den Verletzten zurück und versuchten die Spuren zu verwischen. Doch der Vorfall war nicht unbemerkt geblieben – die Österreicher informierten die sowjetische Besatzungsmacht. Die Untersuchung verlief ergebnislos, die tschechoslowakischen Behörden vertuschten den Vorfall. Für Jeřábek endete der Fluchtversuch tragisch. Nachdem er zunächst gesund gepflegt worden war, machte man ihm den Prozess. Der ehemalige Berufssoldat wurde zum Tode verurteilt und am 5. Dezember 1953 in Prag hingerichtet.

1029, 1023
Distanz: 6,5 km

Vom Plöckensteiner See nach Jelení

Wir wenden uns nun *der* grenzüberschreitenden Sehenswürdigkeit des Böhmerwaldes zu: dem berühmten Schwarzenbergischen Schwemmkanal. Dafür kehren wir über denselben Weg (Route 1029, 1023) recht flott nach Jelení (Hirschbergen) zurück, da es nun fast durchwegs bergab geht. Auf den letzten Kilometern vor Jelení befinden wir uns bereits auf der Strecke des stillgelegten, verwachsenen Kanals. Bevor wir in Jelení ankommen, verdienen die Portale eines kuriosen Tunnels besondere Beachtung (s. u.).

Jelení (Hirschbergen)

Seehöhe: 865 m

Gemeindegebiet von Nová Pec (→ S. 51), www.novapec.info (tsch.)

Tief im Böhmerwald hat sich Jelení (auch Jelení vrchy) zum touristischen Ausgangspunkt für die Besichtigung des *Schwarzenbergischen Schwemmkanals* (Schwarzenbergský plavební kanál) entwickelt. Ihm verdankt die Siedlung seit jeher seine Existenz: Während des Baus des Kanals wurde das Dorf 1790 als Holzhauersiedlung gegründet, die meisten seiner Bewohner waren bei der Holzschwemme beschäftigt. Ein Fotoalbum am oberen Ende des Parkplatzes (Album Šumavy) zeigt uns historische Bilder. Die kleine Häuseransammlung Jelení liegt in der Nähe eines 389 Meter langen Tunnels, der 1823 für den optimalen Verlauf des Schwemmkanals gebaut worden ist und heute zu den Hauptattraktionen der Gegend zählt. An den Enden stehen Steinportale im Stil der Neugotik und des Empire. Auch regelmäßige Schauschwemmen und Feste locken Touristen nach Jelení.

Ausstellung zum Schwemmkanal/ Expozice Kanál

Im ehemaligen Kanalaufseherhaus informiert seit 2004 eine Ausstellung, *Expo Kanál,* über die Geschichte des Schwarzenbergischen Schwemmkanals. Ein zentrales Element bildet ein interaktives

Landschaftsmodell, auf dem der Verlauf des Kanals gut zu erkennen ist. Als der Kanal vor mehr als 200 Jahren in mehreren Etappen (1789–1791, 1793 und 1821–1823) gebaut wurde, spielten die Landesgrenzen keine Rolle. Er beginnt bei Nové Údolí (925 m) und endet in St. Oswald bei Haslach an der Mühl (503 m). An vier Stellen wechselt der ca. 52 Kilometer lange Kanal zwischen Südböhmen und Oberösterreich.

Im 19. Jahrhundert galt der Schwemmkanal als „achtes Weltwunder". Die technische Meisterleistung bestand darin, natürliche Grenzen zu überwinden – die europäische Hauptwasserscheide und den Kamm des Böhmerwaldes. Auf die Möglichkeit der Realisierung dieses ungewöhnlichen Wasserwegs kam Ingenieur Joseph Rosenauer (1735–1804), der durch Förderung des Fürsten Joseph I. Adam von Schwarzenberg Mathematik und Physik studieren hatte können. Mithilfe des Kanals wurde die Reichshauptstadt Wien mit Holz aus dem Böhmerwald versorgt. Hunderte Menschen arbeiteten in der Schwemmsaison im Frühjahr, z. B. Wächter, Holzeinwerfer, Vorarbeiter, Ausstecher, Leger und Trifter. Die Holzscheiter trieben bei St. Oswald bei Haslach in die Mühl und weiter zur Donau, wo sie auf Schiffe verladen wurden. Der Transport nach Wien dauerte insgesamt etwa acht Tage. Die Hochblüte der „Wiener Schwemme" hielt bis 1891 an.

Ende des 19. Jahrhunderts verlor der Schwemmkanal als Transportweg an Bedeutung, als die Mühlkreisbahn und neue Bahnstrecken in Böhmen diese Funktion übernahmen. Außerdem löste zunehmend Kohle Holz als Heizmittel ab. Ein letztes Mal beförderte der Kanal 1916 Holz bis zur Mühl nach Österreich. In Böhmen blieb der Schwemmkanal länger in Betrieb, denn die 1932 gebaute Abzweigung zur Moldau („Hefenkriegbachschleuse") war noch bis 1961 in Betrieb. 1963 wurde der Kanal zum Technischen Denkmal der 1. Kategorie deklariert. Über die Jahrzehnte verwilderten große Teile der einst bedeutenden Lebensader des Böhmerwaldes. Nach der

Tunnelportal bei Jelení

Expo Kanál
Jelení 13, www.schw-kan.com, geöffnet in der „Schwemmsaison" Mitte Mai bis Mitte Sept. tägl. 8–17 Uhr, Eintritt: freie Spende

Grenzöffnung 1989 tauchten Initiativen und Konzepte zur Revitalisierung von Teilen des Schwemmkanals auf, um diesen zu erhalten und den Tourismus zu beleben. Ab 1999 konnte diese Idee erfolgreich umgesetzt werden. Der Schwemmkanal erwachte nach einer Teilrenovierung als Tourismusachse der Böhmerwaldregion zu neuem Leben und wird als „(s)achtes Weltwunder" beworben.

Am Schwarzenbergischen Schwemmkanal

Auch wenn an vielen Stellen nur noch ein Graben an den *Schwarzenbergischen Schwemmkanal* erinnert, für Radfahrer ist die alte Anlage mit der Kanalstraße noch immer ein Segen. Aufgrund des schwachen Gefälles lässt es sich kilometerlang sehr gemütlich quer durch den Böhmerwald radeln – egal, ob bergauf oder bergab, ob in Tschechien oder Österreich, und das von Nové Údolí bis St. Oswald bei Haslach.

1023, EV 13
Distanz: 15 km

Von Jelení bis Josefův Důl

Von Jelení folgen wir der Route 1023 am Schwarzenbergkanal immer ganz leicht bergab durch den meist dichten Wald. Hin und wieder ergeben sich schöne Ausblicke in die Landschaft. Der Kanalgraben ist eine gute Orientierungsmöglichkeit, bei Kreuzungen radeln wir einfach in Fahrtrichtung

Am Schwarzenbergischen Schwemmkanal durch den Böhmerwald

Radlergruppe bei der Wüstung Josefův Důl (Josefsthal)

geradeaus weiter. Die Kanalstraße ist überwiegend gut befestigt, wenn auch manchmal rumpelig. Auf der Strecke sehen wir mehrere Schleusen, die zur Regelung des Wassers im Kanal eingesetzt wurden. Besonders bemerkenswert ist die Seebachschleuse, 2 km von Jelení entfernt, bei der die sogenannte Rosenauer-Kapelle (Rosenauerova kaplička) steht. Zu ihrer Errichtung gibt es verschiedene Thesen, jedenfalls dient sie heute der Erinnerung an den Ingenieur des Schwemmkanals, Joseph Rosenauer.

Nach weiteren 8 km kommen wir zur Wegkreuzung Klápa, ab der für uns die Markierung EV 13 gilt. Kaum vorstellbar – früher marschierten hier Grenzsoldaten auf ihrer Patrouille und neben dem Kanal verlief der Stacheldrahtzaun des Eisernen Vorhangs. Bei Klápa sehen wir Gebäude, die früher dem Grenzschutz dienten (→ Fotos unter *www.vojensko.cz/13-rps-nova-pec*). Sie haben heute die Funktion einer Herberge und Jausenstation. Es geht flott am Schwemmkanal weiter, doch wir achten auf die Kreuzungspunkte mit Wanderwegen. Orientierungspunkte bei den Wegweisern zeigen uns an, wo sich bis Anfang der 1950er-Jahre die Ortschaften Hut'ský Dvůr (Hüttenhof) und Josefův Důl (Josefsthal) befunden haben.

Hut'ský Dvůr/Hüttenhof und Josefův Důl/Josefsthal

Von den Ortschaften Hüttenhof und Josefsthal, die zur Gemeinde Glöckelberg (Zadní Zvonková, → S. 41) gehörten, ist nichts mehr zu sehen. Seit 2014 geben „historische Fotoalben" des Projekts „Album Šumavy" einen kleinen Eindruck vom früheren Leben hier. Beide Ortschaften entstanden als Holzfällersiedlung im 18. Jahrhundert, die zunächst vom Schwemmkanal lebten. In Josefsthal existierte eine *Glashütte der Firma Stölzle* aus Alt-Nagelberg (→ S. 160), die in der strukturschwachen Region für Arbeitsplätze sorgte. Nach der schrittweisen Reduzierung der Produktion ab 1923 folgte jedoch 1929 die Schließung der Glasfabrik und 1930 die Sprengung des Fabrikschornsteins. Manche Bewohner pendelten z. B. nach Budweis und Prag oder wanderten aus, so etwa zwanzig Familien nach Nagelberg, andere auch nach Übersee.

In den 1920ern und 1930ern entwickelte sich allmählich der Fremdenverkehr als neue Einnahmequelle. Neben der Sommerfrische erlebte der Skitourismus einen Aufschwung. Der Deutsche Böhmerwaldbund kaufte einige Gebäude der eingestellten Glasfabrik und baute sie zu Gastwirtschaften, modernen Unterkünften und einer Turnhalle um. Sogar eine kleine Sprungschanze wurde 1932 gebaut, es fanden Skiwettkämpfe statt. Ausflüge über die Grenze bis ins österreichische Holzschlag zum Mittagessen waren üblich. Diese hoffnungsvolle Tendenz stoppte der Kriegsbeginn 1939 jäh. Kriegswirtschaft und der Kriegsdienst der jungen Männer ließen kaum mehr Raum für Skitourismus. 1940 bis 1945 erzeugte ein kleiner Rüstungsbetrieb in Josefsthal Handgranatenholzstiele, ein Wehrertüchtungslager der Hitlerjugend nahm ebenfalls Quartier. Der weitere Verlauf der Geschichte – die Errichtung der Grenzsperrzone – hat auf tschechischer Seite des Hochficht (Smrčina) eine skitouristische Entwicklung wie in Österreich verhindert. Immer wieder

Wichtige Orientierung

taucht die Idee auf, in der Region eine Verbindung zum beliebten Skigebiet im Mühlviertel zu bauen. Doch nun hat die Erhaltung eines einzigartigen Naturschutzgebietes Priorität.

Schrollenbach-schleuse

Von Josefův Důl nach St. Oswald bei Haslach

EV 13, R 27 / 800, R 5 / 800
Distanz: 21 km

Nach Josefův Důl (Josefsthal) kommen wir zunächst an einer Pension mit Ausschank vorbei, dann passieren wir das bereits bekannte Zadní Zvonková (→ S. 41). Wir fahren weiter geradeaus am Schwemmkanal entlang und erreichen bald darauf die Staatsgrenze bei der Rothbachschleuse. In Oberösterreich ist der EV 13 nicht eigens ausgeschildert. Für uns gilt nun bis Aigen-Schlägl die Markierung R27 bzw. 800. Die nächste Siedlung Sonnenwald mit der Böhmerwaldschule (→ S. 39) hat eine äußerst abgeschiedene, aber freundliche Lage am Abhang des Böhmerwaldes. Hier gibt es noch eine Einkehrmöglichkeit, bevor die Route an der Kanalstraße 7 km durch den einsamen Wald verläuft. Bei der Schrollenbachschleuse verlassen wir den Schwemmkanal. (Anmerkung: Alternativ kann man weiter am Schwemmkanal über die Doppelbrücke am Iglbach durch die Wälder bis nach St. Oswald fahren.)

Über die Böhmerwald Landesstraße gelangen wir nach einer mäßigen Steigung zum Haagerhof, den wir vom Beginn unserer Tour kennen. Das tolle Panorama vor Augen rauschen wir – kontrolliert mit Bremsen in Bereitschaft – über 1,5 km und 250 Hm hinab ins Tal. Auf dem Hauptplatz von Aigen-Schlägl (→ S. 33) biegen wir bei der Kirche links ab und nehmen die Route R 5 bzw. 800 über Baureith und Wurmbrand. Wir bewältigen wieder eine etwas anstrengendere Steigung (ca. 3 km/60 Hm). Danach genießen wir bei der welligen Fahrt die freie Sicht auf das Mühltal, passieren die Siedlungen Günterreith und Sattling und gelangen nach St. Oswald bei Haslach.

St. Oswald bei Haslach

Seehöhe: 658 m

Gemeindeamt St. Oswald bei Haslach 18, Tel. +43 7289 71555, www.st-oswald-haslach.ooe.gv.at

Der kleine Grenzort ist vor allem als Endpunkt des Schwarzenbergischen Schwemmkanals bekannt. Hier stürzten die Holzscheiter über die Steilstufe in den Zwettler Bach und trieben weiter zur Mühl. Diese Sehenswürdigkeit ist nur zu Fuß über einen Wanderweg („Schwemmkanalweg“) zu erreichen, ein Übersichtsplan ist in der Ortsmitte aufgestellt. Ein Abstecher dorthin ist auch wegen des alten „Maria-Theresianischen Hauptgränzsteins“ aus dem Jahre 1788 interessant.

Ein modernes *Grenzdenkmal* befindet sich beim Grenzübergang Koranda – St. Oswald bei Haslach, der nördlich beim Galgenberg liegt. Die recht skurrile Installation „Connect it“ des Grazers Gideon Koval (*1975) wurde im August 1999 errichtet und will vermitteln, dass gewisse Barrieren (zwischen den Nachbarn) noch zu überwinden sind, damit es zum Kontakt kommt und Energie fließen kann.

Das *Zollhausgebäude St. Oswald* aus den 1920er-Jahren ist ein Denkmal für sich. Es war wie alle Grenzgebäude stummer Zeuge der dramatischen Zuspitzung der Situation im September 1938 wäh-

rend der „Sudetenkrise“. Damals verübten geflüchtete Sudetendeutsche, die sich dem Wehrdienst in der ČSR entziehen wollten, und Nationalsozialisten Gewalttaten gegen tschechoslowakische Zoll- und Exekutivbeamte. Im Oktober 1938 folgte die Annexion der tschechoslowakischen Grenzgebiete durch NS-Deutschland und die Grenze wurde ins Landesinnere Böhmens verlegt. Damit verlor das Zollhaus erstmals seine Funktion. 1945 bis 1955 besetzte die sowjetische Armee das Gebäude. Von dieser Zeit blieb ein russisches Graffito erhalten, das übersetzt lautet: „Es leben unsere Grenzsoldaten, die scharfsichtigen Wächter der sowjetischen Grenzarmee“. Zu Zeiten des Eisernen Vorhangs ab 1948 wurden fast alle Grenzübergänge gesperrt und die Zollhäuser an der „toten Grenze“ verloren ihre Aufgabe. In St. Oswald dient das im Jahr 1978 geschlossene Zollhaus inzwischen als Wohnhaus.

Auf der Rückfahrt ins Ortszentrum kommen wir am *Reichenauer Denkmal* vorbei, das seit 1975 an die in den 1950er-Jahren zerstörten Ortschaften jenseits der Grenze erinnert. In St. Oswald selbst ist in der *Reichenauer Stube* eine Gedenkausstellung der Heimatvertriebenen mit historischen Fotos aus diesen

Reichenauer Stube St. Oswald Nr. 18, Jän. bis Dez., Mo–Fr 8–12, Di 16–18, Do 13–15 Uhr

„Connect it“ am Grenzübergang bei St. Oswald

Dörfern zu sehen. Der Schlüssel ist am Gemeindeamt erhältlich.

805
Distanz: 7,5 km

Von St. Oswald nach Haslach an der Mühl

Unser nächstes Ziel liegt wieder im Tal an der Mühl, dazwischen liegen 150 Hm Differenz. Wir folgen der Wittinghausen-Route 805. Diese biegt nach 2,5 km von der direkten Straßenverbindung nach Haslach links ab. Ein Güterweg führt hinauf nach Unterurasch, danach halten wir uns rechts und fahren weiter auf der Route 805 bis nach Haslach.

Haslach an der Mühl

Seehöhe: 518 m

Die hübsche Marktgemeinde Haslach am Rande des Böhmerwaldes entstand vermutlich als planmäßige Anlage der Rosenberger im 13. Jahrhundert an der Kreuzung dreier Handelswege. Die mittelalterliche Ortsstruktur ist trotz einiger Zerstörungen durch Kriege und Brände sehr gut erhalten geblieben. Haslach ist international als Textilzentrum bekannt, obwohl die Textilbranche mittlerweile fast verschwunden ist. Im Oberen Mühlviertel – und insbesondere in Haslach – war der Anbau von Flachs und dessen Verarbeitung zu Leinen jahrhundertelang eine wichtige Lebensgrundlage. Aus dieser Vergangenheit sind einige kleinere Betriebe, eine traditionsreiche Textilfachschule und die Liebe zum Thema geblieben. Alljährlich im Juli findet in Haslach der internationale Webermarkt statt, der im Prinzip bis ins 16. Jahrhundert zurückgeht und zu dem Aussteller sowie Besucher aus nah und fern anreisen.

Die charmante Marktgemeinde hat auch sonst einiges zu bieten: Rund um den *Hauptplatz* reihen sich Ackerbürgerhäuser aus dem 15. bis 19. Jahrhundert. Darin finden sich kleine Geschäfte und Galerien. Imposant ist die spätgotische *Pfarrkirche zum heiligen Nikolaus* mit einem freistehenden Wehrturm aus dem 14./15. Jahrhundert über Haslach. Der Turm ist donnerstags ab 17.30 Uhr, vor dem Start der geführten Ortsrundgänge, geöffnet. Einen wesentlichen Komplex der Gemeinde nehmen die ehemaligen Fabriksgebäude der Textilfirmen Vonmiller und Obermüller ein. Nach deren Schließung in den 1990er-Jahren kaufte die Gemeinde die leeren Gebäude und gestaltete sie mithilfe von Landes- und EU-Geldern in ein großzügiges *Kommunal- und Kulturzentrum* um, das wichtige Impulse für Haslach gibt. Wirklich erstaunlich ist die – für einen Ort mit 2500 Einwohnern – verhältnismäßig hohe Anzahl an Museen und Produktionsstätten mit Besichtigungsmöglichkeit. Sie geben Gelegenheit für einen ungewöhnlich abwechslungsreichen und informativen Aufenthalt.

Tourist-Info Haslach, Stahlmühle 4, Tel. +43 7289 72300, +43 664 7363 6818, www.haslach-erleben.at, www.haslach.at

ÖBB (Linz-Urfahr-Aigen-Schlägl): Bahnhof Haslach, 3,8 km

Ortsrundgang
Mai bis Sept., fixe Führung Do 18 Uhr, Treffpunkt: Kirchenplatz, Kosten: € 4,–/€ 3,–

Das Mühltal im Oktober

Haslach: alte Textilfabriken in neuer Funktion

Webereimuseum Stahlmühle 4, www.textiles-zentrum-haslach.at, April bis Okt. Di–So, Nov. bis März Do–So jeweils 10–16 Uhr, fixe Führung 10 Uhr, Schließtage: 1. Nov., 24./25. Dez., Eintritt: € 6,–/€ 4,–, Führungsaufschlag: € 2,–/€ 1,–

Manufaktur Haslach Stahlmühle 3, www.manufaktur-haslach.at, Mai bis Okt. nach Voranmeldung, fixe Führung Di 13 Uhr, Eintritt: € 6,90/€ 4,50

Museum Mechanische Klangfabrik Stelzen 15, www.mechanischeklangfabrik.at, April bis Okt. Di–So nach Voranmeldung, fixe Führung 14 Uhr, Eintritt: € 8,–/€ 5,–

Museenlandschaft Haslach

Der vor dem Verfall gerettete Industriekomplex im Ortszentrum mit der Adresse Stahlmühle beherbergt die Tourist-Info Haslach, welche für uns die zentrale Anlaufstelle für das vielfältige Angebot vor Ort ist. Für Gruppen ab zehn Personen werden jederzeit Besichtigungen gegen Voranmeldung organisiert, der sich Einzelbesucher eventuell auch anschließen können. Zusätzlich gibt es überall fixe Führungen. Die übersichtliche Website *www.haslach-erleben.at* hält alle wichtigen, aktuellen Informationen für interessierte Besucher bereit.

Das *Webereimuseum* dokumentiert auf sehr anschauliche Weise die Entwicklung der Weberei und Textilindustrie im Laufe der Geschichte. Es schafft Bewusstsein für Arbeitsweisen in der Textilbranche und stellt vielleicht bei so manchem den Respekt vor dieser Ware wieder her. Zu sehen sind zahlreiche Webstühle unterschiedlicher Zeiten, Arbeitsgeräte, Musterbücher. Wir befinden uns in den Hallen der einst bedeutenden Textilfirma Vonwiller (1833–1998), die hunderte Menschen in der Region beschäftigte und um 1900 ihre Erzeugnisse in alle Welt lieferte. Ein Besuch des sozioökonomischen Betriebs *Manufaktur Haslach* gibt Einblick in heutige regionale Produktion. Im selben Komplex befindet sich auch das *Museum Mechanische Klangfabrik*. Dort erwartet uns eine beeindruckende, von einem Privatsammler geschaffene Kollektion von den historischen Vorgängern eines MP3-Players: automatische Klaviere,

Dreh- und Tanzorgeln bis hin zu Plattenspielern, Wurlitzern und Radios. Vorführungen inklusive.

Im Alten Turm zeigt das *Heimatmuseum* zahlreiche Objekte und Bilder aus der Alltags- und Arbeitsgeschichte der Marktgemeinde. Unmittelbar in der Nähe entführt uns das *Kaufmannsmuseum* in die Einkaufswelt vor der Zeit von Supermärkten und Onlinehandel: Die originale Einrichtung aus den 1920er-Jahren und zahlreiche Reklameschilder aus Email rufen bei manchem wohl Nostalgie, bei anderen Erstaunen hervor. Den kulinarischen Aspekt der Region deckt der Traditionsbetrieb *Mühlviertler Ölmühle* ab, wo wir alles rund um die Produktion des Leinöls erfahren.

Kaufmannsmuseum Windgasse 17, Mai bis Okt. Fr u. Sa 11–13 und 15–18 Uhr, fixe Führung 16 Uhr, Eintritt: € 4,–/€ 2,80. Führungsaufschlag: € 1,–
Alter Turm Heimathaus Haslach Windgasse 10, Mai bis Sept. nach Voranmeldung, fixe Führung Sa 10 Uhr, Eintritt: € 4,–/€ 3,–
Mühlviertler Ölmühle Stahlmühle 1–2, www.oelmuehle-haslach.at, Mai bis Okt. gegen Voranmeldung, fixe Führung Do 11 Uhr, Eintritt: € 2,90 bis € 4,90

Von Haslach nach Guglwald

Vom Haslacher Marktplatz folgen wir zunächst der Wittinghausen-Route 805 in Richtung Norden. Eine Bergetappe liegt vor uns (2,5 km/100 Hm). Bei Hinternberg biegen wir rechts ab und wechseln auf den Mühlviertelradweg R 5. 4 km müssen wir noch bergauf radeln oder schieben (300 Hm). In Oberafliesl haben wir mit 905 m den höchsten Punkt dieses Abschnitts erreicht. Danach können wir gemütlich auf einer schönen Hochebene dahingleiten. Kurz vor Guglwald verläuft die Route leicht bergauf und direkt an der Grenze entlang, ein alter Grenzstein mit der Aufschrift „OÖ – Böhmen" begrüßt uns in Schönegg/Guglwald.

805, R 5, 1019
Distanz: 13,5 km

Guglwald

Grenzübergang Guglwald

In Guglwald zeigt sich eine nicht singuläre Entwicklung in der Grenzregion, seitdem die Grenzen wieder offen sind: die Entstehung eines großen Hotel- und Wellnessressorts. Seit 1991 hat sich ein alter Gasthof allmählich zur schlossähnlichen Anlage Hotel Guglwald verwandelt. Das alte Zollhaus aus der Zwischenkriegszeit gehört auch dazu, allerdings

Katastralgemeinde von Vorderweißenbach, Tel. +43 7219 6055, www.vorderweissenbach.at

nicht zum Gästebetrieb. Seit 1992 können Fußgänger und Radfahrer hier wieder „nach drüben" in die Nachbarregion, seit 1994 ist der Übergang auch für Pkws geöffnet. Die grauen Container der Grenzkontrollstelle sind noch vorhanden. In der Nähe, auf der Anhöhe Oberguglwald, erinnert das *Mahnmal Eiserner Vorhang* mit Stacheldrahtzaun und nachgebautem Bunker an vergangene Zeiten. Der Gedenkort wurde vom ehemaligen Außenminister Alois Mock angeregt und 1999 von ihm persönlich eröffnet. Die neue Phase der nachbarschaftlichen Beziehungen, der Beitritt Tschechiens zur EU, wurde in Guglwald am 30. April/1. Mai 2004 mit einem Fest begangen. Damals trafen sich u.a. Landeshauptmann Josef Pühringer und der Kreishauptmann von Südböhmen, Jan Zahradník, um die EU-Fahne zu hissen.

EV 13, 1019
Distanz: 5 km

Von Guglwald nach Přední Výtoň

Wir wechseln wieder ins Südböhmische. Die mäßig befahrene Straße führt uns vom Grenzübergang direkt in die kleine Ortschaft Přední Výtoň (Vorder Heuraffl) am Moldaustausee. Dabei sind wir zuerst auf dem EV 13, bis dieser abzweigt. Wir fahren geradeaus auf der Route 1019 weiter auf welligem Gelände. Gegen Ende erwartet uns eine Steigung (1 km/30 Hm). Danach geht es schwungvoll hinab ins Tal (1,5 km/60 Hm).

Seehöhe: 731 m

Přední Výtoň (Vorder Heuraffl)

Přední Výtoň 30, Tel. +420 380 735 924, www.prednivyton.cz

Ruhig am rechten Ufer des Moldaustausees, aber doch verkehrsgünstig gelegen, blüht Přední Výtoň (Vorder Heuraffl) zu einem Urlaubsort mit Strand, Sportanlagen, einigen Lokalen und Unterkünften auf. So hat auch die *ehemalige Zollkaserne* aus der Zwischenkriegszeit, die im Zeichen der damaligen Zeit mit Schießscharten versehen ist, heute die Funktion einer Raststation und Pension, mit dem passenden Na-

Badevergnügen bei Přední Výtoň

men Vyhlídka (= „Aussicht"). Sie befindet sich auf einer Anhöhe und bietet einen schönen Ausblick auf die friedliche Landschaft mit der *Pfarrkirche St. Philipp und Jakob* (Kostel sv. Filipa a Jakuba). Der Standort der Kirche weist auf den ungewöhnlichen Ursprung der Ortschaft als Einsiedelei der Paulaner und Antoniter im 14. Jahrhundert hin, als hier zunächst eine Kapelle errichtet wurde. Unterstützung fanden die Eremiten bei der Herrschaft der Rosenberger, weshalb deren Wappen, die Waldrose, den Kirchenturm ziert. Das Gebäude geht auf das Jahr 1515 zurück, unterlag aber mehreren baulichen Veränderungen. In der zweiten Hälfte des 16. Jahrhunderts wurde das verlassene Eremitenkloster Stift Hohenfurth (→ S. 77) übergeben. Berühmt ist die Region jedoch für die sagenumwobene Ruine Wittinghausen, die von Přední Výtoň gut zu erreichen ist.

Abstecher zur Ruine Wittinghausen/ Vítkův hrádek

Distanz: 6,5 km (eine Richtung)

Bis zur früheren Ortschaft Svatý Tomáš (St. Thomas), wo sich die Ruine Wittinghausen befindet, ist eine Höhendifferenz von fast 300 m zu bewältigen. Man sollte also genügend Zeit für die Radwanderung einplanen, für die es mehrere Varianten gibt. Wegen der leichteren Orientierungsmöglichkeit wählen wir die Straße, die bei der Kirche von Přední Výtoň beginnt. Das letzte kurze Stück von Svatý Tomáš zur Ruine muss man zu Fuß zurücklegen. Auf dem Weg dorthin sehen wir links die ehemalige Kaserne der Grenzsoldaten.

Ruine Wittinghausen/Vítkův hrádek www.vitkuvhradek.cz, Jän. bis Mai So, Sa, Fei 10–16 Uhr, Juni bis 16. Okt. tägl. 10–17 Uhr, 17. Okt. bis Dez. 10–16 Uhr, Eintritt: Kč 60/Kč 30

Ruine Wittinghausen/Vítkův hrádek

Die höchstgelegene Burg Tschechiens (1035 m) gehört zu den Fixpunkten einer Böhmerwaldreise, erwartet den Ausflügler doch ein herrlicher Ausblick auf Südböhmen und das österreichische Grenzgebiet. Die *Ruine Wittinghausen* ist der Rest einer Festung, die im 13. Jahrhundert von dem mächtigen böhmischen Adelsgeschlecht der Witigonen erbaut wurde. Danach befand sich die Burg fast durchgehend bis 1611 im Besitz der Rosenberger. Ab Mitte des 18. Jahrhunderts verfiel die Wehranlage, doch Renovierungsarbeiten unter den Schwarzenbergern ab Ende des 19. Jahrhunderts gewährleisteten den Erhalt als Aussichtsturm. Damals begann der Ausflugstourismus zur Ruine, der durch die Werke Adalbert Stifters auflebte.

Während des Eisernen Vorhangs war es mit den Ausflügen vorbei: Sperrgebiet. Zeuge dieser Zeit ist der Stahlturm, der 1976 bei der Ruine errichtet wurde. Sein Zweck war die bessere Luftraumüberwachung und Erfassung von Tieffliegern mithilfe von radiotechnischen Horchgeräten. Diese Anlage war die Konsequenz aus einigen erfolgreichen Fluchtunternehmen der Jahre 1974/75. Damals hatte der US-amerikanische Pilot Barry Meeker im Auftrag des DDR-Flüchtlings Heinz Heidrich dessen Verwandte in den Westen geflogen. Mit dem Hubschrauber umging er die Radaranlagen und landete beim Treffpunkt in Dolní Vltavice (Untermoldau). Bei der dritten Aktion am 17. August 1975 kam es dort jedoch zu einem schweren Zwischenfall mit Grenzsoldaten. Meeker schaffte es trotz seiner Verletzungen und Beschädigungen des Hubschraubers nach Traunstein in Bayern. Der dramatische Vorfall machte international Schlagzeilen. Seit 1990 ist die

Blick von der Ruine Wittinghausen auf den Moldaustausee

Ruine Wittinghausen wieder zugänglich, aber erst nach Sicherungsarbeiten und dem Bau der Treppe zum 200. Geburtstag Stifters im Jahr 2005 war sie als Aussichtswarte wiederhergestellt.

Von Přední Výtoň nach Lipno

7
Distanz: 7 km

Auf einem recht gemütlichen Promenadenweg radeln wir auf der Route 7 entlang des Ufers des Stausees nach Lipno (Lippen), wo die Talsperre steht. Schon von weitem ist zu erkennen, dass sich hier der Tourismus konzentriert. Der Unterschied zum Westende des Stausees bei Nová Pec sticht in vielerlei Hinsicht ins Auge.

Lipno nad Vltavou (Lippen)

Seehöhe: 776 m

Infocentrum Lipno, Lipno nad Vltavou 87, www.lipno.info, www.lipnonadvltavou.cz
ČD (Rybník–Lipno), Cyklobus (→ S. 18)

In Lipno betreten wir eine ganz neue Welt. Von älteren Häusern ist nichts zu sehen. Das liegt daran, dass an dieser Stelle bis zur Errichtung des Staudamms in den 1950er-Jahren fast nichts stand und das ursprüngliche Dorf im See versank. Aber auch daran, dass der Bürgermeister mithilfe eines niederländischen Investors Lipno radikal zu einem Tourismusort umgestaltete. Ab Ende der 1990er-Jahre entstanden hier zahlreiche Appartementhäuser, Hotels, Chalets, Campingplätze und ein großer Yachthafen.

Am Hafen von Lipno

Weitere Investoren folgten. In dem kleinen Ort mit etwa 700 Einwohnern bestehen ca. 6500 Gästebetten, unter den ausländischen Touristen sind viele Niederländer und zunehmend auch Deutsche. Nicht zu Unrecht schrieb das Nachrichtenmagazin *Der Spiegel* im Jahr 2013 von „Boomtown" Lipno.

Man setzt hier ganz auf Erlebnistourismus: Aquaworld, Schifffahrt auf dem See, Seilpark, Bikepark, „Waldkönigreich", Rodelbahn, Waldterrainradwege, Veranstaltungen – das Angebot ist groß. Zu den Hauptattraktionen zählt seit 2012 der *Baumwipfelpfad Lipno (www.stezkakorunamistromu.cz)*: Auf dem vierzig Meter hohen Aussichtsturm sind Informationen zu Natur und Naturschutz mit einigen Erlebnisstationen kombiniert. Den Höhepunkt bildet eine 52 Meter lange Rutsche. Die Lifte auf den Berg Kramolin (900 m) gingen 2008/09 in Betrieb und bedienen im Winter ein kleines Skigebiet, das es bereits seit den 1960er-Jahren gibt. Für ausreichend Schnee sorgen Beschneiungsanlagen, die auf das unerschöpfliche Reservoir Stausee zurückgreifen können.

Das historische Lipno (Lippen) war hauptsächlich ein Landungsplatz für Floße. Das Holz aus dem Böhmerwald wurde hier auf Fuhrwerke verladen bzw. später mit der Bahn nach Hohenfurth (Vyšší Brod) transportiert, weil die Moldau in diesem Abschnitt nicht schiffbar war. Doch die Geschichte des heutigen Lipno beginnt faktisch erst mit dem Bau der Talsperre ab 1952 als Arbeitersiedlung. Seit damals ist der Ort eine eigenständige Gemeinde.

Stausee Lipno/Vodní nádrž Lipno

Der *Stausee Lipno*, der auf Deutsch oft auch Moldaustausee genannt wird, ist mit fünfzig Quadratkilometern die größte Wasserfläche in Tschechien, erstreckt sich über 48 Kilometer und hat eine maximale Tiefe von 21 Metern. Ein bemerkenswertes Detail: An einer Stelle berührt die aufgestaute Moldau auch österreichisches Staatsterritorium (Rakouská zátoka/österreichische Bucht). Das „südböhmische

Meer“ mit seinen Stränden und Buchten am Böhmerwald wurde bald nach seiner Entstehung 1958 trotz Grenzlage ein beliebtes Urlaubsziel.

Der Bau des *Kraftwerks Lipno* ab 1952 war eines der Prestigeprojekte des jungen kommunistischen Regimes. Die Idee dazu war aber nicht neu: Erste Überlegungen zur Aufstauung der Moldau in diesem Gebiet tauchten bereits Ende des 19. Jahrhunderts auf. Konkrete Pläne zur Realisierung gab es in den 1930er-Jahren, doch der Zweite Weltkrieg vereitelte die Umsetzung. Das blieb der Volksrepublik vorbehalten: Man warb mit Slogans wie „Pomoz stavět Lipno, velikou stavbu socialismu v Čechách“ (Hilf Lipno zu bauen, einen großen Bau des Sozialismus in Böhmen) um Arbeitskräfte. Abgesehen vom Kraftwerk mussten neue Straßen und Bahnstrecken entlang des Ufers gebaut werden. Hunderte Hektar Wald wurden gerodet, die Stümpfe der gefällten Bäume sind noch heute mancherorts bei niedrigem Wasserstand zu sehen.

Bei Lipno wurde der 296 Meter lange und 25 Meter hohe Staudamm hochgezogen und in der Tiefe von 160 Meter ein unterirdisches Elektrizitätswerk gebaut, außerdem ein 3,6 Kilometer langer Tunnel bis Vyšší Brod (Hohenfurth) zum Ausgleichsbekken Lipno II, durch den die Moldau geschleust wird. Am 1. März 1958 begann die Flutung des Moldautals, und im Wasser versanken 24 Ortschaften mit ca. 500 Häusern, Straßen und Teile der Bahnlinien. Wie sehr sich die Landschaft veränderte, sieht man auf Luftaufnahmen im Internet *(kontaminace.cenia.cz)*. Der Vollbetrieb startete am 6. Jänner 1960. Neben der Energiegewinnung und dem Hochwasserschutz erfüllte „Lipno I“ durchaus eine wichtige Barrierefunktion in der Grenzzone des Eisernen Vorhangs.

Informationszentrum Wasserkraftwerk Lipno/ Infocentrum vodní elektrárny Lipno
www.cez.cz,
15. Juni bis
15. Sept. tägl.
10–16 Uhr, Führung zur vollen Stunde,
Eintritt: Kč 20/Kč 10

Von Lipno nach Vyšší Brod

33
Distanz: 13 km

Beim Kraftwerk Lipno wechseln wir auf das linke Moldauufer und folgen der Route 33. Gemütlich radeln wir meist entlang der Bahnlinie dahin, der Abschnitt weist insgesamt nur wenige kurze Steigungen auf. Zunächst finden wir asphaltierte Wege vor. Nach etwa 4 km kommen wir durch den Ort Loučovice (Kienberg). Danach verläuft die Route 4 km auf einem kleinen, sehr reizvollen Pfad am Naturreservoir Čertova stěna-Luč vorbei. Vor Vyšší Brod mündet der Weg in eine Straße mit mäßigem Verkehr.

Im „wilden" Moldautal

Hinter der Staumauer von Lipno beginnt das Moldautal, das in vielen Abschnitten mehr den alten, romantischen Vorstellungen entspricht. Zwar ist der Wasserstand des Flusses durch das Kraftwerk niedrig reguliert, doch die Moldau erinnert hier eindrucksvoll an ihr „wildes" Dasein, als die berüchtigten „Teufelsschnellen" keine Schifffahrt zuließen. Der Abschnitt wird heute bei entsprechender Wasserzufuhr für Kanuwettkämpfe genutzt.

Unsere Route durch das enge Tal orientiert sich großteils an den Schienen der kleinen *Schmalspurbahn,* die schon über hundert Jahre von Rybník hierher nach Lipno rattert. Die Strecke wurde 1911 unter der Bezeichnung „Hohenfurther Elektrische Lokalbahn" (Zartlesdorf–Lippen) eröffnet und sollte den Holz- und Gütertransport erleichtern. Die Errichtung wurde zu einem Teil vom Stift in Hohenfurth (Vyšší Brod) finanziert, das mit einem eigenen Kraftwerk auch für die notwendige Energie sorgte. Zum anderen beteiligte sich der Besitzer der Papierfabrik Moldaumühle (Vltavský mlýn) in Kienberg (Loučovice) Arnošt Porák, ein wichtiger Arbeitergeber der Region. Die Papierfabrik existierte noch bis ins 21. Jahrhundert und um 2015 wurden die Gebäude abgerissen.

Wenn wir Loučovice (Kienberg) passiert haben, gelangen wir bald zur Gesteinsformation *Teufelswand* (Čertova stěna): Adalbert Stifter verewigte sie in einem Ölgemälde (1845) und Bedřich Smetana in der gleichnamigen Oper (1882). Der Volkssage nach wollte der Teufel das Stift Hohenfurth (Vyšší Brod) vernichten: Er baute eines Nachts an der Moldau

eine Mauer, um das Wasser hoch aufzustauen und dann das Kloster zu überfluten. Doch das Morgenrot vereitelte die Vollendung des Plans und der Teufel stob erbost davon. Die vielen Granitbrocken im Flussbett der Moldau, die *Teufelsschnellen* (Čertovy proudy), sollen die Reste der zusammengebrochenen Mauer sein.

★ BEDŘICH SMETANAS „VLTAVA“

Spätestens hier – zwischen Felswänden und der „Wulda“ – kommt der Gedanke an das weltberühmte Werk des tschechischen Komponisten Bedřich (Friedrich) Smetana (1824–1884).

Die 1874 entstandene symphonische Dichtung „Vltava“ („Die Moldau“) aus dem Zyklus „Má vlast“ („Mein Vaterland“) ist eine musikalische Beschreibung des Verlaufs des längsten Flusses des Landes, von seinem Ursprung im Böhmerwald bis zur Mündung in die Elbe. Das Stück erzählt unter anderem von Jagd, Bauernhochzeiten, Nymphen, Burgen, Schlössern und dem stolzen Prag. Es liegt nicht nur Romantik in der prachtvollen Musik – sie ist ein klarer Ausdruck

Reste der „Teufelsmauer" in der Moldau

eines erwachenden tschechischen Nationalbewusstseins im 19. Jahrhunderts. Im deutschsprachigen Raum reduzierten Kritiker die Komposition gerne auf die gelungene Landschaftsbeschreibung und nahmen die politische Ebene zumindest nicht ernst.

Jahrzehnte später, in der NS-Zeit, wurden Themen der „Vltava" als Filmmusik des erfolgreichen Melodrams „Die goldene Stadt" (1942, Regie: Veit Harlan) politisch missbraucht. Der Farbfilm zeigt Böhmen beinahe vollständig als „deutsches" Land und vermittelt mehr oder minder unterschwellig die NS-Ideologie „Blut und Boden". Propagandaminister Joseph Goebbels hatte nachweislich in diesem Sinne interveniert. Smetanas Musik galt als Symbol des nationalen tschechischen Widerstands und die Aufführung von „Má vlast" war in der ersten Zeit des „Protektorats Böhmen und Mähren" nicht erlaubt gewesen. Auch nach der Aufhebung des Verbots war es lebensgefährlich, auf die politische Aussage des Werks hinzuweisen: Der Musikkritiker Zdeněk Němec musste seinen entsprechenden Kommentar anlässlich einer Aufführung im Februar 1945 mit dem Leben bezahlen. Die Gestapo verhaftete Němec einen Tag nach Erscheinen des Artikels und folterte ihn zu Tode.

Vyšší Brod (Hohenfurth)

Seehöhe: 568 m

Infocentrum Vyšší Brod, Náměstí 104, Tel. +420 380 746 627, +420 724 336 980, www.ivyssibrod.cz, www.mestovyssibrod.cz

ČD (Rybník-Lipno), Cyklobus (→ S. 18)

„Alte Spuren, neue Wege" – der Titel der ersten grenzüberschreitenden tschechisch-oberösterreichischen Landesausstellung 2013 in Vyšší Brod (gemeinsam mit Český Krumlov, Bad Leonfelden und Freistadt) könnte nicht treffender sein. Der Ort liegt von alters her an einem Fernweg zwischen Linz und Krumau, der den Pass über Weigetschlag und hier die Furt über die Moldau nutzte. Auf diesem Weg entwickelte sich neben Wullowitz der zweitwichtigste Grenzübergang zwischen Oberösterreich und Tschechien. Dieser wurde übrigens bereits 1978 als Verkehrsschleuse durch den Eisernen Vorhang geöffnet. Geradezu eine Sensation war das erste grenzüberschreitende Radrennen Linz–Budweis–Linz im Oktober 1988: Die Teilnehmer der „Freundschaftstour" durften den Grenzübergang Weigetschlag damals ohne Stopp passieren und rauschten auch durch Vyšší Brod.

Vyšší Brod (Hohenfurth) ist wieder ein wichtiges Zentrum im südlichsten Teil Tschechiens. Der 1948 aberkannte Status als Stadt wurde 1994 erneut verliehen, woran ein Gedenkstein in der Nähe des *Alten Rathauses* am Hauptplatz erinnert. Durch die verkehrsgünstige Lage inmitten umfangreicher Naturparks ist sie bei Touristen beliebt, vor allem als Einstiegsstelle für Kanufahrten auf der Moldau bis Český Krumlov. Und natürlich ist da noch die Hauptsehenswürdigkeit von Vyšší Brod – das alte Zisterzienserkloster.

Stift Hohenfurth/Klášter Vyšší Brod

Seit 1995 zählt das *Zisterzienserkloster* in Vyšší Brod (Hohenfurth) zu den nationalen Kulturgütern Tschechiens. Es wurde im Jahr 1259 von Wok I. von Rosenberg gegründet und bildete über 700 Jahre einen wichtigen geistlichen, wirtschaftlichen und politischen Faktor in der Region. Das Kloster war für die Rosenberger ein Mittel, um die Hausmacht zu stärken und Südböhmen zu erschließen. Sie schenkten ihrem Hauskloster im Laufe der Zeit sehr viel Grund, sodass es wirtschaftlich unabhängig war.

Die heutige Existenz des Klosters grenzt angesichts der Krisen über die Jahrhunderte an ein Wunder. Die Abtei Hohenfurth überlebte als eines der zwei letzten Männerklöster dieses Ordens in Tschechien. Die Hussitenkriege im 15. Jahrhundert und die Reformen Kaiser Josephs II. im 18. Jahrhundert hatten schon fast alle der ursprünglich 13 Zisterzienserklöster verschwinden lassen. Im 20. Jahrhundert hätten die beiden totalitären Regime dem Kloster Hohenfurth beinahe das Ende gebracht. Nach dem Fall des Kommunismus 1989 begann der schwierige Wiederaufbau. Erst seit kurzem steht das Kloster Vyšší Brod (Hohenfurth) für die Zukunft

Altes Rathaus
am Hauptplatz

Zisterzienserabtei Hohenfurth/ Cisterciácký klášter Vyšší Brod
www.klaster-vyssibrod.cz, Mai bis Sept. Mo–Sa 9.30–16.30 Uhr, Eintritt je nach Tour und Sprache: Kč 80–100/ Kč 65–75

Postmuseum/ Poštovní muzeum
www.postovnimuzeum.cz, April bis Okt. Di–So 9–12, 13–17 Uhr, Eintritt: Kč 50/ Kč 20

wirtschaftlich auf guten Beinen. Im Jahr 2017 erhielt es vom Staat Tschechien 3600 Hektar Wald und 22 Hektar Teiche zurück.

Das Klostergelände hinter den Wehrmauern ist frei zugänglich. Die desolaten Nebengebäude zeugen noch vom schweren Erbe des Kommunismus. Das Innere der gotischen *Stiftskirche Mariä Himmelfahrt* und die prunkvollen Räumlichkeiten des Klosters kann man im Rahmen von Führungen besichtigen, vorausgesetzt, man ist angemessen gekleidet (nicht schulterfrei, keine kurzen Hosen bzw. Röcke): Auf der Hauptroute sieht man die Kirche, die *Gemäldegalerie*, die *Rokokobibliothek* mit 70.000 Bänden, die *Gotische Galerie* mit sakralen Kunstgegenständen. Darunter befinden sich das bekannte Tafelbild der Madonna von Hohenfurth (1420) und Statuen aus den Pfarrkirchen geschliffener Dörfer. Tour 2 führt durch die *Gotischen Keller* zu einer Ausstellung über die Familiengruft der Rosenberger, welche die älteste erhaltene Adelsgruft in Böhmen ist. Den Höhepunkt bildet das berühmte *Zawischkreuz*, benannt nach seinem Stifter, dem mächtigen böhmischen Adeligen Zawisch von Falkenstein (1250–1290). Das mittelalterliche Prachtkreuz soll die wertvollste Reliquie – Holzsplitter des Sterbekreuzes Jesu – enthalten. Es war mehrmals verschollen oder „entführt", wie während des Zweiten Weltkriegs in eine ehemalige Salzmine in Altaussee, kehrte aber immer wieder nach Hohenfurth zurück – zuletzt 1994. Route 3 ist ohne Führung zu sehen: Die Ausstellung im Obergeschoß des Besucherzentrums, *„Die Spur der Bilder – Fotografen im Böhmerwald"*, zeigt uns viele historische Bilder aus dem Böhmerwald und erzählt die Geschichte der Fotografen, denen wir die wertvolle Dokumentation zu verdanken haben.

Bereits seit 1976 befindet sich auf dem Gelände des Klosters eine Zweigstelle des *Postmuseums* Prag. Gezeigt wird eine detailreiche Ausstellung zur Postgeschichte in Böhmen von 1526 bis heute, anhand von Landkarten, Bildern, Postuniformen, Briefmar-

Stift Hohenfurth/ Vyšší Brod

ken, Briefkästen, Arbeitsgeräten, Telegrafen, Telefonen und Postkutschen.

★ DAS SCHICKSAL DES STIFTS HOHENFURTH IM 20. JAHRHUNDERT

Im 20. Jahrhundert machte das Stift Hohenfurth teils schwere Krisen durch. Aufgrund der Bodenreform der ČSR in den 1920er/30er-Jahren musste das Stift seinen Besitz reduzieren. Der 1925 gewählte Abt, der zweisprachige Tecelin Jaksch, konnte aber einen guten Kontakt zur Prager Regierung aufbauen und eine Existenzgrundlage für das Stift sichern. Jaksch stand loyal zur ČSR und trat gegen den Nationalsozialismus auf. Am 21. November 1938 wurde er, bald nach der Annexion der Grenzgebiete der ČSR durch NS-Deutschland, von der Gestapo verhaftet. Jaksch kam glimpflich davon, erhielt eine Haftstrafe von einem halben Jahr und zog sich bis 1945 in ein Kloster bei Brünn zurück.

Das NS-Regime übernahm Anfang 1939 die wirtschaftliche Verwaltung des Klosters, und am 17. April 1941 folgte dessen Aufhebung. Man verwendete das Areal als geheimes Lager für Raubkunst, als Umsiedlerlager und Lazarett. Nach dem Zweiten Weltkrieg konnte Abt Jaksch das Kloster Vyšší Brod wieder übernehmen. Doch die Aussiedlung der deutschsprachigen Bevölkerung, der Mangel an tschechischen Priestern und schließlich die Machtübernahme der Kommunisten im Februar 1948 stellten das Stift vor große Probleme. Im Juli 1948 verließ Jaksch

Bootspartie auf der Moldau

das Land und wurde 1949 Apostolischer Administrator des Klosters Rein (bei Graz). Das kommunistische Regime löste das Kloster Vyšší Brod am 4. Mai 1950 auf und verwendete die Nebengebäude zeitweise als Kaserne und Kolchose. Große Teile des Areals waren dem Verfall preisgegeben.

Währenddessen lebten einige aus Südböhmen geflüchtete Zisterzienser im Kloster Rein, das 1959 bis 1990 die Bezeichnung Stift Rein-Hohenfurth trug. Am Wiederaufbau des Konvents in Vyšší Brod nach 1990 konnten die „Emigranten" aus Altersgründen nicht mehr mitwirken. Allerdings kehrten zwei tschechische Ordensbrüder, die sich in der ČSSR irgendwie durchgeschlagen hatten, nach Vyšší Brod zurück. Sie schafften den schwierigen Neuanfang mit Unterstützung des Stiftes Heiligenkreuz, des Landes Oberösterreich u.a.

1888
Distanz: 7 km

Von Vyšší Brod nach Rožmberk

Wir begeben uns nun zur letzten Station der Tour, nach Rožmberk (Rosenberg). Vom Kloster Vyšší Brod fahren wir ein kleines Stück zurück über die Brücke auf das linke Moldauufer. Hier beginnt die Route 1888, die uns auf einer wenig befahrenen Straße über eine hügelige Landschaft an unser Ziel bringt. Nach einem ersten anstrengenderen Anstieg (ca. 3 km/80 Hm) ist das Gelände eher wellig und bietet schöne Ausblicke. Auf dem letzten Stück geht es recht steil bergab (1,2 km/100 Hm), doch einen Fotostopp sollte man einplanen!

Rožmberk nad Vltavou (Rosenberg a. d. Moldau)

Idyllisch liegt das beschauliche Rožmberk (Rosenberg) seit der ersten Hälfte des 13. Jahrhunderts im Moldautal. Die mächtige Burg des böhmischen Adelsgeschlechts der Rosenberger wacht stolz über das bunte touristische Treiben. Im Sommer tummeln sich fröhlich Kanuten und Bootspartien auf der „Wulda", die sich durch das Granitgestein nach Norden in Richtung Český Krumlov (Krumau) schlängelt. Mit der bedeutenden Kreisstadt ist Rosenberg auch historisch eng verbunden. Die faszinierende Unesco-Weltkulturerbe-Stadt Český Krumlov ist nur zwanzig Kilometer entfernt und verlockt zu einem Ausflug. So schließt Rožmberk allmählich an seine Vergangenheit als Sommerfrischeort im Böhmerwald an. Einen ausgezeichneten Überblick über das Städtchen und seine Umgebung gewinnt man vom Schlossberg aus.

Seehöhe: 528 m

TI Rožmberk nad Vltavou 79, Tel. +420 777 173 112, www.mestorozmberk.cz

ČD (Rybník-Lipno): Rožmberk nad Vltavou, 4 km Cyklobus (→ S. 18)

Burg Rosenberg/Hrad Rožmberk

Die *Burg Rosenberg* wurde erstmals 1250 erwähnt und war damals der Stammsitz des mächtigen Adelsgeschlechts der Rosenberger. Wok I. (gest. 1262), der die Rosenberger Linie der Witigonen begründete, hatte den Ort zu seiner Residenz erwählt. Die böhmische Adelsfamilie der Witigonen, die Nachfahren Witikos von Prčice I., hatte sich in mehrere Linien verzweigt und beherrschte lange den ganzen südböhmischen Raum: die Herren von Rosenberg, von Krumau, Gratzen, Wittingau und Neuhaus. Im Jahr 1302 beerbten die Rosenberger die Krumauer Linie und verlegten ihre Residenz nach Krumau. Über die Jahrhunderte schafften es die Rosenberger durch taktisches Geschick, einer Mischung aus Loyalität und Widerstand gegenüber den Landesherren, ihre mächtige Position zu halten. Die Ära der Rosenberger, deren herrschaftlicher Einfluss bis ins Mühlviertel reichte, endete 1611 mit dem Tod von Peter Wok.

Burg Rosenberg
www.hrad-rozmberk.cz, Zeiten in der Hauptsaison: Mai bis Sept. Di–So, Fei 9–15.30 Uhr, im Juni bis 16.30 Uhr, Juli u. Aug. bis 17 Uhr, Eintritt: Kč 130/ Kč 90 (Hauptroute)

Die Burg in Rosenberg wurde trotz der Verlegung der Residenz nach Krumau noch weiter aus- und umgebaut, auch unter den nachfolgenden Besitzern. Von 1620 bis 1945 gehörten die Rosenbergischen Güter der Familie Buquoy, die ihren Hauptsitz in Gratzen (Nové Hrady, → S. 125) hatten. Ab Mitte des 19. Jahrhunderts wurde die Burg zu einem Familienmuseum umgestaltet und im neugotischen Stil umgebaut. Außerdem entstand ein (nicht mehr erhaltener) Landschaftspark.

Zu den Höhepunkten der Hauptführung durch die Repräsentationsräume gehört das *Rosenbergerzimmer*, in dem das Gemälde der sagenumwobenen Perchta von Rosenberg hängt – die Weiße Frau, die durch manche Rosenberger-Schlösser gegeistert sein soll. Für die Besichtigung der Burg gibt es geführte thematische Routen; den *Englischen Turm* (Anglická věž) – mit Aussicht auf das Moldautal – kann man extra besuchen.

Rundgang

Die herausragende Dominante von Rosenberg ist die spätgotische *Kirche St. Nikolaus*, in welcher der Feldherr der Schlacht am Weißen Berge (1620), Karl Bonventura von Buquoy, bestattet ist. Auf dem Hauptplatz des Städtchens sind einige Bürgerhäuser versammelt, die schon bessere Zeiten gesehen haben, aber nach und nach schön renoviert werden. Bis zu den radikalen Ereignissen Mitte des 20. Jahrhunderts lebten hier noch etwa 1500 Menschen, heute sind es knapp 400. Nichtsdestotrotz gibt es hier z. B. einige Lokale, Hotels, Pensionen und einen Supermarkt.

In dem verwinkelten Ortsteil südlich vom Hauptplatz erinnern Reste des (nicht zugänglichen) alten jüdischen Friedhofs an eine fast vergessene Vergangenheit Rosenbergs als wichtiges Zentrum der jüdischen Bevölkerung in Südböhmen. Der Friedhof nahm Verstorbene der Bezirke Krumau und Kaplitz (Kaplice) auf, zeitweise noch aus Linz und anderen oberösterreichischen Gemeinden, wo-

Rožmberk nad Vltavou (Rosenberg an der Moldau)

hin ab 1848 viele Juden abgewandert waren. Die alte Ruhestätte wurde 1939 von Jugendlichen stark verwüstet. Das jüdische Viertel Latron lag am Abhang des Schlossberges, wo ab Ende des 17. Jahrhunderts ein Bethaus stand. Nach einem Brand wurde 1846 die neue Synagoge gebaut. Bis Anfang des 20. Jahrhunderts wirkte ein Rabbiner in Rosenberg, dann wurde die klein gewordene jüdische Gemeinde von Budweis aus betreut.

Die Synagoge wurde im September 1938 von einer SS-Einheit aus Linz in Brand gesetzt, das Gebäude schließlich 1966 abgerissen. Die jüdischen Mitbürger fielen fast alle der NS-Herrschaft zum Opfer. Eine Überlebende des Holocaust, Hilda Holzbauer (Holzbauerova), wurde 1950 auf dem *neuen jüdischen Friedhof* bestattet. Es war das letzte Begräbnis auf dem ca. 1870 angelegten „Haus der Ewigkeit", das sich etwas außerhalb der Stadt – zwei Kilometer die Moldau abwärts – befindet. Ein 2006 errichteter Grabstein gedenkt ihrer und dreier Familienmitglieder, die in den Konzentrationslagern Auschwitz und Dachau ums Leben kamen. Seit 1996 wird der neue Friedhof von dem Linzer Verein „Wider das Vergessen" gepflegt.

Ausklang und Ausblick

Vom neuen jüdischen Friedhof gelangen wir über eine Brücke auf das rechte Moldauufer und über einen Weg auf der Rückseite des Schlossbergs zur *Neuen Burg*. Hier werfen wir noch einen letzten Blick auf Rosenberg, mit dem wir unsere Tour durch den Böhmerwald beschließen. Die Region des folgenden Kapitels zählt in Tschechien zwar noch immer zum Böhmerwald (Šumava), auf österreichischer Seite allerdings werden meist andere geografische Begrifflichkeiten verwendet.

Zum Abschied seien noch Zeilen eines Lieds zitiert, das für jene Böhmerwäldler, die 1945/46 als indirekte Folge des NS-Terrors ihre Heimat gezwungenermaßen verlassen mussten, zur beliebten, aber wehmütigen Hymne wurde. Es entstand bereits Ende des 19. Jahrhunderts und wurde später von bekannten Sängern wie Peter Alexander oder Heintje interpretiert: *„Tief drin im Böhmerwald, / da liegt mein Heimatort; / es ist gar lang schon her, / daß ich von dort bin fort. / Doch die Erinnerung, / die bleibt mir stets gewiss, / dass ich den Böhmerwald gar nie vergiss. / Es war im Böhmerwald, / wo meine Wiege stand, / im schönen, grünen Böhmerwald, / es war im Böhmerwald, / wo meine Wiege stand, im schönen, grünen Wald.“*

Ohne Markierung

Routen zu den nächsten Bahnhöfen

Wer nach Abschluss der Tour die Heimreise antritt, kann auf der Straße Richtung Süden 4 km zum Bahnhof bei Rožmberk in der Nähe des „Moldauknies“ fahren. Von dort fährt der Zug nach Rybník zur Bahnstrecke Linz–České Budějovice. Wer den direkten Anschluss an die nächste Etappe sucht, fährt vom Moldauknie ca. 3 km entlang der Bahn Richtung Rybník (etwas mehr Verkehr) und biegt dann auf die Straße nach Horní Dvořiště ab (7,1 km). Alternative: Eine direkte, steile Verbindung nach Horní Dvořiště verläuft vom Kreuzungspunkt beim Moldauknie auf einem einsamen Forstweg geradewegs den Hügel hinauf (5,6 km/ 130 Hm).

Beim Moldauknie

Einmarsch der deutschen Truppen in Krumau, Oktober 1938

20. OKTOBER 1938: HITLERS TRIUMPHFAHRT DURCH SÜDBÖHMEN

Die symbolische Machtübernahme Hitlers in den ehemaligen Grenzgebieten in Südböhmen erfolgte am 20. Oktober 1938 mit einer Triumphfahrt. Von Linz über Bad Leonfelden und Hohenfurth kommend fuhr er im offenen Wagen durch Rosenberg nach Krumau. Die militärische Besetzung – oder Befreiung, wie viele dachten – war in dieser Region am 1. und 2. Oktober 1938 erfolgt. Tausende jubelten Hitler und seinem Begleiter Konrad Henlein zu, der mit seiner nationalistischen Sudetendeutschen Partei in der Tschechoslowakei den Boden für die Machtübernahme durch NS-Deutschland bereitet hatte. Schon bei den Parlamentswahlen 1935 hatte er die große Mehrheit der deutschsprachigen Bevölkerung für sich gewonnen. Im April 1938 hatte Henlein die volle Autonomie sowie die Übernahme der NS-Ideologie gefordert und im Mai bei den Gemeinderatswahlen circa 85 Prozent der sudetendeutschen Stimmen errungen.

Wie die *Wiener Zeitung* berichtet, traf Hitler um 11 Uhr in Krumau ein, wo „stürmische Heil- und Dankrufe entgegenschallten". Im Zentrum seiner Rede stand der Triumph über die „Rückeroberungen" im Jahr 1938 „ohne einen Schwertstreich". Nur sieben Monate nach dem „Anschluss" Österreichs hatte NS-Deutschland eine weitere Gebietserweiterung erreicht. An diesem Tag besichtigte Hitler noch die neue Grenze bei Kalsching (Chvalšiny), zehn Kilometer von Krumau entfernt. Tausende hatten diese Demarkationslinie schon überschritten, für die der Machtwechsel und die Grenzänderung eine Katastrophe war: Juden, politische Gegner, Teile der tschechischen Bevölkerung flüchteten ins Landesinnere. Viele mussten einige Tage im Niemandsland in Ungewissheit verharren, bis sie weiter durften – oder zurückgeschickt wurden. Die Binnenmigration stellte die ČSR vor große Probleme, für die Menschen war die Flucht aber vergebens. Im März 1939 rückte die Wehrmacht auch in die „Rest-Tschechei" ein.

Blick vom Mandelstein auf Südböhmen

2 Vom Urwald zum Kurwald

An der Maltsch und im Gratzener Bergland

Gesamtlänge der Route:
120 km
Kartenmaterial:
- Shocart Nr. 442 (1:40.000): Novohradské hory, Kaplice (www .shocart.cz)

Wichtige alte und neue Fernwege, die Österreich und Böhmen seit Jahrhunderten verbinden, durchziehen das Land. Auf ihren Spuren kommen wir in faszinierende Naturlandschaften des Grünen Bandes, das uns der Eiserne Vorhang hinterlassen hat. Der einst trennende „Todesstreifen" wandelt sich in eine spannende Begegnungszone von Natur und Mensch. So erzählt das Land an der Maltsch von einem „heiligen Stein", vom Alltag an der „toten Grenze", verschwundenen Orten und den „Zettwinger Tigern", von Grenzöffnung, Antiatomprotesten und anderem mehr. An den Urwald der Maltschauen und des Gratzener Berglandes schließt sich im Waldviertel ein großes Kurgebiet an. Die teils recht sportliche Radroute führt uns an herrliche Aussichtspunkte über das Hügelland an der Lainsitz. Es bleibt auch Zeit und Muße, um über Menschenrechte und Flucht nachzudenken. Im Weitraer Gebiet vertiefen wir uns in die Themen Eiserner Vorhang, Kalter Krieg und Grenze. Umso mehr ist das neu erblühende Leben in diesen Regionen ein Grund zur Freude.

Gut zu wissen

Radfahren in der Region. Die Region an der Grenze Südböhmens und des Mühlviertels zwischen Horní Dvořiště (Oberhaid) und Wullowitz ist recht hügelig, insbesondere wenn man die Seite wechseln wollen würde. Es mangelt aber an befestigten und beschilderten Wegen für Radfahrer. Entlang der Maltsch bis Windhaag radeln wir meist locker auf welligem Gelände dahin. Zwischen Wullowitz und Cetviny (Zettwing) bzw. Hammern gibt es keinen Übergang, da die Maltsch eine natürliche Grenze bildet. Der Straßenübergang Wullowitz ist wegen des starken Lkw-Verkehrs gefährlich. Im Gratzener Bergland und im Waldviertel wird es recht sportlich. Auf unserer gesamten Tour ist es wohl das Gebiet, das uns am meisten fordert. Doch mit Geduld ist alles problemlos zu schaffen, schöne Ausblicke belohnen unsere Anstrengungen.

Bei einer individuellen Zusammenstellung der Route sollte man die B 310 (Mühlkreis-Bundesstraße) jedenfalls meiden. Auch die einzige Verbindung zwischen Oberösterreich und Niederösterreich in Grenznähe, die Böhmerwaldstraße (Sandl–Karlstift), ist wegen des Lkw-Verkehrs nicht zu empfehlen, auch wenn hier der EV 13 verläuft. Aufgrund des ausdrücklichen Radfahrverbots kann man auch nicht auf Wanderwege ausweichen.

Planung

„Basislager"/Ausflüge. Als Ausgangspunkt für die Erkundung des Maltschtales sowie des Gratzener Berglandes eignet sich am besten Windhaag bei Freistadt. Von hier aus lässt sich in Rundfahrten auch die sehr reizvolle österreichische Seite gut erkunden. Dabei kann man das Pferdeeisenbahnmuseum in Kerschbaum besuchen *(www.pferdeeisenbahn.at)* und einen Abstecher zur kleinen Kopie der südböhmischen Wallfahrtskirche Maria Schnee, „Neu Maria Schnee" am Hiltschnerberg, machen. Naturliebhaber werden die Angebote des Naturschutzbundes Oberösterreich in Leopoldschlag durchforsten und Exkursionen in das Natura-2000-Gebiet Maltsch unternehmen *(naturschutzbund-ooe.at)*. Nahe der niederösterreichischen Grenze wartet der Ort Sandl mit seinem Hinterglasmuseum *(hinterglasmuseum-sandl.at)*. Bei einem längeren Aufenthalt (oder bei der Durchreise) ist der Besuch der hübschen Bezirksstadt Freistadt und des dortigen Schlossmuseums ein Muss *(www.museum-freistadt.at)*.

Am Ende des Gratzener Berglandes bieten sich Weitra oder Nové Hrady (Gratzen) als Basis an, vor allem für Ausflüge in das naturbelassene Hügelland mit den ältesten Naturreservaten Europas, dem Urwald bei Žofín, gegründet 1838. Außerdem gilt es das einstige „südböhmische Lourdes", den Wallfahrtsort Dobrá Voda (Brünnl), zu entdecken. Die prunkvolle Barockkirche Maria Trost kann sich wahrlich sehen lassen, ebenso das wunderbare Panorama *(www.klaster.cz/de)*. Apropos Aussicht: Direkt an der Grenze erlaubt der Mandelstein einen weiten Blick nach Südböhmen. Bei Rundfahrten über den Bergkamm

Wichtige Links zur Region:

- Mühlviertel Tourismus (Region Freistadt) www.muehlviertel.at
- Informationsportal Kaplice www.ikaplice.cz
- Tourismusportal Waldviertel www.waldviertel.at/waldviertel-mitte
- Verband Novohradsko-Doudlebsko www.novohradsko-doudlebsko.cz

des „Nordwaldes“ kann man sich auch am Rundweg Via Verde orientieren *(viaverde.co.at)*. Er führt am Grenzübergang Harbach/Šejby beim „Meilenstein des Friedens“ vorbei, den unter anderen Kinder im Rahmen eines grenzüberschreitenden Projekts 2010/11 gestaltet haben *(www.wegdesfriedens.eu/wegtafeln/wegtafeln.html)*.

Grenzüberschreitendes. Erste Anlaufstelle in Sachen Grenzüberschreitung ist in dieser Region das Green Belt Center (→ S. 105). Geboten werden nicht nur geführte Ausflüge ins „Grüne Band Europa“, sondern auch Sonderausstellungen, Vorträge und andere Veranstaltungen zum besseren Verständnis der regionalen Geschichte und zur Förderung der nachbarschaftlichen Beziehungen. Außerdem sind auf der Homepage viele Informationen für Ausflüge in der Region zu finden *(www.greenbeltcenter.eu)*.

Einige Themenwege begleiten uns auf unserer Fahrt. Die „Wallfahrtstätten an der Maltsch“ („Poutní místa na Malši“) zeigen in Leopoldschlag, Cetviny (Zettwing), Windhaag bei Freistadt, Sandl u.a., dass Kirchen an Kraftorten gebaut wurden. *(www.kraftderwallfahrtsorte.at)*. Der „Weg des Friedens“ will positive Beispiele für eine Kultur des Friedens und der Versöhnung aufzeigen. Die Waldviertler Initiative stellt ihre Wegstationen bislang großteils im Internet auf. Gleichzeitig wird laufend an Ergänzungen und realen Infotafeln gearbeitet. Stationen in dieser Region sind: Buchers (Pohoří na Šumavě), Lauterbach, Harbach, Weitra *(www.wegdesfriedens.eu)*. Im Kurgebiet im Waldviertel führt die Via Verde *(viaverde.co.at)* zu interessanten Orten beiderseits der Grenze.

Mit Bahn und Bus

Radtransport in der Region. Das Gebiet in diesem Kapitel ist diesbezüglich relativ unerschlossen, abgesehen von den Verkehrsachsen Summerauer Bahn und Franz-Josefs-Bahn. Eine gewisse Unterstützung bietet die Waldviertelbahn der NÖVOG auf der

Waldviertelbahn www.waldviertelbahn.at, 1. Mai bis 27. Okt. in Betrieb. Juli u. Aug., Mai u. Okt. Sa, So, Fei, Juni u. Sept. Mi, Sa, So, Fei. NÖ-Card

Strecke Gmünd–Groß Gerungs. Radmitnahme ist möglich, unter der Woche gibt es einen Schienenbus mit wenigen Stellplätzen, an manchen Wochenenden Garnituren mit Radwaggon. In Südböhmen verkehren Busse mit Radanhänger in der Region bei Nové Hrady *(www.cyklotrans.cz)*.

Anreise in die Region. Mit der Summerauer Bahn (ÖBB) von Linz Hauptbahnhof erreichen wir sehr bequem unseren Ausgangspunkt in Horní Dvořiště (Oberhaid). Die Züge sind zwar keine Niederflurwaggons, dafür sind sie in der Regel mit großen Radabteilen mit bis zu 24 Stellplätzen ausgerüstet (Regiobiking).

Seehöhe: 672 m

Obecní úřad, Horní Dvořiště 26, Tel. +420 380 747 912, www.hornidvoriste.cz

ÖBB/ČD (Linz–České Budějovice)

Horní Dvořiště (Oberhaid)

Der kleine Grenzort auf den Anhöhen des südböhmischen Hügellandes fällt vor allem durch seinen großen *Bahnhof* auf, der nach der Gründung der selbstständigen Tschechoslowakei und der Festlegung der Grenzen in diesem Ausmaß entstand. Hier erinnert seit 1998 eine Gedenktafel an die Ankunft des Politikers Tomáš Garrigue Masaryk am 20. Dezember 1918.

Nach dem Ausbruch des Ersten Weltkriegs hatte Masaryk an dieser Stelle Böhmen verlassen, das damals noch zu Österreich gehörte. Vier Jahre hatte er im Exil an der Gründung eines selbstständigen Staates gearbeitet. Masaryk erreichte sein Ziel: als von der Nationalversammlung gewählter Präsident kam er aus den USA zurück in die Tschechoslowakei. Als er am 20. Dezember 1918 um 13 Uhr den Bahnhof Horní Dvořiště erreichte, lagen vier Wochen Fahrt über den Atlantik und durch Europa hinter ihm.

Am Bahnsteig begrüßten Mitglieder der Nationalversammlung ihr Staatsoberhaupt feierlich mit der Hymne „Kde domov můj“ (Wo ist meine Heimat?). Die Bevölkerung von Oberhaid beteiligte sich wohl großteils nicht an diesem Empfang, die Orts-

Bahnhof in Horní Dvořiště (Oberhaid)

chronik erwähnt das Ereignis mit keinem Wort. Noch drei Wochen zuvor hatte es Scharmützel mit der deutschösterreichischen Volkswehr um dieses Gebiet gegeben, die Grenze war offiziell auch noch nicht fixiert. Nach diesem Zwischenstopp in Horní Dvořiště fuhr Masaryk mit dem Zug weiter nach České Budějovice (Budweis) und schließlich in die Hauptstadt Prag.

Von Horní Dvořiště nach Dolní Dvořiště

EV 13
Distanz: 12 km

Vom Bahnhof kommend stoßen wir bei der Ausfahrt auf den EV 13 (Route 34). Wir biegen links ab, unterqueren die Bahnstrecke und kommen bald auf den ehemaligen Kolonnenweg in den einsamen Wald. Der neu asphaltierte Weg führt geradewegs über alle Steigungen und Abfahrten, was anfangs sehr anstrengend sein kann (3 km/120 Hm). 5 km nach dem Start machen wir bei Resten einer Brücke der ehemaligen Pferdeeisenbahn kurz Station. Danach führt uns der Weg über eine kurze Steigung aus dem Wald hinaus. Auf der freien Anhöhe geht es einigermaßen eben, aber rumpelig weiter. Wir sehen weit in die schöne Landschaft des Mühlviertels und Südböhmens, auf den Grenzübergang Wullowitz und auf die Verkehrsader B 310. An einer Weggabelung folgen wir links weiterhin dem EV 13 (Route 34). Dieser führt uns an der Bahnstation Rybník vorbei. Bei der Siedlung Trojany biegen wir rechts auf einen kleinen Kiesweg ab. Auf wenigen Metern passieren wir drei Verkehrswege: die heutige Bahn, die Pfer-

Brückenreste der Pferdeeisenbahn bei Rybník

deeisenbahn (Brückenreste) und die Autoschnellstraße. Auf einer ruhigen, etwas schadhaften Straße radeln wir leicht bergab bis Dolní Dvořiště (Unterhaid). Auf dem Hauptplatz des Ortes legen wir eine Pause ein.

★ WEGE NACH BÖHMEN IM WANDEL DER ZEIT

Seit Jahrhunderten bestehen durch das Mühlviertel Nord-Süd-Routen, die vor allem dem Salztransport vom Salzkammergut nach Böhmen dienten. Anfang des 19. Jahrhunderts kam die Idee auf, die Verbindung mit einer Pferdeeisenbahn zu verbessern. Im Jahr 1825 begann der Prager Ingenieur Franz Anton Gerstner (1795–1840), der in England die Entwicklungen der Eisenbahn studiert hatte, das Projekt voranzutreiben. An ihn erinnert ein Denkmal am Bahnhof in Rybník (Zartlesdorf), wo im Herbst 1827 erste Probefahrten stattgefunden haben.

Doch bereits 1829 führten die immensen Mehrkosten zur Ablösung Gerstners als Bauleiter. Sein Nachfolger Matthias Schönerer stellte die 197 Kilometer lange Strecke Budweis–Linz–Gmunden in Etappen bis 1836 fertig. Sie gilt als die erste Eisenbahn auf dem europäischen Kontinent (Festland), was leider nicht stimmt. Sie bestand nur länger als die erste in Frankreich, da eine Umstellung auf Dampfbetrieb aus technischen und finanziellen Gründen nicht möglich war. Mit 14 Stunden Fahrzeit von Linz nach Budweis war das Transportmittel noch dazu um zwei Stunden langsamer als die normale Postkutsche.

Für einen zeitgemäßen Bahnbetrieb musste die Trasse Linz und Budweis großteils neu – mit geringeren Steigungen – angelegt werden. Im Jahr 1872 löste die Budweiser Bahn die unrentable Pferdeeisenbahn ab. Kurioserweise erlebte in letzter Zeit die Pferdeeisenbahn eine Wiedergeburt als „Zugpferd" eines überregionalen Tourismus. Es gibt Themenwege sowie Museen in Kerschbaum und Bujanov.

Die Bahnstrecke Linz–České Budějovice (Budweis) blieb auch in Zeiten des Eisernen Vorhangs intakt. Für den Abschnitt in Österreich hat sich wegen der Grenzstation Summerau die Bezeichnung Summerauer Bahn eingebürgert. Der seit 1989 immens gewachsene Nord-Süd-Transit donnert heute auf der Schnellstraße B 310 über den Grenzübergang Wullowitz. Während diese seit 2009 zur S 10 mit riesigen unterirdischen Tunnels ausgebaut wird, ist die Summerauer Bahn nach wie vor eingleisig unterwegs.

Dolní Dvořiště (Unterhaid)

Seehöhe: 618 m

Obecní úřad, Dolní Dvořiště 62, Tel. +420 380 324 208, www.dolnidvoriste.cz

ÖBB/ ČD (Linz–České Budějovice)
ČD (Rybník–Lipno)

Dolní Dvořiště (Unterhaid) ist sozusagen der südböhmische Gegenpart zu Wullowitz am wichtigsten Grenzübergang zwischen Oberösterreich und Tschechien. Dieser ist geprägt von massivem Autoverkehr, der eigentümlichen Atmosphäre von Tankstellen, Casinos und Wechselstuben. Auch gewisse Etablissements gehören zum Erscheinungsbild des Grenzortes. Glücklicherweise ist im Ortszentrum wenig von der nahen Nord-Süd-Transitstrecke zu bemerken. Eher ruhig und beschaulich geht es auf dem freundlichen Hauptplatz zu, der Gelegenheit zur Einkehr gibt. Hier ragt seit dem späten 15. Jahrhundert die spätgotische Kirche *St. Ägidius* recht ungerührt empor. Sie ist im Wesentlichen im ursprünglichen Zustand erhalten geblieben, kunsthistorisch bemerkenswert sind vor allem die Netzgewölbe. Die Ortschaft selbst wurde im 13. Jahrhundert von den Rosenbergern vermutlich als Zollstation gegründet.

Interessant sind in Dolní Dvořiště vor allem einige historische Schlaglichter. Nach dem Zerfall der Monarchie 1918 geriet Unterhaid mit der nahen Bahnstation Zartelsdorf (Rybník, damals tschechisch: Certlov) in die Auseinandersetzungen um die südböhmischen Grenzgebiete. Der Ort hatte strategische Bedeutung als Verkehrsknotenpunkt zum Moldautal. Am Morgen des 3. Dezember 1918 besetzten tschechoslowakische Einheiten nach einem kurzen Schusswechsel mit der deutschösterreichischen Volkswehr den Ort, wie auch schon zuvor Kaplitz (Kaplice). Dabei kamen glücklicherweise nur einige Schiefertafeln der Kirche zu Schaden. Bei der Einnahme von Zartlesdorf und der Bahnlinie im Moldautal am selben Tag gab es laut Ortschronik ein Todesopfer und Verletzte.

Von den vielen Vorfällen und Ereignissen am Grenzübergang Wullowitz seien zwei kurz erwähnt, die im kollektiven Gedächtnis der Bevölkerung in der Region verankert sind. Nach der Samtenen Revolution 1989 wurde am Grenzübergang das Ende des Eisernen Vorhangs gefeiert. Am 11. Dezember 1989 trafen einander der oberösterreichische Landeshauptmann Josef Ratzenböck und der Kreisvorsitzende von Südböhmen, Miroslav Šenkýř, bei diesem Grenzübergang, um symbolisch bei der Beseitigung des Eisernen Vorhangs mitzuhelfen.

Im Jahr 2000 kam es zu mehreren Protestaktionen gegen das Atomkraftwerk Temelín. Am Grenzübergang Wullowitz blockierten im Oktober etwa 5000 Personen die Grenze über Tage hin vollständig. Bei den Lkw-Fahrern lagen die Nerven blank und für die im Alltag betroffene Bevölkerung in der Grenzregion war die lang andauernde Protestaktion unverständlich. Die Blockaden ließen Kontakte zwischen den benachbarten Regionen zumindest zeitweilig merklich abkühlen. In weiterer Folge gingen solche Aktionen zurück, fanden nicht mehr diese breite Unterstützung und wurden von den Behörden möglichst unterbunden.

Antiatomproteste bei Wullowitz

★ REIZWORT TEMELÍN

Knapp siebzig Kilometer von Wullowitz entfernt, befindet sich das Atomkraftwerk Temelín. Seine Errichtung war 1987 in der ČSSR mit sowjetischer Technologie begonnen worden. Nach 1989 zog Tschechien aufgrund internationaler Kritik amerikanische Firmen für eine Modernisierung heran. Umweltschützer aus Tschechien, der Slowakei, Bayern und Österreich

St.-Ägidius-Kirche in Dolní Dvořiště

protestierten weiterhin mit Aktionen bei Temelín, Prag oder Budweis, oft anlässlich des Jahrestages der Atomkatastrophe von Tschernobyl 1986.

Temelín wurde zu einer Belastung in den Beziehungen zwischen Prag und Wien. Denn Österreich versuchte bei den EU-Beitrittsverhandlungen Tschechiens in dieser Frage politischen Druck auszuüben. Als das AKW im Oktober 2000 in Probebetrieb ging, erreichten die Antiatomproteste in Österreich an den Grenzübergängen ihren Höhepunkt, blieben aber erfolglos. Seit 2006 läuft das AKW Temelín im Vollbetrieb, trotz der Katastrophe von Fukushima 2011 wird an einen Ausbau gedacht. In Tschechien befürwortet laut Umfragen die Mehrheit der Bevölkerung die Nutzung der Kernenergie. Die Atomfrage wird oft als innere Angelegenheit und Unabhängigkeitsfaktor betrachtet. Temelín deckt heute etwa zwanzig Prozent des Stromverbrauchs des Landes ab.

Von Dolní Dvořiště nach Svatý Kámen nad Malší

EV 13
Distanz: 4,5 km

Vom östlichen Ende des Hauptplatzes von Dolní Dvořiště (Unterhaid) folgen wir weiter dem EV 13 (34). Die Route führt am Friedhof vorbei und mündet in die Straße nach Rychnov nad Malší. Wenig Verkehr, leichtes Gelände, herrlicher Blick auf die Maltschauen ... Schon bald grüßt uns die im 16. Jahrhundert erbaute St.-Andreas-Kirche von Rychnov nad Malší (Reichenau an der Maltsch). Von hier führt die Straße nach Tichá (Oppolz) zur Wallfahrtskirche Maria Schnee beim Heiligen Stein (Svatý Kámen nad Malší). Es ist ein alter Pilgerweg, an dem mehrere barocke Bildstöcke stehen. Die letzten Meter zur Kirche geht es leicht bergauf.

Seehöhe: 638 m

Gemeindegebiet von Dolní Dvořiště (→ S. 95), www.dolnidvoriste.cz

Svatý Kámen nad Malší (Maria Schnee beim Heiligen Stein)

Bis zum Zweiten Weltkrieg gehörte die *Kirche Maria Schnee* auf dem Großen Zwickelberg zu den beliebtesten Wallfahrtsorten der Region. Grund für die Pilgerreise ist ein Felsen, bei dem um 1500 die Heilige Jungfrau Maria erschienen sein soll. Die Legende erzählt, dass die Jungfrau Maria und singende Engel den Stein in zwei Teile teilten. Diese bewegten sich langsam auseinander. Wenn der Abstand zwischen den Felsen so groß wird, dass ein Heuwagen durchfahren kann, ist der Weltuntergang nahe.

Bereits im 16. Jahrhundert begann die Wallfahrt hierher. Im Jahr 1653 ließ Christine Pöperl, die Äbtissin der Klarissinnen aus Krumau (Český Krumlov), um den Heiligen Stein eine Kapelle bauen, welche für den Pilgerandrang bald zu klein wurde. Anfang des 18. Jahrhunderts entstand die Kirche mit Unterstützung von Anna Maria Fürstin von Eggenberg nach den Plänen des Wiener Architekten Anton Erhard Marinelli. Etwa seit dieser Zeit gibt es auch die Kapelle mit der Trinkwasserheilquelle. An der Ostseite der Kirche stand ursprünglich ein Kloster, das 1782 unter Kaiser Joseph II. erstmals aufgelöst wurde. Danach wurde die Betreuung des Wallfahrtsortes zeitweise vom Stift Hohenfurth (→ S. 77) und anderen Institutionen übernommen. 1924 bis 1949 befand sich der Redemptoristenorden in Maria Schnee. Das kommunistische Regime beendete 1950 endgültig die Existenz des Klosters und ließ in den 1970er-Jahren das Gebäude abreißen. Die Kirche aber diente bis 1989

Weg nach Maria Schnee im Frühjahr

dem Grenzschutz der Volksrepublik als Lagerraum und Wachturm und verfiel zusehends.

Die Wallfahrten nach Maria Schnee am Heiligen Stein zu Maria Himmelfahrt (15. August) finden wieder seit 1993 statt. Die Wiederherstellung der Kirche gelang durch die Zusammenarbeit Österreichs, Tschechiens, der Kirche und durch Spenden der (ehemaligen) Bewohner der Region.

Bei der Kapelle mit dem Heiligen Stein wurde im Jahr 2004 eine Gedenktafel montiert. Sie erinnert an eine der vielen Tragödien im Zweiten Weltkrieg.

Am 9. Dezember 1944 startete ein US-amerikanischer Bomber von Süditalien aus mit dem Ziel, einen Angriff auf Industriebetriebe in Nordböhmen auszuführen. Doch auf dem Flug kam es aufgrund des Wetters zu Problemen und so wurde als alternatives Ziel der Bahnhof Regensburg in Bayern angesteuert. Allerdings geriet das mit zehn Mann besetzte Flugzeug unter Beschuss und musste auf dem Gemeindegebiet von Unterhaid notlanden. Ein Teil der Besatzung war bereits mit dem Fallschirm abgesprungen, wurde aber auf dem Boden schnell gefangen genommen. Die anderen Soldaten ereilte ein schreckliches Schicksal: Die mit der Maschine gestrandeten Soldaten – die Flugzeugführer Woodruf J. Warren und Donald L. Hart sowie George Damon

Heiliger Stein in Maria Schnee

Mayott, Frank Pinto jr., Joseph A. Cox – überlebten nicht lange. Der Kreisleiter und der Polizeichef von Kaplitz (Kaplice) richteten die Gefangenen gnadenlos hin. William Jolly landete mit seinem Fallschirm bei Maria Schnee und wurde vom Bürgermeister von Oppolz (Tichá) an Ort und Stelle erschossen. Schätzungen zufolge gab es in NS-Deutschland ca. 350 solcher Fälle von Fliegerlynchjustiz.

EV 13
8,2 km

Von Maria Schnee am Heiligen Stein nach Cetviny

Wir setzten die Fahrt auf der Straße Richtung Tichá (Oppolz) fort und folgen bei der ersten Abzweigung rechts weiter der Route EV 13 (Route 34). Es geht über die „Signálka“ durch Wald und Wiesen nahe bei den Maltschauen, mit Blick nach Österreich hinein. (Variante: Wer die Ortschaft Tichá mit den Resten einer alten Festung sehen und 1,5 km sparen will, fährt bei der Abzweigung auf der Route 1018 geradeaus weiter.)

Das Gelände ist wellig, der Weg meistens gut befestigt, nur zu Beginn ist der Wegbelag sehr rumpelig. Nach 6,7 km mündet der EV 13 (Route 34) wieder in die Straße. Wir sehen die Anhöhen des Gratzener Berglandes und die Spitze des Kirchturms von Cetviny (Zettwing).

Cetviny (Zettwing)

Seehöhe: 650 m

ℹ Gemeindegebiet von Dolní Dvořiště (→ S. 95)

Das im 13. Jahrhundert gegründete Zettwing (Cetviny) ist eine von vielen Ortschaften an der Grenze, die faktisch vom Erdboden verschwunden sind. Die gotische *Kirche „Unserer lieben Frauen Geburt“* aus dem 14./15. Jahrhundert überlebte als mahnendes Denkmal für Zettwing, auch wenn sie die Zeit des Kommunismus nur sehr ramponiert überstand. 2003 wurde sie nach mehrjähriger Renovierung, die von tschechischen und österreichischen Stellen sowie durch Spenden finanziert worden war, neu eingeweiht; nun wird sie für Messen sowie andere Veranstaltungen genützt. Seit vielen Jahren engagiert sich das „Zukunftsforum Freiwald“ gemeinsam mit tschechischen Partnern um den Erhalt der Kirche und beschäftigt sich mit der Aufarbeitung der wechselhaften Geschichte Zettwings. Mit dem *Erinnerungsort Zettwing* (Památné místo Cetviny) will der Verein zu Toleranz und Versöhnung anregen. Auch ein grenzüberschreitender Themenweg zu „Flucht und Vertreibung wird derzeit vom Verein Paměť („Gedächtnis“) vorbereitet.

Aufgrund des Grenzverlaufs nach dem Zweiten Weltkrieg entschieden wenige Meter über das Schicksal einer jahrhundertealten Siedlung und ihrer

Zettwing: Kirche und die ehemalige Kaserne

Beim Friedhof von Zettwing

Bewohner. Einen Überblick über die Ortsgeschichte Zettwings bietet die Infotafel des Themenwegs „Handwerk am Fluss" (Řemeslo na řece) auf dem einstigen Marktplatz neben dem alten Brunnen. Wer darauf achtet, findet ähnliche Brunnen in hübschen Ortschaften in der näheren Umgebung wie Windhaag, Leopoldschlag oder Dolní Dvořiště (Unterhaid).

Bis 1945/46 lebten in der Marktgemeinde Zettwing (Cetviny) etwa 500 Menschen. Nach der Vertreibung der deutschsprachigen Bevölkerung siedten sich etwa hundert Immigranten (aus Rumänien) in dem fast leeren Ort an. Doch auch diese mussten Cetviny verlassen, als 1951 die Sperrzone des Eisernen Vorhangs eingerichtet wurde. 1955 befahl das tschechoslowakische Innenministerium die Schleifung von ca. 120 Häusern. Nur die Kirche und wenige Häuser blieben stehen und dienten bis 1989 allein dem Grenzschutz.

Circa fünfzig bis sechzig Grenzsoldaten waren in Gebäuden schräg gegenüber der Kirche untergebracht. Für die Soldaten, die aus allen Teilen der Tschechoslowakei stammten, bedeutete der Dienst an der Grenze eine lange Trennung von Familie und Freunden. Sie hatten nur selten Ausgang, den sie für Ausflüge z. B. nach Maltony nutzten. Die jungen Leute versuchten, ihr Leben so angenehm wie möglich zu gestalten, machten – verbotenerweise – Fotos von ihrem Alltag und Späßen, hatten eine eigene Währung (mit gezeichneten Geldscheinen) und nannten sich die „Zettwinger Tiger" *(www.vojensko.cz/4-rps-cetviny)*. Inzwischen verfallen die ehemaligen Kasernen des Grenzschutzes – wohl einer ihrer Bewohner hat über dem Eingang ein Graffiti hinterlassen: „Věznice Cetvini" (Gefängnis Zettwing).

Ohne Markierung
Distanz: 400 m

Von Cetviny nach Hammern

Wir wechseln nun auf die österreichische Seite der Maltsch. Dafür fahren wir ein kurzes Stück des Weges, auf dem wir gekommen sind, zurück und biegen links zur Maltsch und zum Grenzübergang Hammern ab. Die kleine Holzbrücke wurde 2006 für Radfahrer und Fußgänger errichtet, womit eine durch den Eisernen Vorhang zerstörte Verbindung wiederhergestellt wurde.

Hammern

Seehöhe: 640 m

Katastralgemeinde von Leopoldschlag, www.leopoldschlag.at

In Hammern ist es recht einsam. Eine kleine *Zollwachschutzhütte*, die hier bei der Grenzbrücke im Jahr 2007 eigens aufgestellt wurde, fungiert als Minimuseum für die österreichische Zollwache. Diese Organisation bestand immerhin 175 Jahre lang und wurde 2004 (bzw. offiziell im Sommer 2005) aufgelöst, als die östlichen Nachbarländer der EU beitraten. Die Beamten kamen zu anderen Einheiten, z. B. der Grenzgendarmerie und der Finanzverwaltung. Auf kleinstem Raum dokumentieren historische Gegenstände, Fotos, alte Reisepässe, Arbeitsutensilien und Uniformen die Arbeit der Zollwacheabteilungen und die bewegten Zeiten an der Grenze. Außerdem wird mit historischen Fotos an Zettwing erinnert.

Zollwache schutzhütte
Hammern 6, Schlüssel in den umliegenden Gemeindeämtern (Leopoldschlag, Windhaag), Infos auch im Green Belt Center in Windhaag

Hinter dem großen Gebäudekomplex der Lexmühle befand sich ein allseits beliebter Badeplatz. Doch wie badete man in einem Grenzfluss, noch

Beim Badeplatz Lexmühle (1961)

dazu einem am Eisernen Vorhang? Offiziell liegt die Staatsgrenze in der Flussmitte. In der praktischen Anwendung galt eine Grenzverletzung erst bei Betreten des anderen Ufers und das Wasser als „neutrale Zone". So tummelten sich in der Maltsch nicht nur österreichische Kinder, sondern auch Soldaten des tschechoslowakischen Grenzschutzes. In der Regel, so erzählen manche, waren die verschiedenen Gruppen nicht gleichzeitig im Fluss oder hielten Respektabstand, doch nicht immer: Der gebürtige Windhaager Franz Kregl beschreibt in seinen Erinnerungen „Die steinerne Brücke", dass er einmal ein gemeinsames Herumtollen von tschechoslowakischen Soldaten und österreichischen Kindern miterlebte.

905, 906
Distanz: 4,3 km

Von Hammern nach Windhaag bei Freistadt

Bei der Lexmühle fahren wir nach links und folgen zunächst der Route 905 auf der Straße nach Mairspindt, die erst nach der Grenzziehung von 1918/19 gebaut worden ist. Früher verlief die Verkehrsverbindung auf dem anderen Maltschufer. Bei Mairspindt fahren wir geradewegs auf der Straße weiter (Route 906), wobei wir eine etwas anstrengende, aber kurze Steigung zu bewältigen haben. Bald ist Windhaag erreicht.

Windhaag bei Freistadt

Seehöhe: 723 m

Marktgemeindeamt, Markt 1, Tel. +43 7943 6111, www.windhaag.at

„Schönstes Dorf Österreichs", diesen Titel bekam die Marktgemeinde Windhaag im Jahr 1997 verliehen. Der freundliche *Hauptplatz* mit der spätgotischen *Kirche zum heiligen Stephanus* war wohl einer der Gründe dafür. Windhaag verfügt über eine gute Infrastruktur wie Geschäfte, Wirtshäuser und einen Badeteich und kann außerdem noch auf andere Auszeichnungen verweisen: Oberösterreichische Energiespargemeinde (1997), Österreichischer und Europäischer Solarpreis (2002), Landespreis „Kli-

Kirche von Windhaag und das Green Belt Center

maschutz – Klimarettung“ (2006) und Landespreis für Umwelt und Natur (2008). Bei diesem Engagement für Umweltschutz ist es nur konsequent, dass der Ort die Chancen, die der sanfte Tourismus bietet, tatkräftig nützt. Mit dem neuen Green Belt Center will sich Windhaag einen Namen als „Tor zum Grünen Band“ machen. Tatsächlich bildet Windhaag einen günstigen Ausgangspunkt, um Ausflüge in die Umgebung, vor allem in den „Urwald“ des Gratzener Berglands, in die Auen der Maltsch und die Nachbarortschaften zu machen.

Green Belt Center (GBC)

Das *Green Belt Center* entstand als Erweiterung und Umstrukturierung des 1982 gegründeten Mühlviertler Waldhauses und wurde im Mai 2015 eröffnet. Es informiert über die Natur und Geschichte der Grenzregion sowie über das „Grüne Band Europa“ und versteht sich als Impulsgeber und Treffpunkt für grenzüberschreitende Projekte. Veranstaltungen und Sonderausstellungen bieten einen Anreiz, immer wieder hierherzukommen. Die Webseite des Green Belt Center weist zudem auf weitere Sehenswürdigkeiten im Ort und in der Region („Checkpoints“) hin.

Green Belt Center
www.greenbelt-center.eu, Mai bis Okt., Di–So 10–18 Uhr, Eintritt € 5,–/€ 3,50

Das „Stammhaus“ des GBC ist im ehemaligen Schulgebäude von 1843 untergebracht, der angebaute neue Turm mit Lift hat nicht nur eine Aussichtsplattform, sondern ermöglicht auch einen barrierefreien Zugang in die Ausstellung. Der Rundgang beginnt im zweiten Stock mit der Regionalgeschichte des Mühlviertels und Südböhmens. Wir erhalten mittels Landkarten, Fotos und Alltagsgegenständen einen guten Einblick in die Besiedlungsgeschichte seit etwa tausend Jahren, herrschaftliche Einflüsse, die wirtschaftliche Erschließung und die Lebensgrundlagen der Region wie z. B. Holz, Glas, Flachs und Hinterglasmalerei. Ein Bereich ist auch der Pferdeeisenbahn (→ S. 94), gewidmet. Im ersten Stock liegt der Fokus auf dem Thema *Grenze und Eiserner Vorhang*. Eingeleitet wird der Bereich mit den Metallkoffern des Kunstprojekts „Unternehmen Eisendorf" in Pohoří na Šumavě (→ S. 111) und Luftaufnahmen des Bundesheeres von den Grenzsperranlagen. Historische Fotos aus der Umgebung von der Bevölkerung und Grenzsoldaten, Waffen und Dokumente illustrieren das frühere Leben an der politischen Systemgrenze. Per Video erzählt der ehemalige Landeshauptmann von Oberösterreich, Josef Ratzenböck, seine persönlichen Eindrücke vom „Wunder der Geschichte" 1989. Dann tauchen wir in verschiedenen (Medien-)Stationen virtuell in das *Grüne Band Europa* ein. Im Erdgeschoß wartet noch ein „Zukunftsraum" mit Denkanstößen bzw. eine Sonderausstellung und ein Shop.

„Wettershuttle"

Mit einem *Skulpturenweg* bietet Windhaag auch einen künstlerischen Anreiz. Hervorzuheben ist dabei das „*Wettershuttle*", das 1999 im Ortsteil Pieberschlag an der Paßberger Straße errichtet wurde: Das imposante Kunstobjekt von Gerhard Eilmsteiner steht genau auf der Europäischen Wasserscheide und mischt sich als „Wasserdieb" in die naturgegebenen Wasserläufe ein. Ein Eisenwagen von 4,5 Tonnen mit einer riesigen Waage steht auf Schienen und wird nur durch das Gewicht des gesammelten Regenwassers

Die Maltschauen im Grünen Band Europa

DAS GRÜNE BAND EUROPA

So seltsam es vielleicht klingt, die Existenz des Eisernen Vorhangs hatte durchaus etwas Positives. In der Sperrzone des Eisernen Vorhangs entstand über vierzig Jahre quer durch den ganzen Kontinent ein Refugium für seltene Tiere und Pflanzen. Dieses wollen Naturschützer als Grünes Band Europas erhalten. Mit insgesamt 12.500 Kilometer vom hohen Norden Lapplands bis zum Schwarzen Meer ist es der längste europäische Biotopverbund, in dem Tiere leichter neue Lebensräume finden und wandern können. Das Ziel des Projekts ist die Schaffung einer Begegnungszone für Mensch und Natur, die gleichzeitig eine einzigartige Erinnerungslandschaft für die Geschichte Europas bilden kann. Für die Gebiete an der einst „toten Grenze" ergibt sich nun die Chance eines sanften Tourismus. Die Initiative nahm von Deutschland aus seinen Ausgang. Im Jahr 2004 begann auf einer internationalen Konferenz in Ungarn die europäische Dimension, inzwischen sind 24 Staaten daran beteiligt. Das Projekt „European Green Belt" steht unter der Schirmherrschaft der Symbolfigur für die Beendigung des Kalten Krieges, Michail Gorbatschow, des ehemaligen Staatspräsidenten der Sowjetunion.

Das „Wettershuttle“ auf der Europäischen Wasserscheide

bewegt. Eine vollgefüllte Granitschale bringt den Wagen ins Rollen und leert 170 Liter Regenwasser auf den Boden der anderen Seite der Wasserscheide. So wird für die Donau bestimmtes Wasser in die Moldau umgeleitet bzw. umgekehrt. Dies entscheidet darüber, ob das Wasser letztlich ins Schwarze Meer oder in die Nordsee fließt. Die gängige Beschreibung der Installation lautet: „Das Wettershuttle ist ein ironisches, aber auch sehr appellatives Zeichen für den menschlichen Umgang mit der Natur.“

906, 905
Distanz: 2,4 km

Zur alten Steinbrücke bei Mairspindt

Von Windhaag fahren wir wieder zurück in Richtung Cetviny nach Mairspindt, das zur Gemeinde Windhaag gehört. Den Weg kennen wir bereits (906 u. 905), nun geht es überwiegend flott abwärts. In Mairspindt achten wir auf ein auffälliges Haus, das ehemalige Zollhaus aus den 1920er-Jahren. Kurz danach verlassen wir die Straße und nehmen rechts den Weg Richtung Zettwing.

Alte Steinbrücke bei Mairspindt

Der jahrhundertealte Verbindungsweg nach Zettwing ist durch die Grenzziehung und die neue Straße über Hammern ins Abseits geraten, doch die *alte Steinbrücke* über die Maltsch ist eine bemerkenswerte Rarität. Vermutlich stammt die Brücke in dieser Form aus der zweiten Hälfte des 19. Jahrhunderts. Sie die einzige historische Grenzbrücke zwischen Oberösterreich und Südböhmen, die noch existiert.

Neben der Thayabrücke bei Hardegg (→ S. 238) ist sie eine von zwei Brücken an der Grenze zwischen Tschechien und Österreich, welche die Wirren des 20. Jahrhunderts funktionsfähig überdauert haben.

Auf der tschechischen Seite erinnert ein *Gedenkstein* an ein Opfer der angespannten und nervösen Atmosphäre des Jahres 1938, als die Tschechoslowakei einen Angriff NS-Deutschlands befürchtete. Jaroslav Novák (1910–1938), ein Gehilfe der tschechoslowakischen Zollwache, wurde in der Nacht vom 29. auf den 30. Juli 1938 von seinen eigenen Kollegen während des Kontrollgangs angeschossen und starb wenig später an den schweren Verletzungen. Die Untersuchungskommission stufte den Vorfall als tragischen Unfall ein.

In den Freiwald

Eine etwas längere Fahrt in das Herz des idyllischen und recht einsamen Gratzener Berglandes (Novohradské hory) steht uns bevor. Auf dem Weg bieten Janova Ves, Jelení, Baronův Most Möglichkeiten zur Rast oder Unterkunft. Das Gebiet wird in Tschechien noch zum Böhmerwald (Šumava) gezählt, so wie das vor hundert Jahren auch allgemein üblich war. Der Reiseführer des Deutschen Böhmerwaldbundes von 1909 beschreibt Regionen bis Neubistritz

Die alte Maltschbrücke bei Mairspindt

(Nová Bystřice, → S. 177). Der Begriff Šumava („die Rauschende“) ist angesichts der weiten, rauschenden Wälder, Almwiesen und reizvollen Hochebenen auch durchaus passend.

Auf österreichischer Seite spricht man meist vom Nordwald oder Freiwald. Letzterer Begriff geht darauf zurück, dass Herzog Albrecht III. 1377 den damals landesfürstlichen Städten Freistadt und Weitra die freie Nutzung des Waldgebietes in dieser Region erlaubte.

34, 1192
Distanz: 18 km

Von Mairspindt nach Pohoří na Šumavě

Wir nehmen den alten Weg nach Cetviny (Zettwing) am rechten Ufer der Maltsch entlang. (Der Feldweg könnte bei Regen gatschig sein. Alternativ kann man über die Straße nach Hammern und die Holzbrücke nach Cetviny fahren). In Cetviny fahren wir bei der Kirche rechts über die ehemalige Hauptstraße und folgen der Route 34. Auf den folgenden 3 km bis zur Wegkreuzung „Pod Tokaništěm“ radeln wir leicht bergauf (50 Hm), wobei wir am Friedhof von Zettwing vorbeikommen. An der Kreuzung biegen wir rechts ab und gelangen auf einem schattigen Weg nach 2 km zum Orientierungspunkt Dolní Příbrání (Untersinnetschlag) (2 km/90 Hm). Ein Kriegerdenkmal erinnert an die verschwundene Ortschaft. Wir bleiben auf der Route 34, radeln an einem Teich und Almwiesen vorbei und erreichen nach 2,6 km (80 Hm) den vorerst höchsten Punkt der Route auf 861 m Seehöhe. Die Route 34 zweigt dann bei einem asphaltierten Weg etwas plötzlich nach rechts ab und nach wenigen Metern wieder nach links. Es geht flott abwärts und wir kommen in der Nähe von Leopoldov (Leopoldsdorf) in ein Flusstal (1,5 km/70 Hm).

Bei der Brücke verlassen wir die Route 34, wir biegen rechts ab und wechseln auf die Route 1192. Bis zu unserem Ziel Pohoří na Šumavě (Buchers) sind es noch 6 km (120 Hm). Es geht auf der mäßig befahrenen Straße stetig leicht bergauf am Pohořský

Buchers Anfang Mai 2017

potok (Buchersbach) entlang. Wir kommen an der beliebten Raststätte in Baronův Most (Baronbrücke) vorbei, und zuletzt erwartet uns die wildromantische freie Hochebene des Šumava.

Pohoří na Šumavě (Buchers)

Seehöhe: 916 m

Gemeindegebiet von Pohorská Ves, www.pohorskaves.cz

Eigentlich war Pohoří na Šumavě (Buchers) eine untergegangene Ortschaft, zerstört durch Vertreibung der deutschsprachigen Bevölkerung und Errichtung der Grenzzone des Eisernen Vorhangs. So fand im August 1993 in der Wüstung das Kunstprojekt „*Unternehmen Eisendorf*" noch unter schwierigen Bedingungen statt. Doch neues Leben zog in die Ruinen der ehemaligen Marktgemeinde ein. Einige Wochenendhäuser sind entlang der schönen, alten Baumallee entstanden, welche die stürmischen Zeiten der letzten Jahrzehnte gut überstanden hat. Gar nicht wenige Wanderer und Radfahrer kommen auf ihren Touren hier vorbei. Symbol für Buchers sind die Reste der *Kirche Maria vom Guten Rat* (erbaut 1783–1791), welche stark verfallen ist. Der Kirchturm stürzte am 30. Mai 1999 ein und fiel auf das Langhaus. Doch ein Teil blieb erhalten und wurde inzwischen soweit instand gesetzt, dass hier zu Ostern und Weihnachten

In der Bucherser Gedenkkapelle

Festmessen stattfinden. Am 14. Mai 2016 erhielt die Kirche nach über siebzig Jahren in einer Weihefeier wieder eine Glocke. Sie entstand mithilfe eines Neubewohners der Siedlung.

Man kann inzwischen sogar von einem gewissen Dorfleben sprechen, das vom Bucherser Heimatverein (mit-)getragen wird. Die im Jahr 2006 gegründete Initiative aus der österreichischen Nachbarschaft organisiert mehrere grenzüberschreitende Veranstaltungen im Jahr – auch in Kooperation mit tschechischen Vereinen und Bewohnern. In den Sommermonaten gibt es am ersten und dritten Sonntag im Monat ein Pfarrcafé (13–18 Uhr). Höhepunkt des Kalenderjahres ist der Kirtag im September. Die Homepage des Vereins *(www.bucherser-heimat-verein .at)* dient als Erinnerungsort für die Vergangenheit sowie als Plattform für das neue Leben in Pohoří na Šumavě (Buchers).

Neben der Kirche ist noch das *Denkmal für die Gefallenen des Ersten Weltkriegs* bemerkenswert, das sich auf einem kleinen Platz befindet, wo früher auch das Schulgebäude stand. Es wurde am 4. November 1923 eingeweiht. „Nie wieder Krieg!“ und „Den treuen Helden die dankbare Heimat“ ist zu lesen. Ursprünglich hatte die Gemeinde die Widmung „Wer den Tod im heiligen Kampfe fand, / Ruht auch in fremder Erde im Heimatland“. angebracht. In der Ortschronik heißt es, dass die Regierung in Prag eine Änderung wünschte. So prangt ein für ein Kriegerdenkmal ungewöhnlich pazifistischer Gedanke auf dem Sockel. Dieser hatte übrigens zuvor an dieser Stelle einem Denkmal für Kaiser Joseph II. gedient, wie man auf alten Ansichten erkennen kann.

Historische Fotos und persönliche Erinnerungen vertriebener Bewohner findet man in der 1984 errichteten *Bucherser Gedenkkapelle* auf der österreichischen Seite der Grenze. Das entlegene Buchers, das erst Ende des 17. Jahrhunderts als Glashütte und Holzarbeitersiedlung entstand, machte eine dynamische Entwicklung zu einem Ort mit über tausend

Einwohnern durch. Nordböhmische Glasmalergesellen brachten Ende des 18. Jahrhunderts die Volkskunst der Hinterglasmalerei und damit Aufschwung in die Region. In Heimarbeit wurden in Buchers Heiligenbilder hergestellt, die für den Herrgottswinkel in jeder katholischen Stube gedacht waren. Hausierer verkauften diese auf Jahrmärkten und in Wallfahrtsorten, vor allem in Böhmen, Mähren, der Slowakei, in Nieder- und Oberösterreich und auch in Ungarn. Wer Beispiele dieser Volkskunst bewundern will, dem seien die Museen in Sandl und Freistadt ans Herz gelegt.

★ AUGUST 1993: „UNTERNEHMEN EISENDORF"

Im August 1993 fand in Pohoří na Šumavě (Buchers) das Projekt „Unternehmen Eisendorf" statt, das von der Linzer Künstlergruppe „Die Fabrikanten" initiiert wurde. Neun Tage lang lebten zwanzig tschechische, deutsche und österreichische Künstler und Wissenschaftler in der Wüstung in Zelten. Sie hatten nur dreißig Kilo Gepäck und Arbeitsmaterial bei sich. Das war die erlaubte Menge, die die Bewohner bei der Vertreibung 1946 von ihrem Besitz mitnehmen durften.

Die „Einsiedler" arbeiteten in dieser Zeit zum Thema „Niemandsland, Grenze und Überlebensstrategien". So beschäftigte sich beispielsweise eine Künstlerin mit den unterirdischen Wegen der Maulwürfe und verfolgte deren Spuren bis über die Grenze nach Österreich. Die Arbeiten der Künstler wurden in Metallkoffern zehn Jahre lang archiviert und 2004 wieder übergeben. Über die Langzeitaktion wurde der Dokumentationsfilm „Verwehte Grenzen" gedreht, der auf Youtube zu finden ist.

Von Pohoří na Šumavě nach Karlstift

EV 13
Distanz: 6 km

Wir fahren durch den Ort an das Ende der Baumallee und biegen nach rechts ab. Auf dem EV 13 geht es leicht aufwärts über die Grenze nach Niederösterreich. Nach einem Blick in die Bucherser

Gedenkkapelle fahren wir weiter durch den Wald bis zur Bundesstraße. Dort verlassen wir den EV 13, biegen links ab und fahren eine kurze Strecke auf der Bundesstraße nach Karlstift. Achtung auf den Verkehr!

Karlstift

Seehöhe: 936 m

Katastralgemeinde von Bad Großpertholz, Tel. +43 2857 2253, www.bad-grosspertholz.gv.at, www.karlstift.at

Holzhackermuseum Karlstift Stierhüblteich, Karlstift 138, Tel. +43 2857 2253, Mitte Juni bis Mitte Sept. bei Schönwetter geöffnet oder nach Voranmeldung, Eintritt: frei

Der erste niederösterreichische Ort auf unserer Tour liegt im Waldviertel, das hier seinem Namen alle Ehre macht. Das im 17. Jahrhundert erstmals erwähnte Karlstift entstand als Holzhackersiedlung an der alten Verbindungsstraße Weitra–Freistadt inmitten des Nordwaldes. Dazu passt auch die kleine *Kirche* mit Holzturm, genannt die „Holzhackerpfarre“. Über das frühere Leben der Holzknechte informiert ein *Holzhackermuseum*, das sich etwas abgelegen im Wald beim Stierhübelteich versteckt. Von dort wurde bis in die 1950er-Jahre über ein Triftsystem Holz zur Donau geschwemmt. Heute ist der Teich Zentrum des kleinen Sommerfreizeitparadieses mit Badefreuden (gratis!) und Buffet in der Waldidylle mit nordisch-skandinavischem Flair. Der Fremdenverkehrsverein setzt ganz auf Holz und veranstaltet in Karlstift seit vielen Jahren am 15. August den rustikalen Holzhackerwettbewerb mit Oldtimerschau, wodurch ungewöhnlich viel Leben ins Dreiländereck Waldviertel, Mühlviertel und Südböhmen kommt.

Von Karlstift auf den Nebelstein

„Nordwald-Strecke“
Distanz: 13,5 km

Auf der Bundesstraße passieren wir das Gasthaus Zeiler und biegen gleich links auf eine Nebenstraße ab, auf der auch der Fernwanderweg Nordwaldkammweg verläuft. Wir halten uns links und werfen einen Blick auf das kleine Skigebiet. Wir folgen der Mountainbikeroute Nordwald-Strecke auf einer Forststraße durch den Wald hinab nach Joachimstal zum Lainsitzfluss (6 km/240 Hm). Nun kann man weiterhin der Mountainbikestrecke auf

den Nebenstein (1017 m) folgen oder auf der mäßig befahrenen Straße über Angelbach und Harmanschlag die Bergetappe in Angriff nehmen. In jedem Fall sollten entsprechende Kraft- und Trinkreserven vorhanden sein, um auf 5 km 340 Hm zu bewältigen. Bei klarem Wetter lohnt sich die Mühe sicherlich und oben beim Gipfel empfängt uns eine bewirtschaftete Schutzhütte des Alpenvereins (Nebelsteinhütte). Das letzte kurze Stück eignet sich besser zum Wandern bzw. Schieben.

Alternativroute nach Weitra: Wer gerade keine Zeit oder Lust auf die anstrengende Etappe über den Nebelstein und Lauterbach hat, kann ab Joachimstal entlang der jungen Lainsitz recht gemütlich direkt nach Weitra radeln. Auf der Route sind Abstecher zur jahrhundertealten Papiermühle Mörzinger *(www.papiermuehle.at)*, und zum Kurort Bad Großpertholz *(www.bad-grosspertholz.gv.at)* zu empfehlen. Ab Steinbach verläuft die Waldviertelbahnroute neben den Gleisen bis Weitra.

Seehöhe: 1017 m

Gemeinde Moorbad Harbach, www.moorbad-harbach.at

Nebelstein

Der Nebelstein (1017 m) gehört zu den bekanntesten und höchsten Erhebungen Niederösterreichs und liegt noch dazu an Fernwanderwegen wie E8 Nordsee–Karpaten oder E6 Ostsee–Wachau–Ägäis und einigen Weitwanderwegen. Dennoch lautet meist die erste Frage, die man von Wanderern hört: „Sind Sie auch auf Kur hier?“ Kein Wunder, lebt doch das Waldviertel hier maßgeblich von Kurhotels, wie z. B. in Groß-Gerungs, Bad Großpertholz oder Moorbad Harbach, und die Kurgäste schwärmen in die schöne Umgebung aus. Die Nebelsteinhütte aus dem Jahr 1948 war übrigens die erste des Alpenvereins, die nach dem Zweiten Weltkrieg errichtet wurde.

Der Ausblick vom Gipfel ist bei klarem Wetter schlicht grandios, man sieht über den Nordwald bzw. das Gratzener Bergland bis nach Südböhmen. Als am 21. August 1968 die Truppen des Warschauer Paktes in die ČSSR einrückten und den Prager Frühling beendeten, machten am Nebelstein Angehörige des Fernmelde-Aufklärungsbataillons des Bundesheeres Dienst und hörten Gespräche im besetzten Nachbarland ab. Österreich fürchtete Grenzüberschreitungen der sowjetischen Panzer. Um aber keinen Vorwand für einen Angriff zu liefern, zog sich das Bundesheer auf Wunsch der damaligen Regierungsspitze weit von der Grenze zurück. In Weitra verließen zum Entsetzen der Bevölkerung die Garnisonen die Kaserne und begaben sich ins Landesinnere. Es wurden lediglich Aufklärungsflüge entlang der Grenze durchgeführt, was übrigens auch auf der anderen Seite geschah. Die 55 Luftraumverletzungen

Am Gipfel des Nebensteins (1017 m)

des Hoheitsgebiets bis Mitte September 1968 waren aus österreichischer Sicht die bedeutendsten militärischen Ereignisse der „krisenhaften Situation". Gegen die schwersten Vorfälle protestierte Österreich offiziell beim sowjetischen Botschafter in Wien.

Vom Nebelstein nach Weitra

Vom Nebelstein (Parkplatz) fahren wir auf der Forststraße westwärts und folgen dabei der Route Via Verde (Zusatzroute). Es geht 3 km leicht abwärts dahin, danach biegen wir nach rechts ab. Auf 500 m liegen noch steile 40 Hm vor uns, dann kommen wir auf eine größere Lichtung. Nun können wir die Abfahrt auf der kleinen Landstraße nach Hirschenwies genießen (1,5 km/120 Hm). Dort verlassen wir die Route Via Verde und fahren geradeaus direkt nach Lauterbach, wo wir den „Garten der Menschenrechte" besuchen. Auf der wenig befahrenen Straße radeln wir dann 10 km auf welligem Gelände über Wultschau direkt nach Weitra.

Teilw. Via Verde, ohne Markierung
Distanz: 17,7 km

„Garten der Menschenrechte" in Lauterbach

In der Gegend gibt es verschiedene Wander- und Lehrpfade für die Kurgäste. Eine Besonderheit ist der frei zugängliche *Garten der Menschenrechte* in Lauterbach, der 2008 anlässlich des sechzigsten Jahrestages der Erklärung der Menschenrechte errichtet wurde. Nach den schrecklichen Ereignissen und barbarischen Handlungen im Zweiten Weltkrieg

Garten der Menschenrechte Lauterbach 11, www.garten-der-menschenrechte.at, frei zugänglich, Führungen nach Anmeldung

Skulptur zur Arbeitswelt: Koalitionsmaschine im „Garten der Menschenrechte“

definierte am 10. Dezember 1948 die Generalversammlung der UNO „das zu erreichende gemeinsame Ideal“ der Menschenrechte.

Man wundert sich vielleicht, dass es hier im Waldviertel diesen Garten mit dem Ziel der Friedenserziehung gibt – doch der Ort ist gut gewählt. Vor dem Hintergrund der Grenzregion und der Kurhotels sollte, kann und darf man sich die Zeit nehmen, um sich der Menschenrechte als Grundlage für Frieden und Demokratie (wieder) bewusst zu werden, wie z. B. Menschenwürde, Arbeit, soziale Sicherheit, Freiheit, Erholung, Bildung, Selbstbestimmung und Asyl. Informationstafeln und Skulpturen auf einem kleinen Rundweg mit zwölf Stationen bringen uns die Inhalte der Menschenrechtskonvention, die einen wesentlichen Teil des internationalen Rechts bildet, näher.

Die Motivation der Initiatoren ist ganz einfach: „Würden die Menschenrechte weltweit, also in allen Staaten der Erde, respektiert, so gäbe es keine Flüchtlinge. Daher ist es wirklich ‚Not‘-wendig, sie bekannt zu machen.“ Für die Umsetzung zeichnet das Ludwig Boltzmann Institut für Menschenrechte verantwortlich.

Es ist kaum zu beziffern, wie viele Menschen im 20. Jahrhundert auf unserer Route auf der Flucht waren, ihre Heimat unfreiwillig verlassen mussten oder zwangsweise aus ihrer Heimat „versetzt“ wurden. Allein 1945 waren mehrere Millionen Menschen in Europa auf der Flucht. Ungefähr 1,5 Millionen Menschen – Flüchtlinge und Displaced Persons („versetzte Personen“) – hielten sich zu Kriegsende 1945 auf dem Staatsgebiet Österreichs auf. Leben in Frieden ist keine Selbstverständlichkeit.

Weitra

Seehöhe: 562 m

Die Stadtmauerstadt Weitra gehört zweifellos zu den schönsten Stationen unserer Tour durch das Waldviertel. Markant erhebt sich das *Renaissanceschloss* auf einem Granitplateau über der Lainsitz. Sie nennt sich selbst Kuenringerstadt, in Erinnerung an ihren Gründer Hadmar II. von Kuenring. Dieser trieb Anfang des 13. Jahrhunderts die Kolonisation in der Region voran und ist auch für die Befestigung von Gmünd (→ S. 139) und Zwettl verantwortlich. Allerdings fiel die Herrschaft wegen eines Aufstandsversuchs der Kuenringer 1296 für die folgenden 300 Jahre in die Hände der Habsburger zurück. Bekannt ist Weitra als älteste Braustadt Österreichs, da es bereits 1321 das Privileg der Bierbrauerei erhielt. Die Bierwerkstatt Weitra Bräu und das Brauhotel halten die Tradition noch heute hoch.

Lange war Weitra in der Region bedeutender als Gmünd, das durch den Anschluss an die Franz-Josefs-Bahn auf die Überholspur wechselte. Zwar kam 1902/03 die Lokalbahn nach Weitra, doch Ausbaupläne der Schmalspurbahn nach Böhmen oder Freistadt blieben eine interessante Utopie. Die Waldviertelbahn (→ S. 92) ermöglicht uns heutzutage eine gemütliche Erkundung der Gegend. Nach einem Blick in den beachtlichen Veranstaltungskalender Weitras lässt sich die Stadtbesichtigung vielleicht auch mit kulturellen und touristisch-kulinarischen Events verbinden, wie z. B. dem Schloss Weitra Festival im Sommer oder dem Bierkirtag am dritten Juli-Wochenende.

Gästeservice Weitra, Rathausplatz 1, Tel. +43 2856 5006-50, www.weitra-tourismus.at, www.weitra.gv.at

NÖVOG Waldviertelbahn Gmünd–Groß Gerungs (→ S. 92)

Die Kuenringerstadt Weitra

Stadtführungen
Nachtwächterführungen von Mai bis Sept. Fr u. Sa 20 Uhr, Treffpunkt: Rathaus, Preis: € 3,–

Brauhotel Weitra
Rathausplatz 6, www.brauhotel.at, Mo–Sa 7–24, So 7–22 Uhr, NÖ-Card

Stadtrundgang

„Gott bewahr die Stadt", ruft uns das Obere Stadttor von 1526 zu, das 1967 für den modernen Verkehr erweitert wurde. Begleitet von diesem Spruch gelangen wir schnell auf den hübschen *Rathausplatz*. Die Besichtigung der Stadt wird durch Informationstafeln und einer Handy-App unterstützt. Im Rathaus, das 1892/93 errichtet wurde und somit zu den jüngeren Gebäuden am Platz gehört, kann man sich mit Infomaterial und Karten für einen Rundgang ausrüsten. Im Zentrum sehen wir ehemalige Brauhäuser und Ackerbürgerhäuser aus den verschiedenen Jahrhunderten (16.–19. Jh.) Besonders bemerkenswert ist das Haus Nr. 4 aus dem 16. Jahrhundert mit Sgraffito-Darstellungen: Sie zeigen Szenen aus der Gründungsgeschichte Roms nach den Schriften von Titus Livius (59 v. Chr. – 17 n. Chr.) und die Lebensalter (zehn bis hundert Jahre) eines Mannes, die mit Tieren symbolisiert werden. Zu den wichtigsten Stationen des Stadtspazierganges gehört die alte, fast vollständig erhaltene *Wehrmauer* aus dem 14./15. Jahrhundert mit einem Aussichtsturm. Unten im Ledertal an der Lainsitz überrascht die *Bürgerspitalkirche* mit gotischen Fresken (Schlüssel in der Bleikristallschleiferei Ruß, Böhmstraße 77/78, *www.russ-weitra.at)*. Durch ein kleines Stadtmauertor kommen wir direkt zur romanisch-gotischen *Stadtpfarrkirche St. Petrus und Paulus*.

Als Ausklang bietet sich noch ein Bummel durch die Kleingewerbeszene mit Lokalkolorit an, man findet die einzigen handgefertigten Zwirnknöpfe aus Österreich, Bleikristall, Trachten, Strohdekor, Glas und Granitschmuck und Kulinarisches in einzelnen Geschäften oder versammelt im WaLaLa (Waldviertler Land-Laden) am Rathausplatz 58. Freunde des Gerstensaftes probieren natürlich das in Weitra hergestellte Bier. Das *Brauhotel* im ehemaligen Hofbräuhaus bietet übrigens auch einen Blick in die kleine Brauerei und außerdem (Film-)Führungen an.

Museum Alte Textilfabrik

Etwas außerhalb des Zentrums an der Lainsitz entführt uns das 1990 gegründete *Museum Alte Textilfabrik* sehr anschaulich in die vergangene Wirtschafts- und Arbeitswelt des Waldviertels. Es befindet sich in zwei Gebäuden der ehemaligen „k.k. privilegierten Modewarenfabrik Hackl & Söhne", welche um 1900 bis zu 500 Mitarbeiter mit Niedriglöhnen beschäftigte. Die Fabrik war (unter Pächtern) bis 1972 in Betrieb. Sonderausstellungen zeigen noch spezielle Aspekte des Textilwesens. Das Museum ist gewissermaßen Hauptquartier der „Waldviertler Textilstraße", einer 180 Kilometer langen Route, welche die einstige Bedeutung und den Wandel der regionalen Textilindustrie in vierzig Stationen konkret vor Ort beschreibt.

Museum Alte Textilfabrik
Oberbrühl 13, www.textilstrasse.at, Mai bis Okt. Fr 13–18, Sa, So, Fei 10–18 Uhr, Eintritt: € 5,50/Kinder bis 14 J. gratis

Schloss Weitra – Schauplatz Eiserner Vorhang

Natürlich wäre die Besichtigung Weitras ohne den Besuch des Schlosses unvollständig. Das *Renaissanceschloss* ließ der damalige Besitzer Wolf Rumpf Freiherrn von Wiehlroß um 1600 an der Stelle der alten Kuenringerburg erbauen. Die schönen Räumlichkeiten erzählen die Geschichte der Kuenringer und der Fürstenberger, eine ursprünglich schwäbische Adelsfamilie, die den Freiherrn von Wielroß beerbte. Die Fürstenberger sind noch heute die Schlossherren von Weitra. Über den prächtigen *Arkadenhof* gelangt man in das prunkvolle *Schloss-Theater* im Stil des Rokoko. Mauerreste der Kuenringerburg findet man übrigens noch im Keller des Schlosses, wo auch ein *Brauereimuseum* untergebracht ist.

Im zweiten Kellergeschoß befindet sich einer der Höhepunkte unserer Reise, der *Schauplatz Eiserner Vorhang (www.schauplatz-eiserner-vorhang.at).* (Laut Besucherinformation für Kinder unter zehn Jahren nicht geeignet.) Die im Jahr 2012 eröffnete Ausstellung ist die größte wissenschaftlich fundierte Präsentation zu diesem Thema in Österreich. Wir sehen einige Medienstationen und zahlreiche Originalge-

Schloss Weitra
www.schloss-weitra.at, Mai bis Okt. tägl. außer Di 10–17 Uhr, Eintritt: € 8,50/€ 4,50, NÖ-Card

Stadttor von Weitra

genstände aus dem Leben im Kalten Krieg und in den totalitären kommunistischen Regimen in Europa: verschiedene Gegenstände aus dem ideologisierten Alltag in den Volksrepubliken, Stücke der Berliner Mauer, Uniformen der Nationalen Volksarmee der DDR, Geräte vom Grenzschutz, Geruchskonserve zur Verfolgung entflohener Häftlinge. Ein besonderes Exponat ist das Drachenflugzeug, mit dem der Slowake Vladimir Příslupksy am 18. Mai 1987 aus der ČSSR nach Bayern flüchtete. Wir treffen auch auf einige Grenzvorfälle und Ereignisse, die direkt auf unserer Reiseroute geschehen sind. Hochinteressant für uns sind Objekte und Themen zur tschechisch-österreichischen Grenze, z. B. Dokumente zur Vertreibung der deutschsprachigen Bevölkerung, ein „Spitzelbuch“ aus České Velenice. Schließlich kommen wir zum Ende des Eisernen Vorhangs im Jahr 1989, als in Europa große Euphorie herrschte. Wir sehen Fotos von der symbolischen Durchschneidung des Grenzzauns bei Hevlín/Laa an der Thaya vom 17. Dezember 1989 (→ S. 287). Am Ende widmet sich die umfangreiche Ausstellung der Überwindung der Teilung Europas.

Als krönenden Abschluss steigen wir sämtliche Treppen hinauf, um über das barocke Dachgeschoß und vorbei am alten Uhrwerk auf den Turm des Schlosses zu gelangen. Bei klarer Sicht werden wir mit einem großartigen Rundumblick auf die Region um Weitra belohnt.

★ REGION „VITORAZSKO“

Der tschechische Name für die Waldviertler Stadt Weitra ist Vitoraz. Das angrenzende Gebiet in Tschechien wird „Vitorazsko“ (Weitraer Gebiet) genannt. Eine Konstruktion des tschechischen Historikers František Palacký schaffte im 19. Jahrhundert einen Mythos, der später u. a. für die Begründung der Gebietsansprüche im Grenzgebiet 1918 herhielt. Demnach bildete Weitra im 9. Jahrhundert die Hauptstadt einer selbstständigen Herrschaft des slawischen

Blick auf Weitra und Umgebung

Fürsten Vitorad, die bis zur Donau gereicht haben soll. Nach dessen Tod wäre das Reich zerfallen und von deutschen Ansiedlern besetzt worden. Die Quellenbasis ist jedoch für diese Annahmen recht dürftig. Tatsache ist, dass die Region des Waldviertels, der „Nordwald", bis ins 12. Jahrhundert dünn besiedelt war und einen Grenzsaum zwischen den Herrschaften bildete, bis erstmals 1179 unter Kaiser Friedrich Barbarossa eine Grenzlinie festgelegt wurde. Eine slawische Bevölkerung in diesem Raum ist durch bestehende Orts- und Flurnamen slawischen Ursprungs nachweisbar (z. B. Zwettl = Waldlichtung). Sie vermischte sich dann meist mit den deutschen Ansiedlern.

Auf den Grundlagen der national gefärbten historischen Arbeiten forderte die ČSR jedenfalls 1918/19 kurzfristig die Ausdehnung ihres Staatsgebietes sogar bis zur Donau. Die Abtretung der niederösterreichischen Gebiete bei Gmünd an die ČSR 1920 (→ S. 143) wurde als Korrektur eines Unrechts – nämlich der Germanisierung eines ursprünglich slawischen Gebietes – empfunden. Während in Österreich für diese Region manchmal der Hilfsausdruck „die 13 Gemeinden" verwendet wird und der Begriff „Vitorazsko" weitgehend unbekannt ist, begegnet er uns in Tschechien fast auf Schritt und Tritt. Phasenweise wird uns ab dem Grenzübergang Pyhrabruck der grenzüberschreitende Themenweg „Pamětí Vitorazska" („Erinnerung des Vitorazsko-Gebiets") begleiten: Dieser bringt auf 89 Kilometer und 29 Stationen Radfahrern und Wanderern Geschichte(n) der Region auf Tschechisch und Deutsch näher.

L 71, 34, EV 13
Distanz: 14,8 km

Von Weitra nach Nové Hrady

Da wir im Gratzener Bergland sind, schauen wir auch in den Ort, nach dem dieses benannt ist und wo dieses auch endet: Gratzen, auf Tschechisch: Nové Hrady. Dazu radeln wir über recht hügeliges Gelände auf der mäßig befahrenen Landstraße L 71 über Schagges bis zum Grenzübergang Pyhrabruck. Gleichzeitig verläuft hier ein Teil der Mountainbike-Route „Europa-Strecke". Bis vor Heinrichs bei Weitra geht es grundsätzlich bergauf, dann werden die Anstiege geringer und die Abfahrten überwiegen. Ab dem Grenzübergang Pyhrabruck fahren wir geradeaus weiter, der EV 13 (Route 34) leitet uns bis Nové Hrady.

Tipp: Wer Zeit, Kraft und Lust auf eine Bergetappe hat und das Wetter passt, sollte in Heinrichs bei Weitra einen Abstecher machen, den Mandelstein (874 m) erklimmen und die herrliche Aussicht auf Südböhmen genießen.

Freilichtmuseum Skanzen/Skanzen ochrany státní hranice Grenzübergang Nové Hrady/Pyhrabruck, www.novohradskemuzeum.cz, Mai bis 15. Okt. Di, Fr, Sa, So 10–16 Uhr (Pause 12–12.30 Uhr), Eintritt: Kč 40/Kinder bis 15 J. gratis

Grenzübergang Pyhrabruck

Beim Grenzübergang, der seit dem Jahr 2000 wieder geöffnet ist, haben wir mehrfach Gelegenheit, um über die Bedeutung des Wortes Grenze nachzudenken. Schon um 1261 befand sich hier am Weitraer Weg oder auch Via bohemica genannt eine Mautstelle, die aber ab dem 15. Jahrhundert an Bedeutung verlor. Ein *historischer Grenzstein* aus dem 18. Jahrhundert zeigt die damaligen Landesgrenzen der Kronländer an. Das Zollhaus aus jüngerer Zeit hat seine ursprüngliche Funktion verloren und bietet als Penzion nad Celnici Gästen eine Unterkunft. Daneben befindet sich seit 2013 das F*reilichtmuseum „Schutz der Staatsgrenze und der Eiserne Vorhang"* des Stadtmuseums

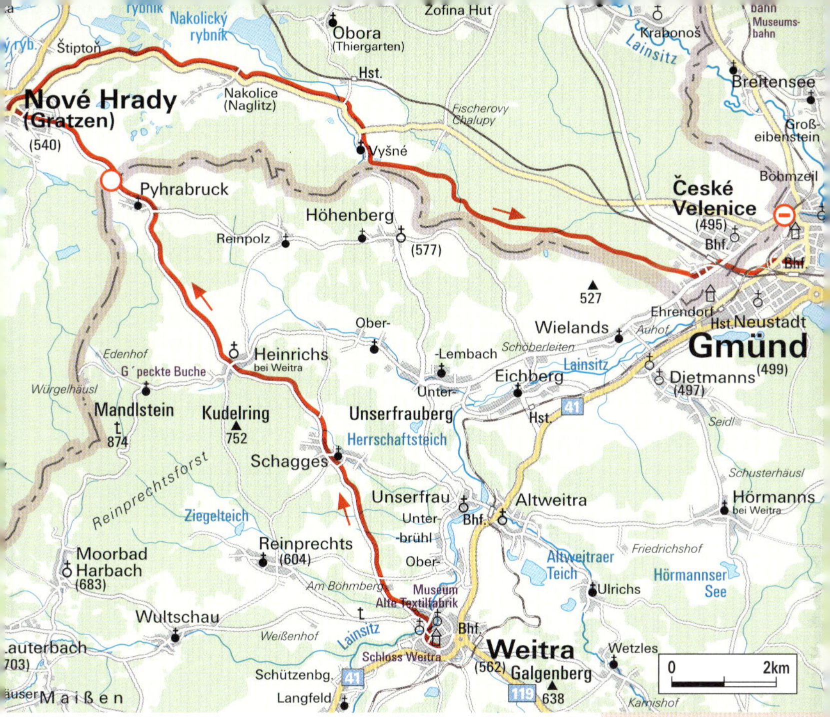

von Nové Hrady, das mit Unterstützung der EU entstand. Die Exponate stammen ursprünglich aus einem Privatmuseum und illustrieren die Geschichte der Grenzkontrolle der Tschechischen Republik bis zum Beitritt zum EU-Schengen-Raum. Der Eiserne Vorhang wurde an dieser Stelle zu Schauzwecken neu errichtet.

Nové Hrady (Gratzen)

Das kleine Städtchen an den Ausläufern des Gratzener Berglandes ist in Tschechien ein beliebtes Reiseziel, da es Ausgangspunkt bzw. Station von einigen Themen- und Lehrpfaden zur Erkundung der Region ist. Oft machen Wanderer und Radfahrer Ausflüge zum Wallfahrtsort Dobrá Voda (Brünnl), zum Schloss Žofín (Sofienschloss) oder durch das Naturdenkmal Terčino údolí (Theresiental). All diese Sehenswürdigkeiten in der Umgebung und die Stadt

Seehöhe: 543 m

Kulturní a informační centrum Nové Hrady, náměstí Republiky 46, Tel. +420 386 362 195, +420 602 150 208, www.kicnovehrady.cz/de/

Alter Grenzstein bei Pyhrabruck

GRENZE – HRANICE: EIN WORT, DAS VERBINDET

Üblicherweise verstehen wir Grenze als etwas Trennendes oder als Barriere, die schwer oder nicht zu überwinden ist. Doch ausgerechnet dieses Wort ist ein Ausdruck für das Zusammenleben der Völker – denn es ist in seiner Wurzel ein westslawisches Wort: *granica*. Der gegenseitige kulturelle Einfluss zwischen den Völkern war über Jahrhunderte selbstverständlicher Alltag.

Hranice bedeutet „Hervorstechendes" und kam vermutlich im 13. Jahrhundert als Lehnwort aus dem Altpolnischen in den deutschen Sprachgebrauch. Vor allem als „granicia" in lateinsprachlichen Urkunden verwendet, verdrängte es deutsche Ausdrücke wie Mark oder Scheide. In der alten deutschen Schreibweise „Gränze" ist der Lautwandel von „a" zu „ä" (e) zu bemerken. In slawischen Sprachen ist das Wort in Varianten weit verbreitet, z. B. *hranice* (tschechisch), *hranica* (slowakisch), граница *[granica]* (russisch). Letztlich ist eine (politische) Grenze eine fiktive Linie, die errichtet, verändert oder entfernt werden kann. Und in einem Europa des friedlichen Zusammenlebens könn(t)en Grenzgebiete Regionen des Kontaktes und des regen Austausches sein.

selbst sind eng mit dem Namen des Adelsgeschlechts der Buquoy verbunden. Sie residierten über 300 Jahre (1620–1945) in dieser Stadt und verwalteten von hier aus ihren umfangreichen Besitz in Südböhmen. Im Ortsbild von Nové Hrady (Gratzen) hat aber natürlich auch das kommunistische Regime seine Spuren hinterlassen. Bei unserem Rundgang kehren wir aber zunächst zu den Ursprüngen des Ortes zurück.

🚂🚌 ČD (České Velenice–České Budějovice): Bahnhof 5 km entfernt Cyklobus (→ S. 18)

Burg Gratzen/Hrad Nové Hrady

Die Anfänge Gratzens (Nové Hrady), das 1279 erstmals urkundlich erwähnt wurde, liegen in der alten gotischen *Burg*. Sie wacht unweit des Hauptplatzes am Ende der Gasse Komenského auf einem Felsvorsprung über das Land und den „Weitraer Weg". Das Gebäude aus dem 13. Jahrhundert, eine böhmische Grenzfeste der Landsteiner Witigonen, wurde durch Kriege und Brände großteils zerstört. Die Landsteiner verkauften die Herrschaft 1359 an die Rosenberger, die 1611 ausstarben. Deren Nachfolger, die Schwanberger (1611–1618), beteiligten sich am Ständeaufstand gegen die Habsburger und verloren alles. Während der Kämpfe hatte der kaiserliche General Karl Bonaventura von Buquoy die Burg Gratzen belagert und erobert. Im Jahr 1620 erhielt er von Kaiser Ferdinand II. die Herrschaften Gratzen, Rosenberg (u. a.) als Lohn für seine Kriegsdienste, 1621 starb er allerdings bei einem militärischen Einsatz in Neuhäusel (Nové Zámky, Slowakei). Seine Witwe Maria Magdalena von Buquoy, die zunächst in Rosenberg (→ S. 81) wohnte, ließ die neue Residenz auf dem Hauptplatz bauen. Die alte Burg fand als Verwaltungsgebäude der Forstgüter, Unterkunft der Angestellten sowie als Archiv Verwendung. Der umfangreiche Grundbesitz der Buquoy wurde in der Ersten Tschechischen Republik aufgrund der Bodenreform reduziert und nach dem Zweiten Weltkrieg gemäß den Beneš-Dekreten beschlagnahmt.

Burg Gratzen/ Hrad Nové Hrady Komenského 33, www.hrad-novehrady.cz, April, Okt. Di–So 9.30–15.30 Uhr, Mai bis 16, Juni, Sept. bis 16.30 Uhr, Juli u. Aug. tägl. 9.30–17 Uhr, Eintritt pro Tour: Kč 40–90/ Kč 30–60

Ende Mai 1945 wurde die Familie Buquoy von der sowjetischen Armee in der alten Burg unter

Hausarrest gestellt, bevor sie ins Internierungslager nach České Budějovice (Budweis) kam und dann abgeschoben wurde. Dem letzten Grafen, Karl Georg (1885–1952), wurde jedoch der Prozess gemacht, man warf ihm Kollaboration mit dem NS-Regime vor. Das Gericht sprach ihn im Jänner 1948 frei, doch durch die Berufung des Staatsanwaltes zog sich das Verfahren noch weiter. Unter dem kommunistischen Regime wurde der Fall neu aufgerollt und Karl Georg Buqouy zu 13 Jahren schweren Kerker verurteilt. Er starb 1952 in einem Gefängnis bei Brno (Brünn).

Heute ist die Burg ein staatliches *Museum*. Das Gebäude kann man auf mehreren Touren besichtigen. Die Haupttour beschäftigt sich mit der Geschichte der Buquoy anhand einer Porträtgalerie, der Ahnen-Ruhmeshalle, des Interieurs des Neuen Schlosses u. a. Einen besonderen Stellenwert hat die Sammlung an Opal- und Hyalitgläsern, die Produkte der früheren regionalen Glashütten sind. Den Aussichtsturm der Burg (Věž hradu) mit Blick auf den einstigen „Weitraer Weg“ kann man extra besuchen.

Peter-und-Paul-Kirche

Stadtrundgang

Auf dem *Hauptplatz* (náměstí Republiky/Platz der Republik) fällt das schmucke *Rathaus* (Radnice) von 1593 auf, das im Renaissancestil errichtet und später barockisiert wurde. Hier versorgt uns die Touristeninformation mit einigem Material. An der Ostseite dominiert die sogenannte Residenz, das 1634/35 errichtete *Stadtpalais der Buquoy*, das diese bis Anfang des 19. Jahrhunderts bewohnten und dann als Wirtschaftsgebäude nutzten. Nach der Enteignung 1945 war das Palais im Besitz eines staatlichen Forstbetriebes, heute können im renovierten Komplex Hotelgäste residieren. An der Nordseite erinnert ein Einkaufshaus mit sozialistischer Architektur eindrucksvoll an die kommunistische Phase der Stadt.

In der Nähe bietet das kleine *Stadtmuseum* (auf Tschechisch) einen Überblick über die Geschichte

Im Zentrum von Nové Hrady

der Region, Wechselausstellungen und immer wieder interessante Veranstaltungen an. Man kann auch im Internet in den Sammlungen des Museums stöbern und dort z. B. Fotos der Familie Buquoy, alte Straßenansichten, Szenen aus dem sozialistischen Leben der 1950er-Jahre und alte Ansichtskarten finden *(www.historypin.org/en/person/67085)*. Der Themenweg *„Die Häuser von Gratzen erzählen"* („Příběhy novohradských domů") ermöglicht einen interessanten und detailreichen Streifzug durch die Stadtgeschichte bis ins 20. Jahrhundert. Dazu gibt es eine Broschüre bzw. eine Internetseite des im Jahr 2007 durchgeführten Projekts. Hier stehen viele historische Fotos und Filme sowie viele andere Materialien *(www.novehradyhistorie.cz/de-index.html)* zur Verfügung. Ein Angebot für besonders Interessierte.

Bei unserem Stadtspaziergang besuchen wir die wichtigsten Sehenswürdigkeiten: In der 1590 erbauten gotischen *Kirche St. Peter und Paul* (Kostel sv. Petra a Pavla), die nach einem Blitzeinschlag später einen Renaissanceturm erhielt, wurden 1654 bis 1882 die Mitglieder der Familie Buquoy bestattet, bis die Gruft im Ostteil der Stadt an der Straße nach Weitra errichtet wurde. Daneben befindet sich das frühbarocke *Kloster der Barmherzigkeit* (Klášter Božího Milosrdenství), errichtet von 1678 bis 1686. Es wurde als Servitenkloster von den Buquoy gegründet. Zur Zeit des Eisernen Vorhangs war das Kloster seiner ursprünglichen Bestimmung enthoben und fungierte als Kaserne für die Grenzwache. Nach 1989 wurde der

Novohradské muzeum/Museum der Stadt Nové Hrady (Gratzen), der Region Gratzen und des Gratzener Berglandes
Česká ulice 74, www.novohradskemuzeum.cz (tsch.), Mai bis Aug. Di 13.30–16.30, Mi 9–12, Do 9–16, Sa 9–13 Uhr, Sept., Okt. Do 10–16, Sa 9–13 Uhr, Eintritt: Kč 40/Kinder bis 15 J. frei

Kirche und Kloster in Nové Hrady
www.klaster.cz, Besichtigungen im Juli und Aug. tägl., Eintritt: Kč 50/Kč 25

Komplex erneuert und renoviert. Dabei spielte Pater Bonifilius (1926–2005) eine bemerkenswerte Rolle.

Als Franz Wagner war er in der Region von Nové Hrady geboren und aufgewachsen. Im Sommer 1948 flüchtete er aus der Tschechoslowakei und trat in Innsbruck dem Servitenorden bei. Dieser sandte ihn im Alter von 65 Jahren nach Nové Hrady zum Wiederaufbau des Klosters. Bonifilius lernte Tschechisch, um sich mit den Einwohnern verständigen zu können, und wurde über seine Beliebtheit zum Symbol der Versöhnung. Er leitete auch die Renovierung des Wallfahrtsortes Dobrá Voda (Brünnl) ein. Aufgrund des Mangels an Ordensmännern wurde das Servitenkloster 2006 der Gemeinschaft päpstlichen Rechts „Familie Mariens" übergeben und erhielt so einen neuen Namen.

Am Ostrand des Zentrums finden wir das *Neue Schloss* (Nový zámek), das 1801 bis 1810 im Empirestil erbaut worden und von einer großen Parkanlage umgeben ist. Hier residierten die Buquoy bis 1945. Das herrschaftliche Gebäude diente in den 1950er-Jahren als Heim für etwa 300 griechische Kinder, die in Nové Hrady aufgrund des Bürgerkrieges in ihrem Land (1948–1955) aufgenommen worden waren. Danach zog eine Landwirtschaftsschule ein. Heute ist es Sitz eines Konferenzzentrums und wissenschaftlicher Institutionen, im Rahmen von besonderen Veranstaltungen wie Konzerten oder Ausstellungen kann man einen Blick hineinwerfen *(auc.cz/chateau)*. Der schöne Schlosspark ist öffentlich zugänglich.

Von Nové Hrady nach České Velenice

Ohne Markierung, EV 13 (34)
Distanz: 14,5 km

Von Nové Hrady nehmen wir zunächst die Straße in Richtung České Velenice. Diese führt nach dem Neuen Schloss an der Kreuzung links weg. Durch schöne Baumalleen und eine weite, sanfte Landschaft radeln wir auf einer mäßig befahrenen Landstraße durch die Orte Nakolice (Naglitz) und Vyšné (Weißenbach), wo es Informationen des Themenwegs Paměti Vitorazska gibt. Nach Vyšné macht

Felder und Landstraße bei Nové Hrady

die Straße eine scharfe Linkskurve. In dieser Kurve fahren wir geradeaus auf einen asphaltierten Nebenweg ab. An dessen Ende beginnt bei einem auffälligen, verlassenen Wirtschaftsgebäude ein Feldweg. Über diesen gelangen wir wieder zum EV 13 (34). (Anmerkung: Auf der folgenden Strecke kann es bei Regen phasenweise gatschig sein. Als Alternative bietet sich die Straße nach České Velenice an.)

Bald sind wir wieder auf dem ehemaligen Kolonnenweg des Eisernen Vorhangs. Der Abschnitt ist meist eben, nur vor České Velenice gibt es noch eine langgezogene, leichte Steigung auf einer Geraden, man sieht eine beeindruckende Schneise durch den Wald. Spätestens hier ist es Zeit, sich mit dem Begriff „Eiserner Vorhang" (→ S. 133) zu befassen. Nach einer starken Linkskurve gelangen wir an den Ortsrand von České Velenice.

České Velenice (1)

Am Friedhof von České Velenice

i → S. 139

Der Ortsteil von České Velenice, der südwestlich von der Bahnstrecke nach Budweis liegt, war ursprünglich die Ortschaft Unter-Wielands (Dolní Velenice) und wurde 1922 bei der Stadtgründung eingemeindet. Der Friedhof ist jüngeren Datums und war ein unmittelbares Resultat der Grenzziehung von 1920 (→ S. 143). Er wurde 1921 auf einem von Österreich abgekauften Grund angelegt, da die neue Stadt einen eigenen Friedhof benötigte. Bis dahin hatten die

Beisetzungen in Gmünd stattgefunden. Der Friedhof von České Velenice befindet sich direkt an der Staatsgrenze, weshalb sich ein Besuch zu Zeiten des Eisernen Vorhangs recht skurril gestaltete. Man musste an Soldaten und einem Wachturm vorbei und stand so unter ständiger Beobachtung. Ein Drahtverhau auf den damals erhöhten Friedhofsmauern sollte die Flucht über die Grenze verhindern.

Ausklang und Ausblick

Das österreichische Wielands liegt nur einen Steinwurf entfernt; unten an der Straße Vitorazská markieren heute lediglich ein Schilderwald und die üblichen Steine die Grenze. Die beiden Grenzstädte České Velenice und Gmünd sind das nächste Ziel unserer Reise. Sie warten mit spannenden Geschichten auf.

Distanz: 2,2 km bzw. 3,2 km

Zum Bahnhof

Nach dem Friedhofsbesuch fahren wir ein kurzes Stück weiter auf dem EV 13 (34) rechts hinunter, bis wir zur ehemaligen Hauptstraße von Unter-Wielands kommen. Dort machen wir einen Abstecher nach rechts bis zur Staatsgrenze zum „Schilderwald“. Wir drehen wieder um und folgen dem EV 13 (34) ins Zentrum von České Velenice, zum Michlplac beim Hotel Konsul am Beginn der Revolční.

Um zum Bahnhof České Velenice zu gelangen, fährt man die große Baumallee an der Revolční entlang. Zum Bahnhof Gmünd kommt man über den Grenzübergang Bleyleben. Vom Michlplac führt ein Durchgang zur Brücke über die Lainsitz. Nach einer größeren Freifläche biegt der EV 13 nach links ab und folgt den Gleisen der Schmalspurbahn. Nach ca. 300 Metern kommt eine scharfe Linkskurve. Dort verlassen wir die Strecke über einen kleinen Pfad zur Weitraer Straße. Wir fahren auf dieser verkehrsreichen Straße ein kurzes Stück nach links. Beim großen Gewerbe- und Einkaufspark biegen wir rechts auf die Emerich-Berger-Straße ab. Beim folgenden Kreisverkehr fahren wir nach rechts zum Bahnhof.

Schilderwald an der Grenze

ZUM BEGRIFF „EISERNER VORHANG“

Der Eiserne Vorhang teilte Europa über vierzig Jahre in zwei politisch-wirtschaftliche Blöcke. Der Begriff selbst ist aus der Theaterwelt entlehnt und bezeichnet eine Schutzeinrichtung, die das Ausbreiten eines Feuers von der Bühne auf den Zuschauerraum verhindern soll. Als politische Metapher war der Begriff „Eiserner Vorhang“ bereits Anfang des 20. Jahrhunderts gebräuchlich. Bald nach der bolschewistischen Revolution 1917 in Russland taucht er in Büchern auch in Hinblick auf den Kommunismus auf.

In den letzten Wochen des Zweiten Weltkriegs griffen Vertreter des NS-Regimes das Bild als Warnung vor dem drohenden Bolschewismus im Falle einer Niederlage Deutschlands auf: So erwähnte der letzte NS-Außenminister Schwerin von Krosigk am 2. Mai 1945 in einer Rede den Begriff *Eiserner Vorhang*. Diese wurde in englischer Übersetzung in der Zeitschrift *Times* abgedruckt und war vermutlich dem britischen Premierminister Winston Churchill bekannt. Jedenfalls verwendete dieser den Ausdruck *iron curtain* am 12. Mai 1945, in einem Telegramm an US-Präsident Harry S. Truman. Berühmt geworden sind Churchills Worte aus seiner Rede vom 5. März 1946 in Fulton: “From Stettin in the Baltic to Trieste in the Adriatic an iron curtain has descended across the continent”. Er meinte damit die sowjetische Einflusssphäre in Osteuropa – inklusive die sowjetische Besatzungszone in Österreich.

Als die kommunistischen Staaten Anfang der 1950er-Jahre begannen, Grenzsperranlagen aufzubauen, wurde der Begriff „Eiserner Vorhang“ im westlichen Sprachgebrauch auch für den Grenzzaun selbst gebräuchlich. Das kommunistische Regime stellte diesen dagegen als „Schutzmaßnahme“ gegen Bedrohungen aus dem kapitalistischen Westen dar: als „antiimperialistischen Schutzwall“ gegen Spione, Konterrevolutionäre oder eine mögliche militärische Intervention.

Am ehemaligen Kolonnenweg bei České Velenice

Grenzübergang Gmünd

3 Leben mit der Grenze
Im Raum Gmünd / České Velenice

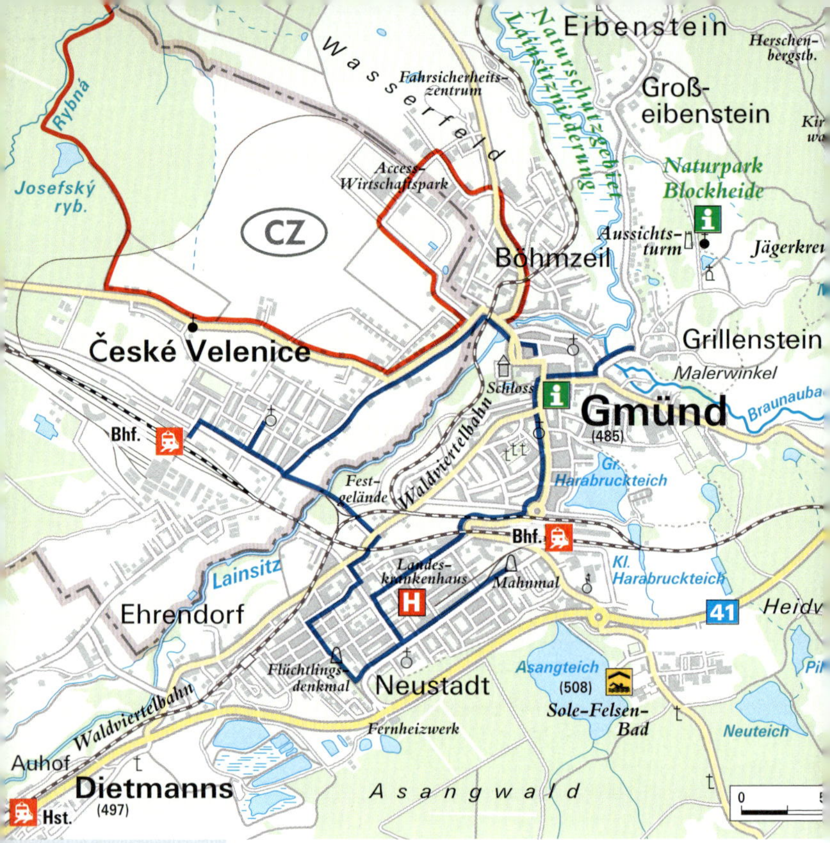

Gesamtlänge der Route:
38,5 km

Nirgendwo sonst auf unserer Strecke zeigen sich so deutlich die Folgen der Grenzziehung von 1919/20 wie in den Zwillingsstädten Gmünd und České Velenice und deren Umland. Man kann mit gutem Recht behaupten: Hätte es die Grenzziehung nach dem Ersten Weltkrieg nicht gegeben, Gmünd und seine Vororte wären durch die Lebensader der Region, die Franz-Josefs-Bahn, zu einer Stadt zusammengewachsen. Nach dem Vertrag von Saint Germain verlor Gmünd seinen Bahnhof und sein Hinterland. Plötzlich verlief eine neue Staatsgrenze direkt an der Stadt vorbei. Das Leben der Bevölkerung in dieser Region war über Jahrzehnte von den wechselnden Grenzverläufen und -regimen unmittelbar bestimmt. Dies bedeutete oft Verlust der Heimat, Vertreibung und

Flucht – und das für noch viel mehr Menschen als in anderen Gebieten unserer Reise. Bis 1989 markierte der Eiserne Vorhang vor der Haustür das „Ende der Welt“, heute lädt die historisch spannende Region zu grenzenlosen, meist gemütlichen Radtouren ein.

Gut zu wissen

Radfahren in der Region. Für die Besichtigung der beiden Grenzstädte ist das Fahrrad optimal. Über die beiden Grenzstellen – der Straßenübergang Böhmzeil sowie die 1994 eröffnete Fußgänger-/Radfahrerbrücke Bleyleben über die Lainsitz – können wir in einem Rundweg den historischen Spuren folgen. Das Gelände in und um Gmünd bzw. České Velenice ist gut geeignet für gemütliche Spazierfahrten. Es ist großteils eben, es gibt nur wenige, eher sanfte Steigungen. Einige beschilderte Radrouten führen durch die abwechslungsreiche Region, wie z. B. Paměti Vitorazska. Erst gegen Norden, in der Region um Litschau, ist der Höhenunterschied zur Seenplatte der Region Třeboň (Wittingau) beachtlich. Dies bemerkt man ganz deutlich, wenn man z. B. eine Rundfahrt Gmünd–Litschau–Chlum–České Velenice macht.

Planung

„Basislager“/Ausflüge. Sicherlich bieten Gmünd und České Velenice die besten Möglichkeiten für einen mehrtägigen Urlaub in der Region. Die Sehenswürdigkeiten in der näheren Umgebung sind mit Tagesausflügen per Rad gut zu erreichen. In Kombination mit Bahn bzw. Bus erschließen sich uns noch weitere Gebiete, wie das Wittingauer Becken (Třeboňská pánev) mit den zahlreichen (Fisch-)Teichen und Wäldern und seinem Zentrum Třeboň (Wittingau). Dieses ist bekannt für seine prachtvolle Innenstadt, aber auch für Kur, Fische und Bier. Im nahen Chlum (Chlumetz) hatte übrigens Thronfolger Franz Ferdinand seinen Sommersitz. Unser Einzugsbereich reicht bis zur größten südböhmischen

Kartenmaterial:

- Shocart Nr. 161 (1:60.000): Třeboňsko (www.shocart.cz)
- freytag & berndt WK 075 (1:50.000): Nördliches Waldviertel, Gmünd, Heidenreichstein, Waidhofen, Raabs, Třeboň, Wittingau (www.freytagberndt.com)

Wichtige Links zur Region:
- Kleinregion Waldviertler StadtLand: www.waldviertler-stadtland.at
- Region Waldviertel Nord, www.waldviertelnord.at
- Südböhmen (Třeboňsko), www.jiznicechy.cz
- Region Třeboňsko, www.trebonsko.cz (tsch.)

Stadt, České Budějovice (Budweis). Und im Waldviertel warten die Städte Schrems und Heidenreichstein auf ihre Entdeckung.

Grenzüberschreitendes. Das im Jahr 2015 errichtete FENIX – Tschechisch-österreichisches kommunes Zentrum – in České Velenice hat sich zum Ziel gesetzt, die Beziehungen mit den österreichischen Nachbarn zu verbessern. Es bietet Platz für entsprechende Veranstaltungen und dient zugleich als wichtige kulturelle und gesellschaftliche Drehscheibe in der Stadt. *(www.fenixvelenice.cz)*

Alle zwei Jahre findet in Gmünd und České Velenice an vier Tagen das Internationale Kulturfest „Übergänge – Přechody" statt. Erstmals ging das grenzüberschreitende Kulturexperiment im Jahr 2004, anlässlich des EU-Beitritts Tschechiens, über die Bühne. Es hat schon Tradition. Geboten wird ein unglaublich vielfältiges kulturelles Programm, das sich der Überwindung von Grenzen verschreibt: Musik, Literatur, Ausstellungen, Lesungen, Vorträge, Film und Exkursionen. Gegen eine einmalige freie Spende als Kostenbeitrag für das gesamte Festival kann man bei guter Planung sehr viel sehen, was zu Gedanken und Gesprächen anregt. Ein alter ÖBB-Bus verbindet als Shuttledienst die Veranstaltungsorte in den beiden Städten. Es ist der optimale Zeitpunkt, um Gmünd und České Velenice zu besuchen. *(prechody.wordpress.com)*

Mit Bahn und Bus

Waldviertelbahn
www.waldviertelbahn.at, 1. Mai bis 27. Okt. in Betrieb, Juli u. Aug., Mai u. Okt. Sa, So, Fei, Juni u. Sept. Mi, Sa, So, Fei

Radtransport in der Region. Für Ausflüge in die Region steht in den Monaten Mai bis Oktober die Waldviertelbahn der NÖVOG auf den Strecken Gmünd–Groß Gerungs/Gmünd–Litschau zur Verfügung. Radmitnahme ist möglich, unter der Woche gibt es einen Schienenbus mit wenigen Stellplätzen, an Wochenenden Garnituren mit Radwaggon. In Südböhmen verkehren Busse mit Radanhänger *(www.cyklotrans.cz)*.

Anreise in die Region. Gmünd und České Velenice sind von Wien aus direkt über die Franz-Josefs-Bahn (ÖBB) gut zu erreichen. Unterwegs sind Niederflurzüge mit den Bereichen Räder, Kinderwägen etc. Von Linz aus fährt man über České Budějovice zum Ziel.

Gmünd/České Velenice (2)

Seehöhe: 490 m

Tourismusbüro der Stadt Gmünd, Schremser Straße 6, Tel. +43 2852 52506-100, www.gmuend.at, Informační centrum České Velenice, Revoluční 245, Tel. +420 602 377 111, www.velenice.cz

ÖBB Franz-Josefs-Bahn (Wien–Gmünd/České Velenice)
ČD (České Velenice–České Budějovice)
NÖVOG Waldviertelbahn (→ S. 138)

Die Geschichte von Gmünd und České Velenice ist untrennbar miteinander verbunden: Es sind Zwillingsstädte, wie es sie wohl nur selten gibt. Die Stadtbilder sind in großen Teilen ganz unmittelbar und unterschiedlich von der Geschichte des 20. Jahrhunderts geprägt, die Zeitgeschichte liegt gewissermaßen auf der Straße. Bei der Erforschung hilft uns streckenweise der Themenweg „Ge(h)schichte(n) zweier Städte", der im Jahr 2008 angelegt wurde. Die Begleitbroschüre ist im Tourismusbüro Gmünd gratis erhältlich.

Zunächst zu den grundlegenden Fakten: Gmünd kann bereits auf eine mehr als 800-jährige Geschichte zurückblicken. Am Zusammenfluss („Gemünde") der Lainsitz und des Braunaubaches gelegen, wurde es um 1200 als Grenz- und Burgstadt unter Hadmar II. von Kuenring gegründet. Dagegen ist České Velenice eine junge Stadt, welche durch die Grenzziehung von 1919/20 entstanden ist: Sie wurde am 1. Dezember 1922 aus den einstigen Vororten von Gmünd – Unter-Wielands (Dolní Velenice), Böhmzeil (České Cejle), Josefschlag (Josefsko, heute: Žižkovo Předměstí) – gebildet. Der Name der Stadt setzt sich aus dem České von České Cejle und Velenice von Dolní Velenice zusammen und bedeutet wörtlich „Böhmisch-Wielands". In Österreich hört oder liest man nicht selten die Begriffe Gmünd I (Altstadt), Gmünd II (Neustadt) und Gmünd III, womit České Velenice gemeint ist. Letztere Bezeichnung existierte offiziell nur drei Jahre (1942–1945) in der NS-Zeit, als die Nachbarstadt – zum einzigen Mal in ihrer

Sole-Felsen-Bad Gmünd, www.sole-felsen-bad.at

Geschichte – in Gmünd eingemeindet war. Doch die enge Beziehung ließ viele von Gmünd als „geteilter Stadt" oder zu Zeiten des Eisernen Vorhangs vom „Berlin des Waldviertels" sprechen.

Seit 1989 wurden die Verbindungen zwischen den beiden Städten wieder stärker. Kinder und Jugendliche aus Tschechien besuchen die Schule in Gmünd. Es wird grenzenlos eingekauft, gegessen und geradelt. Bei allen beliebt ist das 2006 eröffnete *Sole-Felsen-Bad* in Gmünd-Neustadt, das für Aufschwung im Tourismus gesorgt hat. Und etwa alle zwei Jahre macht das internationale Kulturfest „Übergänge – Přechody" die Zwillingsstädte zur Hauptstadt der offenen Grenzen.

Stadtmuseum Stadtplatz 26, Mai bis Sept. Mo–Fr 10–16 Uhr, Sa, So, Fei 9–12 Uhr, Eintritt: frei

Stadtplatz Gmünd

Wir beginnen unseren Rundgang auf dem hübschen *Hauptplatz* von Gmünd mit seinen gemütlichen Lokalen und Gastgärten, die zum Verweilen einladen. Das zentrale Wahrzeichen der Stadt, das *Alte Rathaus* aus dem 16. Jahrhundert, existiert noch dank des Einschreitens des Bundesdenkmalamts in den 1950er-Jahren. Damals hätte das Renaissancegebäude wegen seines baufälligen Zustands abgerissen werden sollen. Seinen prägnanten Uhrturm, der im Jahr 1905 abgetragen worden war, hat es auch erst seit der umfassenden Renovierung von 1988 wieder. Das Alte Rathaus ist seit 1965 Sitz des kleinen *Stadtmuseums*, das einen idealen Einstieg in unseren Stadtrundgang bietet. Darin führt uns der Film „Zeitbrille. Eine Reise durch die Geschichte von Gmünd" in zwanzig Minuten auf recht unterhaltsame Art durch die wichtigsten Stationen der Stadt seit der Gründung im Jahr 1208. Wir bekommen sehr viel historisches Bildmaterial zu sehen, das die folgende Erkundungstour noch lebendiger macht. Der Film wird durch Drücken des Schalters neben der Tür im Hauptraum gestartet.

Wichtig für die wirtschaftliche und industrielle Entwicklung des beschaulichen Städtchens im Wald-

Das Alte Rathaus am Stadtplatz von Gmünd

viertel war die im Jahr 1871 erfolgte Anbindung an die Franz-Josefs-Bahn. Ein Märchenprinz, der Dornröschen wachgeküsst habe, meinte 1908 ein Gemeinderat der Stadt. Gmünd lag zu Zeiten der Monarchie mitten in der österreichischen Reichshälfte, auf halber Strecke zwischen Wien (ca. 140 km) und Prag (ca. 180 km). 1918 rutschte Gmünd an den Rand der Alpenrepublik und 1948 an das Ende der „westlichen" Welt. Im Dezember 1989 staunte man nicht schlecht über den massenhaften Besuch der Nachbarn aus der Tschechoslowakei. Die weitere Entwicklung zeigt sich auch im Gmünder Slogan: Aus „Gmünd. Die Grenzstadt" wurde „Gmünd. Die grenzenlose Vielfalt". Seit 2018 heißt es: „Gmünd verbindet".

Beliebter Treffpunkt im Zentrum ist die Gelateria im Alten Rathaus – das köstliche Eis lässt wohl viele von Italien träumen! Entspannt kann man dabei die Renaissancefassaden zweier Häuser betrachten: Das Haus Nr. 33 zeigt sehr plastische Szenen der antiken Mythologie nach dem Vorbild des römischen Dichters Ovid in seinen „Metamorphosen" (Verwandlungen). Die Sgraffiti stammen aus der Zeit um 1560. Das Nebengebäude (Nr. 31) zeichnet sich durch kleinteilige Diamantierung aus, die Fassade wurde 1951 bei Renovierungsarbeiten entdeckt. Dezent im Hintergrund hält sich die gotische Pfarrkirche St. Stephan mit Wandmalereien aus dem 14./15. Jahrhundert und einem Volksaltar nach den Plänen des Architekten Clemens Holzmeister.

Glas- und Steinmuseum Stadtplatz 34, www .gmuend.at, Mai bis Sept. Mo–Fr 10–12, 14–16.30, Sa, So, Fei 9–12 Uhr, Eintritt: € 2,–/€ 1,–

Alte Huf- und Wagenschmiede Stadtplatz 11, www.gmuend.at, Mai bis Sept. Termine am Sa 8–12 Uhr (siehe Homepage), Eintritt: frei

Es bestehen weitere Vertiefungsmöglichkeiten: Das *Glas- und Steinmuseum* präsentiert den Besuchern anschaulich die Bedeutung der (einst) wichtigen Lebensgrundlagen der Region – Glaserzeugung und Steinmetzerei. Ein weiteres Museum befindet sich in einem der ältesten Häuser der Stadt, die *Alte Huf- und Wagenschmiede*, wo man uns das alte Handwerk vorführt.

Schlosspark und Palmenhaus

Etwas unscheinbar am westlichen Ende des Stadtplatzes versteckt sich der Eingang in die wundervolle Grünoase *Schlosspark*, wo wir den Gründungspunkt von Gmünd finden. An der Stelle der alten Grenzburg der Kuenringer vom Ende des 12. Jahrhunderts steht das Schloss, das die heutige Form im Wesentlichen im 15./16. sowie im 19. Jahrhundert erhielt. Prägend für die Parkanlage war Erzherzog Sigismund von Habsburg-Lothringen (1826–1891), der 1859 das Schloss kaufte. Der begeisterte Botaniker pflanzte hier exotische und seltene Pflanzen, z.B. eine amerikanische Gurkenmagnolie, an und ließ das Palmenhaus anlegen. Im Schloss befinden sich heute Eigentums- und Ferienwohnungen.

Das *ehemalige Palmenhaus* ist im Besitz der Gemeinde Gmünd und wird für Veranstaltungen wie Konzerte und Lesungen genutzt. Etwa alle zwei Jahre wird es zum „Café de Central“ und zum „Hauptquartier“ des internationalen Kulturfestes „Über-

Schloss Gmünd, versteckt im Grünen

31. JULI 1920: DER FRIEDENSVERTRAG VON SAINT-GERMAIN WIRD REALITÄT

Grenzübergang Gmünd-Böhmzeil nach seiner Errichtung

Nach dem Ersten Weltkrieg verhandelten die Siegermächte in den Pariser Vororten die Friedensverträge und die Nachkriegsordnung Mitteleuropas aus; über Österreich wurde in Saint-Germain entschieden. Als der erste offizielle Vertragsentwurf im Juni 1919 vorlag, herrschte hier große Aufregung: Auch Gemeinden wie Litschau wären von der Abtretung an die ČSR betroffen gewesen. Schlussendlich kam es noch zu Veränderungen zugunsten Österreichs.

In der Endfassung des Vertrages vom 10. September 1919 wurde an den Landesgrenzen Niederösterreichs, Böhmens und Mährens festgehalten – mit Ausnahme von Regionen mit wichtiger Verkehrsinfrastruktur bei Feldsberg (S. → 312) und Gmünd. So kam der Bahnhof bei Gmünd samt Umland an die ČSR. Die Detailverhandlung oblag 1920 einer Grenzfestsetzungskommission, der Vertreter aus Österreich, der ČSR und Entente-Staaten (Siegermächte) angehörten. Ihre Arbeit vor Ort war von Protesten der Bevölkerung begleitet. Überliefert ist die „Intervention" des „Mühlbacher-Schanis": Der stärkste Mann von Gmünd hinderte die Grenzkommission auf der Lainsitzbrücke an der Weiterfahrt, indem er das Auto hinten hochhob.

Am 31. Juli 1920 wurden die Gebiete von „13 Gemeinden" bei Gmünd durch tschechoslowakisches Militär übernommen. Jenseits der Lainsitz ertönte die neue Staatshymne der ČSR, während in Gmünd Trauerfahnen gehisst wurden. Eine zweite Besetzungsphase erfolgte am 1. Oktober 1920. Die neue Grenze von 1920 zerschnitt z. B. die Ortschaft Böhmzeil in zwei Teile: Die „Untere Böhmzeil" blieb bei Österreich, die „Obere Böhmzeil" kam zur ČSR. Viele fühlten sich von der Regierung in Wien im Stich gelassen. Zum Teil bis heute hält sich das hartnäckige, aber falsche Gerücht, dass Staatskanzler Karl Renner das Gmünder Hinterland gegen eine Zuckerlieferung „verschachert" hätte.

gänge – Přechody“ (→ S. 138) und der Park zum Schauplatz eines fröhlichen Spektakels. An diesen vier Sommertagen rücken die beiden Grenzstädte näher aneinander heran, deren gemeinsame/geteilte Geschichte im Jahr 1920 begann (→ S. 143).

34, 34
Distanz: 2,5 km

Vom Stadtplatz Gmünd nach České Velenice (Bahnhof)

Wenn wir vom Schlosspark auf den Stadtplatz treten, sehen wir am Haus Nr. 2 ein altes Stationsschild. Es bringt uns auf die Spur des Oberleitungsbusses (s.u.). Mit dem Rad folgen wir der historischen Route des Busses: Wir radeln hinunter zur Lainsitzbrücke. Achtung auf den zeitweise starken Verkehr! Wir sehen schon den Grenzübergang Böhmzeil, den wir einfach passieren. Auf unserer Spazierfahrt ins Zentrum von České Velenice fallen einige Billigkaufläden, Massagestudios und Rotlichtlokale auf, was noch immer typisch für viele Straßengrenzübergänge ist. Nach 2 km auf einer mittelmäßig befahrenen Straße (Route 34) kommen wir in das Zentrum von České Velenice. Am Michlplac biegen wir auf die Straße Revoluční (Route 341) ab. Entlang der großen Baumallee kommen wir direkt zum Bahnhof.

Auf der Spur des Oberleitungsbusses

Replik des O-Busses in Gmünd (Juli 2016)

Vor etwa 110 Jahren, von 1907 bis 1916, führte ein O-Bus vom Stadtplatz von Gmünd zum Bahnhof, der allerdings fast drei Kilometer außerhalb der Stadt lag. Die Fahrt mit dem Bus dauerte ca. eine halbe Stunde, betrug die Höchstgeschwindigkeit doch nur 15 Stundenkilometer. Die Besonderheit an der Geschichte: Es war der erste Oberleitungsbus in Österreich-Ungarn, produziert in den Daimler-Werken in Wiener Neustadt. Während des Ersten Weltkriegs musste die Linie wegen Unrentabilität bzw. aus Mangel an Ersatzteilen eingestellt werden. Obwohl der O-Bus nur knapp zehn Jahre existierte, wird heute mehr denn je an das einst verbindende Element erinnert (Infotafel auf dem Michlplac in České Velenice).

Vor wenigen Jahren ließ die Stadt České Velenice eine möglichst originalgetreue Replik anfertigen, die selbstverständlich ohne Oberleitung fahren kann. Seit 2016 steht der kleine Omnibus zu Diensten und kann für Fahrten gebucht werden.

Bahnhof České Velenice

Auf der Hauptstraße Revoluční radeln wir zum eigentlichen Ursprung der Stadt České Velenice, zum *Bahnhof*. Wir finden ein schlichtes, aber für die kleine Grenzstadt überdimensioniert wirkendes Gebäude vor. Es ist ein Wiederaufbau mit dem herben Charme der Nachkriegszeit. Es lohnt sich jedoch, dem Bahnhofsrestaurant einen Besuch abzustatten. Der Speisesaal überrascht mit Jugendstilelementen und gibt einen originalen Eindruck davon, wie das ursprüngliche Bahnhofsgebäude von 1911 ausgesehen hat. Es war ein mondänes, repräsentatives Baujuwel an der Franz-Josefs-Bahn und zugleich einer der modernsten Bahnhöfe seiner Zeit.

Die Ansiedlung der Eisenbahnwerkstätten bei Gmünd führten zu einer dynamischen Entwicklung der Vororte: Unter-Wielands, Böhmzeil und Josefschlag wuchsen innerhalb kurzer Zeit stark an und hatten 1910 zusammen etwa doppelt so viele Einwohner wie Gmünd selbst. Es schossen moderne Hotels, Lokale und Geschäfte aus dem Boden. Die verkehrstechnisch wichtige Infrastruktur war ein ausschlaggebender Grund für die Grenzziehung 1919/20 (→ S. 143) und in der Folge für die Entstehung von České Velenice.

Das Ende des Jugendstil-Bahnhofes kam im Zweiten Weltkrieg: Am 23. März 1945 zerstörte ein Bombenangriff der Briten und US-Amerikaner den strategisch wichtigen Verkehrsknotenpunkt innerhalb von dreißig Minuten. Mindestens 200 Menschen kamen ums Leben. Nach Kriegsende erfolgte der Wiederaufbau der Gleisanlagen, der Werkstätten und des Bahnhofs České Velenice, in dem Teile des alten integriert sind. Dass die Stadt direkt an der

Rathaus auf der Hauptstraße in České Velenice

Trolejbus TGM 1907 Buchungen im Infocentrum České Velenice, Preis: Kč 120 pro Person und 30 min., Mindestteilnehmerzahl: 4 Personen

Grenze zu Österreich in Zeiten des Eisernen Vorhanges nicht geschliffen wurde, liegt auch an diesem wichtigen Bahnhof.

★ DIE FRANZ-JOSEFS-BAHN EINST UND JETZT

In den Jahren 1868 bis 1874 war zwischen Wien und Eger (Cheb) in der nordwestlichen Ecke Böhmens die 456 Kilometer lange Bahnstrecke gebaut worden. Sie sollte den Transport von Kohle aus dem Pilsener Becken (Plzeňská kotlina) in die Reichshauptstadt ermöglichen. Ein angenehmer Nebeneffekt war die schnellere Erreichbarkeit der böhmischen Kurbäder, wie Karlsbad (Karlovy Vary). Ein eigener Ast der Kaiser-Franz-Josefs-Bahn verband mit Direktzug die beiden wichtigsten Städten der österreichischen Reichshälfte der Habsburgermonarchie, Prag und Wien. Diese Faktoren waren die Voraussetzung für eine rasante Entwicklung zu einer wichtigen Lebensader: Der rege Zugverkehr führte zum zweigleisigen Ausbau der Strecke und die Errichtung eines neuen, großen Bahnhofs bei Gmünd, wo die Werkstätten stationiert waren.

Hätte es die Grenzziehung und den Eisernen Vorhang nicht gegeben – wer weiß, vielleicht wäre die Franz-Josefs-Bahn schon längst eine Hochgeschwindigkeitsstrecke? So aber wurden z. B. 1959 und 1967 Teile des Gleiskörpers auf dem Waldviertler Abschnitt schrittweise auf eine Spur rückgebaut und der kaiserliche Name bezeichnet natürlich schon lange nur noch den 164 Kilometer langen österreichischen Teil. Interessanterweise fuhr aber zu Zeiten des Kalten Krieges ab 1957 und noch bis in die 1990er-Jahre der „Vindobona-Express" Wien–Prag–Berlin über Gmünd.

Erst im 21. Jahrhundert verschlechterte sich die internationale Verbindung zusehends, was mit technischen Detailfragen bei der Elektrifizierung der Strecke zusammenhängt. Derzeit muss man für die Fahrt von Wien nach České Budějovice (Budweis)

Der historische Bahnhof bei Gmünd (1911–1945)

in České Velenice in einen anderen Zug umsteigen, doch wenigstens sind die Fahrpläne aufeinander abgestimmt. Wir hoffen auf eine baldige Erneuerung der traditionsreichen Verkehrsachse, was grundsätzlich auf der europäischen Agenda (bis 2030) steht.

Zur Kirche der hl. Agnes von Böhmen

Ohne Markierung
Distanz: 700 m

In einer Stadt will der Tourist in der Regel den Hauptplatz und die Kirche besichtigen, doch die findet man in České Velenice nicht intuitiv. Wir radeln ein Stück zurück und finden auf der Revoluční das Rathaus. Hier biegen wir links auf die Straße T.G. Masaryka ab. Wir sehen bald zur linken eine freie Fläche und zur rechten die Kirche der hl. Agnes von Böhmen.

Kirche der hl. Agnes von Böhmen/ Kostel sv. Anežky České

Etwas versteckt in der „zweiten" Reihe, hinter der Revoluční, steht die *Kirche der hl. Agnes von Böhmen* im typischen Stil der 1930er-Jahre. Erst die Grenzziehung 1920 machte deren Errichtung notwendig, da bis dahin Gmünd die entsprechende Infrastruktur geboten hatte.

Doch es dauerte einige Zeit, bis die Spendengelder für den Bau des Gotteshauses der Stadt gesammelt waren. Durch die Bahnwerkstätten stellten die Arbeiter den größten Teil der Bevölkerung, darunter viele Tschechen, die mit dem Katholizismus traditionell eher wenig gemein hatten. Nach 15 Jahren

Kirche St. Agnes von Böhmen

Übergangslösung in der kleinen Kapelle der Heiligen Familie im Ortsteil Josefschlag konnten die Katholiken von České Velenice ab 1935 die Messen in der eigenen Kirche feiern. Diese wurde der damals noch seligen Agnes von Böhmen (Anežka Česká) geweiht, welche im Land schon lange wie eine Heilige verehrt worden war.

Daher ein kurzer Exkurs zu Agnes von Böhmen (1211–1282): Die Tochter des Königs Ottokar I. Přemysl schaffte es trotz mehrerer Verlobungen, einer politisch motivierten Heirat zu entgehen. Sie widmete sich dem karitativen Leben und trat in das Prager Klarissinnenkloster ein. In Tschechien gilt Agnes als „Patronin der Samtenen Revolution". Wenige Tage vor dem Ende des kommunistischen Regimes in der ČSSR verkündete Papst Johannes Paul II. am 12. November 1989 die langersehnte Heiligsprechung.

Gegenüber der Agnes-Kirche sehen wir eine große, freie Fläche mit Spielplatz und einer kleinen „Arena", die unter der Bezeichnung *Amfiteátr* bekannt ist. Hier hätte in der Zwischenkriegszeit auch der Hauptplatz entstehen sollen, doch für die entsprechende Gestaltung fehlte das nötige Geld. Später entstanden realsozialistische Plattenbauten, die in renovierter Form einen bunten Rahmen bilden. Das Amfiteátr ist der Ort für größere Stadtfeste und Veranstaltungen in České Velenice.

Ohne Markierung
Distanz: 450 m

Zum Michlplac

Wir kehren zurück zur Revoluční. Gegenüber vom Rathaus achten wir auf ein kleines Denkmal mit der russischen Aufschrift „Спасибо" (Danke), das der Befreiung von České Velenice durch die Rote Armee im Mai 1945 gedenkt. Anschließend begeben wir uns zum Anfang der Kastanienallee, zum Michlplac.

Michlplac

Auch wenn man es auf den ersten Blick nicht vermuten würde, der kleine *Michlplac* und der Beginn der

Revoluční-Straße erfüllen auch Funktionen eines Hauptplatzes. Das im Jahr 2015 eröffnete Tschechisch-österreichische kommunale Zentrum *FENIX* (Česko-rakouské komunitní centrum FENIX) dient als Veranstaltungszentrum und beherbergt auch die Touristeninformation. Das erste Haus an der Revoluční ist das *Hotel Konsul*, ein Relikt aus den Glanzzeiten des Aufschwungs um die Wende vom 19. zum 20. Jahrhundert, denn seit dieser Zeit besteht das Hotel unter verschiedenen Namen. Seit 2012 befindet sich darin auch das *Stadtmuseum*, das über den Hintereingang zugänglich ist. Es widmet sich der Geschichte der Franz-Josefs-Bahn und weiteren Aspekten der Vergangenheit der Grenzstadt, illustriert mit Fotos. Zu sehen sind auch Alltagsgegenstände aus der Zeit des Sozialismus wie alte Radios, Fernseher, Schallplatten, Fotoalben. Die Wechselausstellungen sind zweisprachig in Tschechisch und Deutsch gestaltet.

Der Michlplac wird für kleinere Veranstaltungen genützt. Das Platzerl erstaunt uns vor allem durch das große vietnamesische Restaurant und die vielen kleinen Läden rundum, die ebenfalls zum Großteil von Vietnamesen betrieben werden. Dies veranlasst zu Gedanken über die Menschen, die in České Velenice (bzw. in den Gmünder Vororten) gelebt haben und leben.

Galerie und Museum/Galerie a muzeum (GaMu)
třída Čsl. Legií 1, www.velenice.cz, April bis Okt. Di 14–17, Sa, So 10–12, 14–17 Uhr, Eintritt: Kč 40/Kč 20

Amfiteátr

Vietnamesisches Restaurant am Michlplac

★ ÜBER DIE BEWOHNER VON ČESKÉ VELENICE

Die hohe Politik Europas und der Welt wirkte sich mehr oder minder direkt auf die Einwohnerschaft dieses kleinen Fleckens aus. Innerhalb der dreißig Jahre zwischen 1918 und 1948 veränderte sich mehrmals die Einwohnerschaft der jungen Stadt schlagartig: Nach der Grenzziehung 1919/20 zogen es viele deutschsprachige Bewohner vor, für Österreich zu optieren und abzuwandern, darunter waren allein ca. 500 Arbeiter der Eisenbahnwerkstätten. Anfang Oktober 1938, bei der Umsetzung des Münchner Abkommens, ergriff der Großteil der Einwohner vor dem Einmarsch der deutschen Wehrmacht die Flucht, sodass diese am 8. Oktober eine fast menschenleere Stadt vorfand. Denn im Unterschied zu den anderen annektierten Grenzgebieten war České Velenice überwiegend von Tschechen bewohnt gewesen. 1945/46 folgte dann die Vertreibung der deutschsprachigen Bewohner. Es kamen Rückkehrer bzw. Neusiedler aus der Tschechoslowakei und Umsiedler aus Rumänien.

Heute sieht man in der Stadt mit etwa 3500 Einwohnern auch sehr viele Vietnamesen. Der Grund: Ab 1955 gab es zwischen der ČSSR und dem Bruderstaat Vietnam zahlreiche Austauschabkommen. In den 1980er-Jahren sandte Vietnam Billigarbeiter als Bezahlung für Waffenlieferungen im Vietnamkrieg (1955–1975) in die ČSSR. Viele sind geblieben und holten ihre Familien nach. Im Jahr 2013 wurden die Vietnamesen offiziell als nationale Minderheit in Tschechien anerkannt. Sie stellen nach Slowaken und Ukrainern die drittstärkste Minderheit im Land.

Ohne Markierung
Distanz: 2 km

Von České Velenice/Michlplac nach Gmünd-Neustadt

Am Michlplac startet der Themenweg „Ge(h)schichte(n)“. In gerader Fortsetzung der Revoluční beginnt, etwas versteckt zwischen zwei Häusern, der Fuß- und Radweg, der auf der ehemaligen Trasse der Landesbahnen über die Lainsitz nach Österreich führt (Tafel B). Zügig kann man die Grenze überqueren und geradeaus bis zur Weitraer Straße fahren. Dort biegen wir nach rechts auf einen Radweg. Nach wenigen Metern sehen wir auf der linken Seite einen Torbogen, durch den wir nach Gmünd-Neustadt kommen. Wir halten kurz darauf links bei den Infotafeln des Themenwegs „Ge(h)schichte(n)“ an.

Mit „Ge(h)schichte(n)“ durch Gmünd-Neustadt

Gmünd-Neustadt, auch Gmünd II genannt, ist ein Stadtteil mit ca. 2500 Einwohnern. Schnell fällt die schematische Grundstruktur auf, was auf eine geplante Errichtung hinweist. Tatsächlich liegen die Ursprünge von Gmünd II in den Anfängen des Ersten Weltkriegs als riesiges Flüchtlingslager. Der Themenweg „Ge(h)schichte(n)“ führt uns auf einem Rundweg sehr anschaulich durch die Geschichte von Gmünd-Neustadt im 20. Jahrhundert. Die Orientierung ist durch Infotafeln gewährleistet.

In der Nähe des ehemaligen Lagertors beginnen wir mit dem historischen Überblick (Tafel 2 und 3): Der von Österreich-Ungarn begonnene Krieg gegen Serbien hatte sich im Sommer 1914 schnell zu einem europäischen Krieg ausgeweitet. Russland brach mit seiner Armee in östliche Gebiete der Donaumonarchie ein. Hunderttausende Menschen aus Galizien und der Bukowina wurden über die Bahn in das Landesinnere Österreich-Ungarns evakuiert. Innerhalb

Der Beginn der Hauptstraße Revoluční

weniger Monate kamen allein in die Umgebung von Gmünd mit etwa 4500 Einwohnern 30.000 Flüchtlinge, und ein Lager wurde auf der freien Fläche aus dem Boden gestampft. Die Unterbringung und die Versorgung der Menschen waren zeitweise katastrophal. Allmählich aber wurde das Lager zu einer kleinen Stadt, es wurde teilweise befestigt, hatte ein Spital, Kirchen und sogar eine Feuerwehr. Auf der Route sehen wir in der Pestalozzigasse 8 (Tafel 4) und Rosseggergasse 7 (Tafel 5) erhaltene Gebäude. Am oberen Ende der Rosseggergasse kommen wir zu einer Parkanlage, die als Erinnerungsort dient: Es ist das Gelände des ehemaligen Lagerfriedhofs (Station F). Durch das Lager Gmünd gingen bis 1918 insgesamt ca. 200.000 Flüchtlinge: Ruthenen aus der Ukraine, Polen, Italiener und Kroaten. Von ihnen sind Schätzungen zufolge etwa 30.000 aufgrund der schrecklichen Lebensbedingungen hier gestorben! Die 1964 enthüllte Skulptur „Flüchtlingsfamilie“ von Georg Kruk ist den Ukrainern gewidmet, ein Gedenkstein aus dem Jahr 2014 den Flüchtlingen aus Istrien.

Die weiteren Stationen des Themenwegs führen in der Lagerstraße am ehemaligen Lager des Reicharbeitsdienstes aus der NS-Zeit vorbei (Tafel 6) und berichten über den Wohnbereich des Flüchtlingslagers (Tafel 7). Informationen gibt es auch beim 1970 errichteten *Denkmal für die 485 ungarisch-jüdischen Zwangsarbeiter*, die 1944/45 als Opfer des NS-Regimes im Gmünder Zwischenlager umkamen (Tafel 9). An dieser Stelle wenden wir, fahren zunächst zurück bis zur imposanten *Herz-Jesu-Kirche* und rollen von dort die Schubertgasse hinunter zum Schubertplatz. Dort beschäftigen wir uns mit der Zeit nach 1918 (Tafel 12).

Nach dem Ende des Ersten Weltkriegs boten die ärmlichen Lagerbaracken Flüchtlingen anderer Perioden günstige Wohnmöglichkeiten und verschwanden erst in den 1960er- und 1970er-Jahren gänzlich. Gleichzeitig entstanden auf dem billigen Grund gemeinnützige Wohnhausanlagen, wie am Schubertplatz der große „*Neubau*“ 1926/27. Die Stadt

Denkmal Flüchtlingsfamilie

Der „Dom des Waldviertels", die Herz-Jesu-Kirche

Gmünd übernahm Infrastrukturen des Lagers und konnte im ehemaligen Waisenhaus das öffentliche Krankenhaus (1925–1984) eröffnen. Außerdem verlegten Betriebe und Fabriken z. B. nach der Grenzziehung 1919 ihren Standort aus Böhmen hierher. Seit 1953 thront der „Dom des Oberen Waldviertels" über Gmünd II. Mit der Errichtung der Herz-Jesu-Kirche hatte die dynamische Entwicklung zu einem neuen Stadtteil einen Höhepunkt erreicht.

Von Gmünd-Neustadt zum Bahnhofsplatz Gmünd

Ohne Markierung
Distanz: 1 km

Vom Schubertplatz fahren wir die Conrathstraße entlang, wo sich noch zwei Infotafeln (12, 11) der „Ge(h)schichte(n)" befinden. Ganz am Ende gelangen wir auf die Albrechtser Straße mit viel Verkehr, doch schnell sind wir beim Bahnhof angelangt.

Bahnhofsplatz Gmünd

Der *Bahnhofsplatz* von Gmünd hat sich in den letzten Jahren sehr verändert. Neben dem großen Gewerbepark entstand 2013/14 ein eigener Kopfbahnhof für die Waldviertelbahnen der NÖVOG. Damit wurde ein Kapitel abgeschlossen, das im Grunde 1920 begann. Mit der Grenzziehung 1919/20 lagen Landesbahnhof, Heizhaus und Werkstätten in der ČSR, doch diese Infrastruktur konnte von den Österreichern weiterhin genutzt werden. Erst das kommunistische Regime verlangte 1948 die endgültige Trennung und finanzierte die Verlegung der Gleise nach Österreich. In der Folge wurden in Gmünd Lokschuppen und Werkstätten für die Lokalbahnen gebaut, aber kein Bahnhof. Die jüngste große Investition soll die Museumsbahn in eine gute Zukunft begleiten.

Ohne Markierung
Distanz: 1,5 km

Vom Bahnhof Gmünd zum Naturpark Blockheide

Viele Touristen kommen nach Gmünd, um die Blockheide zu sehen. Die beliebte Sehenswürdigkeit befindet sich im nördlichen Teil der Stadt im Ortsteil Grillenstein. Dazu fahren wir vom Bahnhofsplatz über die Bahnhofsstraße in Richtung Zentrum, biegen nach ca. 850 m bei der Ampel rechts auf die Schremser Straße und folgen den Wegweisern.

Naturpark Blockheide
www.blockheide.at, Info-Zentrum und Aussichtsturm, April bis Okt. tägl. 10–18 Uhr, Eintritt: € 3,–/€ 2,–, NÖ-Card

Naturpark Blockheide Gmünd-Eibenstein

„Koboldstein", „Teufelsbett" und „Teufelsbrotlaib" – riesige Granitsteine und Wackelsteine und natürlich schöne Wald- und Heidelandschaften erwarten uns im *Naturpark Blockheide* in hoher Dichte auf 120 Hektar. Mehrere *Themenwege* erschließen das sehenswerte, mystisch wirkende Gelände und bringen die Eigenheiten der Gesteine im Waldviertel näher. Fans von fiktiven Linien suchen den Verlauf des *15. östlichen Meridians* – er wird durch ein Holzschild und Pflastersteine angezeigt.

In der wärmeren Saison ist das *Infozentrum* geöffnet, in dem eine Ausstellung die „Geburt der Wackelsteine" aus erdgeschichtlich-geologischer Sicht erklärt. Vom hölzernen *Aussichtsturm* aus überblicken wir die Umgebung von Gmünd und den Naturpark.

Das Erholungsgelände mit ungewöhnlichen Spielplätzen ist ganzjährig frei zugänglich.

Ohne Markierung
2,5 km

Von der Blockheide zum Wirtschaftspark ACCESS

Vom Naturpark wechseln wir in eine ganz andere Art von Park. Wir kehren auf den Hauptplatz von Gmünd zurück. Von dort radeln wir über die Lainsitzbrücke und folgen der Litschauer Straße nach Norden durch den Ortsteil Böhmzeil. Wir achten auf die Abzweigung nach links in die Grenzlandstraße (vor dem großen Supermarkt). Über sie gelangen wir an unser Ziel.

ACCESS Wirtschaftspark/ ACCESS Hospodářský park

Ein Gewerbegebiet als Sehenswürdigkeit? Ja, wenn es sich um den ersten grenzüberschreitenden Wirtschaftspark Europas handelt. Bereits 1990 wurde die neue politische Situation für ein österreichisch-tschechisches Regierungsabkommen über engere Kooperation im Grenzgebiet genützt. In dessen Folge entstand der bilaterale *ACCESS Wirtschaftspark* (= Austrian Czech Crossing Enterprises Service Success), der die Vorteile beider Länder auf einem zusammenhängenden Raum bieten sollte. Der Spatenstich erfolgte 1993, die ersten Unternehmen zogen ab 1994 ein. 1998 nutzte die deutsche Firma Kinshofer (MARS Greiftechnik) als erste die Ansiedlung beiderseits der Staatsgrenzen. Die beiden Teile des Gewerbeparks sind durch einen eigenen Grenzübergang auf der Zweiländerstraße verbunden.

Ein genügsamer Baum auf einem Granitstein

Von České Velenice nach Nová Ves nad Lužnicí

Ohne Markierung, 341
Distanz: 7 km

Nun beginnt der zweite Abschnitt unserer Tour durch das Umland von České Velenice und Gmünd. Wir fahren durch den ACCESS-Wirtschaftspark gerade hindurch. Am Ende der Straße halten wir uns links, bis wir in der Nähe des tschechischen Zollhauses auf die třída Čsl. legií gelangen. Auf ihr fahren wir ca. 500 Meter, dann biegen wir rechts auf die Trosnovská ab. Wir kommen in den Ortsteil Žižkovo Předměstí (Josefschlag) und an der 1911 erbauten Kapelle zur Hl. Familie vorbei. Dort stoßen wir zur Route 341, wo uns auch Infotafeln der Route Paměti Vitorazka begegnen werden. An der Ortsausfahrt von České Velenice biegen wir rechts auf einen Forstweg ab, der durch dichten Wald führt. Bald radeln wir wieder auf dem ehemaligen Kolonnenweg nahe der naturbelassenen Augebiete der Lainsitz entlang.

Seehöhe: 479 m

www.nova
vesnadluznici.cz
ČD (České
Velenice-Veselí
nad Lužnicí)
Cyklobus
(→ S. 18)

Nová Ves nad Lužnicí (Erdweis)

Der kleine Ort Nová Ves nad Lužnicí (Erdweis) ist an sich recht unscheinbar, doch er liegt am Beginn einer wunderbaren Radregion vor Třeboň (Wittingau) im Naturschutzgebiet. Historisch betrachtet ist es eine der „13 Gemeinden", die bis 1920 zu Niederösterreich gehörten. Durch die „nationale Brille" betrachtet war die sprachlich gemischte Region sehr kompliziert und bekam so einige Probleme im 20. Jahrhundert. Vereinfacht gesagt: die Menschen standen zwischen den Fronten und orientierten sich danach, wo sie die bessere Zukunft sahen.

Von Ende 1918 bis zur endgültigen Grenzfestlegung 1920 befanden sich manche der „13 Gemeinden" faktisch im Niemandsland und in einer prekären Situation. Die Lebensmittel wurden an den jeweiligen Demarkationslinien beschlagnahmt. So baten die Gemeinden Schwarzbach (Tušť) und Witschkoberg (Halámky) früh um die Aufnahme in die ČSR. Zwanzig Jahre später, im Herbst 1938, waren einige Gemeinden im Münchner Abkommen ursprünglich gar nicht zur Übergabe vorgesehen. Doch manche Orte wünschten den Anschluss an NS-Deutschland. Sieben Jahre später: Ende Mai 1945 zogen die Partisanentruppen des Oberst Vladimír Hobza durch das Gebiet und führten hier radikal und im Schnellverfahren die „wilde Vertreibung" der deutschsprachigen Bevölkerung durch. Die nationale Bestimmung war schwierig. Betroffen waren auch Tschechen, welche in der NS-Zeit die deutsche Staatsangehörigkeit angenommen hatten. Ca. 2600 Personen wurden in dieser Region innerhalb weniger Stunden ausgesiedelt, nachweislich 14 Personen in Schwarzbach (Tušť) hingerichtet. Jene, die zunächst bleiben oder auch später zurückkehren konnten, mussten in den 1950er-Jahren wegziehen, da sie als unzuverlässig galten. Dabei spielten auch die Ermittlungen

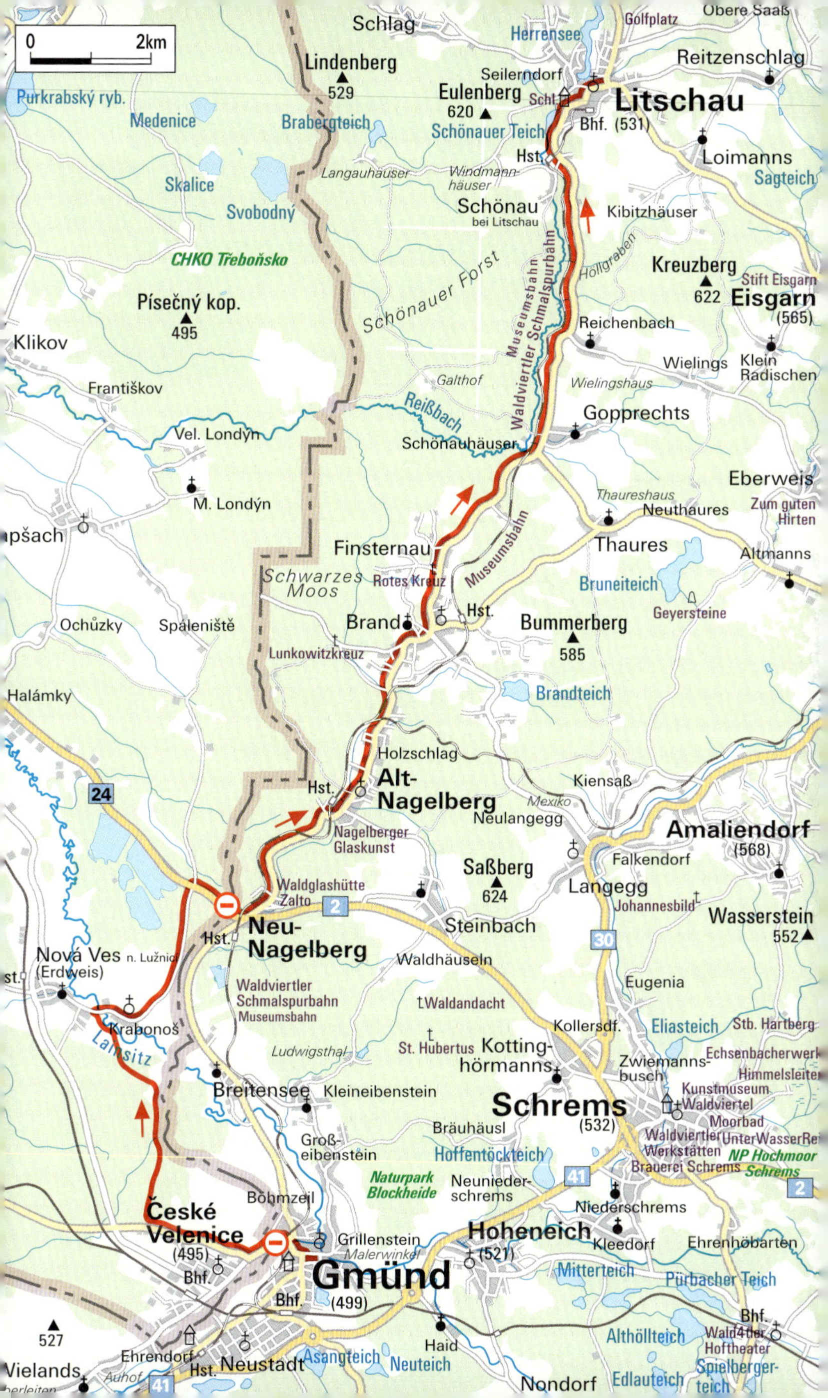
0
2km
Schlag
Lindenberg
529
Eulenberg
620
Seilerndorf
Herrensee
Golfplatz
Obere Saaß
Reitzenschlag
Litschau
Bhf. (531)
Purkrabský ryb.
Medenice
Brabergteich
Schönauer Teich
Hst.
Loimanns
Sagteich
Langauhäuser
Windmann-
häuser
Skalice
Svobodný
Schönau
bei Litschau
Kibitzhäuser
CHKO Třeboňsko
Höllgraben
Kreuzberg
622
Stift Eisgarn
Eisgarn
(565)
Schönauer Forst
Písečný kop.
495
Museumsbahn
Waldviertler Schmalspurbahn
Reichenbach
Klikov
Wielings
Klein
Radischen
Františkov
Galthof
Wielingshaus
Reißbach
Gopprechts
Vel. Londýn
Schönauhäuser
Eberweis
M. Londýn
Thaureshaus
Neuthaures
Zum guten
Hirten
Finsternau
Thaures
Altmanns
Schwarzes
Moos
Rotes Kreuz
Museumsbahn
Bruneiteich
Geyersteine
Hst.
Brand
Bummerberg
585
Ochůzky
Spáleniště
Lunkowitzkreuz
Halámky
Brandteich
Holzschlag
Kiensaß
Hst.
Alt-
Nagelberg
Mexiko
Neulangegg
24
Amaliendorf
(568)
Nagelberger
Glaskunst
Saßberg
624
Falkendorf
Langegg
Waldglashütte
Zalto
2
Johannesbild
Wasserstein
552
Neu-
Nagelberg
Steinbach
Hst.
30
Nová Ves n. Lužnicí
(Erdweis)
Waldhäuseln
Eugenia
Waldviertler
Schmalspurbahn
Museumsbahn
Waldandacht
Krabonoš
Kollersdf.
Eliasteich
Stb. Hartberg
Lainsitz
Ludwigsthal
St. Hubertus
Kotting-
hörmanns
Echsenbacherwerk
Zwiemanns-
busch
Himmelsleiter
Kunstmuseum
Waldviertel
Breitensee
Kleineibenstein
Schrems
(532)
Moorbad
Bräuhäusl
Waldviertler
Werkstätten
UnterWasserReich
Groß-
eibenstein
Hoffentöckteich
NP Hochmoor
Schrems
Brauerei Schrems
41
Naturpark
Blockheide
Neunieder-
schrems
2
Böhmzeil
Niederschrems
České
Velenice
(495)
Grillenstein
Hoheneich
(521)
Kleedorf
Ehrenhöbarten
Malerwinkel
Bhf.
Gmünd
(499)
Mitterteich
Pürbacher Teich
Bhf.
Bhf.
527
Wald4tler
Hoftheater
Althöllteich
Ehrendorf
Haid
Vielands
Neustadt
Asangteich
Neuteich
Spielberger-
teich
Auhof
Hst.
41
Nondorf
Edlauteich

Die Reste von Krabonoš (Zuggers)

gegen Karel Gruber eine Rolle. Nach Errichtung der Sperrzone wurden einige Orte dicht an der Grenze geschliffen, wie Krabonoš (Zuggers), der Nachbarort von Nová Ves nad Lužnicí (Erdweis): Von ihm sind nur Kirche und Kaserne übrig geblieben.

★ KAREL GRUBER – IM DIENST DER CIA

Karel Gruber wurde 1927 in Rottenschachen (Rapšach), einem Ort der „13 Gemeinden", geboren. In der NS-Zeit nahm seine Familie die deutsche Staatsbürgerschaft an. Während des Krieges machte der junge Mann einige Stationen durch: Dienst in der Waffen-SS, vermutlich Desertion, sowjetische Kriegsgefangenschaft, Meldung zum 1. Tschechoslowakischen Armeekorps. Nach der Rückkehr nach Rapšach wurde Gruber jedoch als ehemaliger deutscher Soldat festgenommen und wieder als Kriegsgefangener in die UdSSR verbracht. Nach der Entlassung 1949 lebte er in Österreich, besuchte aber mehrmals heimlich seinen Geburtsort.

Karel Gruber

Ab 1950 arbeitete Gruber für die Wiener Außenstelle des militärischen Nachrichtendienstes der tschechoslowakischen Exilregierung, der von der CIA gestützt wurde. Er nützte sein Wissen in seiner Heimatregion, um über die scharf bewachte Grenze zu gehen, Agenten zu schleppen und Nachrichten zu übermitteln. Über dreißig Mal gelang es ihm, oft bei Neu-Nagelberg in Richtung Krabonoš und Halámky. Dabei konnte er sich auf ein Netzwerk von Freunden verlassen. Doch im Herbst 1951 kam es zu Feuergefechten mit dem Grenzschutz, ein tschechoslowakischer Grundwehrdiener wurde tödlich getroffen. Bald darauf beschloss Gruber, seine Tätigkeit an der Grenze einzustellen.

Ein Jahr später, im Herbst 1952, griff die sowjetische Besatzungsmacht Gruber jedoch in Wien auf und lieferte ihn an die Tschechoslowakei aus. Das Netzwerk der Helfer in Südböhmen flog ebenfalls auf. Als unmittelbare Folge der Untersuchungen zu dem Fall mussten „unverlässliche Personen" den Grenzort Rapšach verlassen, darunter die Eltern Grubers, die bis dahin noch im Heimatort gelebt hatten. Im April 1954 wurde Gruber in einem öffentlich viel beachteten Prozess wegen Hochverrats und Spionagetätigkeit zum Tode verurteilt und am 29. Mai 1954 in Prag hingerichtet.

Von Nová Ves nad Lužnicí nach Neu-Nagelberg

341, ohne Markierung
Distanz: 5 km

Bei der Ortseinfahrt von Nová Ves biegt unsere Route 341 nach rechts über die Lainsitz ab und führt durch die Wüstung Krabonoš (Zuggers). Wir radeln bald eben über weite Felder dahin – genau parallel und in unmittelbarer Nähe zur Grenze. Diese wird in einer langgezogenen Kurve vom Straßenrand der Nagelberger Straße gebildet.

Hier könnten wir ganz leicht die Seiten wechseln. Der „offizielle" Weg führt über den Grenzübergang bei Neu-Nagelberg. Auf dem kurzen Stück Europastraße 49 müssen wir auf den zeitweise starken Verkehr achten!

Brand-Nagelberg

Seehöhe: 473 m

Mit der Überquerung des bereits 1967 wiedereröffneten Grenzübergangs Neu-Nagelberg tauchen wir sofort in das Thema dieser Region – Glas – ein. Die Markt- und Großgemeinde Brand-Nagelberg, zu der die Ortschaften Neu-Nagelberg, Alt-Nagelberg, Brand u. a. zählen, bezeichnet sich als GlasKunst-

Gemeindeamt in Alt-Nagelberg, Hauptstraße 117, Tel. +43 2859 7217, www.brand-nagelberg.at
NÖVOG Waldviertelbahn: Neu-Nagelberg, Alt-Nagelberg, Brand (→ S. 138)

Waldglashütte Kurt und Roland Zalto
Neu-Nagelberg 58, www.waldglashuette.at, Betrieb: Mo–Sa 10–16 Uhr, Museum und Verkauf: Mo–Fr 10–17, Sa, So 10–16 Uhr

Glaskunst in Alt-Nagelberg

Dorf. In der *Waldglashütte Zalto* haben wir die seltene Gelegenheit, einem Glasbläser bei der aufwendigen Arbeit zuzusehen und Teile des Betriebs zu besichtigen. Ein Museum zeigt eine bunte Sammlung aus der eigenen Produktion sowie Gläser verschiedener Perioden und Stile. Die Glasmanufaktur zeugt noch von anderen Zeiten, als die ganze Region von der Glasproduktion lebte. Im Waldviertel gab es, wie auch im Böhmerwald, die einst notwendigen Voraussetzungen für Glaserzeugung: Holz als Ausgangspunkt für Pottasche.

Im drei Kilometer entfernten Alt-Nagelberg stoßen wir auf die traurigen Reste eines heute unvorstellbaren Glasimperiums. Hier befand sich das Zentrum des bekannten Glaserzeugers Carl Stölzle (1801–1865), der zahlreiche Glashütten in Böhmen und Österreich aufkaufte. Seine Nachkommen führten das Unternehmen zunächst erfolgreich weiter. Die Gläser wurden von hier aus in die ganze Welt verkauft, Vertretungen gab es in New York, London, Paris, Kairo, Athen usw. Als Folge des Zerfalls der Monarchie wurde die Firma Stölzle in zwei Aktiengesellschaften geteilt, aber unter gemeinsamen Vorsitz weitergeführt. In der Zwischenkriegszeit mussten aufgrund von Wirtschaftskrisen einige Glashütten geschlossen werden, wie z. B. jene in Josefsthal (→ S. 60) im Böhmerwald. Mit dem Zweiten Weltkrieg kamen weitere Rückschläge. Die Firma Stölzle war jedoch noch lange ein wichtiger Arbeitgeber für hunderte Menschen in der Region. Im Jahr 2002 ging die traditionsreiche Firma in Konkurs, nach einem letzten Aufflackern unter CO-PAL kam 2010 das endgültige Aus.

Neben der verlassenen Fabrik hält die Glashütte Apfelthaler als *Nagelberger Glaskunst* die Stellung, ihr bunter Glaspark verbreitet fröhliche Stimmung wie zum Trotz. Seit dreißig Jahren produziert man hier Trinkgläser und ausgefallene Dekorationsartikel. Gegen Voranmeldung darf man sich selbst im Glasblasen versuchen und das größte private Glasmuseum besuchen. Es bietet einen interessanten

Hart an der Grenze: die Nagelberger Straße

Überblick über das frühere Stölzle-Imperium und die Finessen der Glaserzeugung. In der ansehnlichen Sammlung an historischen Gläsern unterschiedlichster Art findet man z. B. eine Ski-Weltcupkugel.

Im Ortszentrum erinnert noch eine riesige *Sektflöte* an die einst wichtige Lebensgrundlage der Region: Im Dezember 1999 fertigten Glasmeister in der Firma Stölzle dieses 1,80 Meter hohe Gefäß an, das neunzig Liter fassen könnte. Zumindest damals war es die größte Sektflöte der Welt.

Nagelberger Glaskunst
Alt-Nagelberg, Hauptstraße 97, www.nagelberger-glaskunst.at, Verkauf Mo–Sa 8–12 u. 13–17 Uhr, Eintritt ins Museum: € 2,–

Von Alt-Nagelberg nach Litschau

Ohne Markierung
Distanz: 13,2 km

Der letzte Wegabschnitt bis nach Litschau ist von bilderbuchartigen Wäldern, Fischteichen und sanft-hügeligen Landschaften gesäumt. Wir fahren auf der Landstraße großteils die Schienen der Waldviertelbahn entlang, der Verkehr ist in der Regel schwach. Parallel dazu verläuft ab Nagelberg der EV 13 auf Feld- und Waldwegen. Diese Variante ist jenen zu empfehlen, die Wald und Gelände bevorzugen.

Ausklang und Ausblick

Wir sind im nördlichsten Teil Österreichs angelangt. Es geht zurück nach Gmünd, am besten auf der anderen Seite der Grenze über die Ferienregion bei Chlum. Dort führen uns gemütliche Radwege an den Beginn unserer Route. Doch es ist am praktischsten, wenn wir gleich zur Tour nach Norden aufbrechen.

Blick von der Ruine Landstein auf Österreich und Tschechien

4 Weites Nordland
Der hohe Norden Österreichs und Česká Kanada

Gesamtlänge der Route:
46 km
Kartenmaterial:
- Shocart Nr. 445 (1:40.000): Jindřichohradecko, Česká Kanada (www.shocart.cz)

Je weiter wir in den Norden des Waldviertels radeln, desto einsamer werden die Straßen in der wundervollen, oft sanft hügeligen Landschaft mit Feldern, Wäldern und Teichen. Von der nördlichsten Stadt Österreichs kommen wir zum nördlichsten Punkt, zum „Nordkap Österreichs". Wer denkt, dass die Welt hier zu Ende ist, wie vor dem Jahr 1989, liegt falsch. Ein Blick ohne Grenzen entdeckt die Vielfalt und Weite des „Nordlandes" – und Česká Kanada, eine beliebte Ferienregion. Wir finden den symbolträchtigen „Stein der Republik", hören von der Fluchtbewegung 1968 und besuchen die ehemalige „Grenzerstadt" Nová Bystřice (Neubistritz). Auf dem „Weg des 20. Jahrhunderts" gehen wir der Geschichte der Region genauer nach und stoßen auf Spuren verschwundener Dörfer in den weiten Wäldern Česká Kanadas. Und im historischen Dreiländereck Böhmen, Mähren, Österreich begegnen wir dem Räuber ohne Grenzen Johann Georg Grasel.

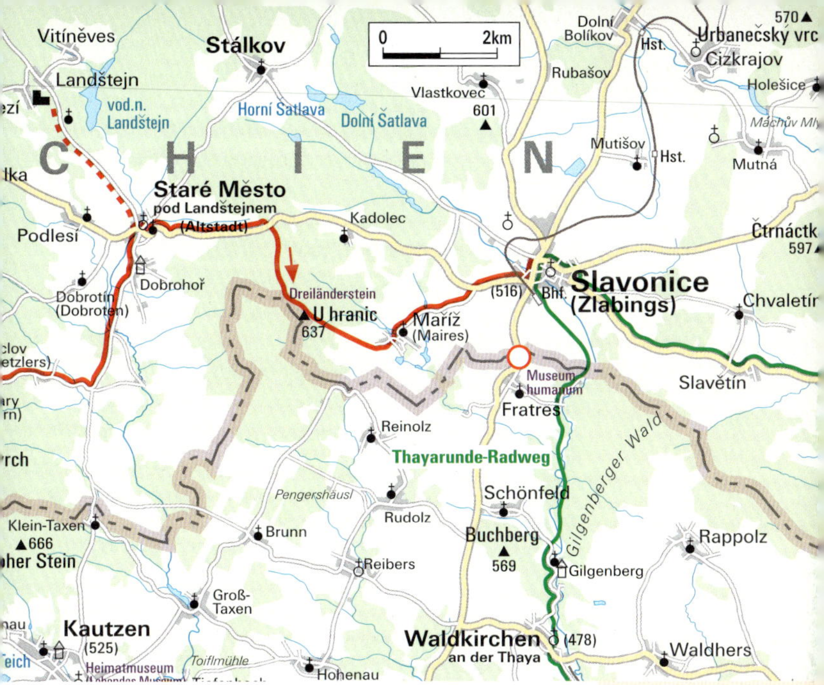

Gut zu wissen

Radfahren in der Region. Die Bedingungen für Radtouristen sind ideal im Land um Litschau. Im Allgemeinen ist das Gelände flach bis leicht hügelig, nur stellenweise gibt es kurze steile Abschnitte. Auf den Nebenstraßen und Wegen begegnen uns in der Regel kaum Autos, am ehesten noch tschechische Radfahrergruppen. Größere Steigungen erwarten uns in der Region um Staré Město pod Landštejnem (Altstadt) und in Richtung Slavonice (Zlabings) beim Dreiländerstein. Die Wege der vorgeschlagenen Route sind fast immer gut befestigt, aber es ist auch mit Feldwegen und holprigen Abschnitten zu rechnen.

Planung

„Basislager"/Ausflüge. Litschau und Nová Bystřice eignen sich als Ausgangspunkte, da sie genügend Infrastruktur aufweisen. Beliebte Ausflugsziele sind die Seenplatte im Wittingau (Třeboňská pánev) und die Stadt Chlum (Chlumetz). Nová Bystřice (Neubis-

Wichtige Links zur Region:

- Waldviertel Nord, www.waldviertelnord.at
- Česká Kanada, www.ceska-kanada.cz (tsch.)
- Tourismusportal Südböhmen, www.jiznicechy.cz

tritz) eröffnet per Rad oder öffentliche Verkehrsmittel Möglichkeiten der Erkundungsfahrten in das Umland, zur Wallfahrtskirche Klášter (Kloster) und in das Landesinnere. Vor allem die Bezirksstadt Jindřichův Hradec (Neuhaus) mit seinem denkmalgeschützten Stadtkern und großen Schlossanlage ist ein Touristenmagnet. Ein interessanter Abstecher lässt sich in den Waldviertler Ort Kautzen machen, wo das Heimatmuseum die Regionalgeschichte anschaulich aufbereitet und die monatliche Aktion „Lebendes Museum" altes Handwerk aufleben lässt *(www.kautzen.com).*

Grenzüberschreitendes. Jedes Jahr an einem Samstag um den 8. Mai findet in der Region bei Staré Město pod Landštejnem (Altstadt) die tschechisch-österreichische Versöhnungswallfahrt „Die verschwundenen Dörfer sind nicht stumm" (→ S. 183) statt. Dabei wird der Vertreibung der deutschsprachigen Bevölkerung 1945/46 gedacht. Die gemeinsame Wallfahrt führt durch geschliffene Ortschaften wie Romau (Romava) und Gottschallings (Košťálkov). Organisatoren sind der Karmeliterorden aus Kostelní Vydří *(www.karmel.cz)* und die Prager Naturschule Přírodní škola *(www.prirodniskola.cz)*, unterstützt von mehreren österreichischen Freunden. Informationen dazu auch auf der Tafel „Romau" am „Weg des Friedens" *(www.wegdesfriedens.eu).* Eine grenzüberschreitende Veranstaltung ganz anderer Art sind die Hundeschlittenrennen in Reingers, die seit 2006 regelmäßig stattfinden. Rund um den 26. Oktober glaubt man – noch mehr als sonst in dieser Region – in Kanada zu sein, wenn mehr als 150 Schlittenhunde durch die Landschaft sausen. Die Teilnehmer kommen aus den verschiedensten Ländern ins Waldviertel *(www.reingers.at).*

Bei unserer Tour begleitet uns für einige Kilometer der zeitgeschichtliche Lehrpfad „Weg des 20. Jahrhunderts", der 2008 auf Initiative der Gemeinden Reingers und Nová Bystřice entstand. (Dort liegen auch Informationsfolder auf.) Für die Inhalte sorgten der österreichische Historiker Niklas Perzi und seine tschechischen Kollegin Monika Horáková. Der Weg beginnt auf dem Hauptplatz in Nová Bystřice (Neubistritz) und kann auf einer kurzen Strecke (19 km) oder einer langen Strecke (30 km) bewältigt werden *(www.themenwege.eu)*.

Mit Bahn und Bus

Radtransport in der Region. Für Ausflüge in die Region steht in den Monaten Mai bis Oktober die Waldviertelbahn der NÖVOG auf der Strecke Gmünd–Litschau zur Verfügung. Radmitnahme ist möglich, unter der Woche gibt es einen Schienenbus mit wenigen Stellplätzen, an Wochenenden Garnituren mit Radwaggon. In Südböhmen verkehren Busse mit Radanhänger *(www.cyklotrans.cz)*.

Anreise in die Region. Wir fahren mit der Franz-Josefs-Bahn nach Gmünd. Von dort gibt es im Sommer die Möglichkeit, mit der Waldviertelbahn nach Litschau zu fahren. Die Kapazitäten sind allerdings etwas eingeschränkt. Ansonsten kommen wir mit öffentlichen Verkehrsmitteln nur recht schwierig in die Region. Es empfiehlt sich, die Tour mit den Gebieten Gmünd/České Velenice (→ Kap. 3) sowie Oberes Thayatal (→ Kap. 5) zu verbinden.

Waldviertelbahn www.waldviertelbahn.at, 1. Mai bis 27. Okt. in Betrieb, Mai u. Juli sowie Aug. u. Okt. Sa, So, Fei; Juni u. Sept. Mi, Sa, So, Fei

Litschau

„Ganz oben“ im Waldviertel liegt Litschau, eine Kleinstadt mit etwa 2300 Einwohnern. Inmitten weiter und ruhiger Naturlandschaften gelegen, weist die nördlichste Stadt Österreichs ideale Voraussetzungen für den sanften Tourismus und Kuraufenthalte auf. Reinheit der Luft sowie günstige Klima- und Abkühlungsverhältnisse wurden wissenschaftlich untermauert, seit 2007 trägt Litschau das Prädikat Luftkurort. Im Sommer wäre es ein günstiger Zufluchtsort für hitzegeplagte Städter. Ein

Seehöhe: 530 m

Gästeservice Litschau, Stadtplatz 17, Tel. +43 2865 5385, www.litschau.at
Strandbad Herrensee, Strandbadstraße 19

NÖVOG Waldviertelbahn (Gmünd–Litschau), (→ S. 167)

Museumswaggon Bahnhof Litschau, die Öffnungszeiten richten sich nach den Ankunftszeiten der Waldviertelbahn, Eintritt: freie Spende

ausgezeichneter Platz für Erholungsuchende ist der künstlich angelegte und doch malerische Herrensee, wo ein eigenes Theater dem kulturellen Leben eine Bühne bietet. Kaspar Schrammel, der Urvater der Schrammelmusik, der aus der Litschauer Region stammt, hätte sicher seine Freude daran.

Bahnhof Litschau – Auf der „Bosnaspur" ins Nordland

Idyllisch ist die Fahrt von Gmünd nach Litschau nicht nur mit dem Rad, sondern auch mit der Waldviertelbahn: Wälder, Fischteiche, kleine Ortschaften – eine reizvolle Landschaft. Dabei fährt der Zug auf einer Schmalspurweite von 760 Millimeter, auch „Bosnaspur" genannt. Dies ist keine Seltenheit in Mittel- und Südosteuropa, denn aus militärischen Gründen wurden in Österreich-Ungarn Bahnlinien einheitlich gebaut und für hügeliges Gelände eignet sich die Schmalspurbahn besser. In Bosnien-Herzegowina, das ab 1878 von den Habsburgern besetzt war, hatte man diese Spurweite getestet und auch häufig gebaut.

Seit dem Jahr 1900 kommt man über den Nordast der Waldviertler Lokalbahn nach Litschau, die ursprünglich geplante Verbindung nach Südböhmen kam leider nicht zustande. Der Verlauf der Geschichte im 20. Jahrhundert hinterließ eine Lücke von elf Kilometern bis zum Bahnhof Neubistritz (Nová Bystřice). In einem *Museumswaggon* bei der Endstation Litschau sind Details, Fotos und Gegenstände aus der Geschichte der Lokalbahn zu sehen. Seit 1986 ist der reguläre Personenverkehr auf den Waldviertler Lokalbahnen eingestellt. Mit Glück und dem Einsatz von Freiwilligen überdauerte aber die Strecke nach Litschau, die Zweiglinie nach Heidenreichstein und der Südast nach Groß Gerungs als Museumsbahn in der Sommersaison. Das Bahnhofsgebäude wird heute für Kulturveranstaltungen genützt (Kulturbahnhof Litschau).

Stadtplatz

Das Zentrum von Litschau ist beschaulich und schräg: der langgezogene *Stadtplatz* liegt entspannt auf einem Abhang eines Hügels mit Blick auf den alten Bergfried, den sogenannten *Hungerturm*. Es ist das Wahrzeichen von Litschau: der Rest einer Grenzfeste, die um 1200 erbaut worden ist. Bald nach der Errichtung der Burg entstand auf dem kleinen Abhang der Talmulde eine Marktsiedlung, die spätestens 1386 zur Stadt erhoben wurde. Die Schlossanlagen befinden sich in Privatbesitz und sind nicht öffentlich zugänglich.

Auf der Anhöhe des Stadtplatzes blickt die *Pfarrkirche St. Michael* aus dem 14./15. Jahrhundert auf das ruhige Geschehen. Um den Stadtplatz reihen sich ein paar Lokale, wo man Waldviertler Delikatessen verköstigen kann, das *Pfarrmuseum*, das *Strickereimuseum* und das *Heimatmuseum*. Das Gästeservice bemüht sich um die Anliegen und Fragen der Touristen und organisiert den außertourlichen Besuch der Museen für Gruppen ab vier Personen.

Dass Litschau neben Eisgarn einer der Hauptdrehorte der skurrilen und beliebten österreichischen Fernsehserie „Braunschlag" war, ist hier kein Thema. Kurz zur Handlung, für jene, die die Kultserie nicht kennen: Der Bürgermeister eines einsamen Waldviertler Ortes an der Grenze und sein Freund inszenieren eine Marienerscheinung, um den Tourismus zu fördern. Der Ort „Braunschlag" ist fiktiv, doch der Name ist wohl kein Zufall: Es gab einen südböhmischen Ort dieses Namens, welcher heute Mýtinky heißt und faktisch nicht mehr existiert. Er liegt in der Nähe des wiederbelebten Wallfahrtsorts Kloster (Klášter) bei Nová Bystřice.

In Litschau herrscht einmal im Jahr wirklich großer Trubel, nämlich dann, wenn im Juli das Schrammel.Klang.Festival *(www.schrammelklang.at)* am Herrensee stattfindet. Schon lange erinnert die Stadt an Kaspar Schrammel, den Vater der bekannten Schrammel-Brüder, der in der näheren Umge-

Der Hungerturm in Litschau

Stadtführung
Jeden 1. und 3. So im Monat, Treffpunkt bei der Kirche um 13 Uhr, Beitrag: € 2,–

Pfarrmuseum
Stadtplatz, Tel. +43 2865 345, Mai bis Sept. So, Fei nach der heiligen Messe (ca. 10.30 Uhr) und nach Voranmeldung, Eintritt: freie Spende

Instrumente der Schrammelmusik

Heimatmuseum Litschau Stadtplatz 63, Juni bis Sept. Sa 10–12 Uhr, Eintritt: freie Spende

Strickereimuseum Stadtplatz 33, Raiffeisenbank, 1. Stock, Mai bis Sept. Sa 10–12, Eintritt: freie Spende

bung geboren wurde. Seit 2007 ist dieses Gedenken gewissermaßen institutionalisiert: Das Fest der berühmten Wiener Heurigenmusik und der modernen „Wiener Weltmusik" initiierten übrigens „zuagraste" (zugewanderte) Künstler und wird von den Litschauern begeistert mitgetragen. Es ist inzwischen stark besucht und überregional bekannt. Ansonsten muss man bei der Durchreise aufpassen, dass man den großen, aber schmalen Herrensee nicht übersieht, er versteckt sich recht geschickt hinter dem Stadtzentrum in einer Talmulde.

Heimat- und Strickereimuseum

Für unsere Fahrt durch vergangene Zeiten leisten noch zwei Museen ihren Beitrag: Im *Heimatmuseum* erlauben uns zahlreiche historische Fotos, Plakate und Gegenstände Einblicke in den früheren Alltag der Stadt und der Region: bäuerliche Möbel um 1900, ein Klassenzimmer, die Trommel des Gemeindedieners, alte Landkarten, Urkunden und vieles andere mehr.

Der alte Webstuhl ist ein Relikt der früher im Waldviertel weitverbreiteten Heimarbeit in der Textilbranche. Eine Informationstafel widmet sich der Grenzfrage 1919, als die Abtretung Litschaus an die Tschechoslowakei zur Diskussion stand.

Natürlich darf auch das Aushängeschild des örtlichen Tourismus nicht fehlen: Kaspar Schrammel (1811–1895), der Vater der bekannten Schrammel-Brüder Johann und Josef, ist der berühmteste Sohn der Region. So kann man in Litschau dem Ursprung der Wiener Heurigenmusik nachgehen, die weit über die Grenzen Österreichs bekannt war und ist.

Das 2006 gegründete *Strickereimuseum* ist die beeindruckende Sammlung eines ehemaligen Strickmeisters, mit Maschinen der Textilindustrie aus den Jahren 1865 bis 1960. Ende des 19. Jahrhunderts hatten sich in Litschau Strick- und Wirkwarenfabriken angesiedelt, die lange Zeit wichtige Arbeitgeber in der Region waren. Erzeugt wurden Socken, Strümpfe, Handschuhe, Westen und Mützen, zum Teil in Heimarbeit. 1990 sperrte die letzte Strickerei für immer zu. Die Konkurrenz der Billigimporte und Abwanderung der Produktion in Länder mit niedrigem Lohnniveau führten zum Niedergang eines bedeutenden Wirtschaftszweiges.

Von Litschau nach Rottal

Ohne Markierung
Distanz: 10 km

Weiter geht's gen Norden! Vom Stadtplatz fahren wir in Richtung Burg über den Reißbach und biegen nach der Brücke rechts auf die Schlager Straße. Wer möchte, kann die Radroute „Rund um den Luftkurort Litschau" über Schlag und einen Waldweg nehmen. Um 1,5 km kürzer ist jedoch die Fahrt geradeaus auf der Glashüttenstraße direkt nach Josefsthal. Es geht zunächst stetig bergauf, nach etwa 3 km (70 Hm) haben wir die höchste Stelle der Route erreicht. Bis Josefsthal geht es 2 km wieder bergab (70 Hm). Dort macht die Straße eine scharfe Kurve nach rechts und wir haben erneut eine Steigung vor uns. Nach 1,7 km (65 Hm) dürfen wir auf der Anhöhe die Abzweigung nach links nicht versäumen. Wir fahren durch eine recht waldige und einsame Gegend meist bergab (ca. 3,5 m/80 Hm), bis die Siedlung Rottal beginnt.

Bei Litschau

Seehöhe: 500 m

Katastralgemeinde von Haugschlag, www.haugschlag.at

„Internationaler“ Wegweiser

Rottal

Die als Holzfällerkolonie gegründete Siedlung bietet uns eine Zeitreise in die 1920/30er-Jahre. Das nördlichste Gasthaus Österreichs – Gasthof Perzy – ist zwar nicht in dieser Zeit stehengeblieben, doch die im Original erhaltene Möblierung der Gaststube aus der Zwischenkriegszeit hat wohl Seltenheitswert *(www.perzy.at)*. Damals war das Gasthaus beliebter Treffpunkt für die Bevölkerung von „hüben wie drüben“. Heute gehört es zum Golfclub Haugsdorf, der Teil der grenzüberschreitenden Golfregion „Heart of Golf“ ist.

Man braucht kein Statistiker zu sein, um zu bemerken, dass die Region Nördliches Waldviertel stark von Abwanderung betroffen ist. Dieses „Eck“ war schon immer eine wirtschaftlich schwierige Gegend, die Bauern mussten durch Heimarbeit in der Textilbranche zuarbeiten. Die ökonomischen Probleme wurden durch die Grenzziehung 1918/19 und die Trennung vom Einzugsgebiet Budweis verschärft. Der Eiserne Vorhang machte die Isolation vom Umland in Böhmen perfekt. Ungünstig wirkt sich die relativ weite Entfernung zur Großstadt Wien aus. Das unterscheidet das Waldviertel stark vom Mühlviertel, da Linz für Arbeitspendler leichter zu erreichen ist. Nach den Schwierigkeiten durch den Niedergang der Glas- und Textilindustrie setzt man im Waldviertel vermehrt auf den Tourismus, wie hier auf Golfplätze, aber auch auf die Positionierung als „Genuss.Region“ mit ihren Spezialitäten Karpfen, Erdäpfel und gesunder Luft. Ungewöhnliche Plätze sind zu entdecken.

Österreichs „Nordkap“

Auf der Straße durch Rottal wird der Weg zum nördlichsten Grenzstein Österreichs durch einen Baum mit zahlreichen Wegweisern (und einem Grenzschild) markiert. Die gab es schon vor 1989. Jedenfalls berichtet Karl Lukan in seinem „Waldviertel-

Achtung!
Die Grenze verläuft entlang des Grenzbaches

buch", dass Zollbeamte aus Spaß (oder Langeweile) diese Pfeile angebracht haben. So wissen wir nun z. B., dass wir noch 2199 Kilometer nach Moskau fahren müssten. Vom österreichischen „Nordkap" trennt uns ca. ein Kilometer, den wir auf dem Wanderweg 70a bzw. dem Weitwanderweg 608 zurücklegen können.

Der nördlichste Grenzübergang Österreichs, eine Holzbrücke für Wanderer und Radfahrer, verdankt seine Existenz der Familie Hauser, die das Waldhotel Peršlák (→ S. 175) betreibt. Eine Steinbrücke, die bis in die 1950er-Jahre hier stand, wurde aufgrund des Grenzregimes des Eisernen Vorhangs zerstört. Im Jahr 2008, gleich nach dem Fall der „Schengen-Grenze", stellte die Familie Hauser in Privatinitiative diese alte Verbindung ins Rottal wieder her und nannte sie „Brücke ins Tal der Liebe". So wird Rottal angeblich seit Generationen genannt.

Dass wir hier nun so einfach über die Grüne Grenze legal auf ein anderes Staatsterritorium wechseln können, ist erst seit dem Beitritt Tschechiens zum Schengen-Abkommen im Dezember 2007 erlaubt. Seitdem sind formale Grenzkontrollen an den Übergängen zwischen Österreich und Tschechien abgeschafft, doch selbstverständlich kann die Exekutive auf Verdacht Personen und Ausweise überprüfen. In besonderen Situationen ist es möglich, das Schengen-Abkommen vorübergehend auszusetzen. Ihren Schrecken hat aber die Grenze glücklicherweise längst verloren.

Zu Zeiten des Eisernen Vorhangs war die scharf bewachte „Systemgrenze" gefürchtet, aber für die Bevölkerung auch Alltag. Geschichten – heitere wie tragische – gibt es überall viele zu hören, man muss nur fragen. Zwischen 1948 und 1989 war es auch für Österreicher nicht ungefährlich, über die Grüne Grenze auf das Gebiet der Volksrepublik zu geraten. Nicht ortskundige Urlauber verliefen sich häufig irrtümlich nach „drüben", z. B. beim Beeren- oder Schwammerlsuchen. Denn viele dachten, dass die Grenze erst beim Stacheldraht wäre. Trunkenheit, Mutproben, Verwirrung, Neugier oder die Verfolgung entlaufener Tiere – das alles konnte Leute auf die falsche Seite bringen. Im besten Fall schickten die Grenzsoldaten der Volksrepublik die Grenzübertreter einfach wieder zurück, meist aber kam es zu einer Verhaftung und mehrstündigen oder mehrtägigen Verhören. Denn stets standen solche Grenzgänger in Verdacht, Spione oder Schlepper zu sein. Im schlimmsten Fall konnten Zusammenstöße mit dem Grenzschutz oder den Grenzanlagen sehr tragisch mit Verletzungen oder gar dem Tod enden.

Ohne Markierung
Distanz: 600 m

Von Rottal nach Peršlák

Ohne besondere Vorkommnisse und Kontrollen überqueren wir auf der Holzbrücke die Grenze nach Tschechien. Auf einer Forststraße gelangen wir zum Waldhotel Peršlák, das zur Siedlung Nový Vojířov (Böhmisch-Bernschlag) gehört. Es ist ein Ort voller Symbolik.

Seehöhe: 492 m

Gemeindegebiet von Nová Bystřice (→ S. 177), www.novabystrice.cz

Peršlák/Nový Vojířov

Auf tschechischen Landkarten ist bei Peršlák der *Stein der Republik* (kámen republiky) verzeichnet. Das symbolträchtige Objekt erzählt anhand seiner Inschriften von den Krisen und Geschehnisse an der Grenze von 1938 bis 1945 vor dem ehemaligen Zollgebäude der 1920er-Jahre.

Der „Stein der Republik“ in Peršlák

Waldhotel Peršlák/Lesní Hotel Peršlák
www.perslak.com

Im Mai 1938 meißelten Soldaten die ČSR der Zwischenkriegszeit (mit der Karpato-Ukraine) buchstäblich in Stein und fügten hinzu: „21.V.1938. Naše je a naše zůstane 1938“ (21. Mai 1938. Es ist unser und bleibt unser). Dies richtete sich gegen die Bedrohung durch NS-Deutschland. Doch im Herbst 1938 marschierte die Wehrmacht nach Südböhmen ein, Soldaten einer Panzereinheit ergänzten: „Bis wir kamen. PZ.ARS. 8.X.1938“.

Aber auch die nächste historische Wende , das Kriegsende, hinterließ im „Stein der Republik“ ihre Spuren: „9.V.1945 Pravda vítězí“ (9. Mai 1945 Die Wahrheit siegt). Dieser Satz war der Wahlspruch der Tschechoslowakei und ist noch heute offiziell ein nationales Symbol Tschechiens. Das Motto geht auf den Reformator Jan Hus (1370–1415) zurück.

Das Gebäude des *Waldhotels Peršlák* entstand nach 1920 als Zollhaus, diente in der NS-Zeit zuerst als Kaserne, dann als Erholungsheim der Hitlerjugend. Nach 1945 zog wieder die tschechoslowakische Zollwache ein, 1951 bis 1989 waren Grenzschutzsoldaten einquartiert. Nach der Samtenen Revolution bekam es als Touristenunterkunft eine neue Funktion. Marcella Hauser hatte 1991 das Gebäude entdeckt, es vom Staat erworben und umgebaut. So existiert schon seit Juli 1994 das Waldhotel Peršlák mit Restaurant. Das besonders Bemerkenswerte dabei: Hauser hatte 1970, zwei Jahre nach dem Einmarsch der Truppen des Warschauer Paktes, als junge Frau die Tschechoslowakei verlassen und in Österreich ein neues Leben begonnen.

Flucht aus der ČSSR, 28. August 1968

1968/69: FLÜCHTLINGE NACH DER NIEDERSCHLAGUNG DES PRAGER FRÜHLINGS

Am 21. August 1968 marschierten Truppen des Warschauer Pakts in den „Bruderstaat" Tschechoslowakei ein, um den Prager Frühling gewaltsam zu stoppen: Der Reformkommunismus unter der Führung Alexander Dubčeks („Sozialismus mit menschlichem Antlitz") schien zu bedrohlich für die totalitären Systeme. Als die Vertreter der Volksrepubliken gemeinsam mit der UdSSR in Moskau in der Sitzung vom 18. August 1968 die Intervention in der ČSSR beschlossen, rechneten sie mit Flüchtlingen, ähnlich wie in der Ungarnkrise 1956. Man entschied, die „Konterrevolutionäre" nicht daran hindern zu wollen wegzulaufen. Dass ca. 100.000 Menschen das Land verlassen würden, konnten sich die kommunistischen Führer wohl nicht vorstellen. Für die ČSSR bedeutete dies den Verlust insbesondere von jungen, gebildeten Menschen, die ihre Zukunft woanders sahen.

Tausende Bürger der Tschechoslowakei, die seit dem Frühjahr 1968 mehr Reisefreiheit genossen hatten, kehrten vom Urlaub aus dem Westen nicht zurück. Zehntausende verließen den Staat, solange es noch legal mit Reisepass und Visa ging. Ganz unvermutet herrschte an den Grenzstationen zu Österreich reger Betrieb. In Prag erteilte der damalige österreichische Botschafter Rudolf Kirchschläger tausenden Ausreisewilligen Visa – entgegen den zunächst anderslautenden Weisungen aus Wien.

Bis zum 8. Oktober 1969 gab es das Zeitfenster der relativ durchlässigen Grenzen, dann machte die neue Regierung unter Gustáv Husák die Reiseregelung Dubčeks rückgängig. Schätzungen zufolge kamen 96.000 Personen allein im Zeitraum zwischen 21. August und 23. Oktober 1968 aus der ČSSR nach Österreich, zusätzliche 66.000 Urlauber verlängerten ihren Auslandsaufenthalt. Viele entschlossen sich dann doch für die Rückkehr, andere für die Emigration in westeuropäische Staaten oder nach Übersee. In Österreich blieben nur ca. 3000 Menschen.

Von Peršlák nach Nová Bystřice

Beim „Stein der Republik“ treffen wir erstmals auf den Fernradweg Greenway Praha–Wien, dem wir bis nach Nová Bystřice (Neubistritz) folgen. Dabei geht es fast stetig bergauf, nach etwa 3 km (120 Hm) haben wir den höchsten Punkt der Strecke erreicht. Die zweite Hälfte des Abschnitts verläuft auf sehr leichtem Gelände.

32 / Greenway
Distanz: 6 km

Nová Bystřice (Neubistritz)

Schon 1909 erwähnte ein Reiseführer des Deutschen Böhmerwaldbundes die „vorzüglichen Wege“ für Radfahrer, die vom Sommerfrischeort Neubistritz (Nová Bystřice) in die Region ausgehen. 1897 hatte die Schmalspurbahn von Neuhaus (Jindřichův Hradec) aus die Stadt erreicht und sie damit für den Fremdenverkehr besser erschlossen. Auch in der Zwischenkriegszeit war Neubistritz bei Pragern und Wienern ein beliebtes Ziel der Sommerfrische. Insofern greift die Stadt eine alte Tradition auf, wenn sie für Wanderer und Radfahrer einige *Themenwege* zur Erkundung der Umgebung anbietet wie den Textilweg (Textilní stezka), den Religionsweg (Stezka vyznání), den Neubistritzer Graselweg (Graselova stezka) und schließlich den „Weg des 20. Jahrhunderts“ („Stezka 20. století“). Nová Bystřice positioniert sich heute als ein wichtiges Tor in die florierende Tourismus- und Naturparkregion Česká Kanada (→ S. 184).

Seehöhe: 590 m

Turistické informační středisko, Mírové nám. 54, Tel. +420 384 386 909, www.novabystrice.cz
Schmalspurbahn (Jindřichův Hradec–Nová Bystřice), www.jhmd.cz
Cyklobus (→ S. 18)

Am Mírové náměstí (Friedensplatz)

Auf dem *Friedensplatz* (Mírové náměstí) können wir vor dem Hintergrund der schön renovierten *Pfarrkirche St. Peter und Paul* (Kostel sv. Petra a Pavla) oft Gruppen von Radfahrern beobachten, die Erfrischung in einem Gastgarten oder beim Eisgeschäft suchen. Keine Selbstverständlichkeit. Die touristische Entwicklung der Stadt war in Zeiten des Kommunismus unterbrochen: Nová Bystřice lag von 1951 bis 1957 in der Grenzzone, danach war die Stadt wieder leichter zugänglich. Dennoch wurde sie aufgrund der Randlage am Eisernen Vorhang und der wenigen „klassischen" Sehenswürdigkeiten in Reiseführern kaum erwähnt. Es war eine „Grenzerstadt": Die Präsenz der Grenzwache und strenge Kontrollen gehörten zum Alltag, ebenso die Mitwirkung der Stadt und hunderter Bewohner beim Grenzschutz – wie auch in anderen Grenzstädten, z. B. České Velenice. Verdächtig als mögliche „Grenzstörer" waren vor allem Ausländer und Touristen. Die Stadt lebte hauptsächlich von der Textilindustrie, die hier lange Tradition hatte und ab den 1950er-Jahren in „volkseigenen Betrieben" organisiert war.

Der Hauptplatz diente selbstverständlich den traditionellen Aufmärschen der Arbeiterschaft, wie am 1. Mai. Nur einmal, im Jahr 1969, verzichtete die örtliche kommunistische Partei auf die großen Maifeierlichkeiten. Nová Bystřice war als Grenzort in die Niederschlagung des Prager Frühlings 1968 stärker involviert gewesen: Schwere Panzer des Warschauer Pakts und 200 gepanzerte Wagen rollten durch die Stadt, während die Bewohner mit antisowjetischen Aufschriften passiven Widerstand leisteten. Die Intervention war bei der Bevölkerung derart verhasst, dass man am 1. Mai 1969 spontane Proteste befürchtete. 1970 wurde die Partei- und Stadtführung in Nová Bystřice abgesetzt.

Veteran Muzeum Nová Bystřice
Vídeňská 136, www.muzeumveteranu.cz, Mai, Sept. Sa, So 10–17 Uhr, Juni bis Aug. Di–Fr 10–17, Sa, So 9–18 Uhr, Eintritt: Kč 130/Kč 80

Stadtrundgang

Bei einem kleinen Rundgang durch die Stadt, die 1341 erstmals erwähnt wurde, schauen wir beim *Schloss* (Zámek) vorbei, auch wenn es in Privatbesitz und nicht öffentlich zugänglich ist. Eine Burg gab es vermutlich bereits im 13. Jahrhundert, die ältesten vorhandenen Teile stammen aus dem 15. Jahrhundert. Zahlreiche Umbauten aus dem 16./17. Jahrhundert prägen das heutige Aussehen, doch auch danach gab es Zerstörungen und Erneuerungen. Ein Grundproblem: Häufig wechselnde Besitzer und fatale Brände versagten Neubistritz eine kontinuier-

liche Entwicklung. Auch die *Pfarrkirche St. Peter und Paul* (Kostel sv. Petra a Pavla), die auf einen Bau aus dem 14. Jahrhundert zurückgeht, wurde mehrmals um- bzw. aufgebaut. Das Innere kann eine Stunde vor den Gottesdiensten (Do 16, So 10.30 Uhr) besichtigt werden. Etwas außerhalb, im Norden der Stadt, befindet sich der 1878/79 angelegte *jüdische Friedhof* (zidovský hřbitov), der auch Tote aus Litschau, Heidenreichstein und Schrems aufgenommen hat. Zu den neueren Sehenswürdigkeiten gehört das *Veteran Muzeum* im östlichen Teil der Stadt an der Vídeňská (Wiener Straße). Es zeigt in einer ehemaligen Halle einer Textilfabrik eine beachtliche Sammlung von amerikanischen Oldtimern.

Abschließend schauen wir noch zum tschechischen Pendant der Waldviertelbahn, zum Bahnhof der Schmalspurbahn nach Jindřichův Hradec (Neuhaus), wo ein kleines *Museum* eingerichtet ist. Im Sommer kommen auf der 33 Kilometer langen Strecke Nostalgiezüge zum Einsatz. Die romantische Fahrt durch die hügelige Landschaft zur äußerst sehenswerten Bezirksstadt dauert eineinhalb Stunden.

Der Hauptplatz Mírové náměstí in Nová Bystřice

Regionales Schmalspurbahnmuseum/Regionální úzkokolejné muzeum
Nová Bystřice U Nádraží,
www.jhmd.cz,
Juli, Aug. tägl. 8.30–12, 12.30–16, 16.30–19 Uhr, Juni, Sept. Sa, So, Fei 9–17 Uhr, Eintritt: Kč 50/Kč 20

Von Nová Bystřice nach Reingers

1007, 1008, 8
Distanz: 8 km

Wir fahren auf der Straße Vídeňská unterhalb des Bahnhofes vorbei und folgen der Route 1007 nach Artolec (Altholz) in Richtung Grenze. Es geht leicht aufwärts und uns stören nur wenige Autos. Zwi-

Zollmuseum Hirschenschlag
Schlüssel ganzjährig erhältlich in Hirschenschlag, Gasthaus Friedrich (Tel. +43 2863 8594) oder Gasthof-Pension Malzer (Tel. +43 2863 8460), Eintritt: frei

schendurch achten wir auf Infotafeln der verschiedenen Themenwege. Wir befinden uns bereits auf dem „Weg des 20. Jahrhunderts“ („Stezka 20. století“) (→ S. 166), der ein großartiges Service für uns geschichtsinteressierte Radler ist.

In Artolec nehmen wir bei der Weggabelung die rechte Straße und wechseln damit kurz auf die Route 1008. Wenn die Route 1008 später nach rechts zum Grenzübergang Grametten abbiegt, halten wir den Kurs (ohne Routenmarkierung), radeln geradeaus weiter und kommen entlang einer schönen Baumallee zur österreichischen Grenze. Auf einigen Metern verläuft die Staatsgrenze auch genau in der Straßenmitte. Eine verlassene Zollhütte erinnert an frühere Kontrollen.

Kurz nach dem kleinen Grenzübergang in der Kotlacke – eine Bezeichnung, die zu Unrecht Schlimmes erwarten lässt – steht ein kleiner Aussichtsturm, der wenige Monate vor dem Fall des Eisernen Vorhangs errichtet worden ist, um den Blick nach Nová Bystřice (Neubistritz) zu ermöglichen. (Achtung: Der Turm ist nur über eine steile Holzleiter zu erklimmen.) In Hirschenschlag können wir ein kleines *Zollmuseum* besichtigen, das der österreichischen Zollwache gewidmet ist. Danach geht es auf abschüssigem Gelände ganz locker durch die reizvolle Landschaft nach Reingers.

Reingers

Seehöhe: 600 m

Gemeindeamt, Reingers 81, Tel. +43 2863 8208, www.reingers.at

Die kleine Gemeinde Reingers wird auf Touristikseiten immer in Zusammenhang mit Hanf erwähnt. Ja, der Ort hat sich seit dem Jahr 2001 ganz dem Hanf verschrieben, um neue, eigene Wege zu gehen: *Hanfpfad* und *Hanfdorf* vermitteln alles über die alte Kulturpflanze, die sich mit dem kargen Granitboden im Waldviertel begnügt und vielfältig verwendbar ist: Nahrungsmittel, Textilien, Wärmedämmung, Kosmetik usw. Die hier gezüchtete Sorte ist jedoch für eines nicht zu gebrauchen – als Rauschmittel. Der in

Aussichtsturm in der Kotlacke bei Hirschenschlag

der Region angebaute Hanf geht meist noch in den Export, doch in Schrems erzeugt man daraus auch Hanfbier.

In der Region spielt Reingers jedoch auch eine wichtige Rolle als Drehscheibe für grenzüberschreitende Initiativen und Zusammenarbeit mit den tschechischen Nachbarn. Sichtbares Ergebnis ist die renovierte *Kapelle*, die der in Tschechien lebende Künstler Teodor Buzu gestaltet hat. Sie bietet einen Rahmen für künstlerische und (inter-)kulturelle Veranstaltungen. Symbolhaft für die enge Beziehung mit Südböhmen ist auch die *Dreifaltigkeitskirche:* Sie beherbergt ein Bild aus dem dort aufgelassenen Paulaner-Kloster in Kloster (Klášter) und war lange Ersatz für die traditionellen Wallfahrten dorthin. Inzwischen haben die Wallfahrten wieder die Dreifaltigkeitskirche in Klášter zum Ziel.

Hanfdorf
Reingers 92,
www.hanfdorf.at,
Juni bis Mitte Sept.
tägl. 13–17 Uhr,
Eintritt: € 4,50/€ 2,-,
NÖ-Card

Heimatstube Reingers

Die während der Monarchie sehr engen Beziehungen des Ortes mit seinen Nachbarn in Böhmen beschreibt eine Infotafel neben dem kleinen *Heimatmuseum*, das 1982 gegründet wurde. 1945/46 war Reingers für viele Vertriebene aus dem Neubistritzer Kreis die erste Station in Österreich gewesen und 1972 hatte der Waldviertler Ort für sie die Patenschaft übernommen. Die Ausstellung im ehemaligen Feuerwehrhaus erlebte im Jahr 2008 eine grundlegende wissenschaftliche Umgestaltung und ist eine wich-

Heimatstube Reingers
Tägl. 8–17 Uhr
(Schlüssel im Gemeindeamt, Gasthaus Uitz, Freizeitzentrum),
Info bei der Gemeinde

tige Basis für das Verständnis der Geschichte des 20. Jahrhunderts in der Region. Eine spezielle Vorbereitung für unsere weitere Fahrt sind eine Mappe mit Plänen und alten Ansichten der „verschwundenen Dörfer" im Kreis Neubistritz und eine digitale Rekonstruktion der Ortschaft Romau (Romava).

Ohne Markierung
EV 13
Distanz: 15 km

Von Reingers nach Staré Město pod Landštejnom

Nach dem Museumsbesuch in Reingers tauchen wir in die reale, versunkene Welt der geschliffenen Dörfer im Grenzgebiet ein. Von der Kirche Reingers fahren wir ca. 50 m Richtung Süden, dann biegen wir rechts ab und radeln geradeaus zum Grenzübergang am Kalkberg (1,5 km/20 Hm), wo Infotafeln zur Zwischenkriegszeit stehen. Ab der Grenze bringt uns der EV 13 (1007B) durch das Gebiet der verschwundenen Dörfer (Zaniklé vesnice, → S. 183). (Hinweis: Eine Alternativroute auf befestigten Straßen und durch die besiedelte Region ist über Kautzen und Klein-Taxen möglich.)

Wir radeln 10 km mitten durch dichten Wald, zunächst meist auf Pfaden, dann auch auf befestigten Wegen. Wir halten uns am EV 13 (1007) Richtung Osten. Das Gelände ist wellig, es geht leicht bergauf. Allmählich breitet sich wieder freieres Gelände aus, wir kommen nach Návary (Auern). Danach geht es flott bergab (1,5 km/100 Hm). Nach Veclov (Wetzles) sehen wir am Ende des Weges rechts eine Bisonfarm!

Gedenkkreuz für Gottschallings

Die Zivilisation hat uns wieder. Auf der Straße Klein-Taxen–Staré Město pod Landštejnem fahren wir nach links Richtung Norden. Bei der Fahrt in leicht hügeliger, schöner Landschaft geht es am Zámek Dobrohoř (Schloss Ebergersch) aus dem 19. Jh. vorbei. Es macht von außen noch einen recht verfallenen Eindruck, doch scheint auch hier neues touristisches und kulturelles Leben zu erwachen *(zamek-dobrohor.webnode.cz)*. Bald darauf haben wir Staré Město pod Landštejnem erreicht.

Die verschwundenen Dörfer (Zaniklé vesnice)

Auf unserem Weg durch die einsamen und verlassenen Gegenden begleitet uns der „Weg des 20. Jahrhunderts“ mit Hintergrundinformationen der tragischen Geschichte der nationalen Spannungen, Weltkrieg und Aussiedlung. Die Wüstung Romau (Romava) liegt abseits der Route des EV 13. Wer dorthin will muss einen Umweg auf einem kleinen Pfad machen. (Landkarte nicht vergessen!) Kaum etwas ist von den Ortschaften übrig, doch die Erinnerung an das einstige Leben hier wird beiderseits der Grenzen und auch gemeinsam gepflegt.

Seit 2007 findet jedes Jahr im Mai in diesen Wäldern eine „Versöhnungswallfahrt“ statt – unter dem Motto „Die verschwundenen Dörfer sind nicht stumm“ („Zaniklé vesnice nejsou němé“), die meist Romau (Romava) zum Ziel hat. Die Initiative dazu ging von Schülern des Prager Gymnasiums Přírodní škola (Naturschule) aus, die 1996 während einer Exkursion zu den seltenen Pflanzen in der Region auf die Spuren der alten Siedlungen gestoßen waren und dann zu forschen begannen. Sichtbare Zeichen dieses Engagements sind die Kreuze an den Stellen der einstigen Dörfer in der Region, die zum Gedenken und Information aufgestellt wurden. Die Wallfahrt wird von mehreren tschechischen und österreichischen Freunden und Vereinen unterstützt.

Kirche von Staré Město pod Landštejnem

Staré Město pod Landštejnem (Altstadt)

Seehöhe: 540 m

Staré Město pod Landštejnem 19, Tel. +420 384 498 530, www.staremestopl.cz

Cyklobus (→ S. 18)

In Staré Město pod Landštejnem (Altstadt) sind wir im Herz von Česká Kanada (srdce České Kanady) angekommen – wie einige andere Radler und Wanderer auch, die hier eine Rast einlegen. Die Ortschaft liegt strategisch günstig an einigen Themenwegen zwischen Nová Bystřice und Slavonice und nahe bei der *Burg Landstein*, mit der sie historisch eng verbunden ist. Einige Besitzer der Burg sind auch in der verhältnismäßig großen *Mariä-Himmelfahrt-Kirche* aus dem 15./16. Jahrhundert bestattet. Der freistehende *Glockenturm* dominiert den sonst eher schlichten Hauptplatz. Hier endet für uns die gemeinsame Route mit dem „Weg des 20. Jahrhunderts" in den 1950er-Jahren im Aufbau des Kommunismus. Daneben gibt eine Tafel des „Weges der Religionen" Informationen über die verschwundene jüdische Gemeinde, die hier sogar eine Synagoge hatte. Der kleine *jüdische Friedhof* befindet sich noch am Nordrand der Siedlung. Das wichtigste Ziel für uns ist jedoch die Burg Landstein – ohne sie ist ein Aufenthalt in Česká Kanada nicht komplett.

Burg Landstein/ Hrad Landštejn
www.hrad-landstejn.eu, April u. Okt. Sa, So 9–15.30 Uhr, Mai u. Sept. Di–So 9–15.30 Uhr, Juni Di–So 9–16.30 Uhr, Juli u. Aug. tägl. 9–16.30 Uhr, Eintritt: Kč 70/ Kč 50

Burg Landstein/Hrad Landštejn

Landstein liegt drei Kilometer von Staré Město pod Landštejnem entfernt und war bereits seit dem 19. Jahrhundert ein beliebtes Ausflugsziel. Die langgezogene Steigung für den Abstecher zur Ruine nimmt man gerne in Kauf. Die *Burg Landstein* ist eine böhmische Grenzfeste aus dem 13. Jahrhundert und eine der größten, gut erhaltenen romanischen Anlagen in Tschechien. Sie bewachte nicht nur die Grenze, sondern auch einen alten Handelsweg zwischen Böhmen und Italien. Landstein gilt übrigens als Schauplatz des Dramas „Die Räuber" von Friedrich Schiller (1759–1805). Seit einem Brand Ende des 18. Jahrhunderts verfiel die Burg, war aber vor der Enteignung 1945 im Besitz des österreichischen Grafen von Sternbach. Die Ruine wurde seit den 1970er-Jahren renoviert und 1990 für die Öffentlichkeit zugänglich gemacht. Vom Turm aus hat man einen beeindruckenden Ausblick über den Norden Österreichs und Česká Kanada.

★ WARUM ČESKÁ KANADA/ BÖHMISCHES KANADA?

Die neueren Reiseführer über die Region verwenden die Bezeichnung Česká Kanada (Böhmisches Kanada oder Tschechisches Kanada) ganz selbstverständ-

lich, als hätte sie immer schon so geheißen. Blickt man in ältere Literatur, so sucht man den Begriff aber (meist) vergebens. Tatsächlich ist Česká Kanada die Erfindung des tschechischen Journalisten Jaroslav Arnošt Trpák (1892–1968) aus Jindřichův Hradec (Neuhaus). Nach einem längeren Aufenthalt in Amerika kam er auf die Idee, zur Förderung des Tourismus in seiner Heimatregion einen wirkungsvollen Namen zu finden. Als Geburtsstunde gilt Trpáks Artikel „Kousek Kanady v Českách" (Ein Stück Kanada in Böhmen) in der einflussreichen Zeitung *Národní listy* (Volksblätter) vom 14. September 1928.

In den 1930er-Jahren wurde die Bezeichnung Česká Kanada in der (tschechischsprachigen) Reklame für die Region in erster Linie um Jindřichův Hradec (Neuhaus), aber auch bis hin zur Grenze schnell populär. Die Touristen sollten gewissermaßen den Traum einer fernen Reise verwirklichen und doch im Land bleiben. Zahlreiche Teiche, ausgedehnte Wälder und das etwas raue Klima mach(t)en den Urlaubern die Vorstellung, in Kanada zu sein, nicht schwer. Im Kommunismus allerdings war es nicht mehr opportun, mit dem Hinweis auf ein kapitalistisches Land zu werben. Unter Wanderern und Kanuten lebte der Begriff über die Jahrzehnte dennoch weiter.

Die erfolgreiche Wiedererweckung des touristischen Begriffs hängt wohl mit der Gründung des Naturparks Česká Kanada am 1. Juli 1994 zusammen. Dieser deckt den südlichen Teil des ursprünglichen

„Böhmischen Kanada" ab. Zwischen Nová Bystřice und Slavonice hatte sich die Natur im „Schutz" des Eisernen Vorhangs entfaltet. Bereits 1977 war die Region teilweise zum biosphärischen Reservat erklärt worden. Heute ist der Naturpark Česká Kanada ein beliebtes Reiseziel für Wanderer und Radfahrer.

Greenway, 1003
Distanz: 4 km

Von Staré Město pod Landštejnem zum Dreiländerstein

Wir wählen die Route nach Slavonice so, dass wir am „kleinen" (alten) Dreiländereck Böhmen, Mähren und Österreich vorbeikommen. Dazu folgen wir dem Greenway Praha–Wien, aber zunächst können wir uns auch am EV 13 orientieren. Nach 2 km, die uns bereits leicht bergauf (70 Hm) führen, achten wir auf eine Abzweigung nach rechts auf einen Weg in den Wald (Greenway bzw. 1003). Im Wald erklimmen wir nach einem Kilometer (40 Hm) den höchsten Punkt der Strecke und kommen bald darauf zum Dreiländerstein/Trojmezí.

Hinweis: Wer gerade einige Höhenmeter und zwei Kilometer sparen will/muss, kann direkt auf der Straße weiter nach Slavonice fahren (EV 13), versäumt aber die Stationen dieses Abschnitts.

Dreiländerstein/Trojmezí

Das Dreiländereck Böhmen, Mähren und Österreich bezieht sich auf die historischen Bezeichnungen der Länder, administrativ ist es keines mehr. Denn die Verwaltungsgrenzen haben sich im 20. Jahrhundert mehrmals geändert. In der NS-Zeit 1938–1945 wurden die Regionen um Neubistritz (Nová Bystřice) und Zlabings (Slavonice) ebenso wie die anderen annektierten südmährischen Grenzgebiete dem Gau Niederdonau zugeteilt. Nach der Wiederherstellung der Tschechoslowakei kamen die ursprünglichen Grenzen von Böhmen, Mähren und Österreich zurück. Im Jahr 1960 traf die ČSSR eine neue, heute gültige Einteilung, wodurch der südböhmische Kreis weiter nach Osten ausgedehnt wurde. Die Grenze zwischen

Südböhmen, Südmähren und Niederösterreich liegt seitdem bei Schaditz und Hluboká unweit von Raabs. Damit wechselte auch Slavonice (Zlabings), das einen deutlich mährischen Charakter hat, administrativ nach Südböhmen. Der touristischen Bedeutung des alten *Dreiländersteins* tat diese Verwaltungsreform allerdings keinen Abbruch. Und kurioserweise verbindet die drei Länder auch die Erinnerung an einen Räuber, der in diesen Wäldern seine Verstecke hatte: Johann Georg Grasel.

★ JOHANN GEORG GRASEL – RÄUBERLEGENDE OHNE GRENZEN

In der Region um Litschau, Slavonice und im oberen Thayatal stoßen wir immer wieder auf einen Namen: Johann Georg Grasel bzw. Jan Jirí Grázl (1790–1818). „Graselwege" (Graselovy stezky) durchziehen das Grenzland, da und dort gibt es eine „Graselhöhle"; viele Hinweise auf einen Mann, der Anfang des 19. Jahrhunderts als Dieb und Einbrecher hier die Gegend unsicher gemacht hat. 200 Jahre später hat der Tourismus den berühmt-berüchtigten Grasel als grenzüberschreitende „Marke" entdeckt.

Johann Georg Grasel

Grasel wurde in Mähren (Nové Syrovice/Neu Serowitz) geboren und stammte aus einer sozialen Randgruppe, einer Abdecker-Familie. Abdecker waren Personen, die gewerbsmäßig für die Beseitigung und Verwertung von Tierkadavern zuständig waren. Durch seine zahlreichen Raubzüge kam er zu zweifelhaftem Ruhm: Grasel galt als Räuberhauptmann einer großen Bande – sogar als Zauberer, weil es schien, als würde er an verschiedenen Orten gleichzeitig zuschlagen. Doch viele Verbrechen wurden ihm auch untergeschoben. Er konnte immer wieder entwischen, dreimal auch aus dem Arrest flüchten. Der „Fall Grasel" verunsicherte sogar die Bevölkerung in der Hauptstadt.

Zu Zeiten des Wiener Kongresses 1814/15 wollte die Polizei durchgreifen und setzte eine hohe Belohnung für die Ergreifung Grasels aus. Im Novem-

Graselwege/ Graselova stezka
www.grasel.eu

ber 1815 lockte ein Brünner Polizist als verdeckter Ermittler den Gesuchten in eine Falle. In einem „Monsterverfahren" wurde gegen 200 Personen ermittelt, Grasel selbst gestand über 200 Taten, bestritt aber Mordabsichten. Grasel wurde im Jänner 1818 in Wien öffentlich gehenkt, seine letzten Worte waren angeblich: „Jessas, so viele Leut!" In scherzhaften Liedern und Geschichten lebte die Räuberlegende weiter. In vielen Erzählungen erscheint Grasel als Sozialrebell und zu Unrecht als eine Art Robin Hood. Doch in der Sprache hinterließ er negative Spuren: Im Waldviertel gibt es die Drohung „Sonst holt dich der Grasel!" (statt Krampus, Teufel), und im Tschechischen hat sich Grasel als Begriff für „Halunke, Lump" verewigt: grázl.

Greenway, 1003
Distanz: 2,5 km

Vom Dreiländerstein nach Maříž

Auf einem Abhang eines Hügels, der U hranic (bei der Grenze) heißt, geht es flott geradewegs bergab. Unten angekommen, biegen wir links ein. Bald sehen wir den kleinen, aber sehr bemerkenswerten Ort Maříž (90 Hm).

Maříž (Maires)

Seehöhe: 537 m

Gemeindegebiet von Slavonice (→ S. 195), www.i.slavonice-mesto.cz

Die kleine Siedlung ist beispielhaft für Orte, die in der ehemaligen Grenzsperrzone zu neuem Leben erwachen. Eigentlich wäre Maříž (Maires) vermutlich verschwunden, wenn die fast verlassene Siedlung nach 1990 nicht von Künstlern wiederbelebt worden wäre. Der akademische Maler und Glaser Kryštof Trubáček verlegte seine Keramikwerkstatt hierher *(www.keramika-mariz.cz)*. Inzwischen ist das Dörfchen aus der Liste der Sehenswürdigkeiten rund um das hübsche Slavonice (Zlabings) nicht mehr wegzudenken. Sogar der Präsident Tschechiens, Václav Havel, stattete im Oktober 1997 während seines Aufenthalts in Slavonice der Keramikwerkstatt Maříž einen Besuch ab und versuchte sich im Töpfern.

Ende der Etappe bei Slavonice

Seitdem hat sich das touristische Leben hier recht gut etabliert, und ein Verein bemüht sich seit 2007 darum, den Schlosspark mit Teich als neue Attraktion zu erhalten. Vom Schloss, das sich hinter dem heutigen Gebäude der Keramikwerkstatt befand, ist allerdings kaum etwas übrig. Es wurde in den 1970er-Jahren bei Dreharbeiten für einen Kriegsfilm stark beschädigt und dann allmählich abgetragen.

Ausklang und Ausblick

Unsere Tour durch das weite Nordland endet im Renaissance-Städtchen Slavonice (Zlabings), das ein nicht mehr ganz so unbekannter Geheimtipp für Kultur- und Radreisende ist. Ein kleiner Radler lässt sich auf dem Hauptplatz genießen. Der nächste Bahnanschluss in Österreich liegt an der Franz-Josefs-Bahn in Schwarzenau (40 km) oder Göpfritz (50 km). Hiermit steht eine abschließende Fahrt auf dem Radweg Thayarunde bevor oder man nützt einen Radbus (Aktuelles unter *www.thayarunde.at*). Doch die nächste Etappe durch das Thayaland mit seinen alten Burgen und Schlössern wartet schon.

Schloss Raabs

5 Rakousko – Land um Raabs
Das obere Thayatal

Gesamtlänge der Route:
46 km
Kartenmaterial:
- freytag & berndt WK 075 (1:50.000): Nördliches Waldviertel, Gmünd, Heidenreichstein, Waidhofen, Raabs, Třeboň, Wittingau (www.freytagberndt.com)

Die Tour führt uns in ein abwechslungsreiches Gebiet, das im Tschechischen namensgebend für Österreich ist: Rakousko – Land um Raabs oder Raabser Land. Das obere Thayatal mit seinen alten, imponierenden Burgen und reizenden Städtchen ist etwas in Vergessenheit geraten. Doch mit dem hochwertigen Radwegenetz „Thayarunde" auf ehemaligen Bahntrassen verspürt die Region neuen Aufwind. Die Renaissancestadt Slavonice (Zlabings) präsentiert sich uns im Glanz vergangener Jahrhunderte und mit frischem Charme. Das Thayaland schließt allmählich an die Tradition als Sommerfrischeregion an. Bei der Reise durch seine Geschichte treffen wir auch auf unfreiwillige „Gäste" und Internierte, wie den

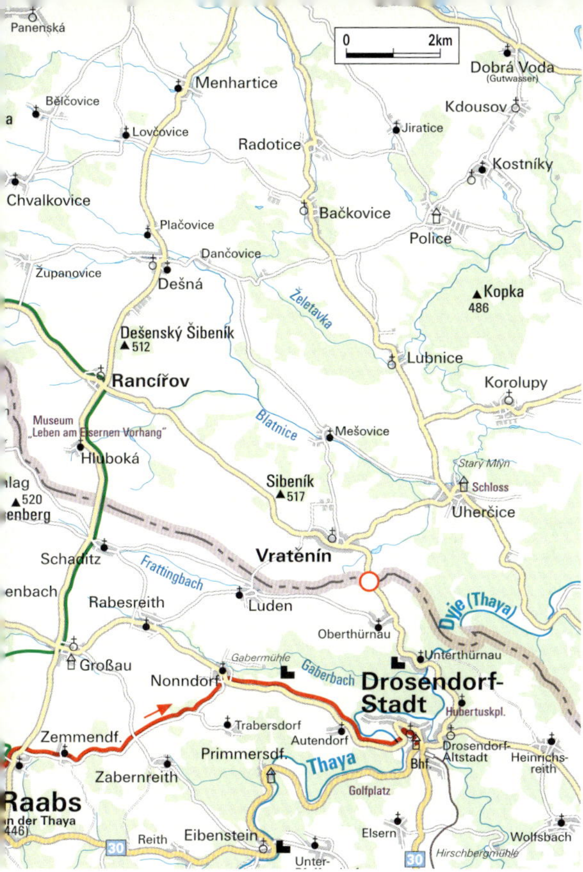

Wichtige Links zur Region:

- Tourismusverband Nationalparkregion Thayatal, www.thayatal.com
- Zukunftsraum Thayaland, www.thayaland.at
- Radweg Thayarunde, www.thayarunde.eu

ungarischen Revolutionär Béla Kun, und kommen ins „Horologenlandl". Schließlich stoßen wir auf das Erbe der ersten grenzüberschreitenden niederösterreichischen Landesausstellung von 2009 „Österreich. Tschechien. Geteilt – getrennt – vereint".

Gut zu wissen

Radfahren in der Region. Typisch für das Radfahren im Thayatal ist das ständige Auf und Ab. Die Ortschaften liegen unten im Tal und dazwischen führen die Wege über ein Hochplateau, bei einer Höhendifferenz von etwa achtzig Metern. Das kann anstrengender sein, als man denkt. Also unbedingt Wasser mitnehmen! Es gibt phasenweise auch wenig

Schatten, wenig Wald in diesem Abschnitt des Waldviertels. Derart ausgerüstet, kann man die schöne und abwechslungsreiche Landschaft aber entspannt genießen. Wir fahren fast durchgängig auf wenig befahrenen Straßen und gut befestigten Wegen. Sehr gemütlich sind jedenfalls die Abschnitte auf den ehemaligen Trassen der Thayatalbahnen (Thayarunde), auf denen man das Thayatal erkunden kann. Für jene, die eine andere Route wählen wollen: Auf der tschechischen Seite ist das Gelände wellig.

Planung

„Basislager"/Ausflüge. Für Freunde eines festen Quartiers und mehrtägigen „stationären" Aufenthalts sind die hübschen Städte Slavonice und Raabs besonders empfehlenswert. Der Radius für Ausflüge reicht auch in die Regionen der Touren 4 bzw. 6 hinein. Selbst die Unesco-Weltkulturerbe-Stadt Telč liegt in Reichweite. Gelegenheiten für Freizeitgestaltungen wie Kanufahren, Wandern, Reiten und Entspannen sind genügend vorhanden. Interessante Stationen abseits der vorgeschlagenen Route sind auf tschechischer Seite der jüdische Friedhof in Písečné und nach Voranmeldung (Tel. +420 777 025 383) das kleine Museum Život u železné opony („Leben am Eisernen Vorhang") im ehemaligen Kulturhaus von Hluboká (Tiefenbach). In der Umgebung von Raabs kann man ein Ortsmuseum in Weikertschlag *(www.raabs.gv.at)* besuchen und einen Ausflug zur Ruine Kollmitz, die eine der bedeutendsten Burgruinen Österreichs ist, machen *(www.kollmitz.at)*.

Grenzüberschreitendes. Die wichtigsten grenzüberschreitenden Initiativen konzentrieren sich in der Region auf Slavonice und Fratres. Das Centre for the Future entwickelt vielfältige Aktivitäten wie Ausstellungen, Publikationen, Internetpräsentationen und Konferenzen *(www.centreforthefuture.cz)*. Es hat auch die Themenradwege, welche die Umgebung ohne Grenzen durchziehen, geplant *(slavonice-cyklo*

.*cz).* Im Sommer bietet die Kulturbrücke Fratres (→ S. 200) ein interessantes und vielfältiges Programm *(www.kulturbruecke.com).* Fixpunkt im Kalenderjahr ist auch das Film- und Musiksommerfestival „Slavonice Fest" Anfang August, das kosmopolitisches Flair ins Städtchen bringt *(slavonicefest.cz).*

Mit Bahn und Bus

Radtransport in der Region. In Tschechien finden wir auch hier das Radbussystem Cyklotrans vor *(www.cyklotrans.cz).* Im österreichischen Thayaland kann man zur Unterstützung Radtaxis oder den Radbus Göpfritz an der Wild (Franz-Josefs-Bahn)–Drosendorf–Slavonice nützen (Aktuelles unter *www.thayarunde.at).*

Anreise in die Region. Die einfachste Variante, um von Österreich nach Slavonice zu kommen, ist die Anreise per Rad über den neuen Radweg „Thayarunde", ausgehend von der Franz-Josefs-Bahn-Station Göpfritz an der Wild (50 km) oder Schwarzenau (40 km). Ein 2018 eingerichteter Radbus Göpfritz an der Wild (Franz-Josefs-Bahn)–Drosendorf–Slavonice ist eine ganz neue Möglichkeit. (Aktuelles unter *www.thayarunde.at).*

Slavonice (Zlabings)

Seehöhe: 519 m

TIC náměstí Míru 480, Tel. +420 384 493 320, www.i.slavonice-mesto.cz, www.slavonice-mesto.cz (teilw. dt.)

Zwei Kilometer von der österreichischen Grenze entfernt liegt das bezaubernde Städtchen Slavonice (Zlabings). Das Annus mirabilis 1989 hat es aus seinem Dornröschenschlaf geweckt, ihm neue Chancen, eine lebendige Kultur- und Künstlerszene und Touristen gebracht. In Tschechien wird der Ort als Reiseziel immer beliebter, gilt Slavonice doch als „Klein-Telč", und das nicht zu Unrecht: Das Zentrum ist ein einziges historisches Ensemble aus der Zeit der Spätgotik und Renaissance und steht seit 1961 unter Denkmalschutz. Erstaunlich, dass Slavonice im Ausland noch meist unbekannt und eigentlich

Ein Traum – der Hauptplatz von Slavonice

ČD Bahnverbindung nach Dačice, Telč und Jihlava
Cyklobus (→ S. 18)
Radbus Göpfritz an der Wild–Slavonice (→ S. 195)

ein Geheimtipp ist. Trotz des historischen Erbes hat das Städtchen einen jugendlichen und hippen Touch, jedes Jahr im Sommer bringt ein Festival viel Leben in die Stadt.

Am Hauptplatz náměstí Míru

Die noch eher seltenen Gäste aus dem Ausland staunen umso mehr über den einzigartigen Stadtplatz, dem *Platz des Friedens* (náměstí Míru), der uns direkt ins 16. Jahrhundert versetzt. Seitdem hat sich das Äußere nämlich kaum verändert, da den Bewohnern in den später wirtschaftlich schlechten Zeiten das Geld für Umbauten fehlte – zum Glück aus heutiger Sicht. Slavonice bemüht sich seit 2003 um die Aufnahme in die Liste des Unesco-Weltkulturerbes. Am besten ist, wir suchen uns ein nettes Platzerl in einem Gastgarten, lassen das leicht südliche Flair auf uns wirken und werfen kurz einen Blick in die Geschichte.

Die im 13. Jahrhundert befestigte Stadt gehörte lange zur Herrschaft von Neuhaus (Hradec). Im 16. Jahrhundert lag Zlabings (Slavonice) auf der Hauptstrecke des Postdienstes zwischen Wien und Prag und unterhielt ab 1558 eine eigene Poststation. Damals, in der Ära von Zacharias von Neuhaus (1550–1589), boomte in dem mährischen Städtchen der Handel. In dieser wirtschaftlichen Blütezeit entstanden die vielen Renaissancegebäude, deren Aussehen sowohl heimische als auch italienische und flämische Baumeister prägten. Doch im Jahr 1750 verlor Zlabings die privilegierte Verkehrsstellung an Znaim (Znojmo) und Iglau (Jihlava), womit eine durch Kriege und Seuchen eingeleitete Abwärtsbewegung noch verstärkt wurde.

Im 20. Jahrhundert verursachten Kriege, Vertreibung der deutschsprachigen Bevölkerung und Kommunismus wirtschaftliche Probleme. Von 1953 bis 1960 befand sich Slavonice in der Grenzzone des Eisernen Vorhangs, erst mit der Herausnahme aus dieser Zone war ein gewisser Tourismus – unter strenger militärischer Beobachtung – möglich. Allerdings durfte man damals nicht auf den 56,5 Meter hohen *Stadtturm* steigen, da man von ihm das leicht hügelige Umland bis nach Österreich überblicken kann. Heute ist der Weg zum „verbotenen" Aussichtsturm frei, 176 Stufen sind zu bewältigen, dann kann man die Arbeit des Turmwächters nachempfinden. Eine der Glocken im 1549 vollendeten Turm der Mariä-Himmelfahrt-Kirche stammt übrigens aus der Kirche der in den 1950er-Jahren geschliffenen Ortschaft Gottschallings (Koštálkov) im heutigen Česká Kanada.

Weitere Informationen zur Geschichte und Architektur der Stadt gibt das *Stadtmuseum* (auf Tschechisch). Zur Vertiefung in die Geschichte der Region sei noch das Internetportal Slavonice-Zlabings empfohlen, das historische Fotos, Videos, Zeitzeu-

**Stadtturm/
Městská věž**
Mai, Sept. Sa, So 10.30–16 Uhr, Juli bis Sept. tägl. 9–17 Uhr

**Stadtmuseum/
Městské muzeum**
náměstí Míru 476, Juni, Sept. Sa, So 10–12 u. 13–16 Uhr, Juli, Aug. Di–So 10–12 u. 13–16 Uhr, Eintritt: Kč 15/Kč 10

Haus Nr. 520 mit Darstellungen österreichischer Erzherzöge

Museum des 20. Jahrhunderts /Muzeum 20 století
Žižkova ulice 4, slavonicebunkry .eu/muzeum.html, Mai, Juni, Sept. Sa, So 10–17 Uhr, Juli u. Aug. 10–17 Uhr

geninterviews und Dokumente bereitstellt *(www .slavonice-zlabings.eu).*

Stadtrundgang

Bei einem Spaziergang durch die Stadt sind mehr als zwanzig *Sgraffitohäuser* zu bewundern, die Fassaden zeigen oft „Briefumschläge", biblische Szenen, aber auch mythologische Szenen, Bilder des Alltags sowie Figuren und Porträts, wie das Haus Nr. 520 aus dem 16. Jahrhundert mit Darstellungen österreichischer Erzherzöge am Oberen Platz (Horní náměstí). Besonders interessant ist das *Haus Besídka* (Nr. 522), gewissermaßen ein Symbol für das alte und junge Slavonice. Der Kern des Hauses stammt aus dem 14. Jahrhundert, ein Umbau erfolgte im 16. Jahrhundert. Die Sgraffiti datieren in das Jahr 1547, sind somit die ältesten der Stadt und gehören zu den frühesten Beispielen nördlich der Alpen. 1990 erwarb eine Künstlergruppe namens Divadlo Sklep aus Prag das heruntergekommene Haus und richtete ein Lokal ein, führte ab dann jährlich eine „Sommerschule des geistigen Experiments" durch. Nach einer umfassenden Renovierung ist das Gebäude ein preisgekröntes Design-Hotel. Das Haus Besídka gab sicherlich einen Impuls für den Zuzug weiterer kreativer Menschen in die Region Slavonice, was an einigen Ateliers, Werkstätten, Galerien und insbesondere an der Siedlung in Mařížin Mařiž (→ S. 188) zu erkennen ist. Eine Verkaufsstelle der Keramikwerkstätte Mařiž befindet sich im Haus Nr. 532.

Der Weg „Slavonice – nicht nur Renaissancestadt" führt zu interessanten Stellen des Ortes. Auf dem Rundgang sehen wir die *ehemalige Synagoge* und außerhalb des alten Stadtkerns das *Kulturhaus* aus der Zeit des Realsozialismus – und vieles andere mehr. Wie viele mittelalterliche Städte ist auch Slavonice stark unterkellert, wobei die Gänge durch den Granit zur Entwässerung und wohl auch als Fluchtwege gedient haben. Ein Teil des im 13. Jahrhundert entstandenen *Untergrundsystems* (Slavonické

Kunstinstallation beim Grenzübergang Fratres

podzemí) kann besichtigt werden (Eingang Haus Nr. 480) *(podzemi.shslavonice.cz)*. Schließlich gibt es noch ein kleines, privat geführtes *Museum des 20. Jahrhunderts*, das viele Alltagsgegenstände zeigt.

Von Slavonice nach Fratres

Ohne Markierung
Distanz: 2,5 km

Wir verabschieden uns vom Hauptplatz in Slavonice und fahren beim südöstlichen Eck hinaus und halten uns rechts. Wir überqueren eine Brücke, kommen am Friedhof vorbei und nehmen bei der großen Kreuzung die leicht ansteigende Straße Richtung Österreich. Wir passieren die große Zollstation beim Grenzübergang Fratres/Slavonice, der seit 23. März 1991 wieder geöffnet ist. Dort sehen wir die 1974 errichtete *Gedenkstätte der Vertriebenen für das Zlabinger Ländchen* und eine Kunstinstallation von 2009. Ca. 300 m nach der Grenze biegen wir von der Landstraße ab und kommen in das Dörfchen Fratres.

Alternativroute: Wer schon ganz autofrei fahren möchte, kann beim Bahnhof in die Radroute Thayarunde einsteigen, kommt aber nicht beim Autogrenzübergang vorbei.

Grenzübergang Slavonice/Fratres

Im Jahr 2009, zwanzig Jahre nach der „Öffnung der Grenzen" (Fall des Eisernen Vorhanges) und zwei Jahre nach Inkrafttreten des Schengener Abkommens, stellten die Künstler Hubert Lobnig und Iris

Andraschek mit ihrer Kunstinstallation am Grenzübergang die paradoxe Frage „Wohin verschwinden die Grenzen“? Die Aussage lautet: Grenzen verschwinden nicht, sie nehmen andere Formen an, gehen woanders hin – an die EU-Außengrenze, in mobile Kontrollmaßnahmen, in Siedlungen, in die Köpfe, in Diskussionen usw. Mit Absicht erinnert die Metallkonstruktion an Zäune und Absperrungen. Im Jahr 2014, zum 25-Jahr-Gedenken der Wende 1989, wurde die Installation noch auf der anderen Straßenseite erweitert. Österreichische, polnische und tschechische Künstler präsentierten ihre Arbeiten zur Grenzdiskussion, die ihre Aktualität noch immer nicht verloren hat.

Seehöhe: 505 m

Katastralgemeinde von Waldkirchen, www.waldkirchen-thaya.at

Fratres

Kulturbrücke Fratres

Wenn man es nicht weiß, würde man es nie vermuten: Das kleine Dorf Fratres ist im Sommer ein Ort spannender Veranstaltungen. Der Besitzer des alten Gutshofes, der Politologe, Journalist, Schriftsteller und Kunstsammler Peter Coreth, engagiert sich seit 1995 intensiv für „Brückenschläge“ und „Grenzüberschreitungen“ in Kunst, Kultur, Musik und Humanwissenschaften. Ein Team von ehrenamtlichen Aktivisten aus Österreich, Tschechien und Deutschland – erarbeitet ein anspruchsvolles Programm. Die Liste der Gäste und Akteure bei der *Kulturbrücke Fratres* ist lang: Václav Havel, Kardinal Franz König, Felix Mitterer, Lotte Ingrisch, Karel Schwarzenberg, Erika Pluhar, Peter Turrini, Barbara Coudenhove-Kalergi und viele andere interessante Persönlichkeiten. Die Veranstaltungen sind dank Förderungen frei und kostenlos zugänglich. Im Gutshof ist auch das *Museum humanum* (Sammlung Peter Coreth) untergebracht, das unter dem Blickwinkel „Tierbild – Götterbild – Menschenbild“ wertvolle Kulturerzeugnisse aus verschiedenen Teilen der Welt und aus 30.000 Jahren zeigt.

Kulturbrücke Fratres
Tel. +43 664 150 82 82, +43 2843 2874, www.kulturbruecke.com
Museum humanum
www.museumhumanum.com, 1. Mai bis 3. Nov. Do–So 10–18 Uhr (Anmeldung empfohlen) sowie nach Vereinbarung

Von Fratres nach Dobersberg

Wir steigen in Fratres in die „Thayarunde" ein und fahren auf der ehemaligen Bahntrasse gemütlich und von Autos und Lkws ungestört ca. 5 km nach Waldkirchen an der Thaya, wo am ehemaligen Bahnhof alte Waggons aus der Zeit um 1900 und ein Heizhaus als Fotomotiv zur Verfügung stehen. In Waldkirchen selbst gibt es am Friedhof eine Gedenkstätte für dramatische Ereignisse des Frühjahrs 1945. Hier sind 25 Kleinkinder beerdigt, die bei der Vertreibung der deutschsprachigen Bevölkerung aus Iglau, beim „Iglauer Todesmarsch", im Juni 1945 verhungert waren. Bedrückend. – Wir fahren weiter auf der Thayarunde. Nach ca. 6 km erreichen wir die Marktgemeinde Dobersberg.

Thayarunde
Distanz: 11,6 km

Infostelle Thayarunde Ehem. Bahnhof Dobersberg, www.thayarunde.eu, Mo–Fr 9–17 Uhr, Tel. +43 2843 26135

★ DIE „THAYARUNDE" – EIN RADWEG MIT GESCHICHTE

„Freie Fahrt für Radler!", heißt es jetzt im Thayaland. Das neue komfortable, grenzüberschreitende Radwegenetz *Thayarunde* wurde am 24. Juni 2017 feierlich eröffnet und umfasst 111 Kilometer. Fünfzig Kilometer davon verlaufen auf ehemaligen Bahntrassen, den Strecken Raabs–Göpfritz und Waidhofen an der Thaya–Slavonice. Wartehäuschen und Bahnhöfe sind nun Raststellen, Brücken luxuriöse Fahrradübergänge und Kilometersteine zeigen den Fortschritt an. Es macht Spaß, wie eine Dampflok durch die Landschaft zu ziehen. Der große Wermutstropfen dabei – das Ende zweier Bahnlinien in einer strukturschwachen Region.

Die Thayatalbahn führte ab 1903 von Schwarzenau (Franz-Josefs-Bahn) nach Zlablings (Slavonice) und weiter nach Iglau (Jihlava). Der Eiserne Vorhang unterbrach die Bahnstrecke, 1951 wurden die Gleise an der Grenze entfernt. Auf österreichischer Seite wurden die Verbindungen schrittweise reduziert und endeten ab 1986 für Bahnreisende bereits in Waidhofen an der Thaya. Nach der Wende 1989 scheiterte trotz vieler Versprechen von Politikern

Auf der ehemaligen Bahnstrecke Göpfritz–Raabs

die Wiederherstellung. Während in Tschechien der Abschnitt bis Slavonice modernisiert wurde, traten die ÖBB auf die Bremse. Als dann im Jahr 2006 das Projekt doch in Angriff genommen wurde, beschädigte ein Hochwasser die Trassen schwer.

2011 übernahm das Land Niederösterreich die Trassen der Thayatalbahn, schreckte jedoch vor den geschätzten Kosten von ca. dreißig Millionen Euro für eine Instandsetzung zurück. Schließlich investierte man sieben Millionen in den hochwertigen Radweg, der seinen Startpunkt in Göpfritz an der Franz-Josefs-Bahn hat. Die „Thayarunde" hat gute Chancen, Rückgrat des sanften Tourismus in der Region zu werden.

Seehöhe: 465 m

Schlossg. 1, Tel. +43 2843 2332, www.dobersberg.gv.at

Radbus Göpfritz an der Wild–Slavonice (→ S. 195)

Infozentrum Naturpark und Museum
Schlossgasse 1, www.naturparkdobersberg.at, Mai bis 26. Okt. Sa, So, Fr 10–12, 14–16 Uhr, Eintritt: frei

Dobersberg

Seit der Eröffnung der neuen Thayarunde präsentiert sich Dobersberg als Zentrale des Radtourismus im oberen Thayatal, auch Thayaland genannt. Die Infostelle im ehemaligen Bahnhof Dobersberg wartet zudem mit Wechselausstellungen über historisch Interessantes aus der Region auf. Zum Ort selbst ist Folgendes zu sagen: Die um 1230 erstmals urkundlich erwähnte Marktgemeinde Dobersberg mit ihrem Renaissanceschloss (1572) liegt strategisch günstig an der Kreuzung der Straßen Raabs–Litschau und Waidhofen an der Thaya–Slavonice, was leider auch am Verkehr zu merken ist. Davon abgesehen gibt es aber einiges zu entdecken: Dobersberg ist Mittelpunkt des 200 Hektar großen Thayatal-Naturparks mit einem *Infozentrum* für Naturkunde und Ortsgeschichte im Schloss. Außerdem können Gäste bei ihrem Aufenthalt den Wasserwildpark Alte Thaya, ein Tiergehege, Kraftplätze am Wünschelruten-Erlebnisweg und das *Feuerwehrmuseum* besuchen. Für ein interessantes Kulturprogramm – auch mit grenzüberschreitenden Gedanken – ist der *Kulturkeller Dobersberg* zuständig *(www.kulturkeller.eu)*. Darüber hinaus hat der grenznahe Waldviertler Ort seit 1969/70 einen Flugplatz für

Segelflugsport, der in Zeiten des Kalten Krieges für gewisse politische Aufregung sorgte.

1973 kam es zu zwei schweren Vorfällen. Insgesamt vier Österreicher gerieten bei ihren Segelflügen über die Grenze und wurden von Abfangjägern der ČSSR zum Absturz gebracht. Die Sportflieger gehören zu den insgesamt 15 (bisher bekannten) Österreichern, die am Eisernen Vorhang starben. Die kommunistische Zeitung *Volksstimme* vermutete hinter den Sportflügen über die Grenze verdeckte Aufklärungsflüge für das österreichische Bundesheer.

Feuerwehrmuseum Schlossgasse, Ostersonntag bis 1. Nov., So, Fei 10–12, 14–16 Uhr oder nach Voranmeldung bei der Marktgemeinde, Eintritt: frei

Von Dobersberg nach Karlstein

Thayatal Radweg
Distanz: 9 km

Für uns ist die lockere Fahrt auf der ehemaligen Thayatalbahn vorerst zu Ende, es wird wieder sportlicher. Auf unserem Weg nach Karlstein müssen wir über die Ortschaften Schuppertholz und Hohenwarth auch einige Höhenmeter mitnehmen. Nach ca. 3 km (100 Hm) haben wir den höchsten Punkt des Abschnitts erreicht, dann geht es bergab dahin über Münichreith nach Karlstein an der Thaya (6 km/100 Hm).

Karlstein an der Thaya

Seehöhe: 440 m

Marktgemeinde, Hauptstraße 12, Tel. +43 2844 279, www.karlstein-thaya.gv.at

Radbus Göpfritz an der Wild–Slavonice (→ S. 195)

Der kleine Ort an der Thaya mag auf den ersten Blick recht unscheinbar wirken und ist unter der Woche vom Durchzugsverkehr der Bundesstraße geprägt. Allerdings ist Karlstein in mancherlei Hinsicht ein besonderer Ort im Waldviertel: In den letzten Jahrzehnten erlangte Karlstein überregionale Bekanntheit als Wirkungsstätte des beliebten „Kräuterpfarrers“ Hermann Josef Weidinger (1918–2004). 1979 übernahm der Chorherr des Prämonstratenserstiftes Geras die Leitung des „Vereins der Freunde der Heilkräuter“. Sein Nachfolger als „Kräuterpfarrer“ ist Benedikt Felsinger. Im Zentrum gibt es einen Naturladen, einen Heilkräutergarten, vegetarische Menüs, eine Weidinger-Gedenkausstellung und anderes mehr. Abgesehen davon hat Karlstein jedoch eine

Burg Karlstein im Frühling

Kräuterpfarrer-Weidinger-Zentrum
Hauptstraße 16/17, www.kraeuterpfarrer.at, ganzjährig Di–Fr 9–17, Sa 9–12 Uhr, Juni bis Sept. auch Sa 9–15 Uhr, Eintritt: € 2,–

bemerkenswerte Vergangenheit als einstiges Uhrenproduktionszentrum der Habsburgermonarchie, worauf sich der Ausdruck „Horologenlandl" (Horolog = va. Uhr) bezieht. Die umliegende Region im Waldviertel wird wegen der früher üblichen Heimarbeit mit Textilien „Bandlkramerland" genannt.

Uhrenmuseum und andere Spuren der Zeit

Im 2003 eröffneten *Uhrenmuseum* erfahren wir, dass ein Einwanderer aus dem Böhmerwald um 1730 Kenntnisse der Uhrenerzeugung in die Region brachte. Bald entwickelte sich für die Bewohner eine Möglichkeit des Zuverdienstes in Hausarbeit. Im 18. und 19. Jahrhundert war Karlstein berühmt für die Erzeugung von Uhren, die Hausierer im ganzen Habsburgerreich verkauften. Um 1840 wurden jährlich bis zu 140.000 Uhren hergestellt. Ende des 19. Jahrhunderts verdrängte die Industrialisierung die selbstständigen Uhrmacher. Im Museum sehen wir nicht nur Uhren verschiedenster Art, sondern auch Rechenmaschinen, ewige Kalender, Präzisionsapparate, Werkzeuge und eine Werkstatt in Aktion.

In Karlstein selbst erinnert noch einiges an den einst so bedeutenden Wirtschaftszweig, der nach dem Zerfall der Monarchie wichtige Absatzmärkte verlor und ab 1929 unter der Weltwirtschaftskrise litt. Ein Erbe des Horologenlandls ist die HTL für Mechatronik, Präzisions- und Uhrentechnik sowie eine Fach- und Berufsschule für Uhrmacher. Diese in Österreich einzigartige Institution geht auf eine 1873 gegründete Uhrmacher-Fachschule zurück. Auch die große Firma Pollmann begann in Karlstein im Jahr 1888 mit der Herstellung von Uhren. Heute ist das Familienunternehmen mit 500 Mitarbeitern vor Ort ein Zulieferunternehmen für die Autoindustrie mit Standorten in Tschechien, USA und China.

Uhrenmuseum
Hauptstraße 12, www.uhrenmuseum.at, April bis Okt. Mo–Fr 13–16 Uhr, Eintritt: € 2,50, NÖ-Card

Burg Karlstein

Die *Burg Karlstein* thront seit Jahrhunderten über der Stadt, wechselte häufig den Besitzer und wurde so oft umgebaut, dass von der ursprünglichen Feste nichts mehr übrig ist. Ende des 19. Jahrhunderts war sie Standort einer Uhrenfabrik. Heute befindet sie sich in Privatbesitz und ist öffentlich nicht zugänglich. Es hat nach 1945 viele Gäste gesehen, als das Gebäude als Jugendherberge und Pension diente. Von ihnen wussten wohl nur wenige, wer vor ihnen auf der Burg untergebracht gewesen war. So wurden während des Ersten Weltkriegs in Karlstein Angehörige des Generalstabs Montenegros samt Prinz und Premierminister interniert (→ S. 213). Montenegro hatte auf der Seite Serbiens gekämpft und war von der k. u. k. Armee besiegt worden. Nach dem Krieg kam ein weiterer prominenter „Gast" nach Karlstein, Béla Kun.

★ BÉLA KUN – DER KOMMUNISTISCHE REVOLUTIONÄR IM TIEFSTEN WALDVIERTEL

In Zeiten des Umbruchs 1918/19, als die großen Kaiserreiche zerfallen waren und neue politische Systeme entstanden, kam es in Ungarn am 21. März 1919 zur Bildung einer Räterepublik. Béla Kun (1886–1938) stand an der Spitze des kommunistischen Regimes. Durch die militärische Intervention Rumäniens war dem nach 133 Tagen ein Ende gesetzt. Mit Einver-

Béla Kun

ständnis der Siegermächte des Ersten Weltkriegs, der Entente, gewährte Österreich Béla Kun und zwei weiteren ehemaligen Volkskommissaren Asyl. Die Regierung unter dem Sozialdemokraten Karl Renner handelte sich damit einige Schwierigkeiten ein. Denn Ungarn unter der neuen autoritären Führung Miklós Horthys forderte bald darauf die Auslieferung der Revolutionäre.

Innenpolitisch war die Empörung über die Hilfe für die ungarischen Kommunisten groß, insbesondere im Waldviertel. Am 2. August 1919 traf die Gruppe mit Béla Kun in Raabs ein und wurde zunächst in der Haidlmühle nahe der Ruine Kollmitz interniert. Da man eine Entführung befürchtete, kam Kun am 26. August 1919 nach Karlstein, wo er bis Mitte Februar 1920 blieb. Die Wintermonate nutzte Kun zur Arbeit am Buch „Von Revolution zu Revolution" über die ungarische Räterepublik (1920 unter dem Pseudonym Blasius Kolozsváry erschienen). Die Presse mokierte sich darüber, dass Kun in Karlstein Hof halten und Führer der KPÖ empfangen würde.

Kun wurde später nach Wien „Am Steinhof" verlegt, wo er im April 1920 beinahe einem Mordattentat zum Opfer gefallen wäre, das von Ungarn beauftragt worden war. Schließlich konnte sich die österreichische Regierung des politischen Problems im Juli 1920 auf elegante Weise entledigen. Über einen Kriegsgefangenenaustausch erfolgte die (fast) geheime Abschiebung nach Sowjetrussland. In Moskau war Béla Kun für die Kommunistische Internationale tätig, doch sein Leben nahm 1938 unter Stalins Regime ein tragisches Ende: Kun wurde wegen angeblicher konterrevolutionärer Tätigkeiten erschossen.

KTM 8
Distanz: 10 km

Von Karlstein nach Raabs

Am Fuße des Burgfelsens, bei der Thayabrücke, folgen wir der KTM 8 nach rechts und radeln ein Stück die revitalisierte Thaya entlang. Dann haben wir einen Anstieg vor uns (ca. 2 km/60 Hm). Auf der

Strecke blicken wir noch zurück auf die Burg Karlstein, dann biegen wir nach links auf einen Güterweg. Die Route verläuft mit ausreichender Beschilderung auf mäßig befahrenen Straßen und Wegen durch die Ortschaften Eggersdorf und Speisendorf. Danach rollen wir schwungvoll ins Tal und können an der Brücke der Thaya nachträumen. Anschließend führt die KTM 8 wieder hinauf – durch reizvolle Baumalleen, die zum Teil Naturdenkmäler sind. Es geht recht bequem weiter. Ganz kurz fahren wir auf dem Radweg neben der Bundesstraße, aber wir verschwinden schnell im Wald vor Raabs. Unten im Tal wartet das Vitalbad samt Flussbad auf die Baderatten unter uns. An der Thaya entlang radeln wir in den Ortskern von Raabs.

Raabs an der Thaya (Rakous)

Die kleine Stadt Raabs mit seiner mittelalterlichen Burg hat für Österreich eine wichtige Bedeutung – und das im wahrsten Sinne des Wortes. Als „Castrum Rakouz" wurde die Burg um 1100 erstmals erwähnt. Diese Bezeichnung weist auf den Namen der damaligen Grundherren Ragoz, die die Besiedlung in dieser Region vorangetrieben haben. Im Tschechischen hat sich dieses Wort als „Rakous" für die Stadt Raabs erhalten. Die Grafschaft der Herren von Raabs nannte man Rakousko. Im Laufe der Zeit bezog sich die Bezeichnung auch auf das Land hinter der Grafschaft, nämlich Österreich. So lautet im Tschechischen das Wort für Österreich recht ungewöhnlich – Rakousko, wörtlich: Land um Raabs!

Seehöhe: 420 m

Gemeindeamt, Hauptstr. 25, Tel. +43 2846 36520, www.raabs-thaya.gv.at

Thayatal-Vitalbad, www.thayatal-vitalbad.at

Radbus Göpfritz an der Wild–Slavonice (→ S. 195)
ÖBB Franz-Josefs-Bahn (Wien–Gmünd): Göpfritz an der Wild, 20 km, Anfahrt über Radweg „Thayarunde"

In den Ortsteil Oberndorf

Wir überqueren die Thayabrücke und nehmen am besten den Fußgängerweg rechts neben der Straße, der nach Oberndorf führt. Die Straße ist recht steil und ziemlich frequentiert, was beim Hinaufradeln unangenehm sein kann. Da spazieren wir lieber entspannt zum Schloss hinauf.

Schloss Raabs

Schloss Raabs
Oberndorf
Mai bis Sept. Sa, So, Fei 10–18 Uhr, stündlich eine Führung sowie nach Voranmeldung, Tel. + 43 677 62341226 (Karl-Michel Liemberger), Eintritt: € 10,–/€ 5,–

Schloss Raabs und der Lindenhof

Die imposante Burganlage *Schloss Raabs* auf dem großen Felsen über dem Zusammenfluss der Deutschen und Mährischen Thaya ist zwar ein recht unbekanntes, aber ein stolzes Symbol für Österreich. Sie ist jedenfalls eine der bedeutendsten Befestigungsanlagen des Landes. Seit etwa tausend Jahren ragt die Grenzfestung empor, ist über die Jahrhunderte gewachsen. Man sieht dementsprechend Elemente aus den verschiedenen Kunstepochen: Romanik, Gotik, Renaissance und Barock. Das heutige Aussehen wurde von den Puchheimern (1358–1702) geprägt. Von der originalen Einrichtung ist jedoch kaum etwas zu sehen, da 1932 der damalige Besitzer, der Textilfabrikant Baron Klinger von Klingerstorff, in Konkurs gegangen ist und das Inventar versteigert hat. Seit 1996 ist der Verleger Richard Pils (Verlag der Provinz) Schlossherr in Raabs, der das Schloss im Sommer durch regelmäßige Führungen zugänglich macht. Besonders sehenswert sind eine steinerne Wendeltreppe, mittelalterliche Fresken, die Burgkapelle und vor allem der Ausblick auf das Raabser Land.

Im *Pfarrhof Lindenhof* begegnet uns unerwartet ein Stück vom Eisernen Vorhang (Eingang vom

Parkplatz). Wie kommt der hierher? Im Jahr 2009 war Raabs neben Horn und Telč einer der Standorte der Niederösterreichischen Landesausstellung, der ersten mit grenzüberschreitendem Charakter. Die Präsentation der gemeinsamen Geschichte der Nachbarländer lief unter dem Titel „Österreich. Tschechien. Geteilt – getrennt – vereint" und hatte insgesamt über 400.000 Besucher. Das Thema des Standortes Raabs war „Leben an der Grenze" und der Eiserne Vorhang Teil der Ausstellung. Das zeitgeschichtliche Relikt war schon nach der Wende angekauft worden. Für die Landesausstellung 2009 stellten hier ehemalige Grenzsoldaten fachmännisch die Grenzanlage gemeinsam mit einem Wachturm auf. Dieser ist jedoch 2017 nach St. Pölten ins Haus der Geschichte Niederösterreich abgewandert.

Skulptur „Grenze"

Auf dem Weg zurück ins Ortszentrum treffen wir einen weiteren Zeugen der Landesausstellung. Die Skulptur *Grenze* unterhalb des Schlosses wurde am 30. Mai 2009 enthüllt. Sie ist vor allem aufgrund ihrer Entstehungsgeschichte bemerkenswert: Steinmetzlehrlinge der Berufsschule Schrems und Schüler aus Světlá nad Sázavou aus dem Kreis Vysočina schufen gemeinsam dieses Denkmal. Die Idee dazu hatte der Raabser Steinmetzmeister Nobert Happl, der Entwurf stammt vom Lehrer Christian Binder, während regionale Firmen und die Landesinnung der Steinmetzen Niederösterreichs die Umsetzung förderten.

Die beiden Sockel – Österreich und Tschechien – bilden solide Fundamente im Herzen Europas. Die Brücke besteht aus Granitsteinen aus beiden Ländern und ermöglicht den Kontakt. Eine Frau und ein Mann heben gemeinsam – gleichberechtigt – den Grenzbalken mit dem Stacheldrahtzaun, um zueinanderzufinden. Auf den beiden Tafeln finden sich positive und negative Assoziationen der Schüler zum Thema „Grenze".

Denkmal „Grenze"

Grenzland-museum
Hauptplatz 11, Mo–Do 8–12 u. 13–16, Fr 8–13 Uhr (Schlüssel im Gemeindeamt Raabs)

Stadtrundgang

Raabs verspürt in den letzten Jahren etwas Aufwind im Fremdenverkehr. Dass mehr Radler unterwegs sind, ist durchaus zu bemerken, wenn man auf dem *Hauptplatz* in einem Schanigarten ein Platzerl ergattern und Waldviertler Schmankerln verköstigen will. Seit dem Bau des Radweges „Thayarunde“ (→ S. 201) haben sich viele Waldviertler E-Bikes zugelegt – und auch immer mehr Gäste entdecken das Thayaland. Früher brachte die im Jahr 1900 eröffnete Bahnstrecke Göpfritz–Raabs Sommerfrischler hierher. An verschiedenen Häusern des hübschen Städtchens, allen voran am Hotel Thaya (Hauptstraße 14), ist die Vergangenheit als Sommerfrischeort gut zu erkennen. Am westlichen Ortsrand kann man im Vitalbad im Flussbad diese Tradition wiederbeleben. In den letzten Jahren erfreut sich das Kanufahren auf dem Fluss immer größerer Beliebtheit.

Für historisch Interessierte gibt es einen *Kulturpfad* mit 25 Stationen, die über die verschiedenen Funktionen der Gebäude und Gewerbe in der Vergangenheit Auskunft geben. Das *Grenzlandmuseum* von 1984 hat einen Schwerpunkt auf archäologischen Funden aus der Region, z. B. aus der Jungsteinzeit und dem Mittelalter, widmet sich dem Thema „6000 Jahre Ackerbau an der Thaya“ und verschwundenen mittelalterlichen Orten. Einige Fotos aus der Vergangenheit illustrieren die Geschichte des Ortes Raabs bis zu dessen Stadterhebung im Jahr 1926.

Ein wichtiger Motor für den allmählich wieder auflebenden Fremdenverkehr ist das *Jugend- und Familienhotel (JUFA)*, das sich am rechten Ufer der Thaya befindet. Es ist ein nachhaltiges Ergebnis der Landesausstellung 2009, für die in eine moderne und große Unterkunft investiert wurde. Seitdem verbringen hier jedes Jahr im Sommer Kinder und Jugendliche aus Tschechien und Österreich eine Woche bei der Jungen Uni Waldviertel-Vysočina. Die Organisatoren bieten ein anspruchsvolles und

abwechslungsreiches Programm, mit dem Ziel, Grenzen im Kopf zu überwinden.

In der Vergangenheit ging es nicht immer beschaulich zu: Auf den Tourismus im Thayatal hatten die Weltkriege direkten Einfluss, auch wenn die Front in der Ferne lag. „Normale“ Gäste gab es in diesen Zeiten kaum. Im Ersten Weltkrieg war Raabs ein Konfinierungsort (→ S. 213), wo durchschnittlich 200 „verdächtige“ Ausländer festgehalten wurden. Im Zweiten Weltkrieg befand sich in Raabs ab 1941 ein Kinderlandverschickungslager im damaligen Gasthaus „Weißes Rössl“ (Hauptplatz Nr. 18) für Schüler aus Berlin, Kiel und deutsche Kinder aus der Slowakei. 1942 bis 1944 beherbergten das Hotel Thaya und sämtliche Privatquartiere Frauen und Kinder aus Städten Deutschlands, um sie vor den Bombardements zu schützen.

Von Raabs nach Drosendorf

KTM 8
Distanz: 13 km

Die letzte Etappe der Tour bewältigen wir weiterhin auf dem gut beschilderten KTM 8. Vom Raabser Hauptplatz weg fahren wir rechts ca. 100 m auf der Schulstraße. (Achtung auf den manchmal starken Durchzugsverkehr!). Gleich nach der Rechtskurve zweigt die Radroute links auf den schattigen Modsiedlersteig ab. Nach einigen Höhenmetern mündet der Weg auf die Straße Richtung Schaditz/Hluboká (Grenze). In Modsiedl nehmen wir aber die ruhigere Straße nach Zemmendorf. Nach 4 km (130 Hm) haben wir den höchsten Punkt erreicht. Ab Zemmendorf ist das Gelände überwiegend eben oder abschüssig. Wir kommen wieder in Sichtweite zur Grenze, am Horizont grüßen uns kleine südmährische Ortschaften. In Nonndorf dürfen wir die scharfe Abzweigung nach rechts nicht versäumen. Wir nähern uns zügig Drosendorf, das sich uns von seiner besten Seite präsentiert. Nach einem letzten Anstieg empfängt uns die hübsche Stadtmauerstadt.

Ausklang und Ausblick

Der alte Sommerfrischeort Drosendorf ist der ideale Ort für einen entspannten Ausklang unserer abwechslungsreichen Tour. Wer hier die Reise jedoch unterbrechen muss, hat vielleicht Glück und kann den Reblaus-Express *(www.reblaus-express.at)* für die Fahrt nach Retz nehmen, wo es den Anschluss an die Nordwestbahn (Wien–Znojmo) gibt. Ansonsten sind noch ca. 18 Kilometer nach Hötzelsdorf-Geras bis zur Franz-Josefs-Bahn zu bewältigen. Doch am besten ist es, wenn wir die Erkundungstour im schönen Thayatal direkt fortsetzen!

Auf der Fahrt nach Drosendorf

Konfinierte in Raabs mit dem Bürgermeister

1914–1918: LAND DER LAGER

Eine verdrängte Geschichte im Thayatal ist seine Vergangenheit als Internierungs- und Konfinierungsort im Ersten Weltkrieg. Damals wurden aus Sicherheitsgründen Zivilpersonen aus gegnerischen Staaten als „feindliche Ausländer" festgehalten. Vor allem Wehrfähige sollten an der Rückkehr in ihre Heimat gehindert werden. Diese Vorgehensweise war international üblich. In den ersten Kriegswochen 1914 errichtete Österreich-Ungarn Internierungslager und bestimmte sogenannte Konfinierungsorte. Es herrschte eine Zwei-Klassen-Gesellschaft unter den Zivilgefangenen: Konfinierte lebten als finanziell besser gestellte Personen in Privatunterkünften und mussten den unfreiwilligen Aufenthalt selbst bezahlen. Mittellose Ausländer kamen als Internierte in größeren Lagern und wurden zum Arbeitseinsatz gezwungen.

Die unfreiwilligen „Gäste" wurden in Österreich in erster Linie in Ober- und Niederösterreich konzentriert. Das nördliche Waldviertel erschien besonders gut geeignet, lag es doch weit im Landesinneren, fern der Front und strategisch wichtiger Punkte. Unter der Aufsicht der Bezirkshauptmannschaft Waidhofen an der Thaya gab es mehrere Lager und Stationen in Schlössern, Schüttkasten oder Gutshöfen, u. a. in Waidhofen an der Thaya, Illmau, Kautzen, Dobersberg, Karlstein, Raabs an der Thaya und Drosendorf. Allein in dieser Region wurden über 10.000 Menschen festgehalten: Albaner, Engländer, Franzosen, Italiener, Montenegriner, Polen, Rumänen, Russen, Serben, auch politisch verdächtige Österreicher.

Das Thayatal bei Hardegg

6 Die fast vergessene Sommerfrische

Im Inter-Nationalpark Thayatal / Podyjí

Gesamtlänge der Route:
58,5 km

Einst war das Thayatal ein sehr beliebtes Ziel für Tagesausflüge und Sommerfrische, da es mit der Bahn gut zu erreichen war. Mit der Grenzziehung von 1918/19 mitten durch die Region kam zwar Bürokratie bei grenzüberschreitenden Ausflügen auf, doch grundsätzlich ließ der „kleine Grenzverkehr" in der Zwischenkriegszeit den Tourismus weiter florieren. Eine radikale Verschlechterung trat in der Zeit des Eisernen Vorhangs ein.

Immerhin verhinderte die Grenze weitere Staustufen an der Thaya und schuf ein Naturidyll. Es ist

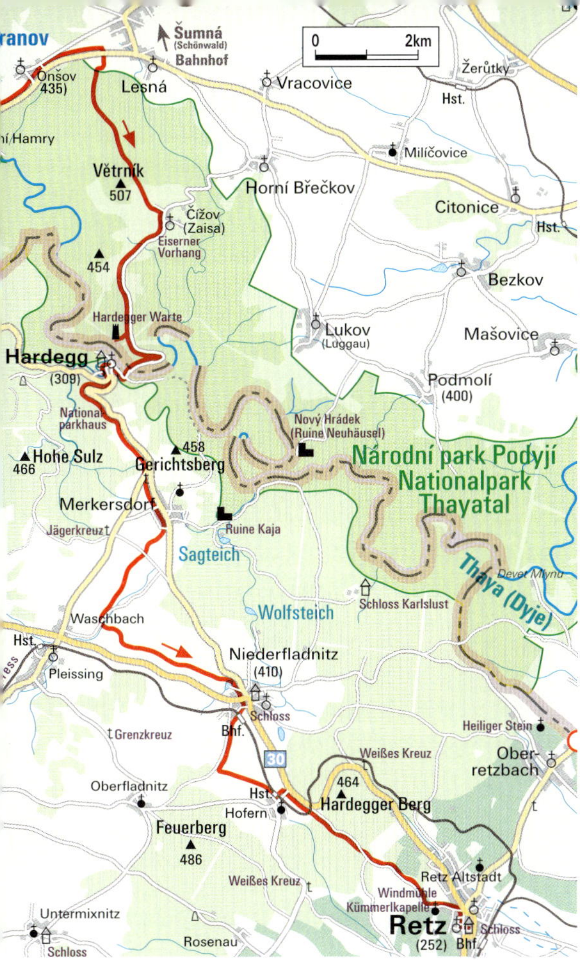

ein ideales Terrain für Radler, die zwischendurch sportliche Herausforderungen nicht scheuen. Es locken Burgen, Schlösser, Ruinen und schöne Landschaften – und die beliebte „Mährische Adria“ weckt Gedanken an den Süden. Das Thayatal erwacht endlich wieder aus dem Dornröschenschlaf.

Gut zu wissen

Radfahren in der Region. Die Tour ist abwechslungsreich und teilweise fordernd, da wir immer wieder ins Tal rauschen dürfen, um anschließend

Kartenmaterial:

- Shocart Nr. 164 (1:60.000): Podyjí, Thayatal
- Geodézie On Line, Turistické mapy pro každého Nr. 44 (1:25.000): Národní park Podyjí – Thayatal (Riegersburg – Znojmo, mit Kurzinformationen zu Sehenswürdigkeiten; tsch., dt., engl.)

Wichtige Links zur Region:
- Tourismusverband Nationalparkregion Thayatal, www.thayatal.com/thayatal/de
- Nationalpark Thayatal, www.np-thayatal.at
- Visit Vranov Region, www.navstivtevranovsko.cz
- Vranovsko.cz (Region Vranov), www.vranovsko.cz (tsch.)
- Waldviertler Wohlviertel, www.wohlviertel.at
- Retzer Land, www.retzer-land.at

auf die Anhöhe der Böhmischen Masse zurückzukehren (Schiebeoption). Dieser Höhenunterschied beträgt durchschnittlich ca. 50 bis 120 Meter. Auf dem Hochplateau ist das Gelände in der Regel eben bis leicht hügelig. Die Route führt fast ausschließlich auf asphaltierten Wegen und Straßen. Wer noch mehr das waldige Gelände des Inter-Nationalparks per Rad erkunden will, muss darauf achten, wo Radfahren erlaubt ist. Aber es gibt genug sportliche Routen, die bei den tschechischen Radlern sehr beliebt sind.

Planung

„Basislager"/Ausflüge. Bei einem längeren Aufenthalt im romantisch-schönen Thayatal, das auch zum Wandern und Entspannen einlädt, bieten sich die Orte Drosendorf, Langau, Vranov und Hardegg an. Eine Vorausplanung empfiehlt sich hier in jedem Fall! Auch von Retz und Znojmo (Znaim) (→ S. 249 ff.) aus lässt sich die Region gut erforschen. Abseits der vorgeschlagenen Route finden sich noch weitere interessante Sehenswürdigkeiten, wie z. B. Stift Geras, das Renaissanceschloss in Uherčice, die Ruine Zornstein (Hrad Cornštejn), das Schloss Vöttau (Hrad Bítov) und die Ruine Neuhäusel (Nový Hrádek).

Grenzüberschreitendes. Die wichtigsten Akteure in der Region sind die beiden Nationalparkhäuser mit ihren Angeboten und Veranstaltungen. So kann man z. B. mit geführten Wanderungen und Radtouren die Region grenzenlos erkunden, auch mit geschichtlichen Schwerpunkten. Ein Blick in den Veranstaltungskalender lohnt sich *(www.np-thayatal.at, www.nppodyji.cz).*

Mit Bahn und Bus

Radtransport in der Region. Der Reblaus-Express (s. u.) kann auch für Teilstrecken genutzt werden. Auf unserer Route liegen die Stationen Langau, Niederfladnitz und Hofern. In Tschechien berührt die Grüne Linie von Cyklotrans (→ S. 18) unsere Route *(www.cyklotrans.cz).* Zwischen Drosendorf und Znojmo verkehrt die Buslinie 816, sie fährt über Vranov und Šafov von Mai bis Oktober an Samstagen, Sonntagen und (tschechischen) Feiertagen. Die Möglichkeit der Fahrradmitnahme wird derzeit angedacht, so wie insgesamt der Ausbau eines grenzüberschreitenden Verkehrs geplant ist. Informationen unter *www.reblaus-express.at, www.jizdnirady.cz*

NÖVOG Reblaus-Express Retz–Drosendorf, www.reblaus-express.at, April bis Okt. Sa, So, Fei, NÖ-Card (für einmalige Hin- und Retourfahrt, Ermäßigung für Teilstrecken, Reservierung ab 5 Fahrrädern)

Anreise in die Region. Eine direkte Anreise zu unserem Ausgangspunkt Drosendorf ist von Mitte April bis Ende Oktober an Wochenenden und Feiertagen mit dem Reblaus-Express (Retz–Drosendorf) möglich. Tipp: Mit der NÖ-Card erhält man eine Hin- und Retourfahrt mit Radtransport gratis (Züge mit Diesellok). Anbindung: ÖBB Nordwestbahn Wien–Retz–Znojmo. Eine andere Möglichkeit besteht über die Franz-Josefs-Bahn (Wien–Gmünd) bis zur Station Hötzelsdorf-Geras, von dort fährt man 18 Kilometer bis nach Drosendorf oder man steigt in Göpfritz an der Wild aus und nimmt den neuen Radbus *(www.thayarunde.at).*

Drosendorf

Seehöhe: 423 m

Rathaus, Hauptplatz 1, Tel. +43 2915 2213, www.drosendorf.at
Strandbad an der Thaya, Sebastian-Kneipp-Platz 1, Tel. +43 2915 2213

Stolz thront Drosendorf auf einem Felsen über der Thaya, wie eine hübsche Perle, eingefasst in einem besonderen Ring: Es ist die einzige vollständig erhaltene *Stadtmauer* Österreichs, und noch dazu eine, die Geschichte geschrieben hat. Denn diese Waldviertler Mauern trotzten im Jahr 1278 den Angriffen des böhmischen Königs Ottokar II. und hielten diesen im Kampf gegen Rudolf I. von Habsburg 16 Tage lang auf. Aufgrund des Zeitgewinns soll Rudolf die entscheidende Schlacht bei Dürnkrut im Marchfeld und damit den Machtkampf im Heiligen Römischen Reich gewonnen haben. Drosendorf fand deshalb seinen Platz in Franz Grillparzers Stück „König Ottokars Glück und Ende".

NÖVOG Reblaus-Express (Retz-Drosendorf) (→ S. 219)
ÖBB Franz-Josefs-Bahn (Wien-Gmünd): Hötzelsdorf-Geras, 18 km
Radbus Göpfritz an der Wild-Slavonice (→ S. 195)

Heute schützt die 1,7 Kilometer lange Stadtmauer mit 14 Türmen und zwei engen Stadttoren die Bewohner vor stärkerem Durchzugsverkehr, sodass sich hier faszinierende Ruhe ausbreiten kann. Es ist ein idealer Ort für die Sommerfrische. An heißen Sommertagen wartet das Strandbad an der Thaya („Kneippbad") mit seinem stilvollen Holzpavillon aus dem Jahr 1929. Kulturveranstaltungen im Schloss, ein Jazzclub im Keller beim Rathaus und Filmvorführungen im Gasthof „Zum Goldenen Lamm" sind ein Geheimtipp unter den Freunden Drosendorfs.

Stadtrundgang

Wie einst die Sommerfrischler der früheren Jahrzehnte, wie z. B. der bekannte Schauspieler Paul Hörbiger in den 1950er-Jahren, kann man durch Drosendorf schlendern und das bezaubernde Städtchen einfach auf sich wirken lassen. In der Blütezeit der Sommerfrische konnte sich die Zahl der Menschen in dem Ort mit tausend Einwohnern verdreifachen. Die meisten Gäste kamen mit dem Zug aus Wien und verbrachten mehrere Wochen hier. Dieser Vergangenheit lässt sich besonders gut auf dem „Erlebnisweg Sommerfrische" entlang der beeindruckenden *Stadtmauer* nachspüren. Wer will, kann sich mit einer Jause ausrüsten und an einem der vielen lauschigen Platzerln verweilen. Auch auf dem *Hauptplatz* lässt es sich gemütlich „chillen", beste Gelegenheit dazu bietet das kleine Café MOKA (Mohnkaffeehaus) mit seiner schrägen Terrasse und einem fein sortierten Lesestoff.

Tipp für Wissbegierige. Die Sehenswürdigkeiten Drosendorfs besucht man am besten im Rahmen einer *Stadtführung.* Engagierte Bewohner spazieren mit uns zu den wichtigsten Plätzen und erzählen Interessantes und Anekdoten z. B. über die Stadtmauer, das Renaissanceschloss aus dem 16. Jahrhundert, die Rolandsäule („Pranger"), das Rathaus, das älteste Gebäude der Stadt („Stockkastl") und die Stadtkir-

Stadtmauerstadt Drosendorf (Südansicht)

che. In der spätgotischen *Stadtkirche zum heiligen Martin* (erbaut 1461–1463) finden wir Ungewöhnliches vor: In einem barocken Glassarg liegt die Reliquie der heiligen Valentina, die 1702 aus Rom als Geschenk des Papstes Clemens XI. nach Drosendorf gekommen ist. Ein anderes bemerkenswertes Objekt religiöser Verehrung stellt das renovierte Heilige Grab von 1881 dar. Es ist ein Werk der damals weithin bekannten mährischen Manufaktur Zbitek in Olmütz (Olomouc) im frühen Jugendstil. Ihre Heiligen Gräber mit transparenten Glassteinen wurden in ganz Europa und nach Übersee vertrieben, sind aber heute eher selten.

Stadtführung
Mai bis Okt. Sa, So, Fei 11 Uhr, Treffpunkt Bahnhof Drosendorf (11 Uhr), Beitrag: € 2,50/ € 1,50, Nachmittagsführung ab 6 Pers. und nach Anmeldung, Tel. +43 2915 2213.
Individuelle Besichtigung
Neben Informationstafeln steht eine App zur Verfügung. In Gasthäusern des Ortes kann man auf Tablets die Informationen ebenfalls abrufen.

Gasthof „Zum Goldenen Lamm“

Wenn wir auf den Spuren des alten Sommerfrischeortes unterwegs sind, dürfen wir am *Gasthof Failler* („Zum Goldenen Lamm“) nicht vorübergehen. Schon seit über 300 Jahren bewirtet man hier Gäste, und das traditionsreiche Haus lädt zu einer kleinen Zeitreise ein. Auf dem Weg zur Terrasse hoch über der Thaya überrascht die Aufschrift „Kino“ sowie ein Eingangsbereich, der wohl aus der Hochblüte dieses versteckten Landkinos stammt. Zwischen 1958 und 1975 war hier der Gastraum mit Kinobestuhlung ausgestattet, doch der Siegeszug des Fernsehens führte dazu, dass alles wieder zum „einfachen“ Speisesaal der 1920er-Jahre rückgebaut wurde.

Mit der Vorführung von Filmen im Gasthof hatte Ferdinand Failler im Jahr 1920 begonnen. Bald

Gasthof Failler „Zum Goldenen Lamm“ Hauptplatz 27, gasthof-failler.at

Filmclub Drosendorf www.filmclub drosendorf.at, Vorführungen meist am letzten Samstag im Monat, Sommerkino im Strandbad!

galt Sonntagnachmittag als Fixtermin für die Kinofreunde der Region – solange es ging, auch für die Nachbarn aus Südmähren. 1931 sahen sie zum ersten Mal einen Tonfilm: „Die drei von der Tankstelle“ mit Heinz Rühmann. Die Filme und Wochenschauen kamen mit der Bahn aus Wien – oft mit mehrmonatiger Verspätung – nach Drosendorf! Die Geschichte des Landkinos ging fast zu Ende, doch seit 1990 setzt der Verein Filmclub Drosendorf die alte Tradition auf hohem Niveau fort. Für anspruchsvolles Programm mit grenzüberschreitenden Gedanken in historischem Ambiente ist gesorgt. Zu besonderen Anlässen erhellen sogar alte Projektoren aus dem Jahr 1937 mit flackerndem Licht die Leinwand.

Vom Hauptplatz Drosendorf zum Bahnhof

Für die Entwicklung Drosendorfs als Sommerfrischeort spielte die Bahn eine wichtige Rolle. Zum Bahnhof fahren wir durch das Horner Tor, beim „Europakreis“ fahren wir nach rechts und folgen der Straßenbeschilderung.

Reblaus-Express www.reblaus-express.at (→ S. 219)

Bahnhof Drosendorf – Vom „Busserlzug“ zum Reblaus-Express

Als im August 1910 der erste offizielle Zug von Retz in Drosendorf eintraf, bedeutete dies für die Stadt im Waldviertel einen direkten Anschluss an die wichtige Nordwestbahn und einen weiteren Aufschwung des Tourismus. Ganze Familien konnten nun bequem mit der Bahn von Wien aus zur Sommerfrische direkt hierher fahren. Da die arbeitenden Familienväter meist nur am Wochenende zu Besuch kamen, spielten sich immer wieder Abschiedsszenen am Bahnhof ab. Daher tauchte die Bezeichnung „Busserlzug“ auf.

Ursprüngliche Pläne zum Ausbau der Strecke bis nach Datschitz (Dačice) und (Mährisch) Budwitz (Moravské Budějovice) oder zur Franz-Josefs-Bahn versandeten. Es blieb bei einer vierzig Kilometer

Der Reblaus-Express auf der Fahrt nach Drosendorf

langen Flügelbahn, die auch für den Güterverkehr oder von Pendlern nach Wien genützt wurde. Die Waldviertler setzten sich ortsweise in die Waggons und vertrieben sich die lange Zugfahrt gerne mit gemeinsamen Jausen. Doch im Jahr 2001 stellten die ÖBB den Normalbetrieb der Nebenbahn als unrentabel ein.

Dank der Initiative des Bürgermeisters von Drosendorf sowie einiger engagierter Bürger und Bahnbeamten der Region blieb die Verkehrsanbindung als Museumsbahn erhalten. So bringt der Reblaus-Express weiterhin Ausflügler, Radfahrer und auch Pendler ins Waldviertel, zumindest an den Wochenenden und Feiertagen in der warmen Jahreszeit. Diesellloks aus den 1960er-Jahren und alte Waggons sorgen für das Bahnflair vergangener Zeiten. Ein Heurigenwaggon mit regionalen Schmankerln sorgt für das leibliche Wohl, ein Zugbegleiter für Geschichten und Tipps zur Erkundung des Thayatals. So lässt sich von Wien aus ein wundervoller Tagesausflug machen.

Abstecher zum Schüttkasten

Im Laufe der Geschichte der Sommerfrischeregion kamen Menschen nicht nur freiwillig nach Drosendorf. Um uns damit zu beschäftigen, kehren wir zur Straße zurück und fahren nach links ca. einen Kilometer in Richtung Zissersdorf, bis auf der rechten Straßenseite der ehemalige Schüttkasten zu sehen ist.

Internierte vor dem Schüttkasten in Drosendorf

★ SCHÜTTKASTEN – EIN RELIKT VERDRÄNGTER GESCHICHTE

Nach dem Ausbruch des Ersten Weltkrieges trafen im Herbst 1914 die ersten Staatsangehörigen der Kriegsgegner Österreich-Ungarns mit dem Zug zur Internierung in Drosendorf ein (→ S. 213). Unter schwierigsten Lebensbedingungen mussten sie ihre Unterkunft, den *Schüttkasten*, selbst behelfsmäßig adaptieren und Baracken bauen.

Allmählich entstand hier ein großes Internierungslager, in dem durchschnittlich 800 Personen aus verschiedenen Ländern gleichzeitig festgehalten wurden: Russen, Briten, Franzosen, Serben, Polen, Montenegriner, Belgier und sogar vereinzelt Japaner. Dazu kamen nach dem Kriegseintritt Italiens im Jahr 1915 sogenannte „Reichsitaliener". Davon profitierte z. B. die Pfarrkirche in Drosendorf-Altstadt, in der 1917 internierte italienische Kirchenmaler Renovierungsarbeiten durchführten. In den Ortschaften selbst lebten noch weitere hundert bis 150 „feindliche" Ausländer in Privatquartieren, darunter auch „Exoten" aus den britischen Kolonien. Diese bessergestellten Personen (Konfinierte) konnten sich etwas freier bewegen und am Alltagsleben der Stadt teilhaben, auch wenn ein näherer Kontakt mit den Einheimischen streng verboten war. So kam auf jeden Einwohner Drosendorfs (ca. 1000) eine Person, die es durch die Kriegsereignisse der Jahre 1914 bis 1918 in den Waldviertler Ort verschlagen hat.

Von Drosendorf nach Langau

Eine Spur der Geschichte der Internierungslager im Thayatal befindet sich noch auf dem Friedhof in Drosendorf-Altstadt. Wir radeln zurück zum „Europakreis" und fahren hinab ins Thayatal zur Pfarrkirche von Drosendorf-Altstadt (1,5 km/60 Hm). Auf einem Grabstein nahe der Friedhofsmauer entlang der Straße sind die Namen von 129 verstorbenen Internierten zu lesen.

Wir machen uns nun zur nächsten Station auf, nach Langau, fahren auf der KTM bergaufwärts, zunächst auf der Landstraße, dann auf einem asphaltierten Güterweg. Auf dem Galgenberg genießen wir den Blick hinunter auf Drosendorf (1,5 km/90 Hm). Über verkehrsarme Güterwege durch die weiten Felder kommen wir nach Langau. Bei der Kirche von Langau biegen wir links ab und kurz darauf nochmals nach links in die Sommerzeile.

KTM
Distanz: 10 km

Langau

Die kleine – auf dem ersten Blick eher unscheinbare – Ortschaft hält bei näherem Hinsehen einiges an neuen Erkenntnissen und viel Spaß für uns bereit. Langau hat sich das Thema Freizeit auf seine Fahnen geheftet, bezeichnet es sich doch als „Freizeitgemeinde". Die Entwicklung dazu ist bemerkenswert, denn vor rund sechzig Jahren dominierte der Kohleabbau die Grenzgemeinde. Die ehemaligen Kohlegruben bilden die Grundlage für die heutigen Badeseen (Bergwerksee) und das Freizeitparadies bei Langau. So ist es nur konsequent, dass Langau der Freizeit ein eigenes Museum widmet.

Seehöhe: 450 m

Gemeindeamt Langau 103, Tel. + 43 2912 401, www.langau.at
NÖVOG Reblaus-Express (Retz–Drosendorf, → S. 219)
ÖBB Franz-Josefs-Bahn (Wien–Gmünd): Hötzelsdorf-Geras, 14 km

Freizeitmuseum

In einem alten Bauernhof von Langau verbirgt sich ein recht erstaunliches Ortsmuseum, das *Freizeitmuseum*. Es gewährt uns auf vielfältige Weise Einblick in die frühere Welt des Landlebens bei Langau, das von Landwirtschaft und Bergbau geprägt war. Ein

Freizeitmuseum Langau
Sommerzeile 35, Tel. +43 664 1459903, www.langau.at, tägl. nach Voranmeldung (auch für Einzelbesucher), einen Tag im Voraus; für Spontanbesucher wird nach Möglichkeit geöffnet, Eintritt: € 3,–/€ 2,–

KTM / EV 13
Distanz: 5 km

großes Diorama (dreidimensionales Schaubild) zeigt uns das ehemalige Bergwerk (Grube Austria). Die anschauliche Darstellung des Alltags und der Arbeitswelt ist eng mit den Themen Brauchtum, Freizeit und Urlaub verbunden. Außerdem regen interaktive Stationen zum Nachdenken über das eigene Urlaubs- und Freizeitverhalten an.

Von Langau nach Šafov

Natürlich wollen wir uns den Bergwerksee und das Freizeitzentrum Langau näher ansehen. Wasserratten können dort auch ins kühle Nass springen oder Wasserski fahren. Auf dem Weg nach Šafov machen wir also einen kleinen Abstecher über die KTM. Danach kehren wir auf die Straße nach Šafov zurück und folgen dem EV 13 zum Grenzübergang, wo das „Friedenskreuz" steht. Auf welligem Terrain geht es weiter nach Šafov.

Bergwerksee und SOLA Langau

Beim Freizeithaus am See erinnern historische Fotos und eine Informationstafel an den Bergbau bei Langau (1947–1963). In den 1950er-Jahren war die „Grube Austria" mit fast 500 Arbeitern und einer jährlichen Förderung von bis zu 250.000 Tonnen der wichtigste Kohlebergbau Niederösterreichs und belieferte z. B. kalorische Kraftwerke in Wien. Die hochwertigen Kohleressourcen waren jedoch nach 15 Jahren erschöpft. Danach wandelte sich die frühere Kohlengrube durch Eintritt des Grundwassers allmählich zu einem sauberen Badesee.

Der *Bergwerksee* dient nun dem unbeschwerten Freizeitvergnügen. Jedes Jahr im Sommer wird es hier sehr international: Familien und Kinder aus vielen verschiedenen Ländern verbringen ihre Ferien an der österreichisch-tschechischen Grenze.

Die Sommerlager und Unterkünfte gehen auf eine Initiative von Pfarrer Andreas Brandtner, dem Prior von Stift Geras, zurück. Als der Verein *SOLA Langau* 1986 gegründet wurde, war der Eiserne Vor-

Bergwerksee
Langau

hang noch Realität. Das SOLA hat bald die Grenze überschritten und heißt inzwischen EUROSOLA *(www.eurosola.at):* Seit 1994 sind drei SOLA-Häuser im südmährischen Nachbarort Šafov (Schaffa) entstanden. Die jungen Menschen hinterließen ihre Spuren in der Region.

Friedenskreuz und alter Grenzstein am Grenzübergang Langau/Šafov

Am 15. August 1993 stellten österreichische und tschechische Jugendliche beim Grenzübergang Langau/Šafov ein *Friedenskreuz* („Nationenkreuz") auf. Die darauf gemalten 44 Fahnen zeigen, aus welchen Ländern zwischen 1987 und 1993 Gruppen ins SOLA Langau gekommen waren. Die geschlossenen Freundschaften helfen wohl, Grenzen zu überwinden und den Frieden zu wahren. Daneben erinnert ein alter *Grenzstein* aus dem 17. Jahrhundert an Grenzstreitigkeiten zwischen Langau und Schaffa (Šafov). Nach heftigen Auseinandersetzungen zwischen Langauern und Schaffingern legte ein kaiserliches Gericht im Jahr 1670 die Grenze zwischen der Herrschaft Drosendorf und der Herrschaft Frain fest – die heutige Staatsgrenze. Der alte Grenzstein wurde 2011 sichtbarer positioniert und soll als „Friedensstein" wirken.

Šafov (Schaffa)

Seehöhe: 444 m

Obecní úřad Šafov, Šafov 78, Tel. +420 515 297 827, www.safov.cz

In Šafov (Schaffa) leben heute etwa 170 Menschen, um 1900 zählte die Ortschaft ca. tausend Einwohner, mit deutschen, tschechischen und jüdischen Wurzeln. Zu dieser Zeit war bereits eine Abwanderungsbewegung im Gange, doch die gewaltsamen Ereignisse des 20. Jahrhunderts ließen den südmährischen Ort direkt an der Grenze beinahe aussterben. Der einsame Grenzabschnitt bei Šafov war im Kalten Krieg Schauplatz eines kaltblütigen Mordes (→ S. 229). Die offenen Grenzen bringen langsam wieder mehr Leben in die Region.

Quer durch Šafov zum jüdischen Friedhof

Die Spuren des früheren jüdischen Lebens in Šafov (Schaffa) finden wir am nordwestlichen Ortsrand. Wir spazieren oder radeln, an der Kirche vorbei, durch den Ort. Bei der nördlichen Ortsausfahrt weist uns ein Schild (Židovský hřbitov) nach links zum jüdischen Friedhof.

Jüdischer Friedhof/Židovský hřbitov

„Guter Ort“, so heißt übersetzt ein jiddischer Ausdruck für Friedhof. Er passt für den *jüdischen Friedhof* in Šafov: Friedvoll und ruhig liegt er da, unter alten Bäumen, mit einem bezaubernden Ausblick in die Landschaft. Dieses „Haus der Gräber“ war nach 1671 angelegt worden, als sich aus Niederösterreich

Jüdischer Friedhof in Šafov

2. DEZEMBER 1950: HINRICHTUNG EINES AGENTEN

Karl Dufek, ein Doppelagent?

Am 2. Dezember 1950 erschossen bei Šafov mitten in der Nacht Grenzsoldaten einen unbekannten Mann, der nach Österreich flüchten wollte. Dies behauptete zumindest ein Bericht des Grenzschutzbataillons, der jedoch so unstimmig war, dass selbst die Prager Zentrale Korrekturen einforderte. Schließlich stellte sich heraus, dass Männer vom Nachrichtendienst und Grenzschutz in Šafov einen Agenten, den 22-jährigen Karl Dufek, planmäßig ermordet hatten.

Dufek war ein in Wien geborener Tscheche, der 1945 in die Tschechoslowakei „zurückkehrte". Nach der kommunistischen Machtübernahme 1948 spionierte er für den Militärgeheimdienst in Flüchtlingslagern in Deutschland und Österreich unter den Emigranten aus der Tschechoslowakei. Nach einer kurzen Haft in Österreich 1949 stand er unter Verdacht, Doppelagent zu sein. Er wurde aber weiterhin verwendet.

Als Dufek bei einem Treffen mit seinem Verbindungsoffizier in Šafov nicht die gewünschten Informationen lieferte, hielten ihn die Nachrichtendienstmänner endgültig für einen „Klassenfeind". In Rücksprache mit der Nachrichtenabteilung des Grenzschutzes in Znojmo wurde der ahnungslose Dufek von Soldaten erschossen. Auch wenn die Beteiligten glaubten, eine „nationale Tat" vollbracht zu haben, kaschierten sie die eigenmächtige Hinrichtung des Agenten als Grenzzwischenfall. Die Sache flog auf und kam vor das Prager Militärgericht: Neun Angeklagte erhielten Strafen von bis zu zehn Jahren.

vertriebene Juden (vor allem aus Weitersfeld und Pulkau) in Schaffa ansiedeln durften.

Vorfahren bekannter österreichischer Politiker sind hier begraben, nämlich jene von Bruno Kreisky (1970–1983 Bundeskanzler) und Hertha Firnberg (1970–1983 Wissenschaftsministerin). Im Jahr 1991 bauten Jugendliche in einer Aktion des SOLA Langau (→ S. 226) den damals verwahrlosten Friedhof mit 950 Grabsteinen wieder auf.

Ohne Markierung
Distanz: 4 km

Von Šafov nach Riegersburg

Wir kehren zur südlichen Ortseinfahrt zurück. Von dort führt eine neue, 2014 errichtete Straße über eine leichte Anhöhe direkt nach Riegersburg. An der österreichischen Grenze können wir noch der schrecklichen Ereignisse von 1950 gedenken. Dann lassen wir die Schrecken des Kalten Krieges für eine Weile hinter uns. In Riegersburg erwartet uns eine ungewöhnliche Rastgelegenheit im herrschaftlichen Garten des Schlosses Ruegers.

Riegersburg

Seehöhe: 450 m

Katastralgemeinde von Hardegg (→ S. 240), www.hardegg.gv.at

Schloss Ruegers – Klein-Belvedere im Waldviertel

Die Sehenswürdigkeit der kleinen Ortschaft ist vielen als „Barockschloss Riegersburg" bekannt. Im Jahr 2017 führte der derzeitige Besitzer und Nachfahre der Adelsfamilie Khevenhüller-Metsch, Octavian Pilati, die alte Bezeichnung *Schloss Ruegers* wieder ein. Es sollen Verwechslungen mit der steirischen Riegersburg vermieden werden. Der prunkvolle Landsitz im Waldviertel wurde in mehreren Phasen zwischen 1730 und 1780 als Sommerresidenz der einflussreichen europäischen Adelsfamilie Khevenhüller errichtet. Siegmund Friedrich (1666–1742), seines Zeichens Statthalter von Niederösterreich, benötigte ein repräsentatives Gebäude. Architekt Franz Anton Pilgram orientierte sich bei seinen Plänen angeblich an dem kurz davor erbauten Schloss Belvedere in Wien.

Schloss Ruegers

Die Führung durch die Räumlichkeiten bringt uns die einstige Lebenswelt des Adels nahe. Die beeindruckende Inneneinrichtung ist zum Teil im Original erhalten, weil die Möbel vor Kriegsende 1945 in Sicherheit gebracht worden sind. Noch während des Zweiten Weltkrieges war hier zeitweise die berittene SS stationiert, dann fanden deutsche Umsiedler vorübergehend hier Quartier. Von 1945 bis 1955 diente das Gebäude der sowjetischen Besatzungsmacht, woran eine Gulaschkanone der Sowjetarmee erinnert. Wer für Übersinnliches empfänglich ist, spürt vielleicht den Geist des Fürsten Johann Carl Khevenhüller-Metsch: Er spukt angeblich durch die Räume, weil er 1867 seine Geliebte und seinen Sohn in Mexiko zurücklassen musste (→ S. 244). Übrigens, die Kaffeebar Maria Theresia steht auch ohne Besuch des Schlosses den Gästen offen.

Schloss Ruegers
Riegersburg 1, www.schlossruegers.at, Führungen Mai, Juni, Sept. Okt. Sa, So, Fei 14 Uhr, Juli, Aug. tägl. 14 Uhr, Eintritt: Führung € 9,50/€ 4,–

Von Riegersburg nach Felling

KTM
Distanz: 3 km

Nach dem prunkvollen Landsitz Schloss Ruegers haben wir ein einzigartiges Kontrastprogramm in Felling vor uns. Wir radeln vor zur Landstraße, biegen links ab und folgen der KTM. Bald kommt die Abzweigung links in Richtung Hardegg und Felling. Auf welligem, freiem Gelände geht es gut voran. In Felling sehen wir bald nach dem Hauptplatz rechts die Perlmuttmanufaktur.

Seehöhe: 429 m

Katastralgemeinde der Stadtgemeinde Hardegg (→ S. 240), www.hardegg.gv.at

Perlmuttdrechslerei Felling
Felling 37, www.perlmutt.at, April bis Okt., Dez. Mo–Fr 9–12 u. 13–17, Sa 9–13 Uhr, Mai, Juni und Sept. Sa 9–16 Uhr, an Fei geschlossen, Eintritt: € 5,50/€ 3,–, NÖ-Card (Film € 2,50)

Felling

Perlmuttdrechslerei

Was früher ein weitverbreitetes Handwerk war, ist wegen des billigen Polyesterknopfes fast ausgestorben. Nur eine Manufaktur im Waldviertel hat den Widrigkeiten getrotzt – sie ist die einzige *Perlmuttdrechslerei* Österreichs. Da die Flussmuscheln der Thaya beinahe verschwanden und unter Schutz gestellt wurden, importiert der Betrieb seit den 1950er-Jahren Meeresmuscheln/-schnecken von den verschiedensten Weltmeeren (aus Zuchtbetrieben).

Das 1911 gegründete Familienunternehmen hat sich durch Innovation und Qualität eine Nische auf dem Weltmarkt geschaffen. Es beliefert Modemarken mit Hemdknöpfen samt Label und stellt Trachtenknöpfe, Tasten von Musikinstrumenten sowie andere hochwertige Gegenstände wie Schmuck aus Perlmutt her. Nach einem informativen Film und der Besichtigung des Betriebes kann man im Garten den größten Perlmuttknopf der Welt mit einem Durchmesser von über 5,30 Metern bewundern.

Ohne Markierung, 48
Distanz: 5,4 km

Museum der tschechoslowakischen Befestigungsanlage Frain/Pevnostní muzeum Vranov
muzeum-vranov.sweb.cz, Mai, Juni Sa, So 10–17 Uhr, Juli, Aug. tägl. Di–So 10–18 Uhr, Eintritt: Kč 50/Kč 30

Von Felling nach Vranov (Frain)

In der Ortsmitte von Felling, beim Kriegerdenkmal, weist uns ein Schild den Weg zum Frainer Gedenkstein nach rechts. Dort geht es auf einem Feldweg über sanftes Gelände geradeaus weiter über die Grenze. Achtung: Bei Regen könnte der Weg teilweise gatschig sein! Wir gelangen zur Straße und fahren auf ihr nach rechts (Route 48) und weiter geradeaus bis zum Schloss (Zámek Vranov). Unterwegs kann man noch einen kleinen Bunker aus den 1930er-Jahren besichtigen. Dann geht es rasch abwärts zum Schloss (600 m/40 Hm). Im Schloss gibt es einen Radabstellplatz auf der Zugangsbrücke.

Nicht nur ein Schloss in Vranov – an der Straße nach Znaim (Znojemská)

Vranov nad Dyjí (Frain an der Thaya)

Seehöhe: 316 m

Náměstí 47, Tel. +420 515 296 285, www.ouvranov.cz
ČD (Znojmo-Jihlava): Šumná, 7,3 km
Cyklobus (→ S. 18)

Frain (Vranov) war laut einem Reiseführer von 1931 „die älteste und überaus beliebte deutsche Sommerfrische" im Thayatal. Von dieser Zeit zeugen noch einige mondäne Villen und Häuser in dem Städtchen. Nicht nur deshalb fühlt man sich in der Hauptsaison wie in einem Adriaort der K.-u.-k.-Monarchie.

Vranov und die umliegende Region am Stausee weisen Gästezahlen auf, von denen die Waldviertler Orte im Thayatal derzeit nur träumen können. Südliches Urlaubsflair macht sich an der „mährischen Adria" breit, viele Sehenswürdigkeiten und schöne Landschaften sorgen für Abwechslung und Erholung. Über allem thront das prunkvolle Schloss, das zweifellos zu den schönsten Perlen des Thayatals zählt.

Schloss Frain/Zámek Vranov

Schon um 1100 stand auf dem Felsen eine mährische Grenzfeste, die im Laufe der Zeit aus- und umgebaut wurde. Den malerischen Ausblick auf den Ort das Thayatal von der Terrasse des Innenhofes des *Schlosses Frain* aus sollte man nicht versäumen (frei zugänglich)! Prägend für das heutige prachtvolle Aussehen der Anlage waren die Umgestaltungen im 17. Jahrhundert unter dem Besitzer Johann Michael II. Graf Althann, dem wohl nur das Beste gut genug erschien. Der bekannte Wiener Hofarchitekt Johann Bernhard Fischer von Erlach plante den *Ahnensaal*

Staatliches Schloss Frain an der Thaya/Statní zámek Vranov nad Dyjí
Zámecká 93, www.zamek-vranov.cz, April, Okt. Sa, So 9–15 Uhr, Mai, Juni, Sept. Di–So 9–16 Uhr, Juli, Aug. Di–So 9–17 Uhr, Pause 12–13 Uhr, Eintritt: Kč 150/Kč 110, Kombitour Kč 240/Kč 170

(1687–1695) für das Geschlecht der Althann und die *Schlosskirche* (1699–1700) im Stil der Zeit, dem Barock.

Ab 1799 war die repräsentative Anlage im Besitz der polnischen Adelsfamilien Mniszek und Stadnicki. Im neuen Staat Tschechoslowakei musste der Schlossherr Adam Stadnicki (1882–1982) aufgrund der Bodenreform Teile der Güter verkaufen. Er konnte sich jedoch beim Bau des Staudamms an der Thaya mit Holzlieferungen beteiligen.

Nach dem Überfall auf Polen und dem Ausbruch des Zweiten Weltkriegs 1939 konfiszierte das NS-Regime im damaligen Gau Niederdonau die Besitzungen des polnischen Adeligen Stadnicki. 1941 kaufte der deutsche Baron Gebhard von der Wense-Mörse das Schloss Frain. Nach 1945 wandte die Tschechoslowakei die Beneš-Dekrete auf die Besitzungen an, obwohl Adam Stadnicki noch Ansprüche stellte. Das Schloss wurde der Öffentlichkeit zugänglich gemacht und gehört heute zu den wichtigsten staatlichen Museen Tschechiens. Angeboten werden mehrere geführte Rundgänge: 1. Repräsentationsräume; 2. Privaträume und Schlosskapelle, mit Schwerpunkt auf die Besitzer des 19. und 20. Jahrhunderts; 3. Kombitour durch das ganze Schloss.

48
Distanz: 1,5 km

Vom Schloss ins Zentrum von Vranov (und zum Stausee)

Die nächste Abfahrt zum Fluss bringt uns ins Zentrum des Urlaubsortes (ca. 80 Hm). Von dort gibt es eine Abzweigung – wieder gleich aufwärts – zum Stausee (1,3 km/ca. 50 Hm). Eine bequeme Variante für diesen Weg bietet der kleine Bummelzug, der zwischen Staudamm, Hauptplatz, Schloss und Bunker pendelt (Fahrplan: *vlacekvranov.cz)*.

Talsperre Vranov/Vranovská přehrada

Wer den Stausee bei Vranov nicht sieht, hat keine richtige Vorstellung von der touristischen Dimension des Thayatals. Der Spitzname „Mährische Adria“ ist

Ein Schloss mit vielen Stilen

nicht übertrieben: Im Sommer machen viele Tschechen am See Urlaub. Man kann dort segeln, schwimmen, campen, Rad fahren, wandern, eine Schifffahrt oder Sightseeing-Tour unternehmen. Das „Meer" ist von Menschenhand geschaffen: An den Ufern und Anhöhen entlang der über dreißig Kilometer aufgestauten Thaya liegen Sehenswürdigkeiten wie die Ruine der Burg Zornstein (hrad Cornštejn) und die Burg Vöttau (hrad Bítov).

Der Staudamm wurde von 1930 bis 1934 gebaut und ist mit über fünfzig Metern der höchste Tschechiens. Im Stausee versank die Ortschaft Bítov (Vöttau), deren Bewohner auf einer Anhöhe eine neue Siedlung mit Einheitshäusern erhielten. Auf der anderen Seite der Talsperre musste das niederösterreichische Hardegg mit dem empfindlich kalten Tiefenwasser aus dem Stausee leben und das beliebte Flussbad schließen.

In der NS-Zeit (1938–1945) tauchten Projektpläne zum Bau eines dreistufigen Kraftwerks auf. Doch der Zweite Weltkrieg verhinderte die Errichtung der zweiten Staustufe bei Hardegg. Nach 1945 verfolgte die Tschechoslowakei dieses Kraftwerksprojekt, weshalb sie eine Grenzänderung bei Hardegg anstrebte – doch vergeblich. Die Diskussionen um

Návštěvnické centrum – Elektrárna Vranov/ Besucherzentrum des Kraftwerks Vranov
Havlíčkovo nábřeží 421, www.elektrarna-vranov.cz

weitere Staustufen im Thayatal vor Znaim hielten bis Anfang der 1990er-Jahre an, doch glücklicherweise kam es 1991 zur Errichtung des Nationalparks Podyjí.

48
Distanz: 8 km

Von Vranov nach Čížov

Nun steht der Inter-Nationalpark auf dem Programm. Vom Hauptplatz in Vranov folgen wir der Route 48 nach Čížov. Auf der Straße Znojmenská geht es bergauf und es ist mit etwas mehr Verkehr zu rechnen. Doch dafür entschädigt uns eine Aussichtsplattform für einen Abschiedsblick auf Vranov. Andere haben sich hier mit Liebesschlössern verewigt. Wenn wir die Anhöhe erreicht haben (1,5 km/100 Hm), fahren wir einige Zeit weiter, 2,5 km leicht bergauf (ca. 40 Hm). Schließlich biegt die Route 48 nach rechts in den Wald ab. Hier gilt für uns auch die Markierung Gelb-Rot-Gelb. Die Route verläuft meist einfach geradeaus auf dem asphaltierten Weg. Vor Čížov geht es flott bergab (1,5 km/80 Hm). Die Aufschrift „Zpomal!" am Boden mahnt zum Bremsen.

Variante: Von Vranov über Zadní Hamry nach Čížov (Route 5122): Dieser zum Teil sehr steile Weg durch den Wald ist nur für Moutainbiker mit Kondition und ohne Gepäck empfehlenswert.

Čížov (Zaisa)

Seehöhe: 423 m

Besucherzentrum des Nationalparks Podyjí, www.nppodyji.cz
ČD (Znojmo-Jihlava): Šumná, 7 km

Das kleine Čížov ist die Basis für den kleinsten *Nationalpark* Tschechiens (63 km^2), der 1991 in der ehemaligen Grenzsperrzone gegründet wurde. In die ehemalige Kaserne des Grenzschutzes ist das *Besucherzentrum des Nationalparks Podyjí* eingezogen. Das Umweltministerium Tschechiens verwaltet das Gebäude, in dem über Fauna und Flora des Thayatals informiert wird. Die Besonderheit dieser Naturlandschaft ist durch die Lage an der Grenze zwischen atlantischem und pannonischem Klima bedingt. Vierzig Jahre Grenzsperrgebiet und mehr als 25 Jahre Naturschutzzonen gaben der einzigartigen Vegetation Zeit zur un-

Die „Mährische Adria“ bei Vranov

gestörten Entfaltung. Mittendrin schlängelt sich der Thayafluss 45 Kilometer durch die Granitblöcke und bildet hier großteils die Staatsgrenze. Auf österreichischer Seite deklarierte Niederösterreich 1988 und 1991 Naturschutzgebiete im Thayatal, 2001 kam der Nationalpark. So entstand eine Region, die oft als „Inter-Nationalpark Thayatal“ bezeichnet wird. Die Nationalparkteams arbeiten selbstverständlich zusammen und überwinden dabei Barrieren verschiedener Art: unterschiedliche Sprachen, Organisationsstrukturen und Regelungen im Naturschutz.

Besucherzentrum/ Návštěvnické středisko
Čížov 176, www.nppodyji.cz, April, Mai, Sept., Okt. Sa, So, Fei 9–17 Uhr, Juni tägl. 9–17 Uhr, Juli, Aug. tägl. 9–18 Uhr

Für historisch Interessierte befindet sich in Čížov eine der zentralen Sehenswürdigkeiten des Thayatals. Im Nationalpark blieb selbst die Grenzanlage des *Eisernen Vorhangs* (→ S. 239) unberührt: 300 Meter Stacheldrahtzaun, ein Wachturm und der Panzerweg sind noch im Original an ursprünglicher Stelle – vier Kilometer im Landesinneren. Dies ist einzigartig in Tschechien, denn alle anderen Zäune sind nachträglich aufgebaute Schaustücke.

Von Čížov zur Thayabrücke bei Hardegg

EV 13
Distanz: 4 km

Auf dem Weg nach Hardegg machen wir einen Abstecher. Nach ca. 3 km führt vom Hauptweg rechts ein Wanderweg zur Hardegger Warte (Hardeggská vyhlídka). Wir genießen das wundervolle Panorama, dann kehren wir zur Straße zurück. Der nächste Höhepunkt wartet – die Grenzbrücke von Hardegg mit den ehemaligen Zollhäusern. Sind die Bremsen auch in Ordnung? Eine Abfahrt bei einem Gefälle von 12 % liegt vor uns (2 km/100 Hm).

Informationsstelle des NP Podyjí im ehemaligen Zollhaus
www.nppodyji.cz, Juni bis Aug. tägl. 10–17 Uhr, Sept. So, Sa, Fei 10–17 Uhr

Zollhaus von Čížov

Kein Grenzer und kein Schlagbaum hält uns mehr auf, doch wir bleiben trotzdem gerne stehen. Das renovierte ehemalige *Zollhaus von Čížov* lädt zum Besuch ein, es wurde am 27. Mai 2017 als Infopoint des Nationalparks Podyjí eröffnet. Wechselausstellungen über die Natur und Geschichte der Region bilden nun eine weitere Attraktion an der Thaya. Es ist auch mit Material über Hardegg ausgerüstet. Das Gebäude selbst stammt aus dem Jahr 1937. Erst bei näherem Hinschauen sieht man den eingebauten Bunker unter der Eingangstreppe, der Teil der tschechoslowakischen Befestigungsanlage war. (→ S. 263)

Zollhaus Hardegg
Teil des Hardegger Themenwegs, Zutritt mit Zugangscode (erhältlich im Gasthaus Thayabrücke)

Die Thayabrücke bei Hardegg – stählerne Zeugin der Grenzgeschichte

Als die Brücke über die Thaya 1874 (1885 als Stahlkonstruktion) eröffnet wurde, konnte niemand ahnen, welch wechselvolle Geschichte sie durchmachen würde. Sie wurde errichtet, um den Hardeggern die Bewirtschaftung der Felder am anderen Ufer und den Weg ins nahe Znaim (Znojmo) zu erleichtern. Die *Thayabrücke* sah Staaten und verschiedene Formen von Grenzen, Touristen, Soldaten und Flüchtlingen, erlebte Tragödien und Feste, Schießereien und freudige Begegnungen. Doch die Stahlbrücke überstand als eine von zwei alten – noch existierenden und benützbaren – Grenzbrücken zu Tschechien (und zur Slowakei) die Wirren des 20. Jahrhunderts. Das ehemalige *Zollhäuschen* auf österreichischer Seite beherbergt seit 2015 eine Ausstellung zu den wichtigen Wendepunkten der Geschichte der Thayabrücke und Hardeggs. Die beeindruckenden Fotos lassen uns die Stimmung der Zeiten nachempfinden.

Vierzig Jahre lang war die gesperrte Brücke Symbol des geteilten Europas im Kalten Krieg. Als der Eiserne Vorhang im Dezember 1989 fiel, war die Euphorie riesig. Am 26. Dezember 1989 balancierten Menschen aus der Tschechoslowakei und Österreich auf den Stahlstreben über die Brücke, um die

Der Eiserne Vorhang bei Čížov

DER STACHELDRAHTZAUN – TODESFALLE EISERNER VORHANG

1951 begann das kommunistische Regime mit dem Bau der Sperranlagen an der Staatsgrenze. Bis zu drei Stacheldrahtzäune hintereinander mit mehr als zwei Metern Höhe standen in der Sperrzone. Von 1952 bis 1965 waren diese sogar unter Starkstrom (3000 bis 6000 Volt) gesetzt, bis 1957 ergänzten Tretminen die Anlage. Später entschärfte die ČSSR die Todesfallen aufgrund internationaler Proteste – und weil ihr auch viele Grenzsoldaten zum Opfer fielen.

Nach 1965 kamen Signalzäune ohne tödliche Wirkung zum Einsatz, die nur Alarm auslösten. Über „Kolonnenwege" entlang des Zauns konnten die Grenzsoldaten den entsprechenden Abschnitt erreichen und durch Spuren im Sandstreifen den Fluchtweg feststellen. Es ist nicht bekannt, wie vielen Menschen die Flucht über die Befestigungsanlagen des Eisernen Vorhangs gelang. Durch Fluchtversuche an der Grenze der ČSSR zu Österreich starben mindestens 123 Menschen, die Dunkelziffer dürfte wesentlich höher sein. Darüber hinaus gab es tödliche Zwischenfälle, meist bei (irrtümlichen) Grenzübertretungen. Insgesamt geht man derzeit von ca. 390 zivilen Todesopfern aus. Es ist eine tragische Ironie, dass noch mehr Grenzsoldaten ihr Leben verloren, nämlich 648: die meisten verunglückten durch Stromschlag, Minen oder Fehlschüsse von Kollegen – 208 begingen Selbstmord.

Die Thayabrücke – ein Ort voller Symbolik

Grenze zu überschreiten und einander zu begegnen. Die offizielle Wiedereröffnung fand nach der Renovierung am 15. April 1990 (Ostersonntag) statt. Ca. 10.000 Menschen feierten dieses historische Ereignis. Aus der „Todesgrenze" war wieder eine „gewöhnliche" Staatsgrenze geworden. Mit dem Ende der Schengen-Grenzen zwischen Tschechien und Österreich im Jahr 2007 hat eine neue Ära begonnen. Man spaziert oder radelt wie ganz selbstverständlich über die Thayabrücke – nur in der Mitte ist die Grenze aufgrund der unterschiedlichen Farbtöne am Geländer zu sehen. War das Permanent Breakfast am 6. Juli 2003 noch ein außergewöhnliches Ereignis, so finden auf der Brücke seit 2008 immer wieder Feste und Aktionen statt, wie z. B. das grenzüberschreitende Hardegger Brückenfest (25.5.2008), die Kunstinstallation Grenzüberschreitungen (20.6.–7.7.2013) oder das Brückenfest zum Anlass „25 Jahre Ende des Eisernen Vorhangs" (17.5.2014). Das Herzstück im Inter-Nationalpark ist ein ganz besonderer Ort.

Hardegg

Seehöhe: 309 m

Das bezaubernde, ruhige Städtchen im wildromantischen Tal, bewacht von einer imposanten *Burg*, ist das Herz des Inter-Nationalparks Thayatal. Hier ist

Entspannung angesagt. Den fröhlichen „Durchzugsverkehr“ über die Grenzbrücke von und nach Südmähren verursachen hauptsächlich Radfahrer und Wanderer. Die Zeiten des Eisernen Vorhangs sind glücklicherweise vorbei, und allmählich scheint die kleinste Stadt Österreichs die negativen Folgen ihrer extremen Randlage an der einst „toten Grenze“ zu überwinden. Die Zukunft Hardeggs liegt sicherlich im grenzüberschreitenden, sanften Tourismus – man erinnere sich an die Vergangenheit als beliebter Sommerfrischeort der Region.

Stadtamt in Pleissing 2, Tel. +43 2948 8450, www.hardegg.gv.at; Nationalparkhaus Thayatal, Tel. +43 2949 7005-0, www.np-thayatal

Spazierfahrt durch Hardegg

Gleich bei der symbolträchtigen Stahlbrücke bietet das Gasthaus Thayabrücke (Salettl) Gelegenheit für Rast und Verpflegung. In gemütlicher Atmosphäre kann man seinen Gedanken nachhängen. Unsere weiteren Stationen im verträumten Städtchen liegen auf der Hauptstraße, die nach dem kleinen Hauptplatz in einer Linkskurve zur Burg führt.

EV 13
Distanz: 700 m

Wir bewegen uns dabei auf dem *Hardegger Themenweg „Auf den Spuren des Nachtwächters“*. Broschüre und Zugangscode sind gratis im Gasthaus Thayabrücke, in der Bäckerei Sackl (Hauptplatz), im Gasthof Hammerschmiede (Straße nach Felling) und bei der Infostelle des Nationalparkhauses (Straße nach Merkersdorf) zu bekommen.

Hardegger Themenweg „Auf den Spuren des Nachtwächters“
www.hardegg.gv.at/pdf/themenweg.pdf

★ SOMMERFRISCHE IN HARDEGG

Neben dem Salettl an der Thayabrücke erinnert der einst bekannte Gasthof Teichmann an frühere Sommerfrischen. Die Touristen waren ab 1875 über die Nordwestbahn und neue Straßen in die Region gekommen. Zu seinen besten Zeiten um 1930 verzeichnete Hardegg bis zu 30.000 Nächtigungen im Jahr! Es gab 200 Sommerwohnungen mit ca. 500 Betten. Das Städtchen warb 1929 mit guten Busverbindungen zu den Bahnhöfen in Retz, Raabs, aber auch Znaim. Die Gäste konnten in Hardegg ihre Zeit z. B. mit Tennis, Fischen, Wandern, Ausflügen, Flanieren auf Prome-

Beim alten Badeplatz an der Thaya um 1925

nadenwegen und mit Bootsfahrten verbringen. Das Flussbad lockte mit seiner „milden Temperatur (18–22 °C)“. Das angenehme Pritscheln in der Thaya fand allerdings 1934 mit der Fertigstellung des Kraftwerks in Frain (Vranov) ein jähes Ende (→ S. 234 f.).

Zum Erfolg Hardeggs als Sommerfrischeort hatten Anfang des 20. Jahrhunderts auch einige Stammgäste beigetragen: Sie gründeten hier die „Schleimbacher Gemeinde“, in der sie unter einem „Decknamen“ lebten. Jeden Sommer wählten sie einen eigenen Bürgermeister, organisierten Veranstaltungen und gaben eine humoristische Zeitung heraus. So waren die Hardegger Sommerfrischler mit dem Städtchen an der Thaya in besonderer Weise verbunden, im Winter trafen sie sich zusätzlich in Wien.

Selbst die neue Staatsgrenze von 1918/19 mitten im Thayatal beeinträchtigte den Fremdenverkehr nicht wirklich. Die Region bildete über Jahrzehnte hinweg weiterhin eine touristische Einheit, die sich großer Beliebtheit erfreute und für die es eigene Reiseführer gab. Für Wanderungen jenseits der Grenze erhielten die Gäste von den örtlichen Behörden zeitlich befristete Grenzübertrittsscheine, da Reisepässe noch selten waren. Erst der Eiserne Vorhang zerriss das Thayatal in zwei Teile und bewirkte eine Abwärtsentwicklung, die auch ein gewisser „Sensationstourismus“ zur gesperrten Thayabrücke nicht aufhalten konnte. Die Wunden der Geschichte verheilen langsam, und allmählich wächst das Thayatal wieder zusammen.

Hauptplatz / Kultur•Punkt und Guckkastenmuseum

40 Jahre am „Ende der Welt" verstärkte die Landflucht aus dem nördlichen Waldviertel erheblich. Die Bevölkerung im heutigen Gemeindegebiet Hardegg ging deutlich zurück (1951: 2882 Einwohner; 1991: 1652; 2011: 1380). Diese Entwicklung führte zwischen 1968 und 1975 zur Zusammenlegung der Ortschaften Felling, Hardegg, Heufurth, Mallersbach, Merkersdorf, Niederfladnitz, Pleissing, Riegersburg, Waschbach sowie Umlauf (unbewohntes Gebiet im Nationalpark) zu einer neuen Stadtgemeinde mit dem Namen Hardegg. Das Stadtamt und die Volksschule befinden sich jedoch in Pleissing. Hardegg selbst besitzt noch sein altes Stadtrecht (1290 erstmals erwähnt) und zählt ca. achtzig Einwohner (Hauptwohnsitz).

Das unglaublich kleine ehemalige Rathausgebäude am Hauptplatz von Hardegg dient seit 2006 dem engagierten Verein *Kultur•Punkt*, der hier in den Monaten Mai bis Oktober immer wieder Ausstellungen veranstaltet. Die frühere Schule in der Nähe beherbergt das 2009 in ehrenamtlicher Arbeit eingerichtete *Guckkastenmuseum*, in dem man in die Vergangenheit Hardeggs „gucken" kann. Zu sehen sind Fotos, Videos, alte Alltags- und Arbeitsgegenstände, Landkarten und Dokumente, aber leider nur aus der Ferne, weil man nicht weit in den Raum hineingehen kann.

Ehemaliges Rathaus von Hardegg

Kultur•Punkt Hardegg
Hardegg 68, www.kulturpunkt-hardegg.com

Guckkastenmuseum Hardegg
Hardegg 36, www.kulturpunkt-hardegg.com/museum, Zutritt mit Zugangscode (Hardegger Themenweg), Infos im Stadtamt Hardegg, Tel. +43 2948 8450

Burg Hardegg – altes Herz der Stadt

Die Geschichte der Stadt ist mit der Burg aus dem 12 Jahrhundert eng verbunden. Die einstige Grenzfeste hat eine wechselvolle Geschichte mit Kämpfen, einigen Umbauten, Erdbeben, Bränden und Verfall hinter sich. 1878 beauftragte der damalige Besitzer Johann Franz Carl Khevenhüller-Metsch (1839–1905) den Architekten Carl Gangolf Kayser, die Ruine im Zeitgeist des Historismus teilweise wiederaufzubauen, mit großem Rittersaal. Die Arbeiten dauerten bis

Burg Hardegg
Hardegg Stadt 38, www.burghardegg.at, April, Okt. Sa, So, Fei 10–17 Uhr, Mai, Juni, Sept. tägl. 10–17 Uhr, Juli, Aug. tägl. 10–18 Uhr, Eintritt: € 7,50 /€ 4,–. Führungen nach Anmeldung

1906. Die imposante *Burg Hardegg* befindet sich wie das Schloss Ruegers (→ S. 230) im Besitz der Familie Pilati und ist öffentlich zugänglich. In der Burg kann man ein Kaiser-Maximilian-von-Mexiko-Museum besichtigen.

Was hat Kaiser Maximilian von Mexiko mit Hardegg zu tun? Der Burgherr von Hardegg, Fürst Johann Franz Carl Khevenhüller, und auch sein späterer Architekt Carl Gangolf Kayser waren von 1864 bis 1867 in Mexiko gewesen, um unter dem Habsburger Maximilian I. zu dienen. Damals versuchte der jüngere Bruder Kaiser Franz Josephs I., in dem fernen Land eine Monarchie zu installieren. Khevenhüller war Oberst des Reiterregiments „Rote Husaren" zum Schutz des kaiserlichen Hauptquartiers, Kayser Hofarchitekt. Das Kaisertum in Mexiko, das vom französischen Kaiser Napoleon III. initiiert worden war, scheiterte. 1867 wurde Maximilian durch mexikanische Republikaner hingerichtet. Khevenhüller verhandelte mit General Porfirio Diaz über den Abzug des österreichischen Freiwilligenkorps. Über diesen Kontakt wurden übrigens 1901 die diplomatischen Beziehungen zwischen Mexiko und Österreich-Ungarn wiederhergestellt.

1877 trat Fürst Khevenhüller sein Erbe im Schloss Riegersburg an und stellte eine Sammlung über die Ereignisse in Mexiko zusammen. Nach Kriegsende 1945 wurde diese fast gänzlich zerstört, als sowjetische Soldaten Exponate mitnahmen und die Burg vor weiteren Plünderungen nicht geschützt war. 1956 erhielt die Familie Khevenhüller-Metsch ihren zu Kriegsende beschlagnahmten Besitz zurück. 1974 eröffnete als Ersatz für die Mexiko-Sammlung eine Kaiser-Maximilian-Ausstellung, die die Grundlage für das heutige *Museum* bildet. Ein sehr symbolträchtiges Objekt, das noch aus der ursprünglichen Mexiko-Sammlung stammt, ist nur bei Führungen zu sehen: das *Kruzifix*, hergestellt aus dem Holz des Schiffes Novara, mit dem Maximilian nach Mexiko reiste und im Sarg zurückkehrte.

Burg Hardegg

Von Hardegg (Burg) zum Nationalparkhaus

KTM
Distanz: 2 km

Nun erwartet uns noch das Nationalparkhaus auf der Hochebene. Von der Burg Hardegg führt die KTM auf einer kurvigen Straße stetig hinauf (ca. 115 Hm). Dabei ist mit etwas Verkehr zu rechnen. Zu Beginn kommen wir an einem Gedenkstein vorbei, der an die Vertreibung in den Jahren 1945/46 aus den südmährischen Orten jenseits der Thaya erinnert. Auf dem anstrengenden Weg belohnt uns die Aussicht auf die majestätische Burg. Oben angekommen, sind wir schon fast am Ziel.

Hardegg – Nationalparkhaus Thayatal

Das Hauptquartier des kleinsten Nationalparks Österreichs (13 km^2), der am 1. Jänner 2000 gegründet wurde, befindet sich am Rand des Naturschutzgebietes. Hier im *Nationalparkhaus Thayatal* erhält man alle nötigen Informationen für den Aufenthalt in und um Hardegg, bei Bedarf auch Räder (Verleih). Für die Region ist das Haus ein wichtiger Impulsgeber: Das engagierte Team bietet viele interessante Veranstaltungen, etwa grenzüberschreitende Ausflüge und solche im Bereich der Umweltbildung, an. In der Ausstellung („Natur-Geschichten") tauchen wir über einen Film in die faszinierende Welt des Nationalparks ein. Eine virtuelle Erkundung der Region ist mit einem Tablet möglich, und auf der Terrasse kann man den alten Sagen des Thayatals lauschen. Im Bereich „Grenzen" nähern wir uns wieder

Nationalparkhaus Thayatal
www.np-thayatal, Ende März bis Sept. tägl. 9–18 Uhr, Okt. bis 2. Nov. tägl. 10–17 Uhr, Eintritt: € 4,50/€ 3,–, nur Film € 2,50, NÖ-Card

unserem Spezialthema, wo wir Zeitzeugen aus der Region hören können. Tierfreunde besuchen die zwei Wildkatzen Carlo und Frieda im Außengehege. Ihre seltenen Artgenossen haben sich nach langer Zeit wieder im Thayatal angesiedelt und wurden 2007 entdeckt. Im Shop lässt sich vielleicht ein nettes regionales Mitbringsel finden, und es gibt auch ein Restaurant bzw. Café.

KTM
Distanz: 13,5 km

Vom Nationalparkhaus nach Retz

Nach diesen vielen Eindrücken fahren wir auf der KTM zügig zur letzten Station dieser Tour – nach Retz (Kalvarienberg). Es geht durch leicht hügeliges Gelände. In Merkersdorf gibt es die Möglichkeit für einen Abstecher zur Feste Kaja (Wegweiser). Danach führt die KTM etwas umständlich auf Güterwegen durch die Felder. Nach Niederfladnitz sehen wir wieder die Schienen des Reblaus-Express. Bei der Überquerung der Gleise bei Hofern folgen wir unbedingt der KTM. Auf diesem Stück bieten sich uns herrliche Ausblicke ins Weinviertel und nach Südmähren. Die Weinreben und vielleicht auch etwas wärmere Temperatur sind Boten einer neuen geografischen Region.

Feste Kaja
www.hardegg.gv.at, Mai bis Okt. Sa, So, Fei 10–17 Uhr, Eintritt: € 3,–/€ 1,–

Retz/Kalvarienberg

Seehöhe: 316 m

Siehe Retz (→ S. 254)

Retzer Windmühle – Markstein zweier Regionen

Die alte *Windmühle* auf dem Kalvarienberg in Retz signalisiert uns das Ende der Tour durch das Waldviertel. Hier wird das Massiv aus Granit vom Sandboden abgelöst – das Weinviertel beginnt. Nicht ohne Grund steht die Windmühle an dieser Stelle, denn der unterschiedliche Boden, der Höhenunterschied, die Veränderung des Klimas und der Temperaturen sorgen für ideale Windverhältnisse. Im Weinviertel kann es um fünf Grad wärmer als im Waldviertel sein.

Die steinerne Turmwindmühle, erbaut nach holländischem Vorbild, stammt aus der Mitte des

Vom Waldviertel
ins Weinviertel

19. Jahrhunderts. Sie überlebte als eine von wenigen der ursprünglich ca. vierzig Windmühlen im Weinviertel und steht seit 1930 unter Denkmalschutz. Lange stand die Schaumühle still, doch holländische Mühlenbauer machten sie funktionstüchtig, sodass sich seit 2010 die Windräder wieder drehen. Führungen beginnen zur vollen Stunde.

Retzer Windmühle
www.windmuehle.at, Mai bis Sept. tägl. 11–17 Uhr, April, Okt. Mo–Fr 11 u. 15, Sa, So, Fei 11–17 Uhr, Eintritt: € 6,–/€ 3,–, NÖ-Card, Infos beim Retzer Tourismusbüro, Tel. +43 2942 2700

Ausklang und Ausblick

Beim Wahrzeichen von Retz genießen wir die großartige Aussicht auf die Weinstadt, das Weinviertel und Südmähren. Der Heurige bei der Windmühle lädt ein, unsere Radtour gebührend ausklingen zu lassen, bevor wir neue Regionen erforschen.

Vom Kalvarienberg zum Hauptplatz von Retz

KTM
Distanz: 1,5 km

Wir kehren zur Route zurück oder spazieren über den Weinberg – auf einem holprigen Weg – hinunter und halten uns dann rechts. Die Windmühlgasse bringt uns fast direkt ins Zentrum von Retz. Beim Kreisverkehr nehmen wir die Ausfahrt nach rechts durch das Znaimer Tor auf den schönen Hauptplatz der Weinstadt Retz (ca. 50 Hm). Die nächste Tour kann beginnen.

Der Masaryk-Platz in Znojmo (Znaim)

7 Eine Region im Fokus der Weltgeschichte
Retz – Znojmo – Laa

Gesamtlänge der Route:
77 km

In diesem „Städtedreieck" treffen wir auf kleinem Raum „Meilensteine" der österreichisch-tschechischen Zeit- und Grenzgeschichte: Nach dem Zerfall der Monarchie im Herbst 1918 fanden in Südmähren Scharmützel im Kampf um die Staatshoheit statt, bis die „Deutschsüdmährische Kreisregierung" von Znaim nach Retz ins Exil fuhr. Hohen historischen Symbolcharakter haben die Grenzbefestigungen bei Šatov, welche die ČSR 1938 zu ihrem Schutz gegen Hitler errichtete. Schon fast vergessen sind die Schmuggel- und Fluchtgeschichten von Österreichern, die vor allem 1934 in der Tschechoslowakei

Zuflucht suchten, doch wir suchen ihre Spuren in den reizvollen Weinbergen an der Grenze. Es ist eine Region voller Geschichten aus der wechselhaften Zeit des 20. Jahrhunderts. Bei unserer grenzenlosen Fahrt entdecken wir noch den Ort, wo der Eiserne Vorhang zwischen Österreich und der Tschechoslowakei symbolisch sein Ende fand und Bildikonen der Wende von 1989 entstanden.

Kartenmaterial:

- Shocart Nr. 165 (1:60.000): Znojemsko, www.shocart.com

Gut zu wissen

Radfahren in der Region. Im Weinviertel und Südmähren ist es merkbar wärmer und trockener als im

Wichtige Links zur Region:
- Retzer Land im Weinviertel, www.retzer-land.at
- Initiative Pulkautal, www.pulkautal.at
- Touristisches Informationszentrum Znojmo, www.znojemskabeseda.cz
- Znojemsko.info, www.znojemsko.info

Waldviertel und Südböhmen. Das Gelände ist insgesamt flach bis leicht hügelig. Manchmal führt die Route über anstrengende, aber eher kurze Steigungen. Die Ausläufer der Böhmischen Masse bilden eine Anhöhe zwischen Retz und Znaim, an deren Abhang die ersten Weingärten die Landschaft prägen. Entlang der Grenze zwischen Retz und Laa erhebt sich eine sanfte Hügelformation, die im Weinviertel Schatzberg genannt wird. Wenn wir also die Seite wechseln, müssen wir fast immer über den „Schatz" und einige Höhenmeter überwinden. Man kann es auch einfacher haben, aber gerade der Wechsel macht den Reiz aus. Die Wege der vorgeschlagenen Route sind in der Regel gut befestigt, aber es ist auch mit Feldwegen und holprigen Abschnitten zu rechnen.

Planung

„Basislager"/Ausflüge. Znojmo (Znaim) und Retz eignen sich als Ausgangspunkt für die Erkundung dieses Abschnitts, aber auch für die Nationalparkregion (→ S. 215 ff.). Vor allem die Kreisstadt Znojmo hat sehr viele Sehenswürdigkeiten und bietet als Kreuzungspunkt mehrerer Bahnlinien einen großen Aktionsradius im Thayatal. Es gibt ausreichend Quartiere im gemütlichen Weingebiet, in dem es noch mehr zu entdecken gibt, wie z. B. den Heiligen Stein in Mitterretzbach, die Südmährerwarte zwischen Unterretzbach und Kleinhaugsdorf oder die Renaissance-Wassermühle in Slup (Vodní mlýn ve Slupi, *www.technicalmuseum.cz*). Wer noch ein besonderes Symbol der Grenzöffnung sehen und in eine exzentrische Konsumwelt eintauchen will, sollte das Einkaufszentrum Excalibur-City beim Grenzübergang Kleinhaugsdorf/Hatě nicht versäumen.

Grenzüberschreitendes. Einer der Höhepunkte im Jahreskreis ist die Radveranstaltung „Ein Tal am Rad" („Údolím na kole") der Initiative Pulkautal. Jedes Jahr im Juni überschreiten ca. tausend Freizeitradler Grenzen und sammeln Stempeln in einem

Pass. Doch dieser ist kein Reisedokument, sondern gibt Auskunft über die Stationen bzw. Gemeinden auf der Route. Die Gesamtstrecke umfasst ca. 120 Kilometer, doch es macht Spaß, auch nur Teile zu absolvieren und dabei Kulinarik und Programm zu genießen. Das Abschlussfest findet jedes Jahr in einer anderen Gemeinde statt *(www.pulkautal.at/Ein_Tal_am_Rad_4)*.

Für kulturell Interessierte gibt es im Juli das Festival Retz/Internationale Musikfestspiele Znojmo (Hudební festival Znojmo): Die Festivals in Retz und Znojmo bringen jedes Jahr Opern, klassische Musik und deren kreative Verarbeitungen, Literatur und Lesungen in die Grenzregionen. Die beiden Veranstaltungsorte bilden eine Festivalpartnerschaft und sind in diesem Zeitraum mit Shuttlebussen verbunden. Traditioneller Höhepunkt des Programms ist ein gemeinsames Konzert am Heiligen Stein in Mitterretzbach, bei freiem Eintritt und Picknick. *(www.festivalretz.at, www.hudbaznojmo.cz)*

Aktion „Ein Tal am Rad“

Mit Bahn und Bus

Radtransport in der Region. Die Verbindungsbahn zwischen Znojmo und Břeclav, der Pálava-Express, ist sicherlich sehr nützlich, wenn man länger in der Region ist und von einem zentralen Ort aus Ausflüge machen will. Da der Radtourismus in Tschechien sehr gefördert wird, ist zu erwarten, dass die Angebote für den Radtransport in Südmähren künftig ausgebaut werden *(www.jizdnirady.cz)*. (Für Ausflüge in den Raum Inter-Nationalpark → S. 215 ff.).

Anreise in die Region. Die einfachste und direkte Anreisemöglichkeit zum Ausgangspunkt unserer Tour bieten die ÖBB mit der Schnellbahn von Wien nach Retz, die ca. alle zwei Stunden fährt. Hier werden derzeit meist die Wiesel-Garnituren eingesetzt (Niederflurwägen).

Seehöhe: 267 m

Tourismusbüro Retz, Hauptplatz 30, Tel. +43 2942 2700, www.retzer-land.at, www.retz.gv.at

ÖBB Nordwestbahn (Wien–Znojmo)
NÖVOG Reblaus-Express (Retz–Drosendorf)
(→ S. 219)

Retz

Retz ist vielen Menschen vor allem durch die beliebte Fernsehserie „Julia – eine ungewöhnliche Frau“ (1998–2002) ein Begriff. Durch diese rückte Retz, das wegen der Lage am Eisernen Vorhang ins Abseits geraten war, wieder mehr ins öffentliche Bewusstsein. Dass sich die Weinstadt in unmittelbarer Nachbarschaft Tschechiens befindet, blendete man in der Serie fast völlig aus.

Doch über Jahrhunderte bestand eine enge Verbindung nach Südmähren. Nachdem schon seit ca. 1180 das Dorf „Rezze“ existierte, wurde 1279 an der Kreuzung des Thayatalwegs und des Rittsteigs von Krems an der Donau nach Znaim planmäßig die befestigte Stadt an zwei Handelswegen gegründet. Für Retz bildete der überregionale Weinhandel die wirtschaftliche Grundlage und brachte Reichtum, was sich in den alten, stattlichen Bürgerhäusern am Hauptplatz widerspiegelt.

Hauptplatz

An heißen Tagen breitet sich auf dem *Hauptplatz* südländisches Flair aus. Das inoffizielle Retzer Motto „Alles mit der Zeit“ lädt ein, in aller Ruhe das Zentrum der Weinstadt auf sich wirken zu lassen. Leider spenden die zwei Barockbrunnen kein Trinkwasser, dafür aber beim Weinfest im September den frischen Rebensaft. Auf dem großen Marktplatz von Retz haben sich bedeutende *Renaissancebauten* aus dem 16. Jahrhundert erhalten, wie das „Bemalte Haus“ Nr. 15 (Sgraffitohaus). Die 1928 wieder freigelegte Fassade ist verziert mit griechisch-mythologischen sowie biblischen Motiven und zeigt die Lebensalter des Menschen von zehn bis hundert Jahren. Gegenüber mahnt am Verderberhaus der schon genannte sympathische Leitspruch am Wappen des Hanns Fierenz von Görz. Dieser ließ um 1583 drei gotische Gebäude durch eine venezianische Fassade vereinheitlichen. Im 19. Jahrhundert lebte darin die zugezogene Fa-

milie Verderber. Als einfacher Wanderhändler war Thomas Verderber von der deutschen Sprachinsel Gottschee (im heutigen Slowenien) ins Weinviertel gekommen und hatte es in Retz mit dem Aufbau einer großen Handelsfirma zu Reichtum gebracht.

Der Platz wird vom imposanten *Alten Rathaus* beherrscht, das mit seinem 57 Meter hohen *Turm* an eine Kirche erinnert – an der Stelle stand ursprünglich tatsächlich ein Gotteshaus. 1568/69 erfolgte der Umbau zu einem Rathaus, wobei der sakrale Raum in Form einer *Kapelle* erhalten blieb. 1615 bis 1618 wurde der Turm als Zeichen des aufstrebenden Bürgertums weiter erhöht. 128 Stufen bringen uns in die *Türmerstube,* wo uns ein schöner Ausblick auf das Retzer Land erwartet. Das markante Gebäude am Hauptplatz diente in der Fernsehserie „Julia – eine ungewöhnliche Frau" als Amtssitz der Bezirksrichterin Julia Laubach, gespielt von Christiane Hörbiger. Die TV-Präsenz gab Impulse für den Tourismus, der sich hier – entsprechend der wichtigen wirtschaftlichen Grundlage von Retz – ganz auf Wein spezialisiert und mit originellen Veranstaltungen lockt (z. B. dem Weihnachtsmarkt „Drüber und drunter"). Unter dem Hauptplatz erwarten uns die umfangreichen *Kellergewölbe,* wo man sich in das Lebensthema von Retz buchstäblich vertiefen kann. Dagegen ist die wechselhafte Geschichte der Weinviertler Grenzstadt im 20. Jahrhundert nach dem Umsturz 1918/19 im Allgemeinen wenig bekannt (→ S. 256).

Rathausturm
Mai bis Okt. tägl. 9–18, So 9–16 Uhr, Eintritt: € 1,– (Drehkreuz)

Rathauskapelle
Mai bis Okt. tägl. 10.15–10.30 u. 15.45–16 Uhr, Eintritt: freie Spende

Der Retzer Hauptplatz mit Altem Rathaus und Verderberhaus

Retzer Erlebniskeller
Tickets im Tourismusbüro Retz, Hauptplatz 30, www.retzer-land.at/retzer-erlebniskeller, Mai bis Okt. tägl. 10, 14 und 16 Uhr, Nov., Dez., März, April tägl. 14 Uhr, Jän., Febr. Sa, So, Fei um 14 Uhr, Eintritt: € 11,–/ € 4,50, NÖ-Card

Retzer Erlebniskeller

Unterirdisch tut sich eine faszinierende Welt auf: Österreichs *größter Weinkeller*. Ein mindestens zwanzig Kilometer langes Tunnelsystem in drei Stöcken, eingegraben in der uralten Sandschicht des Eggenburger Meeres, durchzieht den Retzer Boden. Gerüchten zufolge sollen die Gänge bis nach Znaim verlaufen sein. Der Aushub jedenfalls wurde für den Stadtwall verwendet. Um 1944 erstellte die Wehrmacht einen unvollständigen Plan, weil in den Kellern ein Rüstungsbetrieb errichtet werden sollte. Aufgrund der Klimabedingungen von ca. zehn Grad und einer Luftfeuchtigkeit von 88 Prozent war dieses Vorhaben nicht zu realisieren. So blieb die Unterwelt von Retz weiterhin der Weinlagerung vorbehalten und ist seit 1973 öffentlich zugänglich. Bei der neunzigminütigen Führung auf dem 6,2 Kilometer langen Weinwanderweg erfährt man einiges zur Geschichte des Weinbaus. Man lernt eine Vinothek der Stadt mit über Jahrzehnte gesammelten Jahrgängen kennen, darunter der Blaue Portugieser, der zur Feier der Unterzeichnung des Staatsvertrages in Wien am 15. Mai 1955 den Staatsmännern der Besatzungsmächte (USA, Großbritannien, Frankreich, UdSSR) kredenzt wurde. Für Erwachsene klingt die Führung mit einer Weinkostprobe – von Weinen jüngeren Datums – aus.

★ 1918/19: EXIL FÜR BEAMTE AUS SÜDMÄHREN

Retz erlebte den Zerfall des Habsburgerreiches im Herbst 1918 hautnah mit. Nach der Unabhängigkeitserklärung der Tschechoslowakei am 28. Oktober 1918 begannen im benachbarten Südmähren Machtkämpfe. Denn am 3. November 1918 riefen im Znaimer Rathaus deutschsprachige Landtags- und Reichratsabgeordnete unter der Führung des Deutschnationalen Oskar Teufel den „Kreis Deutsch-Südmähren" als Teil Deutschösterreichs aus: ein 1840 Quadratkilometer großes Gebiet mit überwiegend deutschsprachiger Bevölkerung (1910: 92 %), das von Zlabings (Slavonice) bis Lundenburg (Břeclav) reichte und 195 Gemeinden mit ca. 170.000 Menschen umfasste. Es folgten Wochen und Monate der Unsicherheit im neuen Grenzgebiet.

Die neue Regierung in Wien sandte Beamte und Ende November Volkswehrbataillone nach Südmähren, auch um Lebensmittel für Wien zu beschaffen. Aufgrund der Abhängigkeit von Lebensmittel- und Kohlelieferungen aus der ČSR und des Waffenstillstandes vom 3. November 1918 war der Handlungsspielraum Deutschösterreichs beschränkt. So brachten tschechoslowakische Einheiten das Grenzgebiet in Scharmützeln gegen die Volkswehr schrittweise unter ihre Kontrolle. Bevor schließlich die Einnahme Znaims am Morgen des 16. Dezember 1918 erfolgte, flüchteten die deutschsüdmährische Kreisregierung und weitere Beamte mit einem Sonderzug nach Retz ins Exil.

Deutschsüdmährische Kreisregierung in Retz

Das Unterkiefer eines Wollhaarmammuts aus Retz

Bis zur endgültigen Klärung der Grenzfrage blieb der Beamtenapparat in Retz bestehen. Die Kreisregierung unter Graf Hieronymus Oldofredi hatte ihren Sitz am linken oberen Ende des Hauptplatzes, im Haus Nr. 23. Sie versuchten von Retz aus die Meinung in Südmähren zu beeinflussen. Als Höhepunkt des Protestes fand am 12. Jänner 1919 in Retz der Deutschsüdmährische Kreistag statt: Über hundert Delegierte beriefen sich auf das Selbstbestimmungsrecht der Völker und beschlossen eine Erklärung an Woodrow Wilson – ohne jegliche Wirkung. Nach der Unterzeichnung des Friedensvertrags von Saint Germain am 10. September 1919 wurde die Exilverwaltung in Retz aufgelöst.

Museum Retz/ Südmährische Galerie
Znaimerstraße 7, www.museumretz .at, Karsamstag bis 26. Okt. Fr, Sa, So, Fei 13–17 Uhr, Eintritt: € 3,–/ € 2,50 bzw. € 1,50, NÖ-Card

Museum Retz/Südmährische Galerie

Die Ursprünge des *Museums Retz* gehen auf das Jahr 1833 zurück, somit gehört es zu den ältesten Niederösterreichs. Am jetzigen Standort, dem einstigen Bürgerspital nahe dem Znaimer Tor, ist es seit 1947 untergebracht. Das Stadtmuseum zeigt Alltagsgegenstände des bürgerlichen Lebens mit Schwerpunkt auf das Biedermeier, z. B. Musikinstrumente und Tracht.

Weiters werfen 16 Stationen Schlaglichter auf die Entwicklung der Stadt bis ins 20. Jahrhundert. Der neueste Teil der ständigen Ausstellung entführt in die Retzer Region vor 18 Millionen Jahren (!) bis in die Frühgeschichte. Selbst Haifische, Palmen und Mammuts waren hier einmal heimisch …

Im ersten Stock befindet sich die *Südmährische Galerie*, eine Stiftung des in Znaim geborenen Hellmut Bornemann, sie stimmt uns auf unsere weitere Radtour ein. Viele Aquarelle, Plastiken und Zeichnungen zeigen Ansichten der Stadt Znaim und des Landes an der Thaya aus der Zeit vor 1945. Ältere Landkarten von Mähren geben eine historische Orientierung.

Fahrradmuseum („'s Fahrradl im Schloss")

Seit 1999 gibt es unter dem Schüttkasten des Schlosses Suttner-Gatterburg ein Spezialmuseum für unser liebstes Vehikel. 225 Räder aus verschiedenen Ländern und dem Zeitraum von 1820 bis 1985 sind das Ergebnis einer leidenschaftlichen Sammlertätigkeit. Zu sehen sind Holzlaufräder aus der Frühzeit des Radfahrens, Dreiräder, diverse Spezialräder, Exemplare mit Hilfsmotoren, Rennräder, Fahrradteile, Schlösser, Trikots, Klingeln, Bilder, Plakate, ... alles, was das Radlerherz höher schlagen lässt.

Fahrradmuseum
Schlossplatz 5, www.fahrradmuseum.at, Mai bis Okt., tägl. 14–17 Uhr, Nov. bis April gegen Voranmeldung, Eintritt: € 4,–/€ 2,–, NÖ-Card

Von Retz nach Unterretzbach

Wir fahren über die Wallstraße zum Sandweg, der die Bahntrasse quert, geradeaus in Richtung Kleinhöflein. Dann halten wir uns links und nähern uns wieder der Bahn und machen beim alten Bahnhof Unterretzbach/Kleinhöflein Station. Danach radeln wir weiter Richtung Norden in den kleinen Weinort am Schatzberg.

Ohne Markeriung
Distanz: 6,4 km

Unterretzbach

Seehöhe: 236 m

Gemeinde Retzbach, Dorfstr. 2, Unterretzbach, Tel. +43 2942 2513, www.retzbach.gv.at
ÖBB Nordwestbahn (Wien–Znojmo)

Bahnhof Unterretzbach

Der alte *Bahnhof* Unterretzbach/Kleinhöflein steht unter Denkmalschutz, denn er stammt noch aus der Zeit von 1870/71, als die Nordwestbahn von Wien nach Znaim und Iglau eröffnet wurde. Damals entwickelte sich rasch ein reger Schnellverkehr von internationaler Bedeutung von Wien bis nach Deutschland. Im Ersten Weltkrieg kam hier auch der sogenannte Balkanzug vorbei. Die Hochblüte dieser Bahnstrecke ist lang vorüber, doch immerhin, es gibt sie noch. Der „Wiesel“ rauscht vorbei zur neuen Haltestelle, schlängelt sich durch einen „Spalt“ des Schatzberges nach Südmähren und macht in Znojmo kehrt.

In Zeiten der „toten Grenze“ befand sich hier nur eine Ladestelle für den Frachtverkehr nach Šatov, der Personenverkehr war von 1952 bis 1990 eingestellt. 1987 haben Eisenbahner in dem „Geisterhaus“ ein kleines Museum eingerichtet, um den verlassenen Bahnhof vor dem Verfall zu retten. Es ist eine große Dokumentation zu den Strecken Wien–

Eisenbahnmuseum Unterretzbach
Kleinhöflein 142, www.reblaus-express.at, Besuch nach Vereinbarung, Eintritt: freiwillige Spende

Znaim, Retz–Drosendorf (inklusive Reblaus-Express) und Sigmundsherberg–Zellerndorf. Außerdem gibt es Informationen zum Bergbau in Mallersbach und Langau (→ S. 225), zahlreiche Fotos, Fahrkarten, Pläne, Uniformen, Teile eines Stellwerks, verschiedenes Arbeitsgerät usw. Interessant sind einige Flugblätter aus der Kriegszeit, wie etwa der Aufruf der Roten Armee an die deutschen Truppen zur Kapitulation vom 8. Mai 1945.

Themenradweg, EV 13
Distanz: 2,5 km

Von Unterretzbach nach Šatov

Wir fahren geradeaus weiter durch den Ort und halten uns dann links. Auf dem Wein- und Kulturradweg gelangen wir zwischen Weingärten und Feldern auf den Schatzberg. Für uns bedeutet das eine kurze Anstrengung (1,3 km/80 Hm), doch es eröffnen sich schöne Ausblicke nach hüben und drüben ins weite, sanfte Land. Dabei müssen wir durch die „Hölle", wie ein Weingebiet vor der Grenze genannt wird. Wer weiß, wie viele Menschen auf diesem Schleichweg etwas über die Grenze geschmuggelt haben? Ab der Grenze folgen wir dem EV 13 auf einem Schotterweg hinab nach Šatov (1 km/42 Hm).

★ SCHMUGGEL ÜBER GRENZEN (ZWISCHENKRIEGSZEIT)

Wo es eine Staatsgrenze gibt, wird geschmuggelt – je nachdem, was verboten ist und was die politische bzw. wirtschaftliche Lage verursacht. In der Region Retz/Znojmo begünstigten das dicht bewaldete Thayatal im Westen, die Nordwestbahn und die schwer einsehbaren Weingärten den Schmuggel. Vor allem wurden gerne Einkäufe von Vranov (Frain) und Znojmo (Znaim) nach Niederösterreich gebracht, allseits beliebt waren z. B. Schuhe der Firma Bata. Es gab aber auch andere Motive und Anlässe.

Anfang 1919 brachte die Exilverwaltung Deutschsüdmährens in Retz (→ S. 256) Flugblätter über die Grenze, um die Bevölkerung zur Loyalität gegenüber Deutschösterreich aufzurufen. Damals war die

Grenze zeitweise auch ganz gesperrt: Denn in der ČSR wurde das Geld (Kronen) abgestempelt (26.2.–9.3.1919), um die eigene Währung einzuführen. Allerdings ließ man die kleinen Scheine aus. Als in Österreich bald darauf die Krone durch die starke Inflation verfiel, schmuggelten Reisende aus Österreich Ein- und Zwei-Kronen-Scheine ins Nachbarland, z. B. in Koffern mit doppeltem Boden oder in wasserdichten Hüllen in Milchkannen. Gegen den Warenschmuggel ging Prag in den ersten Jahren mit strenger Grenzbewachung und sogar Standrecht vor.

In den 1930er-Jahren war der Grenzabschnitt Schauplatz von vielen Schleusungen politischen Materials, Akteuren und Flüchtlingen. Ab 1934 schmuggelten österreichische Sozialdemokraten und Kommunisten aus dem tschechoslowakischen Exil illegale Parteizeitungen, Flugblätter und Sprengmittel für den Widerstand gegen das Dollfuß-/Schuschnigg-Regime nach Österreich. Dagegen versuchten Nationalsozialisten, die politische Meinung der deutschsprachigen Bevölkerung in der ČSR zu beeinflussen. Sie setzten auch Kinder aus den Grenzorten, wie z. B. aus Hnanice, ein, um Propagandamaterial und Hakenkreuzfähnchen nach Südmähren zu bringen.

Auf einem Schmugglerweg?

Šatov (Schattau)

Die unmittelbare Lage an der Staatsgrenze hat dem kleinen Šatov (Schattau) ganz deutlich ihren Stempel aufgedrückt. Am südlichen Rand des lieblichen Weinortes, mitten in der sanften südmährischen Landschaft, taucht eine mächtige Befestigungsanlage auf, umgeben von Panzersperren („Tschechenigel"), Wachturm und Stacheldrahtzaun. Der Landstreifen zwischen Šatov und Hnanice mit dem Infanterieblock MJ-SR „Zahrada" führt uns in das Krisenjahr 1938 und dann in den Kalten Krieg. Auch ein Lehrpfad durch die Gemeinde gibt weitere Auskunft. Anschließend locken Weingärten und die Kellergasse zur Rast in einer ungewöhnlichen Gemeinde.

Seehöhe: 258 m

Úřad městyse Šatov, Šatov 124, Tel. +420 515 221 662, www.obecsatov.cz

ČD/ÖBB Nordwestbahn (Wien–Znojmo)

Infanterieblock MJ-SR „Zahrada“

Areal der tschechoslowakischen Befestigung in Šatov/Areál československého opevnění v Šatově www.technicalmuseum.cz, April, Mai, Okt. Sa, So, Fei 9–17 Uhr, Juni bis Sept. Di–So, Fei 9–17 Uhr, geschlossen an Dienstagen nach einem Feiertag, Führung zu jeder vollen Stunde, Pause 12–13 Uhr, Eintritt: Kč 50/ Kč 25

Bunker Infanterieblock MJ-SR „Zahrada“

Die ČSR begann mit dem Bau des großen Bunkers „Zahrada“ (Garten) am 15. Juni 1938, nach dem „Anschluss“ Österreichs an NS-Deutschland. Er sollte Teil des Verteidigungswalls an der Staatsgrenze werden. Alle Anstrengungen waren jedoch umsonst. Nach dem Münchner Abkommen marschierte Anfang Oktober die Wehrmacht in den „Sudetenländern“ ein. Ende Oktober 1938 besuchte Adolf Hitler die unfertige Grenzanlage als Zeichen des Sieges. Doch den „Endsieg“ errang Hitler zum Glück nicht.

Zehn Jahre später, im Februar 1948, kam ein Repräsentant der neuen kommunistischen Machthaber zu den Bunkeranlagen in Šatov – Ministerpräsident Klement Gottwald. Die ČSSR setzte den Bau der Befestigungsanlagen in Südmähren fort. 1960 war der große Bunker in Šatov nach mehreren Zwischenschritten vollendet. Noch bis 1999 nützte die tschechische Armee diesen Bunker für ihre Zwecke.

Seit 2005 ist der *Infanterieblock MJ-SR Zahrada* eine Filiale des Technischen Museums in Brno (Brünn). Militärische Ausrüstung, Schlafräume, Lebensmittelvorräte, Belüftungssysteme u. a. geben einen Eindruck vom Leben im Bunker in den 1980er-Jahren, als noch der Kalte Krieg herrschte. Zusätzlich wurde auf dem frei zugänglichen Areal ein Stacheldrahtzaun als Schaustück wiedererrichtet. Ursprünglich stand dieser übrigens näher zur Grenze – entlang des Kolonnenwegs.

DER TSCHECHOSLOWAKISCHE VERTEIDIGUNGSWALL

Bei unserer Grenzfahrt treffen wir in Tschechien immer wieder auf kleine, manchmal auch größere Bunkeranlagen. Sie sind stumme Zeitzeugen der verschärften politischen Lage im Mitteleuropa der 1930er-Jahre. Seit 1933 herrschte in Deutschland Adolf Hitler, der Ansprüche auf Gebiete mit mehrheitlich deutschsprachiger Bevölkerung stellte. Die ČSR begann daher 1935 zu ihrer Sicherheit einen Verteidigungswall an den Grenzen zu errichten. Prag schloss zudem militärische Beistandspakte mit Frankreich und der UdSSR ab, doch diese blieben im Herbst 1938 wirkungslos.

Mitte/Ende September 1938 provozierten Nationalsozialisten und Freikorps von Henlein-Anhängern an der gesamten deutsch-tschechoslowakischen Grenze systematisch Konflikte, um die Lage in der ČSR zu destabilisieren. Es gab Scharmützel und terroristische Angriffe auf Grenzstellen bzw. deren Beamte, auch Entführungen von Geiseln. Die Freikorps hatten Anweisung, die Aktionen möglichst weit ins Land hineinzutragen.

Um einen militärischen Konflikt zu vermeiden, verhandelten Ende September Frankreich, Großbritannien und Italien mit Deutschland über das Schicksal der „sudetendeutschen Gebiete" – ohne Beteiligung der ČSR. Durch das Münchner Abkommen vom 30. September 1938 war Prag genötigt, die Grenzregionen samt den Befestigungsanlagen an Deutschland abzutreten. Viele empfanden diese Entwicklungen als Verrat der europäischen Mächte an der Tschechoslowakei, die Enttäuschung über den Rückzug ohne Gegenwehr war groß. Die Inbesitznahme des Verteidigungswalls wurde von den Nationalsozialisten und Adolf Hitler im Oktober 1938 propagandistisch genützt. Heute stellen die Bunkeranlagen in der tschechischen Gesellschaft einen wichtigen Erinnerungsort in Zusammenhang mit dem traumatischen Herbst 1938 dar.

Häufig zu sehen – kleine Bunker aus den 1930er-Jahren

Vom Bunker „Zahrada" in die Kellergasse

Wir fahren vor zur Hauptstraße und auf ihr weiter ins Ortszentrum, am auffälligen Gemeindeamt und an der Kirche vorbei. Einige Meter nach der Kirche verlassen wir die Hauptstraße und biegen rechts ab. Hier befinden sich die idyllischen Kellerstraßen des Ortes.

Bemalter Keller/Malovaný sklep www.malovany-sklep.cz, April, Mai, Sept., Okt. So, So, Fei 9–18, Juni bis Aug. tägl. 9–18 Uhr, Pause 12–13 Uhr

Mährischer Weinkeller/Moravský sklípek Sklepní 337, E-Mail: moravskysklipek@znovin.cz, ganzjährig Di–Sa 11–22, So 11–20 Uhr

Weinkeller/Kellergasse

Bei der Fahrt durch Šatov fällt schnell die ungewöhnliche Pflasterung auf: Gelbe Tonziegel prägen das Bild des Weinortes, der lange Zeit von der Produktion dieser Steine gelebt hat. Ab 1873 lieferte die Schattauer Thonwarenfabrik hochwertige Pflastersteine aus der hiesigen Tonerde in weite Teile der österreichisch-ungarischen Monarchie. Die „Schattauer" wurden über die Jahrzehnte meist durch andere Straßenbelage verdrängt. Wenn man genau schaut, findet man sie noch in manchen Weinviertler Orten. Die Fabrik in Šatov existierte unter wechselnden Regimen bis in die 1990er-Jahre.

Der Sandboden bildet aber weiterhin die Grundlage für den Weinbau, und alte Weinkeller sind die Attraktion Šatovs, wie der *Mährische Weinkeller* mit langen unterirdischen Gängen und der *Bemalte Keller.* Die Sandsteinwände hat der Kriegsinvalide des Ersten Weltkriegs und Volkskünstler Maximilian Appeltauer im Kerzenschein zwischen 1934 und 1968 kunstvoll bemalt.

48, ohne Markierung
Distanz: 2 km

Von Šatov nach Hnanice

Wir kehren zurück auf die Hauptstraße. Nach einigen Metern kommen wir am Friedhof vorbei, von wo man schon die charakteristische Kirche von Hnanice sieht, und fahren bis zur Landstraße Retz–Znojmo. Auf ihr radeln wir ein kurzes Stück nach links bis nach Hnanice und biegen bei der Kirche in den Ort ein.

Hnanice (Gnadlersdorf) in Südmähren

Hnanice (Gnadlersdorf)

An der Straße zwischen Retz und Znojmo ist Hnanice (Gnadlersdorf) der erste Ort in Südmähren. Im Landschaftsbild ist er durch den ungewöhnlichen Stil des Turms der *St.-Wolfgang-Kirche* gut zu erkennen. Sein Schicksal im 20. Jahrhundert ist jedoch recht typisch: Als 1918/19 die Staatsgrenze festgelegt wurde, zogen tschechische Zöllner mit ihren Familien in die Grenzgemeinde, die hauptsächlich von deutschsprachiger Bevölkerung besiedelt war. Nach provisorischen Lösungen in den ersten Jahren musste Hnanice 1926 ein eigenes Zollhaus bauen lassen (1949 abgerissen). Wie üblich kam auch eine tschechische Minderheitsschule in den Ort. Das Verhältnis zwischen den verschiedenen Sprachgruppen war in der Ortschaft aber weitgehend konfliktfrei.

Dennoch führte die politische Radikalisierung und nationalistische Propaganda in den 1930er-Jahren dazu, dass die ruhigeren Zeiten vorbei waren. Die Grenze wurde ab 1935 schärfer bewacht und der Bau der Bunkeranlage stieß in der Bevölkerung auf wenig Gegenliebe. Die Grenzprovokationen aus der „Ostmark" im Herbst 1938 forderten in Hnanice ein Todesopfer unter den Zollwachebeamten (→ S. 266). Nach der „Heimkehr ins Reich" wurden die tschechischen Mitbürger und sogar der Pfarrer aus Gnadlersdorf vertrieben. Auch Symbole mussten weichen – die Linden bei der Schule zur Erinnerung an die Gründung der ČSR wurden gefällt und durch Eichen ersetzt.

Seehöhe: 264 m

Obecní úřad Hnanice, Znojemská 113, Tel. +420 515 232 133, www.obechnanice.cz

Gedenkstein für Otmar Chlup bei Hnanice

★ OTMAR CHLUP – OPFER DER „SUDETENKRISE“

In den frühen Morgenstunden des 22. September 1938 griffen österreichische Nationalsozialisten und Angehörige des Sudetendeutschen Freikorps das Zollhaus in Hnanice (Gnadlersdorf) mit Handgranaten an. Bei der darauffolgenden Schießerei starb der Zollwachebeamte Otmar Chlup (1910–1938). Nach drei Stunden Kampf mussten die anderen Beamten den Angreifern weichen und sich in den Ort zurückziehen. Sie baten Bewohner, mit einer weißen Fahne zum Zollhaus zu gehen und die Leiche des 28-Jährigen zu holen.

Chlups Begräbnis am 26. September 1938 in seiner Heimatstadt Brno (Brünn) wurde noch zu einer großen Demonstration zur Verteidigung der Tschechoslowakischen Republik. Wenige Tage später jedoch wurde das Münchner Abkommen unterzeichnet.

Chlup gilt als eines der ersten Todesopfer der Nationalsozialisten in Südmähren noch vor dem Einmarsch der Wehrmacht. 1946 widmete die neue tschechoslowakische Finanzpolizei ihrem Kollegen eine Gedenktafel, die heute im Bunker in Šatov zu sehen ist. 1990 benannte die Stadt Znojmo nach dem getöteten Zollwachebeamten einen Platz. Am 22. September 1993 errichtete der Sportverein Sokol, dem Chlup angehörte, ein Denkmal an der Straße zur österreichischen Grenze.

Von Hnanice nach Znojmo

48, 5000, EV 13
Distanz: 10 km

Wir fahren die zurückgelegte kurze Strecke auf der Straße nach Znojmo zurück und biegen auf die Route 48 nach links ab. Nach ca. 200 m nehmen wir die erste Abzweigung nach rechts. Wir gelangen bei der folgenden Weggabelung auf die Route 5000 und fahren nach rechts. Es geht ein letztes Mal hinauf auf die Anhöhe des Böhmischen Massivs, teilweise auf kleineren Pfaden. Nach Havraníky (Kaidling) wechselt die Markierung auf den EV 13. Wir fahren auf einem alten Verbindungsweg zwischen Retz und Znaim durch die reizvolle Landschaft und am oberen Rand der Ortschaften Popice (Poppitz) und Konice (Konitz) vorbei. Über den Hügel Kraví hora (Kuhberg) geht es hinab zur Thaya.

Achtung: Falls man mit viel Gepäck unterwegs ist, sollte man auf die Hauptstraße Retz–Znojmo ausweichen. Vor allem der Pfad vom Kuhberg ins Thayatal ist steil und holprig.

Popice: Charles Sealsfield Geburtshaus/ Rodný dům Charlese Sealsfielda

Charles Sealsfield Geburtshaus/Rodný dům Charlese Sealsfielda Popice 56, www.sealsfield.cz, Juli, Aug. Do–So 10–16 Uhr, Sept. Sa, So 10–16 Uhr

In dieser Region bei Znojmo erinnert man gerne an den Schriftsteller und Theologen Charles Sealsfield. In Popice gibt es ein eigenes *Museum* und in der Nähe den Sealsfield-Stein. Doch was macht dieser englische Name in Südmähren? Es handelt sich um einen berühmten Sohn des Landes, genauer gesagt eines Weinbauern aus Poppitz (Popice), der eigentlich Karl Anton Postl (1793–1864) hieß. Auf Wunsch der Familie trat er in den Kreuzherrenorden ein und wurde Priester. Zu Zeiten der Napoleonischen Kriege lebte er in Prag, wo er mit aufklärerischen Ideen in Kontakt kam. Postl verließ den Orden, konnte aber nicht wie geplant in die Staatsverwaltung wechseln. Er wanderte 1823 nach Amerika aus, kehrte aber zeitweilig nach Europa, u. a. nach London, zurück. Postl wollte sich dem österreichischen Geheimdienst als Informant antragen, doch er erhielt eine Abfuhr. Wohl als Abrechnung schrieb er anonym in Form eines Rei-

Weinort Konice (Konitz)

seberichts ein kritisches Buch über seine ehemalige Heimat: „Austria as it is“ (1828) – Österreich, wie es ist. Darin ließ er sich über das Spitzelwesen im System Metternich aus. Wenig überraschend, dass das Buch in Österreich verboten war. Später nahm Postl den Namen Sealsfield an, wurde amerikanischer Staatsbürger und hatte als Schriftsteller Erfolg. Erst nach seinem Tod wurde durch das Testament seine wahre Identität bekannt.

Auf dem Weg zum Kuhberg/Kraví hora

Hier, am letzten Abhang der Böhmischen Masse, erkennen wir eine deutliche geologische Grenze: Wir befinden uns auf Granitstein, auf den Resten eines früheren Gebirges, das hier vor 18 Millionen Jahren an einer Küste endete. Wenn man in die Weite des fruchtbaren Landes blickt, kann man sich vielleicht das blaue Meer vorstellen, den sandigen Boden sieht man ohnehin. Informationstafeln geben nähere Auskunft über Fauna und Flora dieser besonderen Übergangsregion, aber auch geologische Details.

Auf dem *Kuhberg* (Kraví hora) mit seiner alten Kulturlandschaft der Znaimer Heiden, wo Schafe und Kühe weideten, kommen wir in die jüngere Geschichte zurück. In kommunistischen Zeiten befand sich hier ein Militärübungsplatz. Ein Gedenkstein erinnert an den Lokalhistoriker Anton Vrbka (1860–1939), der in den 1920er-Jahren eine umfassende Stadtchronik von Znaim geschrieben und beim Aufbau des Südmährischen Museums (→ S. 274) mitgewirkt hat. Er soll von hier aus oft die Aussicht auf die Stadt genossen haben. Der Blick auf die mächtige Stadtmauer und die charakteristische Silhouette der Niklaskirche und des Rathausturms ist tatsächlich beeindruckend.

Znojmo (Znaim)

Seehöhe: 286 m

TI Obroková 10, Tel. +420 515 222 552, www.znojemskabeseda.cz, www.znojmocity.cz
Schwimmbad in Louka, www.plovarnalouka-znojmo.cz
ČD/ÖBB Nordwestbahn (Wien–Znojmo), ČD (Znojmo–Břeclav), Verbindungen nach Jihlava, Brno, Praha

Znaim mit ca. 37.000 Einwohnern ist eine der ältesten Städte Südmährens, deren historisches Zentrum die Besucher bezaubert. Schon früh befand sich hier eine slawische Burgstätte des Großmährischen Reiches, und Ottokar I. Přemysl, der König von Böhmen, erhob Znaim 1226 zur Königsstadt. Auf einem Felsen erbaut, blickt Znaim über das fruchtbare Land Südmährens, in dem nicht nur die bekannten „Znaimer Gurken" wachsen. Über die Jahrhunderte hat die Stadt ihre Bedeutung vor allem durch die gute Lage zwischen Wien und Prag erlangt, besonders als die Kaiserstraße zwischen diesen beiden Städten im 18. Jahrhundert ausgebaut wurde. Durch den Vormarsch der Eisenbahn (um 1870) entwickelte sich Znaim zu einem wichtigen Verkehrsknotenpunkt in der Region und wurde in gewisser Weise zur „Vorstadt von Wien". Kommt man mit der Bahn von Wien, fährt man über eine 220 Meter lange Eisenbahnbrücke über das Thayatal, die mit 48 Metern Höhe einst zu den höchsten zählte. Es erwartet uns eine historisch stark aufgeladene Gegend Südmährens.

Zum Hauptplatz von Znojmo/Znaim

Ohne Markierung
600 m

Von der Thayabrücke am Fuße des Kuhberges fahren die sehr Sportlichen die Straße Napajedla/U

Aussicht vom Kuhberg (Kraví hora) auf Znaim

Znaimer Untergrund/Znojemské Podzemí
Slepičí trh 2, www.znojemskabeseda.cz/podzemi, Mai, Juni, Sept. tägl. 9–17 Uhr, Juli, Aug. tägl. 9–18 Uhr, Okt. bis April Mo–Sa 10–17, So 13–16 Uhr, Pause 12.30–13.15 Uhr, Eintritt: Kč 95/ Kč 55 (Hauptroute)

Brany ins Zentrum von Znaim hinauf, die anderen schieben wahrscheinlich (70 Hm). Freunde von Oldtimerautos können zuvor noch das *Motorismus-Museum* an der Thaya besuchen *(www.muzeum-motorismu.cz)*.

Tipp für Wissbegierige. Znaim ist zu groß für einen Kurzbesuch auf der Durchreise. Wir können uns hier nur auf einige Aspekte beschränken. Es gäbe viel zu sehen: die Burg und die romanische Rotunde der Jungfrau Maria und der hl. Katharina mit Fresken aus der ersten Hälfte des 12. Jahrhunderts, die Altstadt mit dem Rathausturm, der Niklaskirche (St.-Nikolaus-Kirche) und Wenzelskapelle sowie andere Kirchen. Nicht zu vergessen das alte, imposante Prämonstratenserkloster in Louka (Klosterbruck) und das hohe Eisenbahnviadukt über das Thayatal. Auf Entdeckungswegen mit verschiedenen thematischen Schwerpunkten kann man die Stadt näher erforschen, z. B. „Reise durch die Jahrhunderte", „Znaim und Persönlichkeiten" oder „Znaim unbekannt" (moderne Architektur). Auf Freunde der Unterwelt wartet die Route „Unter der Stadtoberfläche". Der *Znaimer Untergrund* ist ebenso wie in Retz mit einem umfangreichen Gangsystem durchzogen, allerdings sind hier ca. dreißig Kilometer in den Felsen gehauen. Die Begleitbroschüre für die Themenwege ist in der Touristeninformation in der Obroková ulice nahe beim Stadtturm gratis erhältlich.

Gebäude des Vereins Znojmenská Beseda

Masaryk-Platz/Masarykovo náměstí

Der Hauptplatz Znaims besticht durch seine Größe und seine hübsche Umrahmung mit Bürgerhäusern aus der Zeit der Gotik bis hin zum Barock. In einem Renaissancehaus des 16. Jahrhunderts ist das Museum *Haus der Künste* untergebracht, das die alte sakrale Kunst der Znaimer Region und eine Sammlung der Münzen der böhmischen Krone zeigt. In der Mitte ragt die *Mariensäule* (1682) empor, am unteren Ende der gotische *Wolfsturm* (Vlčí věž) und das *ehe-*

Masarykovo náměstí: Marktplatz und Treffpunkt der Stadt

malige Kapuzinerkloster. Doch am oberen Ende des Platzes hat ein realsozialistischer Betonklotz dem Platz seinen unvergleichlichen Stempel aufgesetzt, obwohl die Altstadt seit 1971 unter Denkmalschutz steht. Die überdimensionierte „Schuhschachtel" schließt seit 1973 eine Lücke, die eine Bombe 1945 in die historische Bausubstanz unterhalb des Rathauses gerissen hatte.

Ein wenig spürt man noch vom spröden Ambiente des sozialistischen Konsums im Kaufhaus Dyje („Thaya"). Aber von der Terrasse des Caffé Panorama kann man entspannt den Blick über den alten Marktplatz und die südmährische Landschaft schweifen lassen.

Ursprünglich trug der Hauptplatz Znaims die schlichte Bezeichnung „Unterer Platz", doch Ende des 19. Jahrhunderts hielt die Politik Einzug: Nach „Kaiser-Franz-Joseph-Platz" (1877–1918) folgte in der Tschechoslowakei der Name des ersten Staatspräsidenten Tomaš G. Masaryk, der die Stadt 1924 und 1929 offiziell besuchte. Während seines Aufenthaltes am 20. Juni 1924 aß Masaryk im Haus Beseda (Nr. 22), dem Sitz des tschechischen Kulturvereins, zu Mittag. Präsident Masaryk war ein Symbol für die staatliche Selbstständigkeit der Tschechen und Slowaken, aber auch für die Versuche des Ausgleichs zwischen den Nationalitäten, und allgemein sehr beliebt. Die „nationale Frage" in Znaim war aufgrund seiner Lage an der sogenannten Sprachgrenze ein wichtiges Thema in Alltag und Politik (→ S. 272). In der NS-Zeit erhielt

Haus der Künste/ Dům umění
Masarykovo nám. 11, www.muzeumznojmo.cz, ganzjährig Di–Sa 9–17, So 14–17 Uhr, Pause 11.30–12 Uhr, Eintritt: Kč 50/ Kč 30.
Tipp: Kombikarte mit dem Südmährischen Museum (Minoritenkloster) Kč 80/Kč 40

Znajmer Burg

der Platz wenig überraschend den Namen Adolf Hitlers, der hier am 26. Oktober 1938 von vielen Bewohnern stürmisch begrüßt worden war.

Heute wird das historische Zentrum Znaims regelmäßig durch Jahrmärkte, Ostermärkte, Musikfestivals, Gurkenfest, das historische Weinlesefest im Herbst mit umfangreichem Programm u. a. belebt. Initiator für zahlreiche Veranstaltungen und wichtiger Bestandteil des kulturellen und touristischen Lebens der Stadt ist der traditionsreiche Verein Beseda *(www.znojemskabeseda.cz/wir-veranstalten).*

★ DIE „NATIONALE FRAGE" UM 1918

In Znaim machten sich die nationalen Streitigkeiten stärker bemerkbar, als 1870 Kulturvereine zur Förderung des nationalen Bewusstseins gegründet wurden: der tschechische Verein Beseda Znojemská, initiiert von Jan Vlk (1822–1896), und der Deutsche Bürgerverein (ab 1913 Deutsches Haus), angeregt von Johann Haase (1837–1904). Die Forderungen der tschechischen Bevölkerung nach eigenen Schulen wurden von Deutschen oft als „Bedrohung" wahrgenommen und von Behörden möglichst behindert.

Der Umbruch 1918/19 stellte einen starken Einschnitt im Leben der Stadt dar. Die Abspaltungsversuche „Deutsch-Südmährens" wurden von den Tschechen als Verrat angesehen, es gab in der Folge Verhaftungen und Hausdurchsuchungen. Die entschlossenen Maßnahmen zur Etablierung der neuen Staatsmacht und die Förderung der tschechischen Schulen empfanden viele Deutsche wiederum als Unterdrückung und „Tschechisierung". Der Verlust des Status als staatstragende Nation war für sie ein Schock.

Durch Zuzug, Eingemeindungen von Vororten und Einrechnung von Soldaten der Kaserne schuf man in Znaim ab 1919 neue Verhältnisse zwischen den Nationalitäten. Dazu kamen Abwanderungen nach Österreich sowie die Ausweisung von Beamten, die sich geweigert hatten, den Eid auf die ČSR zu leisten, wie z. B. 490 Bahnbedienstete (mit 1300 Familienangehörigen). Eine Verschiebung in der Statistik ergab sich allein durch die Fragestellung bei den Volkszählungen: Umgangssprache (1910) vs. Nationalität (1921). Menschen, die sich 1910 der Kategorie „deutsch" zugeordnet hatten, konnten 1921 „tschechisch" sein, weil sie einen tschechischen Elternteil hatten, oder auch erstmals die Nationalität „jüdisch" wählen. So waren 1910 85 Prozent der Bewohner Znaims „deutsch", doch 1921 galten 55 Prozent als Tschechen und 38 Prozent als Deutsche. Personen aus „gemischten" Familien müssen sich für eine Seite entscheiden und tun dies je nach politischer Lage unterschiedlich.

Obroková ulice/Füttergasse

In der Verbindungsgasse zum Horní náměstí (Oberen Platz), der Obroková ulice (Füttergasse), befindet sich das *Alte Rathaus* mit dem eleganten gotischen *Rathausturm* (1445–1448) von fast achtzig Metern Höhe – dem unverkennbaren Wahrzeichen der Stadt. Den weiten Ausblick von oben sollte man sich bei schönem Wetter möglichst nicht entgehen lassen. (Der Aufstieg über die 162 Stufen ist aufgrund der sehr schmalen Treppe genau reguliert.) Das *Neue Rathaus* ist in der Obroková 10 untergebracht, in dem eine Ehrentafel des ersten tschechischen Bürgermeisters der Stadt gedenkt.

Rathausturm/ Radniční věž
Obroková 12, www.znojemskabeseda.cz/rathausturm, Mai, Juni, Sept. tägl. 9–17 Uhr, Juli, Aug. tägl. 9–18 Uhr, Okt. bis April Di–So 10–16 Uhr, Pause 12.30–13 Uhr, Eintritt: Kč 35/ Kč 25

Nach den Gemeinderatswahlen 1920 wurde erstmals ein Tscheche Bürgermeister von Znaim: der in Wien unehelich geborene Josef Mareš (1885–1945). Später wuchs er unter anderem in Znaim auf, wo er das deutschsprachige Gymnasium besuchte. Nach dem Studium in Wien und Prag wurde er Rechtsanwalt. Er engagierte sich in den tschechischen Vereinen von Znaim und gehörte 1918 als Vertreter der Sozialdemokraten dem Nationalkomitee von Znaim an. Bis 1935 war Mareš Bürgermeister der Stadt und machte sich um den Sozialbau verdient. 1934 rief er zur Solidarität mit den aus Österreich geflüchteten Schutzbündlern auf. In Znaim lebten 1934/35 ca. fünfzig Februarkämpfer (→ S. 285). Ab 1938 lebte Mareš in Brünn (Brno) und Iglau (Jihlava) als Anwalt, der Sozialdemokrat und Abgeordnete der Nationalversammlung der ČSR (1929–1939) wurde in der NS-Zeit von der Gestapo überwacht und mehrmals verhaftet. 1944 wurde er ins KZ Theresienstadt deportiert, wo er am 12. April 1945 umkam.

Horní náměstí/Oberer Platz und Přemyslovců

Bei unserem weiteren Spaziergang kommen wir auf den *Oberen Platz* (Horní náměstí). Der zweite große Platz in der Altstadt hieß ab 1877 nach dem deutschen Verbündeten Kaiser-Wilhelm-Platz und in der Zwischenkriegszeit in Gedenken an die staatliche Unabhängigkeit der Tschechoslowakei Freiheitsplatz (Náměstí Svobody). In den 1930er-Jahren sorgte die Errichtung des Hauses der bekannten Schuhfirma Bata im Stil des Funktionalismus für Aufregung. Noch ein historisches Streiflicht: Im Haus Nr. 9 (Palais der Ugarts) übernachtete im November 1805 Napoleon, bevor er die Österreicher in der Schlacht von Austerlitz besiegte. Anschließend kommen wir auf der *Přemyslovců* am ehemaligen Gymnasium (Nr. 4) vorbei. Hier ging nicht nur Gregor Johann Mendel (1822–1884, Entdecker der Vererbungslehre) als Lehrer ein und aus, sondern 1944 auch der Schüler Peter Alexander (Neumayer) – der später in Österreich als großer Entertainer Bekanntheit erlangte. Am Ende der Přemyslovců genießen wir den Blick von der Aussichtsplattform auf die Burg, den Pöltenberg (Hradiště) und ins waldige Granitztal (Gránické údolí). Auf dem Pöltenberg befand sich bereits im 9. Jahrhundert eine Burgstätte des Großmährischen Reiches, im 11. Jahrhundert entstand auf der gegenüberliegenden Seite die neue Burg, die zu den wichtigsten Sehenswürdigkeiten der Stadt gehört.

Znaimer Burg/ Znojemský hrad
www.muzeumznojmo.cz, Mai bis Sept. Di–So 9–17 Uhr, für die Feiertage siehe Hompage, Eintritt: Kč 60/Kč 30

Südmährisches Museum in Znaim (Minoritenkloster)/Jihomoravské muzeum ve Znojmě (Minoritský klášter)
Přemyslovců 129/8, www.muzeumznojmo.cz, Okt. bis April Mo–Fr 9–17, Do 9–17.45 Uhr, Mai bis Sept. tägl. 9–17, Do 9–17.45 Uhr, Pause 11.30–12 Uhr, für die Feiertage siehe Hompage, Eintritt: Kč 50/Kč 30

Im *Südmährischen Museum* können wir uns in Aspekte des Landes vertiefen, vor allem in die frühe Siedlungsgeschichte, einiges zur Natur und Geolo-

Aussicht am Ende der Straße Přemyslovců

gie des Znaimer Landes erfahren sowie die beeindruckende Sammlung „Waffen des Orients" sowie Wechselausstellungen sehen. Die ältesten Teile des Gebäudes stammen vom Minoritenkloster des 13. Jahrhunderts, in dessen Kirche der böhmische König Ottokar II. Přemysl (ca. 1230–1278) nach seinem Tod im Marchfeld 17 Jahre lang begraben war. 1784 – unter Kaiser Joseph II. – wurde das damalige Franziskanerkloster im Zuge der Reformen aufgelassen. Im Hof des Klosters finden wir ausgerechnet ein Denkmal Josephs II., das im Museum überlebt hat. Als Symbole der Habsburgermonarchie wurden solche Statuen 1918/19 überall in der jungen ČSR demontiert und meist zerstört. Dieses Exemplar stand ursprünglich unweit von Znaim bei der Kreuzung in Starý Šaldorf (Alt-Schallerdorf).

Wir kehren nach einem Spaziergang zur Znaimer Burg (Znojemský hrad), Niklaskirche (Děkanský chrám sv. Mikuláše) und Wenzelskapelle (Svatováclavská dvojkaple) auf den Masarykovo náměstí zurück, wo wir unsere Fahrt fortsetzen.

Von Znojmo nach Tasovice

5007
Distanz: 10 km

Vom oberen Ende des Hauptplatzes starten wir im Gasserl Zámečnická und fahren geradewegs zum Kreisverkehr auf den Mariánské náměstí (Marienplatz). Dort steht der im Volksmund „Ivan" genannte

Denkmal zur Erinnerung an das Ende des Zweiten Weltkriegs

Soldat in Siegespose. Das Denkmal wurde 1953 für die Rote Armee errichtet, die am 8. Mai 1945 Znaim befreit hatte. Im Jahr 1968, am Ende des Prager Frühlings, versuchten Demonstranten aus Protest gegen die Intervention des Warschauer Pakts „Ivan“ zu stürzen – vergeblich.

Wir radeln weiter auf der Rooseveltova geradeaus. Nach einer Brücke biegen wir gleich rechts ab und folgen der Route 5007 in die erste Straße links (Dobšická). Durch ein Gewerbegebiet rollen wir hinab in den Vorort Dobšice (Klein Teßwitz). Am Ende der Straße fahren wir nach links auf die Brněnská (Achtung auf den Verkehr!). Nach einem kurzen Stück biegen wir auf der Höhe des kleinen Glockenturms nach rechts ab (kurzfristig Markierung Weinradweg Znojmenská) und kommen in eine hübsche Weinkellergasse, wo die grobe Pflasterung uns durchschüttelt.

Wir sind wieder bei der Thaya angekommen. Auf einer ruhigen Straße radeln wir gemütlich den Fluss entlang und kommen durch den Ort Dyje (Mühlfraun). Vor der Brücke über die Thaya sehen wir erstmals eine Informationstafel des Themenwegs zu Klemens Maria Hofbauer. Zwischen Dyje und Tasovice verläuft die Route 5007 zum Teil auf einem Feldweg (bei Regen Gatschgefahr!); es erwarten uns kurze, kleinere Steigungen. In Tasovice fahren wir kurze Zeit auf der Hauptstraße, bei der großen Kreuzung nach der Pfarrkirche Maria Himmelfahrt biegen wir rechts ab. Nach 200 m sehen wir die kleine, aber sehr bemerkenswerte Hl.-Klemens-Hofbauer-Kirche.

Tasovice (Taßwitz)

Seehöhe: 210 m

Hl.-Klemens-Hofbauer-Kirche/ Kostel sv. Klementa Hofbauera

Der kleine, ruhige Ort an der Thaya ist Geburtsort eines Heiligen der römisch-katholischen Kirche, Klemens Maria Hofbauers, und daher Wallfahrtsort. Was selbst nur wenige Wiener wissen: Papst Pius X.

Hl.-Klemens-Hofbauer-Kirche nach Plänen von Clemens Holzmeister

erklärte den Südmährer 1914 zum Stadtpatron Wiens. In Südmähren und im nördlichen Niederösterreich trifft man immer wieder auf seine Denkmäler. Anlass genug, um zu erfahren, wer der Mann war.

Klemens, eigentlich Johannes Hofbauer (1751–1820), stammte aus einer „gemischten“ Familie. Sein tschechischer Vater hatte anlässlich der Hochzeit seinen Namen Dvořák eindeutschen lassen. Johannes war zunächst Bäckerlehrling in Znaim und arbeitete dann als Bäcker in Znaim und Wien. Als junger Mann unternahm er Wallfahrten nach Rom, wo er 1783 als Eremit den Namen Klemens Maria annahm. In Italien wurde er Priester und trat dem Redemptoristenorden in Rom bei. Hofbauer wirkte an verschiedenen Orten in Europa, vor allem aber in Warschau. Nach der Vertreibung des Ordens aus Warschau durch Napoleon 1808, kam Klemens Maria schließlich nach Wien. Dort bespitzelte ihn die Polizei als Gegner der josephinischen Aufklärung. Er erlangte durch seine Predigten und Seelsorge solche Bekanntheit, dass man ihn „Apostel von Wien“ nannte. Klemens Maria starb 1820 in Wien und wurde 1909 heiliggesprochen.

Bereits 1908 kaufte der Redemptoristenorden das Geburtshaus Klemens M. Hofbauers in Taßwitz und gründete 1929 auf dem Anwesen ein Kloster. 1933 wurde an der Stelle des Geburtshauses die kleine *Kirche* gebaut. Die Pläne entwarf niemand Geringerer als der bekannte österreichische Architekt Clemens Holzmeister (1886–1983). Er hob im Gotteshaus die

Obecní úřad, Tasovice 67, Tel. +420 515 234 414, www.tasovice.cz
ČD (Znojmo-Břeclav): Hodonice, 1 km

Hl.-Klemens-Hofbauer-Kirche/ Kostel sv. Klementa Hofbauera
farnost.katolik.cz/tasovice, Kirche geöffnet 10–19 Uhr

Grundrisse der Geburtsstube des Heiligen als eigenen Raum hervor. Bei der Einweihung der Kirche am 8. Oktober 1933 strömten etwa 15.000 Menschen nach Taßwitz. Zu dieser Zeit begann die Wallfahrt in den südmährischen Ort – eine Tradition, die durch den Kommunismus unterbrochen wurde. 1990 erhielt der Redemptoristenorden sein Eigentum zurück.

Allmählich lebt die Tradition der Wallfahrt nach Tasovice und die Verehrung des Klemens Maria Hofbauer wieder auf. Seit 1996 gibt es regelmäßig, teils grenzüberschreitende Wallfahrten zu Ehren des heiligen Klemens, welche der Leiter des Ortsmuseums von Zwingendorf initiiert hat und nun vom St.-Klemens-Komitee Wien organisiert werden. 2009, anlässlich des hundertsten Jahrestages der Heiligsprechung, wurde ein 15 Kilometer langer Lehrwanderweg mit elf Stationen zwischen Znojmo und Tasovice (Svatoklementská turisticko-naučná stezka) angelegt.

Von Tasovice auf den Schatzberg (Grenze/Hadres)

5007, Verbindungsweg Vrbovec-Dyjákovičky-Pulkautal
Distanz: 13 km

Wir wenden uns nach Süden und nähern uns auf der Route 5007 wieder der Grenze. Auf einer mäßig befahrenen Straße und über welliges Gelände kommen wir durch die Ortschaften Vrbovec (Urbau) und Dyjákovičky (Klein Tajax), die Möglichkeiten zur Einkehr bieten. Nach Dyjákovičky ist für uns der Verbindungsweg ins Pulkautal relevant. Bei einem auffälligen Baum mit Wegweisern („U Ivana“) bremsen wir uns ein. Wir befinden uns kurz vor einem Querweg, wo sich einst der Eiserne Vorhang befand. Über uns sehen wir die Hochspannungsleitung, die 1986 zwei Männern zur Flucht nach Österreich verhalf (→ S. 279). Wir radeln ganz gefahrlos mit unserem Drahtesel auf einem neuen Verbindungsweg über die Grenze. Dazu erklimmen wir wieder den Schatzberg (1,4 km/50 Hm). Beim Blick zurück sehen wir bei schönem Wetter bis nach Znojmo (Znaim).

19. JULI 1986: AUF DEM NULLLEITER IN DIE FREIHEIT

Eine Hochspannungsleitung, die über die Grenze führt, brachte Robert Ospald auf die unglaubliche Idee, diese für die Flucht aus der ČSSR zu nutzen. Das oberste – stromlose – Kabel (Null-Leiter), das als Blitzableiter dient, sollte zur Seilbahn umfunktioniert werden. Gemeinsam mit seinem Freund Zdenek Pohl entwickelte er im Geheimen geeignete Sitze. Die Fluchtpläne drohten schon aufzufliegen, als sie schließlich doch eine passende Stelle an der Grenze fanden.

Am 19. Juli 1986, kurz nach Mitternacht, schlichen Ospald und Pohl in der Nähe von Dyjákovičky zu einem Strommast, kletterten an den Stromleitungen mit 380.000 Volt vorbei und hängten sich mit den gebastelten Fahrsitzen auf dem Nullleiter ein. Unter großer Anstrengung und Todesgefahr zogen sie sich langsam und leise über den Eisernen Vorhang hinweg, für 300 Meter benötigten sie mehrere Stunden. Zum Glück beeinträchtigte Regen die Sicht der Grenzsoldaten. Als schließlich ein Gewitter aufzog, wurde die Weiterfahrt zu gefährlich, und so mussten die beiden die Flucht auf dem Boden fortsetzen.

In Österreich erregte die spektakuläre Aktion großes Aufsehen, vor Journalisten mussten die beiden ihre Flucht am Strommast demonstrieren. Ospald hielt später seine Erlebnisse in einem Buch fest, Pohls Fahrsitz ist im Checkpoint-Charlie-Museum in Berlin ausgestellt.

Flucht mit „Seilbahn“

Initiative Pulkautal, Kleinregion im Weinviertel, Haugsdorf, Laaer Str. 12, Tel. +43 2944 26066, www.pulkautal.at

Auf dem „Schatz"/Pulkautal

Vom Schatzberg aus eröffnet sich uns eine fantastische Aussicht auf Südmähren und das Weinviertel: Es grüßen aus der Ferne Falkenstein und die Pollauer Berge. Zwischen Weingärten und Feldern oft abwärts radelnd fühlt man sich dem Fliegen recht nahe. Uns liegt das Pulkautal mit kleinen Ortschaften zu Füßen, das sich gerne als Radwandertal bezeichnet. Die Bezeichnung ist besonders passend, wenn im Juni ca. tausend Freizeitradler bei der Aktion „Ein Tal am Rad" („Údolím na kole") die Grenzen überschreiten (→ S. 252). Die Weinviertler Ortschaft Hadres mit der längsten Kellergasse Österreichs verleitet zugleich zu einer gemütlichen Pause. Freunde der Literatur Alfred Komareks können den Spuren des Dorfgendarmen Simon Polt folgen. Andere, reale Geschichten des 20. Jahrhunderts warten ebenfalls auf unserer Entdeckungsreise.

8 / Poltweg, EV 13
Distanz: 8 km

Auf dem Schatzberg nach Seefeld-Kadolz

Nach der Grenze geht es noch ein Stück leicht bergauf. Nach 600 m biegen bei einem Marterl ab. Wir nehmen die Route 8 nach links (Richtung Osten) bzw. den „Poltweg". Jedenfalls halten wir immer Kurs auf Seefeld-Kadolz, das bald mit seinem Schloss gut zu erkennen ist. Es geht bei herrlicher Aussicht mit kurzen Unterbrechungen leicht bergab (insgesamt 110 Hm). Auf dem Weg gibt es die Möglichkeit für den Abstecher nach Hadres. Unsere Route ver-

Radfahrer bei der Aktion „Ein Tal am Rad" (2017)

Grenzenlose Sicht auf dem Schatzberg

läuft aber weiter auf der Anhöhe des Schatzbergs. Bei der Hubertuskapelle machen wir einen gedanklichen Ausflug in die Nachkriegszeit. Nach 6 km stößt von rechts der EV 13 wieder zu uns, der uns geradeaus weiter hinab ins Pulkautal geleitet.

Freiheitskreuz

„Auf der Eb'n" erinnert ein Gedenkstein von 1976 an die Vertreibung der deutschsprachigen Bevölkerung aus dem nahen südmährischen Gerstenfeld (Ječmeniště) 1945/46. Der entvölkerte Ort mit knapp sechzig Häusern wurde wegen seiner direkten Lage an der Grenze 1959 fast vollständig geschliffen. (Heute befindet sich dort übrigens im ehemaligen Zollhaus eine Pension mit Hirschfarm.) Schon länger steht auf dem schönen Aussichtsplatz das *Freiheitskreuz*, das eine Hadreser Familie aus Dank an das Ende der zehnjährigen Besatzungszeit 1955 errichtet hat. Für Niederösterreich bedeutete dies den Abzug der sowjetischen Soldaten bis Herbst 1955. Auf dem Holzbalken ist der berühmte Spruch „Österreich ist frei!", den Außenminister Leopold Figl nach der Unterzeichnung des Staatsvertrages im Schloss Belvedere am 15. Mai 1955 verkündete, verewigt.

Seefeld-Kadolz

Seehöhe: 192 m

Seefeld-Kadolz gilt als die älteste Marktgemeinde im Pulkautal (seit 1108). Das das Ortsbild beherrschende *Schloss* wurde im 18. Jahrhundert auf den Mauern einer alten Feste erbaut. Es ist seit 1662 im

Gemeindeamt, Seefeld 39, Tel. +43 2943 2201, www.seefeld-kadolz.at

Euregio Vinothek Seefeld-Kadolz
Kellergasse Groß Kadolz, Kontakt: Gemeinde Seefeld-Kadolz, April bis Okt. Mi–So 14–19 Uhr

Besitz der Familie Hardegg und öffentlich nicht zugänglich. 1995 fand darin allerdings ein besonderes Nachbarschaftstreffen statt (s. u.). Zur Überwindung der negativen Folgen der einst „toten Grenze" hat die Gemeinde in den letzten Jahrzehnten viel in die Verbesserung der Infrastruktur für einen jugend- und familienfreundlichen Tourismus investiert, wie z. B. in den Bau eines Jugend- und Familienhotels (JUFA) 2011. Außerdem engagiert sie sich in grenzüberschreitenden Aktivitäten und pflegt seit 2002 eine lebendige Partnerschaft mit dem südmährischen Nachbarort Jaroslavice (Joslowitz). Gemeinsam mit Partnergemeinden in Tschechien, Ungarn, Rumänien und der Slowakei organisiert Seefeld-Kadolz internationale Jugendlager. Auch als Weinort kennt die Gemeinde keine Grenzen – sie hat in einem Weinkeller eine *Euregio Vinothek* eingerichtet, in der man Weine aus dem Pulkautal und Südmähren verkosten kann.

★ 11. DEZEMBER 1995: NACHBARSCHAFTSTREFFEN DER PRÄSIDENTEN

Wenige Jahre nach der Wende 1989 erhielt die Region zwischen Retz und Laa an der Thaya gleich doppelten präsidialen Besuch. In der Vorweihnachtszeit 1995 trafen einander die Staatsoberhäupter Tschechiens und Österreichs, Václav Havel und Thomas Klestil, zunächst in Retz, um danach ins Schloss in Seefeld-Kadolz zu Arbeitsgesprächen zu fahren. Europa stand damals unter dem Eindruck der Bosnienkriege. Die beiden Präsidenten wollten internationale Initiativen gegen das Wiedererwachen von Nationalismus und Fremdenfeindlichkeit setzen. Zur Sprache kamen auch die „Reizthemen" zwischen Österreich und Tschechien: Fragen der Vertreibung der deutschsprachigen Bevölkerung und das Atomkraftwerk Temelín. Vor allem aber betonten sie die Bedeutung regionaler Wirtschaftskooperationen und grenzüberschreitender Zusammenarbeit sowie die Wichtigkeit einer zukünftigen EU-Osterweite-

Václav Havel und Thomas Klestil in Retz

rung. Das Treffen endete in Laa an der Thaya, wo Havel und Klestil die Kerzen eines tschechischen Christbaums entzündeten.

Von Seefeld-Kadolz nach Jaroslavice

EV 13 (bzw. KTM)
Distanz: 7,4 km

Am unteren Ende des Hauptplatzes von Seefeld-Kadolz führt die Route EV 13 nach links auf die Straße Richtung Grenze. Die Route macht einen kleinen Umweg durch eine „Horsefarm" mit Einkehrmöglichkeit. Ein letztes Mal bezwingen wir den „Schatz". Dabei befinden wir uns im Umfeld der Fluchtwege von Österreichern im Jahr 1934 (→ S. 285). Schon fast ganz oben angekommen, biegt die KTM-Route rechts ab, zur Straße Zwingendorf–Jaroslavice, was eine interessante Variante ist.

Wenn wir auf dem EV 13 bleiben, geht es an der Grenze über den Platz der Freundschaft. Der Gedenkstein wurde anlässlich der Eröffnung des Grenzübergangs am 13. Mai 2006 gesetzt. Durch eine schöne Baumallee kommen wir nach Jaroslavice.

Variante über die Straße Zwingendorf–Jaroslavice: Über die KTM 8 gelangt man zur Verbindungsstraße Jaroslavice–Zwingendorf, auf der sich die Gedenkstätte der vertriebenen Joslowitzer befindet. Direkt an der Grenze überrascht die Passanten ein „Europa-Platz"/„Náměstí Evropy". 1995 an der damaligen EU-Außengrenze errichtet, sollten die zwei Namensschilder signalisieren, dass Europa hier nicht endet. Bis 2004 stellten die Feuerwehren von Zwingendorf und Jaroslavice den Maibaum am „Europa-

Dorfmuseum in der Alten Schrotmühle – Joslowitzer Heimatstube
Zwingendorf, Museumsplatz 1, Tel. +43 2527 563 (Adolf Haider), Besuch nach Vereinbarung, Eintritt: frei

Platz" auf. Die informelle Benennung dieses Platzes hat eine gewisse Bekanntheit erreicht, so dass sich Radlergruppen hier zum Start einer Fahrt treffen. Im Ort Zwingendorf widmet sich das Dorfmuseum der Geschichte von Joslowitz (Jaroslavice) und den Besonderheiten der Natur in dieser Region, die man auch auf dem Naturlehrpfad Glaubersalzsteppe bewundern kann. Es ist eine einzigartige Vegetation aufgrund seltener, uralter Salzböden.

Jaroslavice (Joslowitz)

Seehöhe: 191 m

Gemeindeamt Obec Jaroslavice, Náměstí 93, Tel. +420 515 275 123, www.obec-jaroslavice.cz

Bei der Fahrt durch den Ort fällt vor allem das barockisierte *Renaissanceschloss* auf der Anhöhe auf, wo schon im 13. Jahrhundert eine Burg gewesen ist. Im Lauf der Geschichte wechselten die Besitzer des großen Anwesens häufig und die Jahrzehnte seit 1945 haben das Schloss sichtlich mitgenommen. Seit 2004 ist die nicht öffentlich zugängliche Sehenswürdigkeit des Ortes in Privatbesitz eines Kärntners, der schon einige Renovierungsarbeiten durchgeführt hat. Grundsätzlich soll das Schloss touristisch genutzt werden, so ist zu hören. Doch aufgrund ungeklärter Besitzverhältnisse der 1945 enteigneten Familie von Spee ist die Entwicklung ins Stocken geraten.

Interessant ist noch ein kleines *Denkmal* am südöstlichen Rand des Hauptplatzes. Es erinnert an die Wiedererrichtung der ČSR im Mai 1945 mit dem Wahlspruch „Die Wahrheit siegt!" und der Inschrift „Zur dauernden Erinnerung an die Rückkehr der Grenzen in tschechische Hände. Befreit durch die Rote Armee am 5.5.1945. Die Freiheit erhalten wir nur durch Einigkeit". Darüber hängt ein kleines Schild: „Zborov 1917–1967" ist darauf zu lesen. Dies bezieht sich auf die Schlacht vom 1./2. Juli 1917 im Ersten Weltkrieg zwischen Russland und Österreich-Ungarn bei Zborow (heute ukrainisch Sboriw). Damals verhalf die „Tschechoslowakische Legion" aufseiten der Russen der Regierung unter Aleksandr

1934/35: FEBRUARKÄMPFER IN DER ČSR

Als Folge des Bürgerkrieges (12.–15.2.1934) setzten sich ca. 3000 Österreicher in die ČSR ab: Schutzbündler (Angehörige des sozialdemokratischen Schutzbundes), aber auch Kommunisten, die an den Kämpfen gegen die autoritäre Regierung Engelbert Dollfuß teilgenommen hatten. Aufgrund der Nähe zu Wien gehörten Städte wie Brünn, Nikolsburg und Znaim zu den wichtigsten Zielen.

Eine Fluchtroute verlief über Seefeld-Kadolz und Zwingendorf über die Weinberge nach Joslowitz (Jaroslavice). Ein Wirt in Seefeld-Kadolz diente als Anlaufstelle für die Februarkämpfer. Es folgten Angehörige: So kam einmal nachts ein Autobus der Stadt Wien mit ca. 25 Kindern bis vor Zwingendorf, begleitet von einer jungen Frau. Sie wurden nach Joslowitz gelotst, wo sie in der Schule bis in den Morgen auf den Weitertransport nach Brünn warteten. Der Znaimer Raum hatte auch größte Bedeutung für den Schmuggel der in Brünn hergestellten *Arbeiter-Zeitung* und von Flugblättern nach Österreich. 1935 verschärften jedoch die Behörden der ČSR die Maßnahmen gegen die politische Arbeit.

Da die ČSR bereits viele Menschen aus NS-Deutschland aufgenommen hatte, wurden die Flüchtlinge zum Streitthema, vor allem im Wahlkampf 1935. Die Emigranten durften im Gastland nicht arbeiten und waren auf Hilfe der sozialdemokratischen Parteien der ČSR angewiesen. Die Sudetendeutsche Partei Konrad Henleins kritisierte dies scharf und verwies auf die Armut von Inländern. Bald verringerte sich die Zahl der österreichischen Bürgerkriegsflüchtlinge: Ca. 750 Personen erhielten Asyl in der UdSSR, wo sie allerdings zum Teil ein tragisches Schicksal erwartete. Manche kehrten trotz schwieriger Umstände nach Österreich zurück, andere kamen bei Verwandten in der ČSR unter. Einige gingen 1936 nach Spanien, um gegen das faschistische Franco-Regime zu kämpfen.

Februar 1934: Bürgerkrieg in Österreich, verhaftete Schutzbündler in Wien

Schloss in Jaroslavice (Joslowitz)

Kerenski zu einem (insgesamt unbedeutenden) militärischen Erfolg. Der freiwillige Einsatz tschechischer und slowakischer Kriegsgefangener gegen Österreich-Ungarn gilt als ein wichtiger Schritt auf dem Weg zur staatlichen Unabhängigkeit 1918. Übrigens hat eine hitzige politische Debatte im österreichischen Reichsrat über die Schlacht von Zborov zur Glorifizierung der „Tschechoslowakischen Legion" beigetragen.

EV 13 / 48
Distanz: 14 km

Von Jaroslavice nach Hevlín

Am Fuße des Schlossbergs setzen wir die Tour auf dem EV 13 (48) fort. Wir radeln an einem großen Fischteich vorbei und gelangen schließlich auf die Straße nach Hrádek (Erdberg). Bei der Kirche von Hrádek achten wir auf das renovierte Kriegerdenkmal am Ortsplatz. Dort biegt die Route rechts ab und führt über einen Feldweg in den nächsten Ort, nach Dyjákovice (Groß-Tajax). Hinweis: Bei Regenwetter sollte man die Straße nach Dyjákovice nehmen.

Der EV 13 bringt uns zunächst in den Ort Dyjákovice, dort zweigt die Route nach rechts in Richtung Grenze ab. Nach 2 km biegen wir links auf die ehemalige Signálka. Schnurgerade, auf teils holprigem Weg, fahren wir eben durch Felder dahin, 6 km nach Hevlín (Höflein). Vor der Straße Hevlín–Laa machen wir bei der kleinen Raststelle halt.

Hevlín (Höflein)

Seehöhe: 180 m

Přeshraniční informační centrum, Hevlín 491, Tel. +420 515 221 726, www.hevlin.cz

★ GESCHICHTE EINER FOTOIKONE

Hevlín, noch dazu seine Ortseinfahrt, findet normalerweise keine besondere Beachtung in Reiseführern, hier aber schon. Denn an dieser Stelle entstanden am 17. Dezember 1989 Bilder, die heute Fotoikonen eines historischen Moments sind: Sie zeigen die Außenminister Österreichs und der Tschechoslowakei, Alois Mock und Jiří Dienstbier, beim gemeinsamen Durchschneiden des Eisernen Vorhangs. Direkt vor Ort erinnert nichts an die Ereignisse von 1989.

Oft wird in Büchern oder Ausstellungen sogar behauptet, die Szene hätte beim Grenzübergang Kleinhaugsdorf stattgefunden. Der Grund für diese falsche Angabe ist so einfach wie banal: In Fotodatenbanken hat sich dieser Fehler aus Unachtsamkeit eingeschlichen – und wird meist ohne Überprüfung übernommen.

Ursprünglich war dieser symbolische Akt ja auch beim Grenzübergang Kleinhaugsdorf/Hatě geplant. Mock und Dienstbier begrüßten einander dort herzlich in dem Gedränge eines großen Volksfestes. Doch die Grenzsoldaten der Tschechoslowakei hatten ganze Arbeit geleistet – der Grenzzaun bei Hatě war bereits abgebaut! So fuhren die Politiker unverrichteter Dinge nach Laa an der Thaya und gaben zunächst eine Pressekonferenz im Alten Rathaus: Sie verkündeten das Ende des Visazwangs und machten Grundsatzerklärungen. Erst dann war noch ein Rest

Alois Mock und Jiří Dienstbier am 17. Dezember 1989 bei Hevlín

des Stacheldrahtzauns für die symbolische Durchtrennung des Eisernen Vorhangs gefunden, nämlich bei der Ortseinfahrt Hevlín (Höflein).

Für Dienstbier waren die Ereignisse am 17. Dezember auch persönlich ein sehr bewegender Moment: Er konnte in Kleinhaugsdorf seine Tochter, die in Wien studierte, erstmals nach fünf Jahren wiedersehen. Sie war 1984 offiziell aus der ČSSR ausgereist und ausgebürgert worden. Niemand konnte ahnen, wann und unter welchen Umständen die beiden einander wieder begegnen würden.

EV 13
Distanz: 2 km

Von Hevlín nach Laa an der Thaya (Grenzübergang)

Von der Ortseinfahrt Hevlín können wir auf einem Begleitweg neben der Straße nach Laa an der Thaya fahren. Auf der Thayabrücke gibt es noch die Möglichkeit eines Abstechers in das Jahr 1945. Radelt man am linken Ufer auf dem Damm die Thaya flussabwärts entlang, stößt man auf die Reste der Eisenbahnbrücke, die in den letzten Kriegstagen im Mai 1945 zerstört worden ist. Eine Wiederherstellung der kurzen Strecke zwischen Laa und Hevlín ist seit 1989 nicht gelungen.

Wir kehren zur Straße nach Laa zurück. Vorbei an ehemaligen Unterkünften des Grenzschutzes, einem Casino und einem Einkaufszentrum radeln wir nach Österreich. Wir bleiben in der Nähe des Kreisverkehrs an einer sicheren Stelle stehen.

Laa an der Thaya (Grenze)

Laa an der Thaya, → S. 295, www.laa.at

Grenzübergang Laa an der Thaya

Von 1948 bis 1978 gab es hier kein Durchkommen, die Grenze bei Laa war gesperrt und die Straße zwischen Laa und Hevlín verwildert. Doch am 28. Dezember 1978 wurde nach einem Abkommen zwischen Österreich und der ČSSR der *Grenzübergang* wieder für Pkws und Kleinbusse geöffnet. Ein Grenzübertritt war jedoch mit großem Aufwand und vielen Aufregungen verbunden: Abgesehen vom Visum, langen Wartezeiten und zwangsweisem Geldwechsel mussten die Reisenden strenge Kontrollen über sich ergehen lassen, die noch vielen Menschen gut in Erinnerung sind. Es konnte passieren, dass bewaffnete Grenzsoldaten die Koffer durchsuchten, Autos regelrecht auseinandernahmen, auf der Suche nach Flüchtlingen, politischem Material oder zu viel Waren.

Heute erkennt man den Grenzübergang an den Straßenschildern und der unterschiedlichen Farbe des Straßenbelags. Das Zollhaus ist verkauft und die Kontrollstellen wurden in den letzten Jahren abgebaut. Einige Meter vom verwaisten Grenzübergang entfernt ragt ein eigentümliches Konstrukt in den Himmel, das beim schnellen Vorbeifahren kaum auffällt. Früher beschäftigte man sich als Autofahrer in der Warteschleife vielleicht noch näher mit der erhöhten „Umzäunung aus Maschengeflecht", wo eine Informationstafel Auskunft gibt. Das *Denkmal „Hoher Zaun"* wurde im Dezember 1999 in Erinnerung an das Ende des Eisernen Vorhangs 1989 enthüllt. Der Künstler Leo Schatzl spielt mit den Assoziationen der Beschützung, Verteidigung und Bewachung, während sich die Abgrenzung mit der Erhöhung und Durchlässigkeit des Materials auflöst.

Reste einer 1945 zerstörten Eisenbahnbrücke

Vom Grenzübergang Laa zum Stadtplatz

EV 13
1 km

Vom Grenzübergang fahren wir geradewegs in das Zentrum von Laa auf den Stadtplatz mit dem imposanten Rathaus aus dem Jahr 1900, erbaut zum 60. Regierungsjubiläum Kaiser Franz Josephs I. Der Platz bietet Möglichkeiten eines gemütlichen Aufenthalts und einer Stärkung, z. B. in einem Café.

Ausklang und Ausblick

Als Abschluss dieser Reise können wir noch das Südmährische Heimatmuseum Thayaland (→ S. 296) besuchen, das viel Material zu den Orten um Jaroslavice (Joslowitz) zeigt. Laa an der Thaya bildet für uns auch den Brückenkopf in die nächste Region.

Fruchtbares Land zwischen Valtice und Mikulov

8 Unbekanntes Land vor Wien
Südmähren und östliches Weinviertel

Gesamtlänge der Route:
117 km

Kartenmaterial:

- Shocart Nr. 464 (1:40.000): Břeclavsko Pálava
- Shocart Nr. 501 (1:50.000): Trojmezí Česko – Slovensko – Rakousko (Mikulov – Hohenau), www.shocart.com

Vor hundert Jahren war Südmähren mit Wien eng verbunden. Das zeigt allein die Herkunft zweier österreichischer Bundespräsidenten – Karl Renner und Adolf Schärf. Der Eiserne Vorhang ließ das zauberhafte Land an der Thaya und March mit seinen „Perlen" bei vielen Wienern in Vergessenheit geraten, obwohl nicht wenige ihre familiären Wurzeln in dieser Region haben. Kaum jemand in Österreich weiß, dass es hier zahlreiche Stätten und Landstriche gibt, die als Weltkulturerbe und Biosphärenreservat unter dem Schutz der Unesco stehen. Das prunkvolle Erbe der Familie Liechtenstein, die über Jahrhunderte ihr Kernland zwischen Feldsberg (Valtice) und Eisgrub (Lednice) hatte, prägt bis heute die Landschaft. Auf unserer abwechslungsreichen Entdeckungstour durch das Dreiländereck erfahren wir auch von erbitterten Kämpfen, Vertreibung, Fluchtgeschichten und verschwundenen Lebenswelten.

Gut zu wissen

Radfahren in der Region. In diesem Gebiet könnte man auch ausschließlich auf flachem Gelände unterwegs sein, nämlich in Tschechien entlang der Thaya und der Eisenbahnlinie Hrušovany nad Jevišovkou–Břeclav. Im Weinviertel erhebt sich der Kreuzberg bei Kleinschweinbarth und entlang der Grenze erstreckt sich zwischen Drasenhofen und Bernhardsthal eine leicht hügelige Landschaft. Hier bieten sich uns schöne Ausblicke in die weite, fruchtbare Umgebung mit Wein- und Obstgärten. An heißen Tagen sollte man unbedingt genug Wasser mit sich führen, da es insgesamt wenig Schatten gibt und der Durst einen ganz plötzlich überkommen kann. Ganz im Osten, entlang von Thaya und March, breitet sich das „Hinterland“ der Kleinen Karpaten (Záhorie) eben aus. Die vorgeschlagene Route führt meist auf gut befestigten Wegen kreuz und quer durch das Land – es gibt viele Sehenswürdigkeiten zu entdecken!

Wichtige Links zur Region:
- Land um Laa, www.landumlaa.at Land um Mikulov, www.mikulovsko region.cz
- Mikroregion Lednicko-valtický areál, www.lva.cz (tsch.)
- Zahrada Evropy/ Garten Europas, www.palava-lva.cz
- Kleinregion Weinviertler Dreiländereck, www .wde.at
- Regionalverband March-Thaya-Auen, www.march thayaauen.at

Planung

„Basislager"/Ausflüge. In der großen Region kann man an mehreren Orten gut sein Quartier aufschlagen. Laa an der Thaya fungiert als Tor nach Südmähren, auch in das Gebiet im Städtedreieck (→ 249 ff.). Mikulov (Nikolsburg) und Valtice (Feldsberg) bestechen aufgrund ihrer zentralen Lage, guten Infrastruktur und direkten Bahnanbindung (Břeclav–Znojmo). Von hier aus lassen sich gut Ausflüge in die Umgebung machen – auch weiter ins mährische Hinterland zu den Thaya-Stauseen. Hohenau an der March deckt das Dreiländereck ab. Interessantes und Erstaunliches bieten auch die Museen im Weinviertel: das Traktorium in Drasenhofen *(www.traktorium.org)*, das Nonseum in Herrenbaumgarten *(www.nonseum.at)* und das Ortsmuseum in Rabensburg *(www.rabensburg.at)*. Übrigens, für die Entdeckung der Museenlandschaft im March-Thaya-Raum bietet der „Lange Tag der Museen" Mitte September die beste Gelegenheit.

Grenzüberschreitendes. In Mikulov (Nikolsburg) findet alljährlich im Juli (am vorletzten Wochenende) das Festival der Völker Podyjí/Festival Národů Podyjí statt – mit viel verschiedener Kulinarik und Kultur. Es wird vom Verein Thayavölker/Občanské sdružení Národy Podyjí veranstaltet *(www.narody podyji.cz)*.

Mit Bahn und Bus

Radtransport in der Region. Die Verbindungsbahn zwischen Znojmo und Břeclav, der Pálava-Express, ist sicherlich sehr nützlich, wenn man länger in der Region ist und von einem zentralen Ort aus Ausflüge machen will. Da der Radtourismus in Tschechien sehr gefördert wird, ist zu erwarten, dass die Angebote für den Radtransport in Südmähren zukünftig ausgebaut werden *(www.jizdnirady.cz)*.

Anreise in die Region. Die einfachste und direkte Anreisemöglichkeit zum Ausgangspunkt unserer

Tour bieten die ÖBB mit der Schnellbahn von Wien nach Laa an der Thaya. Hier werden meist noch die älteren Schnellbahngarnituren mit Stiegen verwendet. Falls man eine Ausweichroute benötigt oder man von anderer Seite kommt, kann die Verbindungsbahn der ČD zwischen Znojmo und Břeclav eine gute Alternative sein (Station: Hrušovany nad Jevišovkou). Sie ist an die Nordwestbahn (Wien–Znojmo) bzw. an die Nordbahn (Wien–Břeclav) angebunden.

Laa an der Thaya

Seehöhe: 173 m

Tourismusbüro, Stadtplatz 43, Tel. +43 2522 2501-29; www.laa.at
Therme Laa, Thermenplatz 1, www.therme-laa.at
ÖBB Schnellbahn (Wien–Laa)

Thermenstadt Laa an der Thaya, so definiert sich heutzutage die Stadt im Weinviertel an der Grenze zu Tschechien. Seit 2002 zieht die Therme viele Menschen aus der Region an, sogar aus Brno (Brünn) kommen die Gäste mit eigenen Bussen. Leider ist die direkte Bahnverbindung, die es ab 1869 zwischen Brno und Wien über Laa gab, seit 1945 unterbrochen. Auch ist seit 1989 kein Brückenschlag und Lückenschluss des alten Schienennetzes gelungen. Trotzdem lassen wir uns nicht aufhalten. Laa öffnet mit grenzüberschreitenden Radrouten das Tor nach Südmähren: „Hallo Nachbar – Ahoj sousede“ verbindet das Weinviertel mit der Region um Mikulov (Nikolsburg) und eröffnet neue Perspektiven für die Grenzregionen.

Stadtrundgang

Der zentrale Stadtplatz der „Thermenstadt“ weist immer noch die Struktur aus dem 13. Jahrhundert auf, nachdem diese planmäßig als Grenzfeste gegen Norden errichtet worden ist. Sein Erscheinungsbild jedoch ist von dem etwas überdimensionierten Rathaus von 1898/99 geprägt. Das *Neue Rathaus* wurde anlässlich des fünfzigjährigen Regierungsjubiläums von Kaiser Franz Joseph I. im Stil des Historismus erbaut. Offenbar schätzte man damals das Entwicklungspotenzial von Laa an der Thaya aufgrund seiner verkehrsgünstigen Lage zwischen Wien und Brünn und als Knotenpunkt von Bahnlinien sehr hoch ein. Im Rathaus versorgt uns das Tourismusbüro mit Material, wie z. B. über den *Stadtmauerrundweg.* Der Themenweg führt in zehn Stationen an die interessantesten Stellen der Stadtbefestigung und Sehenswürdigkeiten, wie Reste eines Stadtkerkers, Bürgerspital zur alten Brauerei und der imposanten Burg im nordöstlichen Eck der Altstadt. Die *Laaer Burg* wird gerade saniert, daher ist auch das *Biermuseum* derzeit nicht zu besichtigen. Regelmäßige Stadtführungen organisiert der „Verein zur Förderung der Erneuerung von Laa an der Thaya", der seinen Sitz im Schüttkasten hat *(www.schuettkasten.at).* Beim Spaziergang durch die Stadt wird auch endlich klar, wo die Thaya von Laa geblieben ist. Der befestigte Stadtkern wird an der Ost- und Südseite vom Thayamühlbach begrenzt. Durch die Flussregulierung von 1832 verläuft der Hauptarm zwei Kilometer nördlich von Laa. Damit wurde aus der Sumpflandschaft um Laa, was so viel wie „Sumpfwiese" oder „Lache" heißt, guter landwirtschaftlicher Boden.

Südmährisches Heimatmuseum Thayaland Stadtplatz 17, www.suedmaehrischesheimatmuseum.at, April bis Okt. So, Fei 14–18 Uhr, Eintritt: € 4,–, Kombikarte mit dem Kutschenmuseum € 9,–/€ 8,–

Altes Rathaus und Südmährisches Heimatmuseum Thayaland

Das *Alte Rathaus* im Schatten des Neuen Rathauses wirkt vergleichsweise unscheinbar, dennoch ist das Gebäude für uns eines der wichtigsten Sehenswürdigkeiten der Stadt. Das Alte Rathaus am Stadtplatz 17, das im Kern aus dem 13. Jahrhundert stammt, hat am 17. Dezember 1989 bei der Grenzöffnung Historisches erlebt, als die Außenminister Alois Mock und Jiří Dienstbier eine Pressekonferenz über die Aufhebung der Visapflicht abhielten (→ S. 287). Die Gedenktafeln am Gebäude erinnern nicht nur an diese Zeitenwende, sondern auch an die Vertreibung der deutschsprachigen Südmährer 1945/46 aus der Tschechoslowakei. Das Alte Rathaus ist in diesem Zusammenhang ein wichtiger Erinnerungsort: 1986, wenige Jahre vor dem Fall des Eisernen Vorhangs, gründeten ehemalige Bewohner der näheren südmährischen Ortschaften – Höflein (Hevlín), Groß Tajax (Dyjákovice), Grafendorf (Hrabětice), Klein Grillowitz (Křídlůvky) und Erdberg (Hrádek) das *Südmährische Heimatmuseum*. Fotos, Ansichtskarten, Trachten, Gebrauchsgegenstände, verschiedene Dokumente, Möbel und Zimmerausstattungen sowie Wechselausstellungen geben Einblick in die Geschichte und das frühere Alltagsleben in Südmähren. Der Schwerpunkt liegt dabei auf dem Thayaland um Joslowitz (Jaroslavice), das wir in der vorigen Etappe besucht haben.

Rathaus von Laa

Kutschenmuseum

Für Reisende der heutigen Zeit ist das *Kutschenmuseum* schon eine vergnügliche Sache. Ein Laaer Privatsammler hat der Stadt zu diesem weithin anerkannten Spezialmuseum verholfen: Etwa hundert Kutschen verschiedenster Art seit dem 18. Jahrhundert sind hier zu sehen, z. B. Postkutschen, Tretmobil, Reiseschlitten, Jagdwagen, Omnibus und Galawagen, aber auch Uniformen u. Ä. Wer weiß, vielleicht beförderte der Salonschlitten (um 1870) vom Schloss Harmannsdorf im Waldviertel auch die österreichische Pazifistin und spätere Friedensnobelpreisträgerin Bertha von Suttner? Leider hat Suttners Antikriegsroman „Die Waffen nieder!“ die weiteren Kriege der Menschheit und viele Millionen von Kriegsopfern nicht verhindert.

Kutschenmuseum
Bürgerspitalg. 4, www.kutschenmuseum-laa.at, April bis Okt. Sa, So u. Fei 14–18 Uhr, Eintritt: € 7,-/€ 5,-, Kombikarte mit dem Südmährischen Heimatmuseum € 9,-/€ 8,-

Vom Stadtplatz zu den Friedhöfen am Stadtrand

Distanz: 2,5 km

Unsere Besichtigungstour im Stadtzentrum ist beendet. Wir fahren vom Stadtplatz ein Stück auf der Staatsbahnstraße nach Süden und biegen nach der Spitalkirche nach links auf den Marktplatz. Die Route KTM führt uns über den Thermenweg aus der befestigten Stadt direkt zur Therme. Dort sehen wir schon den Bahnhof. Wir fahren entlang der Schie-

Der „Russenfriedhof“ bei Laa an der Thaya

nen Richtung Norden. Am Ende der Gleise quert die Ruhofstraße in Richtung Wildendürnbach. Auf ihr radeln wir bis zu den beiden Friedhöfen und der großen Kapelle. Wir kommen wieder in das Jahr 1945.

Zwei Friedhöfe am Stadtrand – ein Mahnmal gegen den Krieg

Das Kriegerdenkmal auf dem *Stadtfriedhof* von Laa (ca. 100 Meter links vom Eingang) und der *„Russenfriedhof“* gegenüber ergeben zusammen ein beeindruckendes, unbeabsichtigtes Ensemble. Gedenktafeln zeugen davon, dass viele junge Österreicher auf Hitlers Russlandfeldzug vermisst wurden oder den „Heldentod“ gestorben sind. Jenseits der Straße, nur wenige Meter entfernt, liegen 432 sowjetische Soldaten (und auch Kriegsgefangene), die in den letzten Kriegstagen 1945 im Weinviertel ihr Leben lassen mussten. Die Inschriften auf dem Obelisken im Friedhofshain der sowjetischen Armee mahnen zum Gedenken. Unter den hier beerdigten Soldaten befindet sich der sowjetische Panzerfahrer Sarkis N. Terterjan, der mit ca. 36 Jahren in Kämpfen bei Mitterhof vor Laa an der Thaya starb. Über siebzig Jahre später widmete ihm sein Enkel ein besonderes Denkmal. Oleg Deripaska, russischer Industrieller, Millionär und Partner des österreichischen Bauunternehmens STRABAG, ließ zwischen 2014 und 2017 neben dem Soldatenfriedhof eine *Kapelle* nach dem Vorbild einer altrussischen Kirche bei Vladimir (Maria Schutz und Fürbitte Kirche an der Nerl) mit Materialien aus Russland errichten.

Die Gräberanlage und die Kapelle markieren faktisch die letzten Orte des Kriegsgeschehens im Weinviertel, denn die Frontlinie befand sich im Mai 1945 direkt vor der Stadt. Ein ausgebrannter Panzer der Roten Armee lag bis vor wenigen Jahren noch direkt an der Grenze bei Mitterhof, er wurde aber inzwischen weggeräumt.

Von Laa nach Wildendürnbach (Galgenberg)

Ohne Markierung, 8, EV 13
13 km

Wir fahren die Ruhofstraße weiter in Richtung Wildendürnbach. Nach einer langen Rechtskurve kreuzt beim Rothenseehof ein Weg, auf dem die Route 8 verläuft. Wir nehmen diese Route und biegen nach links ein. Auf dem schattigen Weg kommen wir schnurgerade nach Mitterhof. Dort biegt die Route nach rechts ab. Auf dem Weg queren wir den Wildendürnbach und bleiben dort kurz in der Einsamkeit stehen. Bis in die Zwischenkriegszeit ratterte hier Güterverkehr auf Schienen zwischen Laa und Novosedly. Auf manchen Karten ist die Trasse bzw. der Bahndamm sogar noch eingezeichnet. Wir nehmen Kurs auf Wildendürnbach. Bei der Kirche wechseln wir die Route und folgen dem EV 13 zum Galgenberg, wo es ein Stück bergauf geht (1 km/30 Hm).

Wildendürnbach

Seehöhe: 200 m

Gemeindamt, Wildendürnbach 95, Tel. +43 2523 8252, www.wildenduernbach.gv.at

Galgenberg („Golingbir")

Der Name Galgenberg (256 m) weist auf eine Hinrichtungsstätte hin; ob sie jemals benützt worden ist, weiß man nicht. Kurioserweise ziert ein *Turmspitz* den Hügel. Es ist der Rest der Kirche von Wildendürnbach, die 1971 wegen Baufälligkeit gesprengt worden ist. Abgesehen davon ist die kleine Erhebung bei Wildendürnbach für seine romantische Kellergasse bekannt, 184 Presshäuser und Weinkeller sind hier versammelt. Die Weinbauern, die alle im Nebenerwerb tätig sind, haben einen Selbstbedienungsweinkeller (Nr. 51) – mit Videoüberwachung –

eingerichtet *(www.galgenberg.at)*. Dort erfährt man so einige Geschichten über die Kellergasse, unter anderem von den dramatischen Tagen des Kriegsendes 1945 am „Golingbir", wie der Hügel auch genannt wird. Im ersten Moment ein unverständlicher Ausdruck für „Galgenberg", doch im Weinviertel war früher die Ui-Mundart verbreitet, wie auch in Südmähren. So lautet(e) „Kuh" – „Kui" oder Bub – „Bui". Doch dieser Dialekt befindet sich durch die Einflüsse der Ua-Mundart aus dem Wiener Raum (Kua, Bua) und den allgemeinen Wandel des Deutschen auf dem Rückzug. Einige engagierte Weinviertler versuchen den Dialekt mit Büchern und Lesungen wieder mehr zu beleben.

EV 13, ohne Markierung
Distanz: 12,4 km

Von Wildendürnbach (Galgenberg) nach Kleinschweinbarth

Auf Nebenwegen gelangen wir auf dem EV 13 nach Pottenhofen und Ottenthal, doch auch die Landstraße wäre eventuell eine Alternative. Ab Pottenhofen wird das Gelände immer hügeliger, man sollte genug Wasser mit sich führen. In Ottenthal verlassen wir den EV 13, biegen in Richtung Guttenbrunn ab und fahren weiter hinauf nach Kleinschweinbarth. Dort führen uns Schilder zum Südmährerkreuz.

Seehöhe: 270 m

i www.kleinschweinbarth.eu

Kleinschweinbarth

Kreuzberg und Südmährerkreuz

An heißen Tagen kostet es nicht wenig Schweiß, um mit dem Rad auf den *Kreuzberg* (337 m) zu gelangen, doch die Mühe lohnt sich: Vor uns eröffnet sich ein großartiger Blick auf die Stadt Nikolsburg (Mikulov) und die Pollauer Berge. Im Tal dröhnt eine pulsierende Verkehrsader: Es ist eine alte Handelsroute zwischen Wien und Mähren, auf der schon früher die Kaiserstraße sowie Brünner bzw. Wiener Straße verliefen. Es ist der wichtigste Straßengrenzübergang zwischen Niederösterreich und Tschechien. In den letzten Jahren rückt die Autobahn A5 durch das

Der Blick vom Südmährenkreuz

Weinviertel heran, und eine Umfahrung des Lkw-geplagten Drasenhofen wird gebaut.

Im Mai 1945 war die Brünner Straße bei Drasenhofen Zeugin dramatischer Ereignisse, als an der Grenze der „Brünner Todesmarsch“ endete (s.u.). Diese Tatsache und das Panorama Südmährens vom Kreuzberg aus sind die Gründe für den Standort des *Südmährerkreuzes*. Dieses wurde am 7. Juni 1963 offiziell eingeweiht, seitdem findet hier jedes Jahr am Sonntag nach Fronleichnam das Südmährertreffen statt. Die Gedenkstätte wurde 1989/90 um Gedenksteine für Nikolsburg, Znaim, Zlabings, Neubistritz und Unter-Tannowitz erweitert. Außerdem wird hier an Siegfried Ludwig (1926–2013) erinnert, denn der ehemalige Landeshauptmann von Niederösterreich (1981–1992) war ein gebürtiger Südmährer.

★ 31. MAI 1945: DER „BRÜNNER TODESMARSCH“

In den Wochen nach dem Ende des Zweiten Weltkriegs begannen in der Tschechoslowakei die „wilden Vertreibungen“ der deutschsprachigen Bevölkerung aus dem Land. Ihnen wurde kollektiv die Schuld an der Zerschlagung der Tschechoslowakei 1938/39 und an den Verbrechen des NS-Regimes gegeben. Ein

Südmährerkreuz

dramatischer Höhepunkt dieser Entwicklung war der „Brünner Todesmarsch". In der Nacht vom 30. zum 31. Mai 1945 wurden mindestens 27.000 deutsche Bewohner zum Verlassen von Brünn gezwungen. Unter schrecklichen Bedingungen, bewacht von Partisanen, wurde die Kolonne 54 Kilometer mit Zwischenstationen der Internierung zur Grenze getrieben. Unterschiedlichen Schätzungen zufolge starben 2000 bis 5200 Menschen durch Gewaltexzesse, an Entkräftung und Krankheit. Die letzten Toten gab es noch in Österreich, z. B. bei Drasenhofen, wo 186 Opfer in einem Massengrab beerdigt wurden. Für diese wurde am 22. Juni 1952 auf dem Friedhof von Drasenhofen ein Mahnmal eingeweiht.

Die sudetendeutschen Flüchtlinge waren in Österreich meist alles andere als willkommen. Die provisorische Regierung unter Karl Renner, selbst ein geborener Südmährer (→ S. 309), betrachtete sie nicht nur als wirtschaftliche Belastung, sondern rundweg als Nazis und wollte sie mithilfe der sowjetischen Besatzungsmacht nach Deutschland abschieben. Von den insgesamt ca. 320.000 Personen, die 1945/46 aus der ČSR nach Österreich kamen, wurden 200.000 wieder außer Landes gebracht.

Seit 1992 steht in Pohořelice (Pohrlitz) ein Gedenkkreuz für 890 Opfer des „Brünner Todesmarsches". In den letzten Jahren wurden in Tschechien versöhnliche Gesten gesetzt. Zum siebzigsten Jahrestag (2015) bedauerte die Stadt Brünn in einer öffentlichen Erklärung die kollektive Vertreibung der deutschsprachigen Mitbürger und veranstaltete erstmals einen Gedenkmarsch. Mit der „Wallfahrt der Versöhnung" von Pohrlitz nach Brünn, an dem junge Leute und Überlebende teilnahmen, gelang ein hoffnungsvolles Zeichen.

Ohne Markierung, 8, EV 13
Distanz: 10,6 km

Von Kleinschweinbarth nach Mikulov

Wir können nun mit Schwung nach Südmähren radeln (4 km/110 Hm). Zurück in Kleinschweinbarth nehmen wir den Weg Richtung Norden bis

Mikulov – eine Perle Südmährens

zum querenden Grenzradweg 8. Wir fahren nach links über die „Seeäcker" bis zur Straße, die von Ottenthal kommt, und nehmen Kurs auf Mikulov. Vor der Grenze stoßen wir wieder zum EV 13. Ein 2012 errichteter Grenzübergang für Radfahrer führt uns in die schöne Stadt. Achtung: Von der Benützung des Straßengrenzübergangs über Drasenhofen ist wegen des starken Lkw-Verkehrs dringend abzuraten!

Mikulov (Nikolsburg)

Mikulov (Nikolsburg) und sein Schloss präsentieren sich majestätisch auf dem Abhang der Pollauer Berge (Pálava). Bei unserer Radtour ist diese markante und reizvolle Kalksteinformation ein wichtiger Orientierungspunkt in der südmährischen Ebene. Diese günstige Lage ist der Grund für eine lange Siedlungsgeschichte und für die Errichtung einer Burg.

Über Jahrhunderte prägten hier die Liechtensteiner (1249–1560) und die Dietrichsteiner (1570–1945) die Region und das Gesicht der Stadt. Das Gebiet war Heimat für Menschen unterschiedlicher Nationalität und Glaubens. Heute wirbt die Stadt auch mit der Zugehörigkeit zur Mährischen Slowakei (Slovácko). Die Nachteile der früheren direkten Lage am Eisernen Vorhang sind inzwischen überwunden. Mikulov (Nikolsburg) hat sich mit seiner bezaubernden renovierten Altstadt und einer lebendigen Festivalszene zu einem sehr beliebten Reiseziel gemausert. Die seltenen Naturschönheiten in der Umgebung geben der hübschen Stadt einen einzigartigen Rahmen.

Seehöhe: 237 m

TIC Mikulov, Náměstí 1, Tel. +420 519 510 855, www.mikulov.cz
ČD (Znojmo–Břeclav)

Regionalmuseum Mikulov/Regionální muzeum v Mikulově
Zámek 1, www.rmm.cz, April, Okt., Nov. Fr–So 9–16 Uhr, Mai, Juni, Sept. Di–So 9–17 Uhr, Juli, Aug. tägl. 9–18 Uhr, Eintritt: Kč 120/Kč 60 (Hauptroute)

Schloss Nikolsburg/Zámek Mikulov

Das mächtige *Schloss Nikolsburg* geht auf eine Grenzfeste von Anfang des 13. Jahrhunderts zurück, die später von den Liechtensteinern und Dietrichsteinern immer wieder umgebaut und nach Bränden neu errichtet wurde. Im Laufe der Geschichte war das Gebäude Schauplatz wichtiger Ereignisse: Im Jahr 1805 fanden die Friedensverhandlungen zwischen Kaiser Franz I. und Napoleon statt und am 26. Juli 1866 die Unterzeichnung des Waffenstillstandes zwischen Preußen und Österreich nach der folgenschweren Schlacht von Königgrätz (Hradec Králové). Damit hatte Österreich seine einstige Vormachtstellung in Deutschland endgültig an Preußen verloren. An dieses Ereignis erinnerte Adolf Hitler am 27. Oktober 1938 bei seinem Besuch in Nikolsburg, indem er die „Anschlüsse" Österreichs und der Sudetengebiete als Ende der getrennten Wege der deutschen Staaten bezeichnete.

In den letzten Kriegstagen des Zweiten Weltkrieges, am 22. April 1945, brannte das Schloss fast vollständig ab. Einzelne Teile überstanden die Katastrophe unbeschadet: So befindet sich die *Schlossbibliothek* mit ihren Barockschränken und 11.000 Büchern im Zustand aus dem 18. Jahrhundert, und auch das zweitgrößte Weinfass Europas aus dem Jahr 1643 blieb erhalten. Das Barockschloss, so wie es sich heute präsentiert, ist ein Wiederaufbau aus den 1950er-Jahren und seit den 1960ern Sitz des *Regionalmuseums*. Bei der Besichtigung des Schlosses kann man sich für verschiedene Schwerpunkte entscheiden. Die Hauptroute A, „Von der Gotik zum Empire – Die Dietrichsteinergalerie", widmet sich der Geschichte des Schlosses, ansonsten sind Wein, die Zeit der Römer und Germanen, die Schlosskapelle, Bibliothek und Schlosskeller im Fokus. Es gibt auch verschiedene Kombitouren. Schlosshof und Garten sind frei zugänglich.

Stadtplatz von Mikulov

Stadtplatz

Der *Stadtplatz* beeindruckt durch sein historisches Ensemble, das schon seit 1952 unter Denkmalschutz steht. Der *Turm der Wenzelskirche, die Renaissancehäuser,* vor allem das *Sgraffitohaus Nr. 11* (U Rytířů/Zu den Rittern) aus dem 16. Jahrhundert mit biblischen und antiken Szenen, ein *Brunnen* und die barocke *Dreifaltigkeitssäule* prägen das Bild.

Am unteren Ende des Platzes befindet sich die *Kirche St. Anna,* die im 18. Jahrhundert vermutlich nach Plänen von Johannes Bernhard Fischer von Erlach eine zweitürmige Fassade erhielt. Nach einem Brand wurde sie Mitte des 19. Jahrhunderts zur Grabeskirche der Dietrichsteiner umgebaut, in der *Gruft* haben 45 Familienmitglieder ihre letzte Ruhestätte. Vor der Kulisse des Heiligen Berges kann man im Sommer in Mikulov südliches Flair genießen. Eine gewisse Leichtigkeit des Lebens ist jedenfalls bei den zahlreichen Festivals der Stadt zu spüren.

Gruft der Dietrichsteiner/Dietrichsteinská hrobka
Náměstí, April bis Juni, Sept., Okt. tägl. 10–17 Uhr; Juli, Aug. tägl. 9–18 Uhr, Infos im Tourismusbüro Mikulov, Eintritt: Kč 70/Kč 50

Jeden Sommer seit dem Jahr 2000 findet in Mikulov (Nikolsburg) das Kulturfest der Thayavölker (Festival národů Podyjí) statt (→ S.294). Der Verein Thayavölker organisiert ein dreitägiges Programm mit Folklore, Kulinarik, Musik aus verschiedensten Völkern und Kulturen – von Menschen, die in der Region Thaya und der Mährischen Slowakei leben. Gleichzeitig gedenken die Veranstalter mit Kranzniederlegungen an mehreren Grabstätten (Pohrlitz, Drasenhofen, Poysdorf) der „Opfer nationaler Intoleranz“, der Vertriebenen. Insgesamt erinnert das Fes tival der Vielfalt auch daran, dass gerade das Gebiet um Mikulov, an Thaya und March immer wieder Heimat für Menschen unterschiedlicher Herkunft, Sprache und Religion war.

Die Region bewohnten nicht nur Menschen mit deutscher oder/und tschechischer, slowakischer Muttersprache, sondern auch Angehörige einer kroatischen Minderheit. Die „mährischen Kroaten“ waren im 16./17. Jahrhundert im Zuge von Umsiedlungen und der Flucht vor den Osmanen bis in diese Region gekommen und hatten in einzelnen Orten ihre Kultur lange bewahrt, insbesondere in Jevišovka (Fröhlendorf), Dobré Pole (Guttenfeld) und Nový Přerov (Neu-Prerau). Kroaten lebten auch in Hlohovec (Bischofswarth), Charvátská Nová Ves (Oberthemenau) und Poštoriná (Unterthemenau), jedoch dort mehr an Tschechen und Slowaken angepasst. Nach 1945 wurden die Kroaten im Land zerstreut, da ihnen Kollaboration mit dem NS-Regime unterstellt wurde. Im 16. Jahrhundert erlaubte die zumindest zeitweise tolerante Haltung der Herrschaften auch die Ansiedlung einer größeren Zahl von Nichtkatholiken, z. B. die Täufer (auch Wiedertäufer genannt) – an sie erinnert in Mikulov der Lehrpfad „Auf den Spuren der Täufer“. Vor allem aber lebte hier über Jahrhunderte eine bedeutende jüdische Gemeinde, der ebenfalls ein Themenweg gewidmet ist. Folder zu den Themenwegen sind im Tourismusbüro erhältlich.

Beim Kulturfest der Thayavölker

Ehemaliges jüdisches Viertel

Im Westabhang des Schlossbergs, entlang der Straßen mit den Namen Husova, Alfons Mucha und Brnenská befindet sich der Kern des *ehemaligen jüdischen Viertels*. Die jüdische Gemeinde in Nikolsburg war lange Zeit die größte in Mähren, und so befand sich hier vom 16. Jahrhundert bis 1851 der Sitz des mährischen Landesrabbinats (Reste im Hotel Rohatý krokodýl Husova 8). Die Landesherren hatten im 15. Jahrhundert den aus Wien und Niederösterreich vertriebenen Juden Zuflucht gewährt, wie auch bei späteren Ausweisungen, z. B. aus Brünn oder Znaim. Von 1848 bis 1919 verwaltete sich das Viertel selbst und hatte einen eigenen Bürgermeister. Außerdem war es kein Ghetto mehr, sodass sich auch nichtjüdische Familien hier ansiedelten. 1919 wurde die „Israelitenstadt" nach Mikulov eingemeindet. Zentrum des Viertels ist der *jüdische Tempel* (Husova 11), der zwischen 1719 und 1723 im „Lemberger Typ" errichtet wurde und als einzige von zwölf Synagogen der Stadt (Stand: 1868) erhalten blieb. NS-Terror, Kriegsschäden und Demolierungen in den 1960er-Jahren haben den Großteil der „Judenstadt" zerstört, mit Glück konnten aber einige Häuser aus dem 16. Jahrhundert gerettet werden. Seit wenigen Jahren stehen 45 Gebäude unter Denkmalschutz. Das einstige jüdische Leben in Nikolsburg (Mikulov) dokumentiert eine Ausstellung in der Synagoge.

Synagoge/Synogoga Husova 11, www.rmm.cz, April, Okt., Nov. Fr–So 9–16 Uhr, Mai, Juni, Sept. Di–So 9–17 Uhr, Juli, Aug. Di–So 9–18 Uhr, Pause 12–13 Uhr, Eintritt: Kč 50/Kč 25

Schräg gegenüber der Oberen Synagoge liest man unvermutet den Namen des österreichischen Bundespräsidenten Adolf Schärf (1890–1965): Die Schärfova alej ist ein Nebengässchen der Hauptstraße des Viertels, wo Schärf seine ersten neun Lebensjahre gewohnt hat. Seine Eltern hatten hier ein günstiges Haus im einstigen jüdischen Ghetto gekauft. Mütterlicherseits entstammte Schärf einer kroatisch-deutschen Familie aus dem nahen Guttenfeld (Dobré Pole). Der in Nikolsburg geborene Schärf ging in der Hauptgasse 28/1082 zur Schule (Husova 48). 1899 übersiedelte die Familie nach Wien. Als sozialdemokratischer Politiker wirkte er an der Gründung der Zweiten Republik mit, war von 1945 bis 1957 Vizekanzler und bekleidete schließlich zwischen 1957 und 1965 das höchste politische Amt in Österreich.

Jüdischer Friedhof und ehemaliger Stadtfriedhof

Im Abhang des Gaisberg (Kozí hrádek) liegt der *jüdische Friedhof,* der über fünf Jahrhunderte Verstorbene der Region aufgenommen hat. Bemerkenswert ist auch die Zeremonienhalle, die nach den Plänen

Der jüdische Friedhof in Mikulov

Jüdischer Friedhof/Židovský hřbitov
www.zidovskyhrbitovmikulov.cz, April, Okt. Di–So 10–16 Uhr, Mai, Juni tägl. 10–17 Uhr, Juli bis Sept. tägl. 10–18 Uhr, Eintritt: Kč 30/ Kč 20

des Architekten Max Fleischer im Jahr 1898 erbaut wurde. Das große, waldige Areal mit seiner faszinierend ruhigen Atmosphäre lädt zu einem besinnlichen Spaziergang ein. Der älteste lesbare Grabstein trägt die Jahreszahl 1605, insgesamt gibt es hier ca. 4000 Grabsteine verschiedenster Zeiten und Stile. Historisch besonders interessant sind die Gräber der Landesrabbiner auf dem „Rabbinerhügel" und die Denkmäler für die Gefallenen des Ersten Weltkrieges. Im hinteren Teil der Anlage befindet sich ein Mahnmal für 21 ungarisch-jüdische Gefangene, die von den Nationalsozialisten am 15. April 1945 in Nikolsburg hingerichtet wurden.

Während der jüdische Friedhof trotz aller Widrigkeiten „überlebt" hat, wurde der frühere christliche *Stadtfriedhof* gleich daneben Anfang der 1970er-Jahre eingeebnet und in einen Park umgewandelt. Das kommunistische Regime wollte die Spuren der 1945/46 vertriebenen deutschsprachigen Bevölkerung von Nikolsburg eliminieren. Heute sind nur noch einzelne Grabsteine zu sehen, eine Gedenktafel des Vereins Nikolsburg-Wien erinnert an die Ruhestätte.

Zu mehreren Ausblicken und Naturschönheiten

Vom jüdischen Friedhof ist es nicht weit zum einstigen Pulverturm am Gaisberg (Kozí hrádek), zu dem man durch kleine Gässchen mit Stufen gelangt. Eine gehisste Fahne weist darauf hin, dass der Turm geöffnet ist. Von diesem Aussichtspunkt der Stadt reicht der Blick weiter ins Hinterland der Pollauer

Berge, wo es weitere Naturschönheiten zu entdekken gibt – die Turold-Höhlen (Jeskyně na Turoldu) mit einem einzigartigen unterirdischen See *(www.caves.cz)*. Der nächste Fixpunkt unserer Besichtigung ist schließlich der markante Heilige Berg am Ostrand der Stadt.

Heiliger Berg/Svatý kopeček

Der *Kreuzweg* (Křížová cesta) auf den *Heiligen Berg* (363 m) gehört zu ältesten Wallfahrtsstätten Südmährens. Auf einem kleinen Pfad wandern wir auf die Anhöhe, wo uns die *Barockkapelle des heiligen Sebastian* (1679) und der *Glockenturm* (Campanile), aber auch eine seltene Vegetation erwarten. Ein Lehrpfad gibt dazu nähere Auskünfte. Wir befinden uns in der Naturschutzzone der Pollauer Berge (Pálava), die seit 1986 zu den Unesco-Biosphärenreservaten gehört. Vom Heiligen Berg genießen wir die wunderbare Aussicht auf Mikulov (Nikolsburg) und sein Umland, wie unzählige Menschen vor uns, z. B. Karl Renner in seinen jungen Jahren.

★ KARL RENNER (1870–1950) – VATER ZWEIER REPUBLIKEN AUS SÜDMÄHREN

In der Nähe von Nikolsburg in Unter-Tannowitz (Dolní Dunajovice) wurde am 14. Dezember 1870 einer der wichtigsten Politiker Österreichs im 20. Jahrhundert geboren: Karl Renner. Übrigens hatte er einen Zwillingsbruder namens Anton, der noch im Kleinkindalter verstarb. Der Sohn einer verarmten und kinderreichen Bauernfamilie nahm einiges auf sich, um das verstaatlichte Piaristengymnasium in Nikolsburg (Komenského 273/7) besuchen und eine höhere Bildung erlangen zu können.

Zunächst ging er täglich von seinem vier Kilometer entfernten Elternhaus zu Fuß zur Schule. Ab dem Alter von 13 Jahren brachte er sich selbst durch. So wohnte er einige Jahre bei einer Witwe in einem Haus am Fuße des Heiligen Bergs. Gegen Kost und Logis half der Gymnasiast im Haushalt mit und un-

Karl Renner mit ca. 18 Jahren

terrichtete die Kinder der Frau, später erhielt er ein Stipendium. Noch in den Jugendjahren Renners verlor seine Familie aus finanziellen Gründen das Haus in Unter-Tannowitz, die Eltern starben schließlich sogar im Armenhaus. Während seines Studiums der Rechtswissenschaften in Wien stieß Renner zur Sozialdemokratie.

1918 wirkte der Südmährer Karl Renner als Staatskanzler wesentlich an der Gründung der Ersten Republik mit. Als Leiter der österreichischen Delegation in Saint Germain musste er den Friedensvertrag im Herbst 1919 unterzeichnen und damit auch die Zugehörigkeit seiner Heimat zur ČSR. Wie viele empfand Renner diese Grenzziehung sowie das „Anschlussverbot" an Deutschland als ungerecht. So trat er 1938 öffentlich für den „Anschluss" an NS-Deutschland ein und begrüßte im Herbst 1938 in Schriften die Annektierung der sudetendeutschen Gebiete. Nach der Katastrophe des Zweiten Weltkriegs, im April 1945, arbeitete Renner als 74-jähriger Staatskanzler mit Unterstützung der Roten Armee an der Wiedererrichtung eines unabhängigen Österreichs mit. In den letzten Jahren seines Lebens bekleidete er die Funktion des Bundespräsidenten (1945–1950).

EV 13
Distanz: 12 km

Von Mikulov nach Valtice

Bei der Ortsausfahrt von Mikulov folgen wir weiter dem EV 13 (41) in Richtung Sedlec direkt neben der Bahnlinie. Es gibt nur kurze, leichte Steigungen auf dem asphaltierten, manchmal rumpeligen Weg durch die Felder und Naturlandschaften. Auf den ersten Kilometern der ehemaligen Signálka fahren wir auf dem „Freiheitsweg" und begegnen dem „Tor zur Freiheit". Etwas später kommt beim letzten Informationsschild des „Freiheitsweges" eine Abzweigungsmöglichkeit nach Sedlec (Voitelsbrunn). Unsere Route geht jedoch weiter geradeaus auf dem EV 13 (411). Die Fahrt auf den Grenzhügel verlangt uns wieder mehr Kraft ab, aber ein paar Fo-

Tor zur Freiheit am Freiheitsweg bei Mikulov

tostopps, um die herrliche Aussicht auf Mikulov und die Pollauer Berge festzuhalten, sind ohnehin notwendig. Wenn wir die erste Anhöhe bewältigt haben (1,5 km/40 Hm), kommen wir auf eine Straße und bald in den kleinen Weinort Úvaly (Garschöntal). Die Straße führt uns nach rechts im Halbkreis durch den Ort hindurch. Den letzten langgezogenen Anstieg (2 km/60 Hm) bis zum 1994 eröffneten Grenzübergang Valtice/Schrattenberg fahren wir auf einer mäßig bis durchschnittlich befahrenen Straße. Nach wenigen Kilometern erreichen wir unser nächstes Ziel, das Museum Eiserner Vorhang (Muzeum Železné Opony) bei Valtice.

Freiheitsweg/Stezka svobody

Im Hof des Schlosses in Mikulov, bei der „Freiheitsglocke", beginnt der *Freiheitsweg.* Dieser wurde auf Initiative des Vereins Paměť („Gedächtnis") angelegt und am 27. Mai 2011 eröffnet. Die Schrecken des totalitären kommunistischen Regimes sollen nicht vergessen werden, das Fluchtversuche aus dem Land mit mehrjähriger Haft bis hin zur Todesstrafe streng verfolgte.

Auf dem „Freiheitsweg" am ehemaligen Kolonnenweg bei Mikulov erinnern 13 Informationstafeln exemplarisch an mehrere missglückte und geglückte Fluchtversuche in dieser Region Südmährens. Eine zusätzliche Tafel nennt dreißig polnische Staatsbürger, die in der Tschechoslowakei am Eisernen Vorhang starben, fast alle kamen durch Strom-

schlag um. Das Mahnmal „Tor zur Freiheit" („Brána ke svobodě") nach dem Entwurf von Tomáš Pilař wurde am 21. November 2014 enthüllt und durch ein EU-Projekt der Bürgervereinigung Paměť sowie der Stadtgemeinden Laa an der Thaya und Poysdorf ermöglicht. Jede der 53 Eisenstelen mit acht Metern Höhe gedenkt eines Menschen, der am Eisernen Vorhang in Südmähren sein Leben verlor. Darüber hinaus steht eine Handy-App („Geschichten des Eisernen Vorhangs") und eine Internetversion zur Verfügung. *(cestykesvobode.sdruzenipamet.cz).*

Museum Eiserner Vorhang/ Muzeum Železné Opony
www.muzeumopony.cz, geöffnet 10–17 Uhr, April, Sept., Okt., Nov. Sa, So, Fei; Mai, Juni Fr, Sa, So, Fei, Juli u. Aug. tägl. Eintritt: Kč 100/Kč 70

Museum Eiserner Vorhang/Muzeum Železné Opony

An der Grenze zu Österreich, auf dem Raistenhügel/ Chrastiny bei Valtice, können wir ein ehemaliges Gebäude des Grenzschutzes besuchen, das seit 2011 als *Museum* dient.

Die Ausstellung beginnt mit der Entstehung der Tschechoslowakei und der Region Valticko, der Zollwache in der Zwischenkriegszeit und hat dann den Schwerpunkt auf dem Grenzschutz in der kommunistischen Zeit. Zu sehen sind u. a. Arbeitsgegenstände, Waffen, Abzeichen, Einrichtungen, Pläne, Unterlagen, Uniformen, Skizzen vom Aufbau der Grenzanlagen in der Region, der Nachbau eines Meldeunterstands im Gelände und eine Verhörzelle. Der Rundgang schließt mit einer Gedenkwand für die Opfer des Eisernen Vorhangs ab.

Valtice (Feldsberg)

Seehöhe: 185 m
TIC Valtice, Nám. Svobody 4, Tel. +420 519 352 978, www.valtice.eu
ČD (Znojmo-Břeclav)

Die Stadt Valtice (Feldsberg) ist ein wesentlicher Teil der Kulturlandschaft Eisgrub-Feldsberg (Lednicko-vatlický areál), das seit 1996 ein Weltkulturerbe der Unesco ist. Grundlage dieser aufblühenden Tourismusregion Südmährens mit reizvollen Landschaften und anmutigen Gebäuden ist die lange und bedeutende Vergangenheit als Besitz der Liechtensteiner. Über Jahrhunderte war der Hauptsitz des „Regierers" des Adelsgeschlechts der Liechtensteiner im niederösterreichischen bzw. mährischen Feldsberg (Valtice). So erklären sich die großen repräsentativen Bauten in der kleinen Stadt und der umliegende „Garten Europas" im südmährischen Grenzgebiet.

Zur Raisten-Kolonnade

Distanz: 600 m

Wir beginnen die Besichtigung Valtices auf dem Hügel Hoher Raisten, der uns einen schönen Ausblick auf die Stadt und die Kulturlandschaft Eisgrub-Feldsberg bietet und gleichzeitig in die Liechtenstein'sche Vergangenheit führt. Vom Grenzübergang Valtice/Schrattenberg fahren wir die ehemalige Signálka hinauf bis zur Kolonnade, die bis 1989 im Sperrgebiet lag und als Wachposten diente.

Raisten-Kolonnade/Kolonáda Reistna

Raisten-Kolonnade/Kolonáda Reistna
Beim Grenzübergang Valtice/Schrattenberg, April, Sept. Sa, So 10–17 Uhr, Mai, Juni Fr, Sa, So 10–17 Uhr, Juli, Aug. Di–So 10–18 Uhr, Eintritt: Kč 30/Kč 20

Das beliebte Ausflugsziel auf dem Hohen Raisten (282 m) erinnert ein wenig an die Gloriette im Schlosspark Schönbrunn in Wien. Kein Wunder, denn diese diente auch als Vorbild für das zwischen 1810 und 1817 errichtete Gebäude. Johann I. Josef von Liechtenstein widmete es dem Gedenken an seine Brüder und seinen Vater. An der Nordseite sind die verstorbenen Familienmitglieder als Statuen verewigt. So blicken diese auf das damalige Kernland der Liechtenstein'schen Gebiete, wir können dies von der Plattform auf dem Denkmal tun. Heute ist uns „Liechtenstein" vor allem als Fürstentum am

Valtice (Feldsberg) – Tor in den Garten Europas

Die Raisten-Kolonnade – Familiendenkmal der Liechtensteiner

Rhein ein Begriff. Doch über 700 Jahre hatte die Familie große Besitzungen in der Habsburgermonarchie bzw. in den Nachfolgestaaten Österreich und Tschechoslowakei.

★ DIE LIECHTENSTEINER – ÖSTERREICHISCH-MÄHRISCHE „GRENZBARONE“

Die Geschichte der Familie Liechtenstein im österreichisch-mährischen Grenzgebiet reicht bis ins 13. Jahrhundert zurück. Hier und in den „böhmischen Ländern“ konnten sie durch geschickte Politik, Ankäufe und Heiratspolitik große Besitzungen erwerben. In der Habsburgermonarchie stiegen die Liechtensteiner neben den Esterházy und Schwarzenbergern zu den drei wichtigsten Adelsgeschlechtern und reichsten Grundbesitzern auf. Um 1913 besaßen sie 207.959 Hektar Land in Österreich-Ungarn, davon allein in Böhmen und Mähren ca. 160.000 Hektar.

In der Zwischenkriegszeit mussten die Liechtensteiner in der ČSR aufgrund der Bodenreform 91.000 Hektar unter Wert verkaufen, nach dem Zweiten Weltkrieg 1945 verloren sie sämtliches Eigentum durch Enteignung nach den Beneš-Dekreten. In Österreich dagegen behielten die Liechtensteiner die Besitzungen, wie z. B. im Weinviertel ihr „Stammschloss“ in Wilfersdorf oder die Palais in Wien. Erst aufgrund dieser Entwicklungen verlagerte sich der Schwerpunkt der Familie nach Vaduz ins Rheintal.

Der entscheidende Aufstieg der Liechtensteiner im Habsburgerreich begann mit Karl I. von Liechtenstein (1569–1627). Er kämpfte an der Seite des Kaisers im Dreißigjährigen Krieg und wurde für seine Verdienste bei der Schlacht am Weißen Berg (1620) belohnt. Damals konnten die Liechtensteiner ihren Besitz massiv auf Kosten der Besiegten vergrößern, weshalb sie lange das Image der antitschechischen Unterdrücker hatten. Selbst bei der Konfiskation der Liechtenstein'schen Besitzungen 1945 bemühten die Behörden der ČSR die Schlacht am Weißen Berg als

Begründung. Inzwischen wandelt sich das Bild der Liechtensteiner zum Positiven, vor allem in Südmähren, wo der Tourismus sehr gut von dem glanzvollen Erbe der Adelsfamilie lebt.

Ins Zentrum von Valtice

Distanz: 2,5 km

Wir folgen weiter der ehemaligen Signálka und fahren den Hügel geradewegs steil bergab. Unten angekommen biegt links ein Weg in Richtung des Ortskerns von Valtice ab. Wir radeln an Feldern und Weinreben vorbei sowie an Häuschen, die Valtice als Weinstadt zu erkennen geben. Auf dem Hauptplatz befindet sich an der Ostseite ein großes Tor. Durch dieses gelangen wir zum Schloss.

Schloss Feldsberg/Zámek Valtice

Eine der wichtigsten Touristenmagneten Südmährens ist das *Schloss* in Vatlice (Feldsberg), wo zwischen 1560 und 1938 die Liechtensteiner hauptsächlich residierten. Das mittelalterliche Wasserschloss ließen sie im Laufe der Zeit mehrmals von Stararchitekten umbauen, z. B. von Johann Bernhard Fischer von Erlach. In der heutigen Form steht es uns als Barockschloss mit Rokokoelementen gegenüber. Der frei zugängliche *Schlosspark* verführt zum Flanieren und Ausruhen. Für uns bildet die repräsentative Anlage den passenden Rahmen, um uns mit der Geschichte der Liechtensteiner in Österreich-Ungarn und in der Tschechoslowakei näher zu befassen.

In der Habsburgermonarchie hatten die Liechtensteiner eine bemerkenswerte Sonderstellung. So war z. B. Johann II. (Regentschaft 1858–1929) Mitglied des österreichischen Herrenhauses und gleichzeitig Staatsoberhaupt des Fürstentums Liechtenstein. Das Land am Rhein war seit 1806 ein souveräner Staat, jedoch mit der Donaumonarchie politisch und wirtschaftlich eng verbunden. Das Palais in Feldsberg hatte einen Status als exterritoriales Gebiet. Nach dem Zerfall Österreich-Ungarns 1918 fanden sich die Liechtensteiner in einer völlig neuen Situation

Schloss Feldsberg – ehemalige Hauptresidenz der Liechtensteiner

Schloss Feldsberg/ Zámek Valtice
Zámek 1, www.zamek-valtice.cz, geöffnet April bis Nov. Di–So 9–16 bzw. 17 Uhr, Juli, Aug. tägl. 9–17 Uhr, Eintritt: Kč 180/ Kč 130 (Haupttour)

wieder. Die Tschechoslowakei erkannte das Fürstentum nicht als Staat an, um die Durchführung der Bodenreform (gegen ein Staatsoberhaupt) nicht zu erschweren. Erst danach erfolgte die Aufnahme diplomatischer Beziehungen, konkret im Juni 1938.

Im Frühjahr 1945 sah die tschechoslowakische Regierung die Beziehungen mit Liechtenstein als erloschen an: Denn die Schweiz – die diplomatische Vertreterin Liechtensteins – hatte die Errichtung des „Reichsprotektorats Böhmen und Mähren" 1939 anerkannt. Außerdem vermutete die ČSR eine Kollaboration Liechtensteins mit Hitler und betrachtete alle Liechtensteiner als Deutsche, die nun gemäß den Beneš-Dekreten enteignet wurden. Während des Zweiten Weltkrieges hatte sich das Fürstentum jedoch neutral verhalten, der Sitz der Regentenfamilie war auch nach Vaduz verlegt worden. Besondere Aktivitäten des Fürsten Franz Josef II. (Regentschaft 1938–1989) für das NS-Regime dürfte es nicht gegeben haben. Die Enteignungen von 1945 bedeuteten den Verlust einer wesentlichen wirtschaftlichen Grundlage für das Fürstentum Liechtenstein. Diese Problematik stand jahrzehntelang zwischen den beiden Staaten. Erst 2009 erklärten Prag und Vaduz die Aufnahme von offiziellen diplomatischen Beziehungen und setzten eine Historikerkommission zur Erforschung der gemeinsamen Geschichte ein.

Durch das Schloss und seine „Nebenschauplätze", wie das barocke *Schlosstheater* oder die *Schlosskapelle*, werden mehrere Routen angeboten. Die Hauptbesichtigungstour führt durch die Repräsentationsräume der Fürsten von Liechtenstein in der Ausstattung des Mobiliars aus der zweiten Hälfte des 19. Jahrhunderts.

Stadtmuseum/ Městské muzeum Valtice
Náměstí Svobody 4, muzeum .webnode.cz, Mai bis Okt. Fr, Sa, So 13–17 Uhr, Eintritt: Kč 30/Kč 20

Freiheitsplatz/Náměstí Svobody

Feldsberg (Valtice) war einst nicht nur Sitz der Liechtensteiner, sondern bis Mitte 1920 auch ein wichtiges Verwaltungszentrum im nördlichen Niederösterreich. Nach den Regelungen des Friedensvertrages von Saint Germain gingen am 31. Juli 1920 die Gebiete um Feldsberg (fünf Gemeinden mit ca. 11.000 Einwohnern) an die Tschechoslowakei. Wie in Gmünd (→ S. 139) spielte der Verlauf der Bahnlinie eine entscheidende Rolle dabei. Alle Proteste der Bevölkerung gegen die neue Grenze, die in einer Versammlung am Stadtplatz am 5. Juni 1919 ihren Höhepunkt gefunden hatten, waren ohne Wirkung geblieben.

In das Leben in der Stadt im 20. Jahrhundert gibt das kleine *Stadtmuseum* Einblick. Es zeigt verschiedene Alltagsgegenstände, Kleidungsstücke, Trachten und einige alte Fotos vom Stadtbild Feldbergs. Die barocke *Stadtkirche Mariä Himmelfahrt* (erbaut 1631–1671) symbolisiert den Aufstieg der Liechtensteiner zu den einflussreichsten Adelsgeschlechtern der Habsburgermonarchie. Karl I. (1569–1627), der vom Protestantismus zum Katholizismus übergetreten und somit politisch auf der „richtigen" Seite war, initiierte noch den Neubau der Pfarrkirche von Feldsberg. Sein Sohn Karl Eusebius ließ den Monumentalbau errichten. In der Kirche fanden bis 1938 die Einsegnungen der verstorbenen Regenten statt, bevor sie in der Familiengruft im Wallfahrtsort Wranau (Vranov) bei Brünn (Brno) beigesetzt wurden.

Stadtkirche Mariä Himmelfahrt

ℹ www.pala va-lva.cz TIC Lednice, Zámecké náměstí 68, Tel. +420 519 340 986, www.lednice.cz
ČD (Břeclav-Lednice): Lednice

Kulturlandschaft Eisgrub-Feldsberg (Lednicko-vatlický areál)

Das Areal zwischen Valtice, Lednice und Břeclav ist eine der größten gestalteten Kulturlandschaften in Europa und seit 1996 Unesco-Weltkulturerbe. Das Lednicko-vatlický areál (LVA) ist tatsächlich eine Welt für sich, durch die wir nur einen schnellen Streifzug machen können, die aber zu bedeutend ist, um sie gänzlich links liegen zu lassen. Das Besondere daran ist, dass die Kulturlandschaft kontinuierlich seit dem 13. Jahrhundert von den Liechtensteinern erworben und geprägt worden ist. So existieren z. B. die künstlich angelegten großen Fischteiche seit dem 14. und 15. Jahrhundert, die Verbindungsstraße zwischen Valtice und Lednice seit Anfang des 18. Jahrhunderts. Viele der schmuckvollen Gebäude im Areal, wie Pavillons, Lustschlösschen, die Kolonnade oder der Apollo-Tempel, entstanden Anfang des 19. Jahrhunderts unter Johann I. Josef (Regentschaft 1805–1836). Beteiligt waren meist die Architekten Joseph Hardtmuth und Joseph Kornhäusel. Der „Garten Europas“, wie das Areal wegen seiner ausgedehnten Parkanlagen und naturbelassenen Flecken auch genannt wird, weist mit ca. 200 Quadratkilometern übrigens eine größere Fläche auf als das Fürstentum Liechtenstein (160 km^2) am Rhein.

Distanz: 5 km

Von Valtice nach Hlohovec

Vom Hauptplatz in Valtice fahren wir geradewegs aus der Stadt hinaus auf die direkte Verbindungsstraße nach Lednice. Hier müssen wir mit etwas mehr Verkehr rechnen. Wir kommen am Bahnhof Valtice vorbei. 500 m weiter biegt links die Straße nach Hlohovec (Bischofswarth) ab. Am Ende liegt der kleine Ort, den wir durchqueren, um zu unserem Ziel zu gelangen.

Grenzschlösschen Bischofswarth/Hraniční zámeček Hlohovec

Eines der skurrilsten Gebäude des LVA ist das *Grenzschlösschen* in Hlohovec. Es steht „Zwischen Österreich und Mähren" – so lautet die Inschrift auf der Fassade des 1827 fertiggestellten Schlosses im Empirestil. Die Kronländergrenze (bis 1918) führte mitten durch das Gebäude und ist davor durch einen kleinen Kanal markiert, der in den Bischofswarther Teich (Hlohovecký rybník) mündet. Die Liechtensteiner hatten zwar ihre Güter schon seit Jahrhunderten in den zwei Ländern, doch in sich bildete das Besitztum eigentlich einen eigenen Staat. Es scheint, als wollte das Schlösschen wie eine Klammer die Länder zusammenhalten. Die wechselnden Staatsgrenzen 1918/19, 1938 und 1945 betrafen die

Liechtenstein'schen Güter ganz unmittelbar. Heute befinden sich im renovierten Schlösschen ein Viersternehotel und ein Restaurant, auf dessen Terrasse man ganz ausgezeichnet über die Vergänglichkeit und Bedeutung von Grenzen sinnieren kann.

Distanz: 4,8 km

Von Hlohovec nach Lednice

Wir fahren nun die künstlich angelegten Teiche entlang, die unter Naturschutz stehen und ein Vogelparadies sind. Am Nordufer führt ein Pfad durch die reizvolle Landschaft bis zur Allee nach Lednice. (Alternative bei Regen: Route 41 am Südufer des Teichs entlang). Wir fahren auf der alten Alleestraße direkt nach Lednice (Eisgrub).

Variante: Wenn man den Verkehr vermeiden möchte, kann man noch ein Stück weiter entlang des Teiches radeln und bei der Eisenbahnlinie nach links auf einen Nebenweg abbiegen.

Schloss Eisgrub/ Zámek Lednice
Zámek 1, www.zamek-lednice.com, geöffnet Febr. bis Mitte Dez., in den Sommermonaten meist Di–So 9–17 Uhr, Juli, Aug. tägl. 9–17 Uhr, Eintritt: Kč 190/Kč 130 (Hauptroute)

Schloss Eisgrub/Zámek Lednice

Die ehemalige Sommerresidenz der Liechtensteiner in Lednice (Eisgrub) existiert in seinen Wurzeln seit dem 13. Jahrhundert. Die ursprünglich gotische Feste wurde mehrmals erweitert und erneuert, zuletzt zwischen 1846 und 1858 im englischen neugotischen Stil. Bekannte Architekten wirkten an den Ausbauten des Schlosses und der Gestaltung des herrschaftlichen Gartens mit, wie Johann Bernhard Fischer von Erlach bei der Reithalle und den Stallungen. Der riesige – und frei zugängliche – Park mit all seiner

„Zwischen Österreich und Mähren": Grenzschlösschen Bischofswarth

Schloss Eisgrub

erstaunlichen Vielfalt vom Barockgarten bis zum Naturidyll ist ein beliebtes Ausflugsziel. Allein hier könnte man einen ganzen Tag verbringen, das Angebot an Führungen im Schloss und den Gebäuden im Areal ist groß. Ein besonderes Highlight ist ein sechzig Meter hohes Minarett, das Ausblicke in drei Länder gewährt.

Von Lednice nach Břeclav

EV 9
Distanz: 9,5 km

Wir verlassen Lednice über die Straße Slovácká in Richtung Osten. Wir halten uns nun an die Route EV 9, die uns direkt nach Břeclav (Lundenburg) führt. Nach ca. 2,5 km tauchen wir in den Auwald entlang der Thaya ein. Dies ist wohl ein außergewöhnliches und schönes Erlebnis, doch man muss beinahe nonstop durchfahren, wenn die Gelsen-/Mückenplage zu groß ist. Alternativ ist die Route auf der Landstraße über Chárvatská Nová Ves zu überlegen.

Břeclav (Lundenburg)

Seehöhe: 160 m

TIC U Tržiště 8, Tel. +420 519 326 900, breclav.eu (tsch.)

Durch Břeclav verlaufen viele regionale und Fernradwege, in touristischer Hinsicht positioniert es sich als Tor in die Kulturlandschaft Lednice-Valtice. Die Bezirksstadt mit knapp 25.000 Einwohnern ist sichtlich durch mehr Industrie und Wirtschaftsbetriebe geprägt, hier gibt es z. B. eine Brauerei und eine Zuckerfabrik. Die ursprünglich recht kleine Ortschaft Lundenburg bekam 1839 Anschluss an eine der ältesten Bahnstrecken der Habsburger-

ČD/ÖBB Nordbahn (Wien–Břeclav) ČD (Znojmo–Břeclav); Bahnknotenpunkt

monarchie und entwickelte sich zum wichtigen Verkehrsknotenpunkt. Von hier aus kann man in alle Richtungen reisen: nach Znojmo, Lednice, Bratislava, aber auch in die weite Welt. Erst 1872 wurde Břeclav (Lundenburg) zur Stadt erhoben, es wirkt in seinem Erscheinungsbild sehr jung, tatsächlich reichen seine Wurzeln bis ins 11. Jahrhundert zurück. Doch über die Jahrhunderte verwüsteten immer wieder Brände und kriegerische Ereignisse den Ort. Während des Zweiten Weltkrieges war Břeclav auch Ziel von Bombenangriffen, was deutliche Auswirkungen auf das Stadtbild hatte.

Schloss/Zámecká věž www.muzeu-mbv.cz/zamecka-vez, Mai, Juni Sa, So, Fei 10–18 Uhr, Juli, Aug., Sept. tägl. 10–18 Uhr, Eintritt: Kč 30/ Kč 15

Stadtrundfahrt

Wenn wir aus dem Auwald ins Stadtgebiet kommen und über die Thayabrücke fahren, können wir zunächst in der Schlossbrauerei (Zámecký pivovar) einkehren. In unmittelbarer Nähe befindet sich auch das *Schloss*. Ursprünglich stand hier im 11. Jahrhundert eine Befestigung des mährischen Fürsten Břetislav I. Im 16. Jahrhundert baute die Adelsfamilie Žerotínové ein Renaissanceschloss, das die Liechtensteiner Anfang des 19. Jahrhunderts nach damaliger Mode im Stil des Romantismus zur Teilruine umbauen ließen. Das Gebäude diente den Liechtensteinern als Verwaltungszentrum ihrer Güter bei Lundenburg. Nach dem Zweiten Weltkrieg war hier zeitweise eine Militärgarnison untergebracht.

Bis zum Hauptplatz náměstí T. G. Masaryka sind es nur 700 Meter geradeaus. Hier fallen schnell das verkehrsreiche Stadtzentrum und die moderne *Wenzelskirche* auf. Die alte barocke Stadtkirche von 1756 wurde am 20. November 1944 bei einem Bombenangriff auf den Bahnhof und die Industrie zerstört. Erst nach dem Zusammenbruch des Kommunismus war es möglich, eine neue Kirche zu bauen. Zwischen 1992 und 1995 ist die Wenzelskirche nach den Plänen des Brünner Künstlers und Malers Ludvík Kolek mithilfe von Spendengeldern aus dem In- und Ausland entstanden. Der charakteristische Turm symbolisiert

Schloss in Břeclav

die Heilige Dreifaltigkeit. Wenn man von Aussichtsstellen über Südmähren blickt, kann man Břeclav an diesen drei Spitzen gut erkennen.

Die wichtigste Sehenswürdigkeit der Stadt ist die *ehemalige Synagoge* (1868), die sich unweit der Wenzelskirche südöstlich vom Hauptplatz in einem Winkel versteckt (U Tržiště). Sie wurde 1888 von Max Fleischer im neoromanischen Stil mit maurischen Elementen gestaltet. Die Synagoge in Břeclav diente jahrzehntelang als Lagerraum, wurde zwischen 1997 und 1999 renoviert und ist Teil des *Museums Břeclav*. Seither bietet sie als Kulturdenkmal einen schönen Rahmen für Veranstaltungen und Ausstellungen, u. a. zur Geschichte der jüdischen Gemeinde. Der *jüdische Friedhof* liegt übrigens frei zugänglich im nördlichen Teil der Stadt (ul. Veslařská). Vor allem für Wiener interessant ist das große Grabmal von Ignaz von Kuffner (1822–1882), der die Ottakringer Brauerei zu einem erfolgreichen Unternehmen aufbaute und 13 Jahre Bürgermeister von Ottakring war – damals noch ein Vorort von Wien.

Für die weitere Orientierung in der Stadt holen wir uns Unterlagen von der Touristeninformation neben der ehemaligen Synagoge. Sie hat ihr Quartier im Liechtenstein-Haus (Lichtenštejnský dům), das im Mai 2009 eröffnet wurde. Dieses beherbergt ein kleines Museum über die Dynastie Liechtenstein und das architektonischen Erbe in der Kultur-

Synagoge und Liechtenstein-Haus/Synagoga a Lichtenštejnský dům
U Tržiště 10 u. 8, www.muzeumbv.cz, ganzjährig geöffnet, Di–So 10–14 u. 14.30–17 Uhr, Eintritt: jeweils Kč 50/Kč 25

Museum und Galerie Břeclav/Městské muzeum a galerie Břeclav/Muzeum pod vodárnou
Dukelských hrdinů 2747, www.muzeumbv.cz, Nov. bis März Di–Fr 10–17, Sa, So 13–17 Uhr, April bis Okt. Di–So 10–17 Uhr, Eintritt: Kč 50/Kč 25

landschaft Eisgrub-Feldsberg. Ein Stadtmuseum im klassischen Sinne gibt es leider nicht. Die Zentrale der Museen der Region liegt auf der anderen Seite der Thaya und bespielt ihre Räumlichkeiten mit Wechselausstellungen.

Distanz: 1,1 km

Vom Stadtzentrum zum Bahnhof

Vom Hauptplatz kommen wir auf der Straße 17. listopadu (17. November) am sozialistischen Kulturhaus vorbei zur Thayabrücke. Wir überqueren den Fluss, fahren auf der J. Palacha Richtung Bahnhof in einem typischen Stadtverkehr; Ausweichrouten sind über die südlich parallel verlaufenden Gassen Čermákova und Čechova zum Teil möglich. Vor dem Bahnhof finden wir im Park des 28. Oktober noch ein kleines Radmuseum und die Kapelle Kyrill und Method.

Bahnhof – An der Nordbahn

Im Vergleich zu den anderen Bahnlinien, die wir während der Tour an der Grenze gesehen haben, ist die Nordbahn die international wichtigste und modernste. Sie blieb auch während des Eisernen Vorhangs intakt und bildet heute einen Teil des Paneuropäischen Verkehrskorridors IV und Transeuropäischen Netzes (Korridor 22). Züge nach Prag und weiter nach Berlin, nach Warschau und auch bis nach Moskau machen in Břeclav halt. Es ist die ehemalige Kaiser-Ferdinands-Bahn, welche ab 1839 Wien mit Brünn und den nördlichen Kronländern verband und damit zu den ältesten Bahnstrecken in Mitteleuropa gehört. Sie war ein wichtiger Motor für die Industrialisierung in der Region, Arbeitsmöglichkeit und Mobilitätsfaktor. Wie auch bei anderen grenzüberschreitenden Bahnlinien kam es zwischen Břeclav und Hohenau an der March immer wieder zu Schmuggel von illegalem politischem Material, Fluchtversuchen und dramatischen Szenen.

Die Nordbahn bei Břeclav

12. MÄRZ 1938: NACHTZUG AUS WIEN

Am 11. März 1938 um 22.15 Uhr fuhr vom Wiener Nordbahnhof ein überfüllter Schnellzug nach Prag ab: In ihm drängten sich Menschen, die aus Österreich fliehen wollten. An diesem Abend, um 19.50 Uhr, hatte Bundeskanzler Kurt Schuschnigg seinen Rücktritt bekanntgegeben und verkündet, dass das Bundesheer dem Einmarsch der Wehrmacht keinen Widerstand entgegensetzen werde. Die Machtübernahme der Nationalsozialisten war in vollem Gang. Die für den 13. März 1938 geplante Abstimmung über die Unabhängigkeit Österreichs hatte Hitler aktiv werden lassen.

Im Nachtzug nach Prag waren die Passagiere noch auf der Fahrt in Österreich nicht vor Übergriffen sicher, denn NS-Gruppen holten Flüchtlinge aus dem Zug. Nach längerem Aufenthalt vor der Grenze setzte sich der Zug in Richtung Lundenburg in Bewegung, die Menschen fühlten sich gerettet. Doch am Bahnhof Lundenburg hieß es für österreichische Staatsbürger aussteigen. Der Journalist Richard A. Bermann appellierte in einem an Präsident Edvard Beneš gerichteten Telegramm an die „Menschlichkeit der tschechoslowakischen Demokratie“, doch vermutlich gelangte es nie an den Adressaten. Die Flüchtlinge wurden jedenfalls gemäß einer Weisung des Innenministeriums nach Österreich zurückgeschickt – die Tschechoslowakei schloss ihre Grenzen.

4 / 43
Distanz: 4 km

Von Břeclav in den March-Thaya-Zwickel

Wir wechseln von der Industriestadt ins Naturidyll. Um dem Verkehr auszuweichen, nehmen wir beim Kreisverkehr südlich des Bahnhofs die kleinere Straße ulice Šilingrova. Geradewegs kommen wir so zum Kai, der die wichtigste Nord-Süd-Achse für den Radverkehr in Břeclav bildet. Hier fahren wir gemächlich und von Autos ungestört ca. 1,7 km direkt die Thaya entlang, bis sich plötzlich die Bahn in den Weg stellt. Wir folgen nun der Beschilderung der Routen 4 bzw. 43 kurz nach links. Dann wendet sich die Route wieder Richtung Süden. Durch eine Unterführung queren wir die Bahn und geraten unvermittelt in Auwälder. Nach 1 km kommen wir zu einer großen Lichtung, dem Areal Pohansko.

Im March-Thaya-Zwickel

i www.natura2000amgruenen-band.at/natura-trails/march-thaya-zwickel, www.marchthayaauen.at

Hier zwischen March und Thaya erstreckt sich eines der interessantesten Feuchtgebiete Europas, das zum Unesco-Biosphärenreservat Dolní Morava und einem trilateralen Ramsar-Schutzgebiet gehört. Bis 1989 war der Zwickel ein riesiges Sperrgebiet des Eisernen Vorhangs. Auch heute ist das Naturidyll durch Thaya und March recht abgeschottet, da es keine Übergänge über die Flüsse mehr gibt und das Augebiet nur von Norden aus zugänglich ist.

Der Zwickel im Dreiländereck Österreich, Mähren und Slowakei hat eine wechselhafte Geschichte hinter sich. Die Grenzen waren durchaus umstritten und änderten sich immer wieder. Von 1755 bis 1918/19 gehörten die Flächen zwischen March und Thaya zu den Gemeinden Bernhardsthal, Rabensburg und Hohenau. Das Gebiet wurde vor allem für Vieh- und Holzwirtschaft sowie Jagd genutzt und war über Brücken, Stege und Furten erreichbar. Mit dem Vertrag von Saint Germain von 1919 kam der Zwickel zur Tschechoslowakei. Unabhängig von Grenzänderungen gehörte das Areal bis 1945 zum Liechtenstein'schen

Schloss Pohansko in einer reizvollen Winterlandschaft

Grundbesitz. Für die effiziente Bewirtschaftung des Waldgebiets hatten die Liechtensteiner ab 1908 auch eine Kleinbahn bauen lassen, deren Anlage bis in die 1920er-Jahre auf 27 Kilometer anwuchs. Noch bis 1965 wurde die Eisenbahn genutzt, dann aber demontiert. Von der Kleinbahn zeugen heute noch die erhalten gebliebenen Bahndämme.

Mitten in den weiten Wäldern und Wiesen begegnet uns ein Schloss der ehemaligen Herrschaft Liechtenstein – das *Schloss Pohansko* (1810–1812), welches nach den Plänen von Josef Hardtmuth im Empirestile erbaut worden ist. Heute ist im Schlösschen ein Archäologisches Museum untergebracht. In dieser Region kann man menschliche Besiedlung seit der Jungsteinsteinzeit nachweisen. Es ist ein besonderer historischer Boden. Im 9. Jahrhundert befand sich hier eine der wichtigsten Burgstätten des Großmährischen Reiches. Pohansko gehört damit zu den bedeutendsten Denkmälern der frühmittelalterlichen slawischen Geschichte auf dem Gebiet Tschechiens, das seit 1957 Archäologen erforschen. Befestigungen aus jüngerer Zeit sind ebenfalls in der Nähe vorhanden, die zahlreichen kleineren Bunker des tschechoslowakischen Verteidigungswalls (→ S. 263) aus den 1930er-Jahren.

Schloss Pohansko – Slawische Burgstätte Pohansko/Zámeček Pohansko – slovanské hradisko
www.muzeumbv.cz, April bis Okt. Di–So 10–18 Uhr, Eintritt: Kč 50/Kč 25

Tipp für Naturfreunde: Tief in den Auwald

Das zauberhafte Areal verführt zum Radeln in den Zwickel hinein, um die Naturlandschaften weiter zu erkunden (→ S. 163 ff.). Dabei darf man aber nicht vergessen, dass es „unten“ keinen „Ausgang“ sowie keinerlei Versorgungsmöglichkeiten gibt. Die Thaya-

Storchennest im Augebiet

brücke vor Hohenau wurde von der Wehrmacht in den letzten Kriegstagen 1945 gesprengt.

Der Zwickel ist Teil der Donau-March-Thaya-Auen, der größten zusammenhängenden Aulandschaften Mitteleuropas (50.000 ha). Hier leben Pflanzen wie Kopfweiden, Quirleschen und gefährdete Tiere wie Schwarzstorch, Donaukammmolch, Fischotter, Graureiher, Wachtelkönig, Seeadler und sogar Urzeitkrebse.

4, 42A, ohne Markierung
Distanz: 7,3 km

Von Pohansko nach Bernhardsthal

Vom Schloss Pohansko folgen wir der Route 4, dabei überqueren wir einen Damm der Kleinbahntrasse. Nach ca. 1 km gelangen wir zur ehemaligen Signálka, wo wir nach rechts abbiegen. Hier verläuft die Route 42A. Wir verlassen auf einer Holzbrücke über die Thaya den Zwickel und versetzen uns kurz ins Jahr 1987 (→ S. 329). Über weite Felder radeln wir noch auf der Route 42A entlang. An der folgenden Kreuzung biegen wir nach links ab und schlagen den Weg nach Österreich ein. Im Auwald überqueren wir die Grenze. Bald sehen wir das alte Zollhaus und die Felder vor Bernhardsthal. Die Straßenschilder weisen uns den Weg in den Ort.

Bernhardsthal

Seehöhe: 154 m

Marktgemeinde Bernhardsthal, Hauptstraße 65, Tel. +43 2557 8800, www.bernhardsthal.gv.at
ÖBB Nordbahn (Wien-Břeclav)

Im Weinviertler Dreiländereck befinden wir uns an einer alten Schnittstelle zwischen Mähren, der Slowakei und Niederösterreich. Über die Jahrhunderte kam es zu regen Kontakten zwischen den Kulturen (→ S. 330). Die nordöstlichste Gemeinde Österreichs lag vor der Grenzziehung 1919/20 im Einzugsbereich von Feldsberg (Valtice) und Lundenburg (Břeclav) und hatte bis ins 20. Jahrhundert eine slawische Minderheit.

Der kleine Ort direkt an der Nordbahn hat einen schönen, künstlich angelegten Teich, der die größte Wasserfläche des Weinviertels (25 ha) darstellt. Hier kann man sich ausgezeichnet erfrischen oder auch

Die Thaya auf dem Weg nach Österreich

17. MAI 1987: EIN FROSCHMANN SCHWIMMT IN DIE FREIHEIT

In einer Nacht Mitte Mai 1987 gelang ein Fluchtversuch in aller Stille. Libor Veselský hatte schon einmal einen Fluchtversuch geplant, doch er war verraten worden. In einem Massenprozess wurde er wegen unerlaubten Waffenbesitzes – er hatte ein sowjetisches Gewehr aus dem Zweiten Weltkrieg – zu 15 Monaten Haft verurteilt. Danach kam der damals 31-Jährige auf die Idee, sich in der Thaya von Břeclav nach Österreich treiben zu lassen. Dazu rüstete sich Veselský mit Taucheranzug und Sauerstoffflasche aus und präparierte einen Baumstamm.

Darin musste sich der „Froschmann" verstecken, denn Grenzsoldaten durchleuchteten nachts mit Halogenlampen das Wasser. Während der Flucht drehte Veselský direkt im Grenzgebiet die Sauerstoffflasche zu, damit ihn nicht Luftblasen verrieten, und atmete im Hohlraum des Baumstammes. Nach drei Stunden im 13 Grad kalten Fluss stieg Veselský am österreichischen Ufer aus der Thaya und meldete sich bei der Gendarmerie Bernhardsthal. Die Zeitungen berichteten erst im Juni von der spektakulären Flucht, die zunächst von der Staatspolizei geheimgehalten worden war. Veselský bekam in Österreich Asyl.

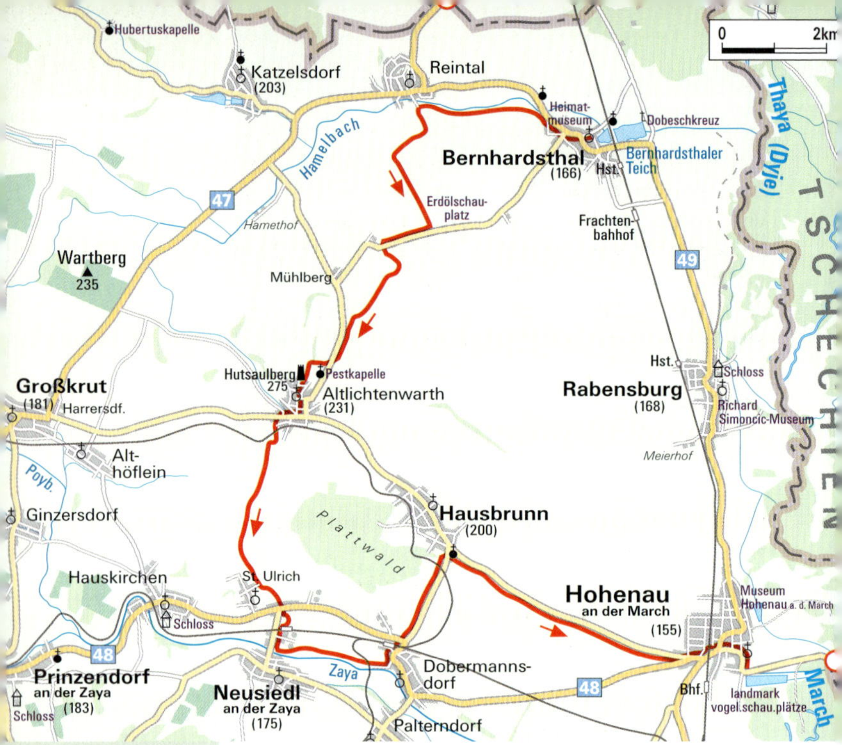

Otto Berger Heimatmuseum
Museumsplatz 62, museumbernhardsthal.at, April bis Okt. 1. u. 3. So im Monat 14–16 Uhr, Eintritt: € 2,–/€ 1,–

einmal in die Pedalen eines Tretbootes treten. Und das vor dem Hintergrund der ältesten erhaltenen Eisenbahnbrücke Österreichs; sie geht auf das Jahr 1839 zurück. Ein Besuch des Ortsmuseums führt in erster Linie in die Ur- und Frühgeschichte, außerdem sind Wechselausstellungen zu sehen.

★ KINDERWECHSEL – BÖHMISCH LERNEN

Wie verständigte man sich in den sprachlich recht gemischten Gebieten? Im Gebiet des nördlichen Niederösterreichs und in Südmähren war die Tradition des „Wechsels“ der Kinder weit verbreitet, aber auch in anderen Regionen. Deutschsprachige und tschechische bzw. slowakische Familien tauschten meist über mehrere Monate eines ihrer Kinder, damit dieses im entsprechenden Umfeld die Sprache und auch Kultur kennenlernten. Zwischen diesen Familien gab es oft recht enge und dauerhafte freundschaftliche Verbindungen. Diese Sitte, Buben – seltener Mädchen – „auf Wechsel zu schicken“, lässt sich bis in die Zwischenkriegszeit verfolgen. Die Vorteile lagen auf der Hand – man konnte sich am Markt mit der Kundschaft, bei der Arbeit und mit den Nachbarn besser verständigen und hatte somit mehr Möglichkeiten. Eine faszinierende Vorstellung angesichts der heute oft noch vorhandenen Sprachbarrieren. Doch in vielen Ortschaften entlang der Grenze gibt es regelmäßige Kontakte zwischen Kindergärten und Schulen, um diese zu überwinden.

Von Bernhardsthal nach Altlichtenwarth

914, EV 9 / EV 13
Distanz: 11,7 km

Von Bernhardsthal fahren wir ein Stück westwärts auf der Route 914 in Richtung Reintal. Dort stoßen wir auf den EV 9/EV 13. Zwischen Feldern radeln wir gemütlich ins Landesinnere bis zum Erdölschauplatz Mühlberg.

Die Route EV 9/EV 13 verläuft nach rechts auf der recht ruhigen Straße, bis sie links bei einem Schild „Flugplatz“ auf einen asphaltierten Weg abzweigt. Neben einer Baumreihe als Windschutz geht es stetig hinauf (3 km/ca. 70 Hm) auf den Hutsaulberg, schöne Ausblicke bei kleinen Zwischenstopps inklusive. Wir kommen wieder auf die Straße nach Altlichtenwarth, auf dem Weg dorthin verlassen wir beim Schild „Kriegerdenkmal“ kurz die Route.

Erdölschauplatz Mühlberg

Man kann sich kaum vorstellen, wie es vor einigen Jahrzehnten im östlichen Weinviertel ausgesehen hat. Einige (verblasste) Fotos des 2009 eröffneten *Erdölschauplatzes* erinnern daran, dass in den 1950er-Jahren viele Fördertürme die Landschaft prägten. Am Mühlberg waren während des Zweiten Weltkriegs deutsche Förderungsfirmen auf das „Schwarze Gold“ gestoßen, wobei es bei Probebohrungen am 5. August 1941 zu wilden Gasausbrüchen gekommen war. Der Mühlberg war bis Mitte der 1950er-Jahre eines der ertragreichsten Ölfelder Österreichs. Da-

Pferdekopfpumpe im „Öldorado“

mals beschäftigte der Betrieb 600 bis 1000 Arbeiter, darunter viele Vertriebene aus der ČSR, die in einer großen Werkssiedlung wohnten.

★ „ÖLDORADO" WEINVIERTEL

Der Ursprung der Geschichte der Öl- und Gasförderung im Weinviertel liegt eigentlich in der Slowakei bei Gbely (Egbell), dreißig Kilometer Luftlinie vom Mühlberg entfernt. Dort hatte 1910 ein einfacher Mann, Ján Medlen, zufällig Gasvorkommen entdeckt und sich den Grund gekauft. Als er das Gas für seine Hütte mit primitiven Mitteln nützen wollte, kam es zu einer Explosion, Medlen überlebte mit Glück. Bald darauf begann die Förderung von Gas und Erdöl in der Region. Kurz nach Ausbruch des Ersten Weltkrieges hatte Österreich-Ungarn seine reichsten Erdölgebiete in Galizien verloren und Ersatz war nötig. Experten suchten aufgrund der Funde in Gbely auch im Weinviertel nach Öl, doch ohne besonderen Erfolg. Nach 1918 überließ Österreich aus finanziellen Gründen privaten Erdölfirmen die Initiative. Erst im August 1930 stieß die deutsche Firma Raky-Danubia bei Zistersdorf auf Erdöl und im November 1932 gemeinsam mit der österreichischen Erdölproduktionsgesellschaft (EGP) auf eine förderungswürdige Stelle. Als sich weitere Erfolge einstellten, versuchten zahlreiche nationale und internationale Gesellschaften ihr Glück im Weinviertel, das bald „Öldorado" genannt wurde.

Nach dem „Anschluss" 1938 brachte NS-Deutschland über ein Gesetz die meisten Erdöl- und Erdgasfirmen allmählich unter seine Kontrolle, um die Ressourcen für den Krieg auszubeuten. Diese Unternehmen beschlagnahmte die UdSSR 1945 dann als „deutsches Eigentum", auf das die Alliierten als Entschädigung für Kriegsschäden Anspruch hatten. Zehn Jahre lang transportierte die SMV (Sowjetische Mineralölverwaltung) große Mengen Erdöl und Erdgas aus Niederösterreich in die UdSSR. Im Staatsvertrag 1955 trat Moskau die SMV gegen wei-

Ausblick vom Hutsaulberg nach Osten

tere Öllieferungen an Österreich ab. So entstand der Staatsbetrieb ÖMV (Österreichische Mineralölverwaltung), der über Jahrzehnte eine bedeutende Zahl an Arbeitern („Ölzuzzler") in der Region beschäftigte. Bis etwa 1960 konnte Österreich sich mit Erdöl selbst versorgen. Heute ist das teilprivatisierte Unternehmen der führende Öl- und Gaskonzern Mitteleuropas.

Altlichtenwarth

Seehöhe: 226 m

Gemeindeamt Altlichtenwarth, Florianigasse 150, Tel. +43 2533 801806, www.altlichtenwarth.at

Die *Aussichtswarte* auf dem Hutsaulberg (274 m) ist eigentlich ein riesiges Kriegerdenkmal. Die zwischen 1921 und 1923 erbaute Gedächtniskapelle empfängt uns mit den deutschtümelnden Worten: „Deutsches Volk, gedenke deiner Helden im Weltkriege 1914–1918", ergänzt mit „1939–1945". Über eine Leiter auf der Rückseite der Warte gelangt man auf dic Aussichtsplattform. Sie bietet bei guter Sicht einen überwältigenden Ausblick auf das Weinviertel, Südmähren und das angrenzende slowakische Záhorie (= „hinter den Bergen") mit den Kleinen Karpaten. Infotafeln geben Auskunft über die nähere Umgebung.

Gerade rund um dieses Bauwerk spielten sich in den letzten Tagen des Zweiten Weltkriegs dramatische Szenen ab. Während in Wien der Krieg seit dem 13. April 1945 zu Ende war, tobten in anderen

Teilen Österreichs die letzten schweren Gefechte. Vom Hutsaulberg konnte man Mitte April 1945 gut beobachten, wie die II. Ukrainische Front der Roten Armee die March überwand und in der „Operation Prag" weiter vorrückte. Am 18. und 19. April 1945 kam die Bevölkerung hautnah mit den Schrecken des Krieges in Berührung. Die deutschen Truppen hatten den Befehl, das Gebiet mit den wichtigen Erdölreserven mit allen Mitteln zu verteidigen. Trotz der Bombardierungen der Alliierten ab 1944 waren noch einige Ölfelder intakt geblieben. In einem heftigen Ringen nahm die Rote Armee zunächst Altlichtenwarth ein, wurde aber von der Wehrmacht ein letztes Mal zurückgedrängt, bevor sie den Ort im Kampf endgültig unter ihre Kontrolle brachte. 59 Wehrmachtsangehörige wurden 1946 hierher umgebettet. 27 unbekannte Soldaten der Roten Armee sind am Friedhof bei der Wehrkirche in Altlichtenwarth begraben. Der Grabstein mit dem Roten Stern befindet sich neben dem Eingang an der Wehrmauer.

Um Windräder werden wohl keine Kriege geführt werden, diese Energiequelle ist grenzenlos und fast überall vorhanden. Im Weinviertel ist die eingeleitete Energiewende von den fossilen Rohstoffen zur Windenergie ganz deutlich zu bemerken. Vom Hutsaulberg sieht man zahlreiche Windräder in der Landschaft. 2012 bis 2014 baute die IG Windkraft den Windpark HAGN (Hauskirchen, Altlichtenwarth, Großkrut, Neusiedl/Zaya), und mit zwanzig Windrädern ist dieser einer der größten in Niederösterreich.

Windpark HAGN

Von Altlichtenwarth nach Neusiedl/Zaya

EV 9
Distanz: 6,3 km

Von der Wehrkirche rollen wir bergab durch den Ort. Am Ende der Straße biegen wir rechts ein und folgen ab nun dem EV 9. Nach einer kurzen Strecke biegt der EV 9 links ab und führt auf einen asphaltierten Güterweg – direkt durch den Windpark HAGN. Es geht meist angenehm bergab und rasch erreichen wir Neusiedl an der Zaya. Vorsicht bei der Überquerung der B 48, wenn wir zum Ort kommen! Der EV 9 leitet uns von der Straße weg in den Skulpturenpark „Feuerland".

Neusiedl an der Zaya

Seehöhe: 153 m

Gemeindeamt Neusiedl an der Zaya, Bahnstraße 5a, Tel. +43 2533 89255, www.neusiedl-zaya.gv.at

Erdölmuseum Neusiedl an der Zaya Bahnstraße 29, Voranmeldung bei der Marktgemeinde, Tel. +43 2533 89255, Eintritt: € 2,-/€ 1,-

Neusiedl an der Zaya gehört neben Zistersdorf zu den ältesten und wichtigsten Erdölfundorten des Weinviertels und ist davon geprägt. Seit 1936 gehört der Bergbau zum Leben der Ortschaft, wo es auch ein eigenes *Erdölmuseum* gibt. Auf dem Gelände „Feuerland" sind aktuell fördernde Pferdekopfpumpen in Betrieb, daneben erinnern sieben alte Gittertürme als Industriedenkmäler an das frühere Erscheinungsbild des Weinviertels. Sie waren noch bis in die 1990er in der Umgebung in Betrieb, obwohl ab den 1950er-Jahren diese Türme aufgrund neuerer Technik schrittweise abgebaut wurden. Das Ensemble runden Skulpturen zum Thema fossile und erneuerbare Energie ab. Die Kunstwerke wurden 2009 im Rahmen eines internationalen Bildhauersymposiums in Neusiedl an der Zaya von Künstlern aus Österreich, Italien, Dänemark und der Ukraine geschaffen.

Von Neusiedl an der Zaya nach Hohenau an der March

923 / Muskateller, EV 13
Distanz: 12 km

Wir schauen ins Zentrum von Neusiedl, um einen Eindruck von dem Erdölort zu gewinnen. Dann fahren wir zurück bis zur Brücke über die Zaya. Wir folgen dem Fluss Richtung Osten (Route 923) bis nach Dobermannsdorf. Dort verlassen wir kurzfristig die markierte Radroute und fahren in Richtung Norden nach Hausbrunn. Wir überqueren die Bahngleise einer aufgelassenen Strecke und radeln auf der Straße über welliges Gelände. In Hausbrunn biegen wir nach rechts ab. Auf dem EV 13 kommen wir bis nach Hohenau, leicht zu erkennen an der Silhouette der ehemaligen Zuckerfabrik.

Hohenau an der March (Cáhnov)

Seehöhe: 155 m

Rathausplatz 1, Tel. +43 2535 31161, E-Mail: info@marchthayaauen.at, www.hohenau.at
Au-Bad im Freizeitareal
ÖBB Nordbahn (Wien-Břeclav)

Hohenau an der March ist die letzte Station unserer Radtour, wo seit 1993 die Staatsgrenzen Tschechiens, der Slowakei und Österreichs zusammentreffen. Hier mündet die Thaya, die uns so viele Kilometer begleitet hat, in die March. Durch Hohenau verlaufen historisch wichtige Fernwege: in Nord-Süd-Richtung die antike Bernsteinstraße und die Nordbahn, in West-Ost-Richtung die Staatzer Straße, die weiter in die Slowakei führt. Früher hatte Hohenau eine größere Bedeutung als Bahnhof der Regionalbahnen ins östliche Weinviertel und als Grenzbahnhof an der Nordbahn. Vor allem war die Zuckerfabrik fast 140 Jahre lang wichtiger Arbeitergeber in der Region. Heute etabliert sich der Ort mit 2700 Einwohnern als Tor in die March-Thaya-Auen und als Ausgangspunkt für die Erkundung der Nachbarregionen in Tschechien und der Slowakei. Neueste Entwicklung ist die Errichtung eines Ökozentrums im Liechtensteinpark, das als Anlaufstelle für Touristen dienen wird.

Ehemalige Zuckerfabrik Hohenau

In der Nähe des Bahnhofs befindet sich das stille Herz der Marktgemeinde. Es gibt wohl kaum eine Familie, die keinen Bezug zu dieser Fabrik hat. Sie hat 1867 bis 2006 das Leben in der Region stark geprägt. Sechs Brüder der Brünner Familie Strakosch gründeten das Unternehmen in Hohenau, weil der

Standort an der Nordbahn einen ausgezeichneten Vertrieb versprach. Die Zuckerrüben wurden von den Liechtenstein'schen Güter aus der näheren Umgebung geliefert. Die Arbeiter kamen aus Mähren und dem slowakischen Záhorie an, sodass die Einwohnerzahl stetig anstieg: 1834 lebten ca. 1550 Menschen in Hohenau, im Jahr 1900 fast 4000, darunter eine bedeutende Anzahl Slowaken und Tschechen.

Die einflussreiche und sozial engagierte Familie Strakosch stellte zeitweise auch den Bürgermeister in Hohenau. Doch nach dem „Anschluss" 1938 wurden die Geschäftsführer Oskar und Georg Strakosch enteignet, da sie nach den „Rassengesetzen" als Juden galten. Georg Strakosch beging Selbstmord, die Familie flüchtete ins Ausland. Die Zuckerfabrik wurde am 13./14. April 1945 während heftiger Kämpfe zerstört, danach aber wieder aufgebaut. Aus dem englischen Exil zurückgekehrt, konnte Oskar Strakosch die Fabrik 1946 wieder übernehmen. Drei Jahre nach dessen Tod 1975 fusionierte das Unternehmen mit der SUGANA, und 1988 übernahm die AGRANA Zucker- und Stärke AG den Standort. Das Ende der Zuckerfabrik kam mit der EU-Landwirtschaftspolitik, die den Anbau von Zuckerrüben reguliert. Österreich wurde eine geringe Quote zugeteilt, sodass die AGRANA 2006 die traditionsreiche Produktion in Hohenau mit zuletzt 130 Mitarbeitern einstellte. 2007 wurde der Turm des Kalkofens gesprengt. Teile des Areals werden noch als Lager oder Büro genutzt.

Sprengung des Kalkofens, 3. Februar 2007

Zum museum hohenau

Ohne Markierung
Distanz: 1,2 km

Um uns näher mit der Geschichte von Hohenau zu befassen, suchen wir das museum hohenau an der march auf. Vom Bahnhof bzw. von der Zuckerfabrik fahren wir geradeaus über die Bahnhof- und Kindergartenstraße zum Rathausplatz. Wir folgen der Straße nach rechts vorbei an einer Parkanlage (Liechtensteinpark) und schließlich nach links auf die Hauptstraße, wo sich das Museum befindet.

Ein Blick ins museum hohenau an der march

museum hohenau an der march
Hauptstraße 12, museumhohenau.at, April bis Okt. Sa, So, Fei 14–17 Uhr, ca. vier Wochen Sommerpause (siehe Homepage), Eintritt: € 2,–/€ 1,–

museum hohenau an der march

Das 1936 gegründete *Ortsmuseum* ist eine von Freiwilligen liebevoll und engagiert geführte Institution Hohenaus. Seit 2001 befindet sich das Museum im Geburts- und Sterbehaus des Filmschauspielers Oskar Sima (1896–1969), der durch die Heimatfilme der 1950er-Jahre als „König der Nebenrollen" bekannt wurde. Ihm ist ein Raum mit zahlreichen Filmplakaten und Bildern gewidmet. Wir sehen zahlreiche historische Fotos des Ortes und des Alltags-, Vereins-, Politik- und Festtagslebens im 20. Jahrhundert, eine Fülle von Arbeitsgegenständen der früher verbreiteten Handwerke usw. Für weitere Abwechslung sorgen regelmäßige Sonderausstellungen.

Bemerkenswert ist eine umfangreiche Sammlung zur Nordbahn und deren Nebenlinien im Weinviertel. Historische Uniformen, Arbeitsgegenstände, Fahrpläne, Übersichtspläne, Fahrausweise, Grenzsteine und zahlreiche Fotos geben ein lebendiges Bild. Feste und interessante Veranstaltungen, wie z. B. ein „Erzählcafé" (mit Zeitzeugen) machen das Museum zu einem beliebten Treffpunkt.

Wo das „Böhmakeln" noch zu Hause ist …

Über Jahrhunderte lebt(e) entlang der March eine sprachlich gemischte Bevölkerung, und durch die Verkehrs- und Arbeitssituation im 19./20. Jahrhundert hielt sich ein starker slawischer Anteil mit Verwandtschaftsbeziehungen in die Slowakei und nach Mähren. Das offizielle Leben in Niederösterreich verlief immer auf Deutsch, während in Familien auch slowakisch oder tschechisch gesprochen wurde. So entstand in der Region ein lokaler Dialekt: das „Záhoráci“ (von Záhorie, der benachbarten slowakischen Region) – ein slowakisch-mährischer Mischdialekt mit deutschen Lehnwörtern. In Hohenau verweist man mit Stolz auf dieses Erbe. Die sprachliche Besonderheit der Region ist auch im Deutschen zu bemerken: So mancher alteingesessene Hohenauer „böhmakelt“ deutlich und verwendet Dialektwörter aus dem „Záhoráci“, z.B. *pletky* = Gerede, Tratscherei, „Gschichtl“; *nalepschi* gehen = es sich gut gehen lassen; *bodligatschka* = (lange) Unterhose; *kamaradzit* = Freundschaft schließen, flirten; *patschkares* = Schuhe, Patschen.

Jüdische Spuren in Hohenau

Hohenau hatte ab der zweiten Hälfte des 19. Jahrhunderts eine nicht unbedeutende Anzahl an jüdischen Mitbürgern, sodass 1899 nach den Plänen des bekannten Architekten Max Fleischer eine Synagoge gebaut wurde. Der NS-Terror löschte das jüdische Leben in Hohenau fast gänzlich aus und zerstörte 1939 den Tempel in der Dammgasse. Zwei Steintafeln mit den Zehn Geboten überstanden die Zeit und sind heute als Mahnung am einstigen Standort der Synagoge zu sehen. Westlich der Bahnline befindet sich der 1879 angelegte Friedhof (am Ende der Wachtelgasse). Davor wurden deren Verstorbene in St. Johann jenseits der March (heute Moravský Svätý Ján) begraben.

Zum Dreiländereck

EV 13
Distanz: 650 m

Als Abschluss unserer Entdeckungsreise fahren wir direkt ins Dreiländereck, das am Beginn der Marchstraße symbolisch markiert ist. Dazu folgen wir vom Park im Zentrum des Ortes der EV 13 durch die Kirchengasse geradeaus in die Forsthausstraße. Wir sehen in der Linkskurve bereits das Denkmal „landmark“ mit der Aufschrift „Hohenau“ und daneben den Aussichtsturm vogel.schau.plätze.

„Künstliches“
Naturparadies

Biologische Station Hohenau – Ringelsdorf
Verein Auring in der Forsthausgasse, www.auring.at, Juli bis Okt., Mo 7–10, Fr, Sa, So 7–19 Uhr

vogel.schau.plätze – Internationaler Treffpunkt für Vögel und Naturfreunde

Im Vorland der Marchauen ist ein außergewöhnliches Naturparadies in mehreren künstlichen Wasserbecken der ehemaligen Zuckerfabrik zu bewundern. Früher bot der Kühlteich der Zuckerfabrik auch im Winter eisfreies Wasser und wurde daher von Vögeln gerne genutzt. Dieses „Service“ gibt es zwar nicht mehr, aber in dem vom Verein Auring erhaltenen geschützten Lebensraum fühlen sich mindestens 230 verschiedene Vogelarten wohl, sowie zahlreiche andere Tiere und Pflanzen, die ausreichend Wasser benötigen. So hat sich seit Ende der 1980er-Jahre ein international bedeutendes Rast- und Brutgebiet für zahlreiche Vogelarten entwickelt. 1994 begann mit der Gründung einer Beringungsstation die wissenschaftliche Beobachtung des March-Thaya-Gebietes. Mindestens 70.000 Vögel (Stand: 2017) erhielten hier bisher einen Ring, und manche von ihnen wurden sogar in Kenia wiedergesehen. Der seit 1996 bestehende Verein Auring betreut mit ehrenamtlichen Mitarbeitern das 55 Hektar große Areal, arbeitet grenzüberschreitend und bietet naturkundliche Ausflüge an. Die Beringungsstation kann zu den angegebenen Zeiten ohne Voranmeldung besucht werden.

Denkmal „landmark“

Grenzstein, Orientierungshilfe, Sehenswürdigkeit – all diese Bedeutungen trägt das englische Wort *landmark*. Die Kunstinstallation mit diesem Namen im Dreiländereck Tschechien, Slowakei und Österreich erinnert an die EU-Osterweiterung vom 1. Mai 2004. Im Auftrag der NÖ Landesregierung und der EU gestaltete das Architektenteam Kirpicsenko & Klose das am 14. Oktober 2005 enthüllte Denkmal. Der Metallring auf drei Stützen symbolisiert „Dreieinigkeit“ und die Verbindung der Nachbarländer. Gleichzeitig deutet der Erdwall eine gewisse spürbare Distanz an. Die drei Durchbrüche geben „Ausblicke“

Denkmal zur Osterweiterung der EU

1. MAI 2004: 1. OSTERWEITERUNG DER EU

Knapp 15 Jahre nach der „Wende" kamen acht Staaten des ehemaligen „Ostblocks" zur EU: Estland, Litauen, Lettland, Polen sowie die Nachbarstaaten Österreichs Tschechien, Slowakei, Ungarn und Slowenien, darüber hinaus die zwei Mittelmeerstaaten Malta und Zypern. Es war dies der bisher größte Erweiterungsschritt der EU. Die Zustimmung bei den Volksabstimmungen in den Nachbarstaaten Österreichs fiel zwar hoch aus, doch die Wahlbeteiligung betrug nur zwischen 45 und 60 Prozent. Die Hoffnungen waren gedämpft, weil für sie die Arbeitnehmerfreizügigkeit noch einige Jahre eingeschränkt war.

Die Osterweiterung der EU wurde in der Nacht vom 30. April auf den 1. Mai 2004 an den wichtigen Grenzübergängen der beteiligten Länder festlich begangen. In Hohenau fand am 1. Mai der offizielle Festakt Niederösterreichs statt, anwesend waren: die Außenministerin Österreichs Benita Ferrero-Waldner, Landeshauptmann Erwin Pröll, der ehemalige Botschafter Tschechiens in Österreich Jirí Gruša und die ehemalige Botschafterin der Slowakei in Österreich Magdalena Vášáryová sowie viele andere prominente Gäste. Das „Tridentity-Fest" und der Dreiländermarkt in Hohenau standen ganz im Zeichen der Begegnung mit Musik, Tanz, Kulinarik, Kunst und Handwerk aus den drei Regionen.

Brücke in die Slowakei

frei und weisen die Richtung nach Prag, Bratislava und Wien. Auf der Innenseite des Metallringes sind Zitate von Persönlichkeiten dieser Staaten zu lesen: Der tschechische Schriftsteller Jirí Gruša (1938–2011) thematisiert, wie wichtig der Umgang mit der Vergangenheit ist. Die österreichische Schriftstellerin und Regisseurin Marlene Streeruwitz (*1950) wendet sich gegen Fremdenhass und tritt für die Überwindung von Berührungsängsten ein. Die slowakische Schauspielerin, Diplomatin und Politikerin Magdalena Vášáryová (*1948) hofft auf ein gemeinsames Europa.

Ende der Tour und Ausblick

Im Dreiländereck Tschechien, Slowakei und Österreich endet unsere Reise, die im Böhmerwald begonnen hat. Die Erforschung der österreichisch-slowakischen Grenzregionen könnte schon bald das nächste Abenteuer sein. Und vielleicht tragen unsere Radreisen ein wenig dazu bei, dass Magdalena Vášáryovás Wunsch wahr wird: „Was wäre schöner als ein Europa, das wieder ein Europa wird. Was wäre besser als gute und nahe Nachbarn, die zu guten und nahen Freunden werden.“

Literatur und Internetquellen (Auswahl)

Amt der Oberösterreichischen Landesregierung, Direktion Kultur u. a. (Hg.): Alte Spuren – neue Wege. OÖ. Landesausstellung 2013. Band 1. Beiträge. Linz 2013.

Heinz Arnberger/Claudia Kuretsidis-Haider (Hg.): Gedenken und Mahnen in Niederösterreich. Erinnerungszeichen zu Widerstand, Verfolgung, Exil und Befreiung. Wien 2011, 2. Aufl.

Gerhard Artl (Hg.): Über den Saurüssel zur Großen Mühl. 120 Jahre Mühlkreisbahn. Wien 2008.

Gerhard Artl u. a. (Hg.): Zwischen Wald- und Weinviertel. 100 Jahre Lokalbahn Retz–Drosendorf. Wien 2010.

Beppo Beyerl: Achtung Staatsgrenze. Auf den Spuren des Eisernen Vorhanges. Wien 2009.

Ernst Bezemek/Willibald Rosner (Hg.): Niederösterreich 1945 – Südmähren 1945. Die Vorträge des vierzehnten Symposions des Niederösterreichischen Instituts für Landeskunde. Verbindendes und Trennendes an der Grenze V. Hollabrunn, 4. – 7. Juli 1994. Wien 1996 (= Studien und Forschungen aus dem Niederösterreichischen Institut für Landeskunde; 21).

Gerhard Botz: Gewalt in der Politik. Attentate, Zusammenstöße, Putschversuche, Unruhen in Österreich 1918 bis 1938. München 1983, 2. Aufl.

Kateřina Čapková/Michal Frankl: Unsichere Zuflucht. Die Tschechoslowakei und ihre Flüchtlinge aus NS-Deutschland und Österreich 1933–1938. Wien u. a. 2012 (= Reihe Jüdische Moderne; 13).

Manfred Dacho: Die Stadt Gmünd in der Zweiten Republik. Weitra 2008, 2., erw. Aufl.

Alfred Damm (Hg.): Hranice – historie – lidé. Grenze – Geschiche – Menschen. St. Pölten 2014 (= Connect; 1).

Wilfried Enzendorfer (Hg.): Hardegg und seine Geschichte. Mit einer Beschreibung des Maximilian-von-Mexiko-Museums. Wien 1983.

Rupert Essl: Oberplan. Der Geburtsort Adalbert Stifters. Pfarre und Gemeinde Oberplan mit den eingepfarrten Orten. Neukeferloh bei München 1993.

Peter Geiger u. a: Liechtensteinisch-tschechische Beziehungen in Geschichte und Gegenwart. Synthesebericht der Liechtensteinisch-Tschechischen Historikerkommission. Vaduz 2014 (= Veröffentlichungen der Liechtensteinisch-Tschechischen Historikerkommission, 8).

Rosi Grieder-Bednarik: Leben im Dorf – Dorf(an)sichten. Ein Spaziergang aus der Vergangenheit über die Gegenwart in die Zukunft von Dorf-Gemeinden an der österreichisch-tschechischen Grenze. [Retz] 2007.

Johann Großruck: Das Stift Schlägl und seine Pfarren im Dritten Reich. Die Situation des Prämonstratenserstiftes Schlägl und seiner im Oberen Mühlviertel und in Südböhmen gelegenen Pfarren im Vorfeld, während und unmittelbar nach der Zeit des Nationalsozialismus (1939–1945) unter besonderer Berücksichtigung der Konsequenzen für das klösterliche, seelsorgliche und wirtschaftliche Leben sowie der persönlichen Lebensschicksale unmittelbar betroffener Menschen. Linz 1999.

Heimatbuch Nikolsburg. Geschichte und Schicksal einer deutschen Stadt von den Anfängen bis zum Jahre 1946. Wien 1987.

Harald Hitz (Hg.): Johann Georg Grasel. Räuber ohne Grenzen. Waidhofen an der Thaya 1999, 3., veränd. Aufl. (= Schriftenreihe des Waldviertler Heimatbundes; 34).

Vladimir Hokr: Die Häuser von Gratzen erzählen. České Budějovice 2009.

Walter M. Iber: Die sowjetische Mineralölverwaltung in Österreich. Zur

Vorgeschichte der OMV 1945–1955. Innsbruck u. a. 2011 (Veröffentlichungen des Ludwig-Boltzmann-Instituts für Kriegsfolgen-Forschung, Graz – Wien – Klagenfurt; 15).
Rudolf Kalčík: Der König des Böhmerwaldes. Berlin (DDR) 1962.
Stefan Karner u. a. (Hg.): Prager Frühling. Das internationale Krisenjahr 1968; 1. Bd. Günther Bischof u. a (Hg.): Beiträge. Köln u. a. 2008 (= Veröffentlichungen des Ludwig-Boltzmann-Instituts für Kriegsfolgen-Forschung. Sonderband; 9.1.).
Stefan Karner/Michal Stehlik (Hg.): Österreich. Tschechien. Geteilt – getrennt – vereint. Beitragsband und Katalog der Niederösterreichischen Landesausstellung 2009. [Loosdorf] 2009.
Stefan Karner: Halt! Tragödien am Eisernen Vorhang. Die Verschlussakten. Salzburg 2013.
Linda Maria Koldau: Vltava – Moldau. Zur deutsch-tschechischen Rezeption von Smetanas Má Vlast im ausgehenden 19. und 20. Jahrhundert. In: Steffen Höhne/Udolph Ludger: Deutsche – Tschechen – Böhmen. Kulturelle Integration und Desintegration im 20. Jahrhundert. Köln u. a. 2010, 173–192.
Andrea Komlosy u. a. (Hg.): Kulturen an der Grenze. Waldviertel, Weinviertel, Südböhmen, Südmähren. Wien 1995.
Andrea Komlosy: Industrie-Kultur. Mühlviertel – Waldviertel – Südböhmen. Reisen im Grenzland. Wien 1995.
Ulla Kremsmayer u. a: Hohenau. Ein Heimatbuch. Hohenau an der March 2001.
Miroslav Kunštát u. a. (Hg.): Krise, Krieg und Neuanfang. Österreich und die Tschechoslowakei in den Jahren 1933–1948. Berlin 2017 (= Schriftenreihe der Ständigen Konferenz österreichischer und tschechischer Historiker zum gemeinsamen kulturellen Erbe; 2).
Fritz Lange: Von Böhmen nach Wien. Der Schwarzenbergische Schwemmkanal. Erfurt 2004 (= Die Reihe Archivbilder).
Liechtensteinisch-Tschechische Historikerkommission (Hg.): Das Fürstenhaus, der Staat Liechtenstein und die Tschechoslowakei im 20. Jahrhundert, Vaduz 2013 (= Veröffentlichung der Liechtensteinisch-Tschechischen Historikerkommission; 4).
Daniel Lohninger (Hg.): Gmünd: Chronik einer Stadt. Weitra [2008].
Peter Mähner: Niederösterreich und seine Grenzen. In: Stefan Eminger/Ernst Langthaler (Hg.), Niederösterreich im 20. Jahrhundert, Bd. 1, Politik. Wien u. a. 2008.
Tomáš Garrigue Masaryk: Die Weltrevolution: Erinnerungen und Betrachtungen 1914–1918. Berlin 1925.
Reinhard Mundschütz: Internierung im Waldviertel. Die Internierungslager und -stationen der BH Waidhofen an der Thaya 1914–1918. Unveröff. Diss. Wien 2002.
Nationales Museum für Fotografie/Waldviertel Akademie/Südböhmisches Museum (Hg.): „So nah, so fern. Menschen im Waldviertel und Südböhmen 1945–1989". Weitra 2012.
Luděk Navara: Vorfälle am Eisernen Vorhang. Straubing 2006.
Občanské sdružení PAMĚŤ: Cesty ke svobodě http://cestykesvobode.sdruzenipamet.cz/index.php/cs/pribehy/ (zuletzt abgerufen am 16.3.2018).
Jiří Oesterreicher/Irena Kotrbová/Harald Winkler: Ge(h)schichte(n) zweier Städte Gmünd und České Velenice. České Velenice 2005.
Robert Ospald: 380 000 Volt Hoffnung auf Freiheit oder Ich kaufe dir ein Pferd. [Wien] 2012.

Franz Petschl: Glöckelberg. Geschichte einer Böhmerwaldgemeinde, Erdmannhausen 1992.
Isfried H. Pichler (Hg.): Aigen-Schlägl. Porträt einer Kulturlandschaft. Nach Vorarbeiten von Klemens Bredl. Linz 1979.
Horst Pleiner/Hubert Speckner (Hg.): Zur Verstärkung der nördlichen Garnisonen ...: Der „Einsatz" des Österreichischen Bundesheeres während der Tschechienkrise im Jahr 1968, Wien 2008 (= Schriften zur Geschichte des Österreichischen Bundesheeres; 15).
Walter Reichel: Deutsch-Südmähren und das Selbstbestimmungsrecht: Voraussetzungen und Verlauf der politischen und militärischen Auseinandersetzung um die staatliche Zugehörigkeit in den Jahren 1918 und 1919. Unveröff. Dipl.-Arb. Wien 1998.
Karl Renner: An der Wende zweiter Zeiten. Lebenserinnerungen. Wien 1946.
Gerhard Ruthammer: Öldorado Weinviertel. Zur Geschichte des Erdöls im Weinviertel. Schleinbach 2013.
Schauplatz Eiserner Vorhang: Europa: gewaltsam geteilt und wieder vereint. Beitragsband und Katalog, hg. vom Verein zur Dokumentation der Zeitgeschichte (Redaktion: Armin Laussegger/Philipp Lesiak), Weitra 2012.
Heinz Spindler: Friedensbrücken. Friedens- und Gedenkfahrt – 70 Jahre Frieden in Österreich. (o.O.) 2015.
Gerhard A. Stadler: Das industrielle Erbe Niederösterreichs. Geschichte – Technik – Architektur. Wien, Köln, Weimar 2006.
Karl R. Stadler: Opfer verlorener Zeiten. Geschichte der Schutzbund-Emigration 1934. Wien 1974.
Arnold Suppan: Missgünstige Nachbarn: Geschichte und Perspektiven der nachbarschaftlichen Beziehungen zwischen Tschechien und Österreich. Wien 2005 (Schriftenreihe/Club Niederösterreich; 2005,8/9).
Der südböhmische Heimatkreis Kaplitz, Hohenfurth, Gratzen, Bd. 1 Deutsche Kulturlandschaft an Moldau und Maltsch, hg. vom Heimatkundlichen Verein für Südböhmen. München 1986.
Katharina Szepannek: Leben an der Grenze. Das Waldviertler Grenzland im Zeitraum von 1948–1989 im Spiegel der Niederösterreichischen Nachrichten. Unveröff. Dipl.-Arb. Wien 2000.
Tragédie letounu B-17G. Nouzové přistání amerického letounu B-17G Flying Fortress u obce Dolní Dvořiště dne 9.12.1944 (veröffentlicht am 20.4.2015). http://www.ikaplice.cz/clanky/tragedie-letounu-b-17g_14.html (zuletzt abgerufen am 16.3.2018).
Ústav pro studium totalitních režimů (Hg.): Královė Šumavy / Die Könige des Böhmerwaldes. Katalog výstvy / Ausstellungskatalog. Praha 2012.
Verein Wider das Vergessen: „Wider das Vergessen". In: DAVID – jüdische Kulturzeitschrift, Ausgabe 98, 09/2013. http://davidkultur.at/artikel/8222wider-das-vergessen8220 (zuletzt abgerufen am 16.3.2018).
Anton Vrbka: Gedenkbuch der Stadt Znaim 1226–1926. Nikolsburg 1927.
Mella Waldstein/Willi Erasmus: Drosendorf. Großer Sommer an der Thaya. Erinnerungen an die Sommerfrische. Weitra [1998].
Mella Waldstein/Willi Erasmus: Kino Drosendorf. Geschichten eines Landkinos 1920–2002. Weitra 2002.
Fritz Winkler: Grenzland. Chronik einer bewegten Zeit. Mühlviertel – Bayern – Böhmerwald. Rohrbach 2004.
David Jan Žák, Král Šumavy. Hrdina, nebo dobrodruh? Kniha na to odpovídá. Veröffentlicht am 18.10.2012. In: Deník.cz. https://www.denik.cz/ostatni_kultura/kral-sumavy-hrdina-nebo-dobrodruh-20121016-xc56.html (zuletzt abgerufen am 16.3.2018).

Kleiner Sprachreiseführer

Aussprache: Betonung immer auf der ersten Silbe, auch bei l und r (Halbvolkale)

z	stimmhaftes s
ž	stimmhaftes sch
ř	r + stimmhaftes sch
y	kurzes i
c	z
č	tsch
š	sch
v	w
á, é, í, ý, ú, ů	lang ausgesprochene Vokale
ě	je
ď, ť, ň,	dj, tj, nj
r	Zungenspitzen-r

Basics

Hallo!	*Ahoj!*
Guten Tag!	*Dobrý den!*
Guten Abend!	*Dobrý večer!*
Guten Morgen!	*Dobré ráno!*
Gute Nacht!	*Dobrou noc!*
ja	*ano*
nein	*ne*
Entschuldigung!	*Promiňte!*
Ich verstehe.	*Rozumím.*
Ich verstehe nicht.	*Nerozumím.*
Wie heißen Sie?	*Jak se jmenujete?*
Ich heiße ...	*Jmenuju se ...*
Ich bin ...	*Jsem ...*
aus Österreich	*z Rakouska*
aus Deutschland	*z Nemecka*
aus der Schweiz	*ze Švýcarska*
Tschüss!	*Ahoj!*
Auf Wiedersehen!	*Na shledanou!*
Bis morgen!	*Do zítřka!*
Bis bald!	*Zatím!*
Danke!	*Děkuji!*
Vielen Dank!	*Moc děkuji!*
Bitte!	*Prosím!*
Ich spreche kein Tschechisch.	*Nemluvím česky.*
Sprechen Sie ...?	*Mluvíte ...?*
... Englisch?	*... anglicky?*
... Deutsch?	*... německy?*
Haben Sie ...?	*Máte ...?*
Ich hätte gerne ...	*Chtěl/a*bych ...*
Wie geht es dir?	*Jak se máš?*
Wie geht es Ihnen?	*Jak se máte?*
(sehr) gut / schlecht	*(velmi) dobře / špatně*

**chtěl* – männliche Form, *chtěla* – weibliche Form

Fragewörter

wer	*kdo*
was	*co*
wo	*kde*
wie	*jak*
wann	*kdy*
wie viel	*kolik*
warum	*proč*
Wer ist das?	*Kdo to je?*
Was ist das?	*Co to je?*
Wo sind die Toiletten?	*Kde jsou záchody?*
Wie heißt diese/die nächste Haltestelle?	*Jak se jmenuje tato/příští zastávka?*
Wann fährt der Zug nach Wien?	*Kdy jede vlak do Vídně?*
Wie viel kostet das?	*Kolik to stojí?*

Museum / Öffnungszeiten / Eintritt

Tage	*dny*
Montag	*pondělí (po)*
Dienstag	*úterý (út)*
Mittwoch	*středa (st)*
Donnerstag	*čtvrtek (čt)*
Freitag	*pátek (pá)*
Samstag	*sobota (so)*
Sonntag	*neděle (ne)*
Werktag	*pracovní den*
Feiertag	*svátek*
täglich	*denně*
Besuchszeiten	*návštěvní doba*

Öffnungszeiten	*otevírací doba*
geöffnet	*otevřeno*
geschlossen	*zavřeno*
letzter Einlass	*poslední vstup*
Eintritt frei.	*Vstup zdarma.*
Monate	*měsíce*
Jänner	*leden*
Februar	*únor*
März	*březen*
April	*duben*
Mai	*květen*
Juni	*červen*
Juli	*červenec*
August	*srpen*
September	*září*
Oktober	*říjen*
November	*listopad*
Dezember	*prosinec*
Eintrittspreis	*vstupné*
Erwachsene	*dospělí*
Kinder	*děti*
Besichtigungsrundgang	*prohlídkový okruh*

Unterwegs

Fahrrad	*kolo*
Radweg	*cyklostezka, stezka pro cyklisty*
Radfahrer	*cyklist*
Durchfahrt verboten!	*Průjezd zakázán!*
außer Radfahrer	*mimo cyklistů*
Straße, Gasse	*třída, ulice, silnice*
Weg	*cesta, stezka*
Platz	*náměstí*
Radbus	*cyklobus*
Zug	*vlak*
Bahnhof	*nádraží*
Eine Fahrkarte nach ..., bitte	*Jízdenku do ..., prosím.*
Wo kann ich eine Fahrkarte kaufen?	*Kde si můžu koupit jízdenku?*
Wo ist ...?	*Kde je ... ?*
Wie komme ich nach ...?	*Jak se dostanu do ...?*
rechts, nach rechts	*vpravo, napravo*
links, nach links	*vlevo, nalevo*
geradeaus	*přímo*
Ist das weit?	*Je to daleko?*
Radservicestelle	*cykloservis*
Achtung!	*Pozor!*
Achtung Grenze!	*Pozor! Hranice*
Hilfe!	*Pomoc!*
Können Sie mir helfen?	*Můžete mi pomoci?*
Rufen Sie bitte die Rettung!	*Závolejte, prosím sanitku!*
Ich habe Schmerzen.	*Mám bolesti.*

Quartier

Unterkunft	*ubytování*
Hotel, Pension	*hotel, penzion*
Appartment	*apartmán*
Preis	*ceník*
Person/Nacht	*osoba/noc*
Abstellraum für Räder	*úschovna kol*
Haben Sie ein Zimmer frei?	*Máte nějaký volný pokoj?*
Wie viel kostet eine Nacht?	*Kolik zde stojí jedna noc?*
Zimmer	*pokoj*
freie Zimmer	*volné pokoje*
Einbettzimmer	*jednolůžkový pokoj*
Zweibettzimmer	*dvoulůžkový pokoj*

Essen / Einkaufen / Lokal

Frühstück	*snídaně*
Mittagessen	*oběd*
Abendessen	*večeře*
Prost!	*Na zdraví!*
Guten Appetit!	*Dobrou chuť!*
Gasthaus	*hostinec*
Restaurant	*restaurace*
Kneipe	*hospoda*
Ist dieser Platz frei?	*Je toto místo volné?*
Zahlen, bitte!	*Zaplatit, prosím!*

Essen	*jídlo*	Kaffee	*kavá*
Getränk	*nápoj*	Tee	*čaj*
Wasser	*voda*	Fruchtsaft	*džus*
Wein	*víno*	Tagesangebot	*nabídka dne*
Bier	*pivo*	Speisekarte	*jídelní lístek*

Zahlen

0	*nula*	13	*třináct*	80	*osmdesát*
1	*jeden*	14	*čtýřnáct*	90	*devadesát*
2	*dva*	15	*patnáct*	200	*dvě stě*
3	*tři*	16	*šestnáct*	300	*tři sta*
4	*čtyři*	17	*sedmnáct*	400	*čtyři sta*
5	*pět*	18	*osmnáct*	500	*pět set*
6	*šest*	19	*devátenáct*	600	*šest set*
7	*sedm*	20	*dvacet*	700	*sedm set*
8	*osm*	30	*třicet*	800	*osm set*
9	*devět*	40	*čtyřicet*	900	*devět set*
10	*deset*	50	*padesát*	100	*sto*
11	*jedenáct*	60	*šedesát*	1000	*tisíc*
12	*dvanáct*	70	*sedmdesát*	2000	*dva tisíce*

Bildnachweis

Die Copyrights an den Fotos liegt bei Julia Köstenberger.
Außer bei folgenden Fotos:
Seite 35: Mag. Stephan Weber/Stift Schlägl
Seite 45: ÖNB Wien/VGA
Seite 49: Regionální muzeum v Českém Krumlově/Sammlung Regionalmuseum Český Krumlov
Seite 54: Archiv bezpečnostních složek Praha (Archiv d. Sicherheitskräfte Prag) Fond H (Historický fond StB/Fonds H – Histor. Fonds d. Staatssicherheit)
Seite 55: Archiv bezpečnostních složek Praha (Archiv der Sicherheitskräfte Prag)/Sbírka Správa vyšetřování StB – vyšetřovací spisy (Sammlung der Untersuchungsverwaltung der Staatssicherheit – Untersuchungsakten)
Seite 85: ÖNB Wien
Seite 96: Franz Kapl
Seite 103: Schlossmuseum Freistadt/Josef Friesenecker
Seite 143: Stadtarchiv Gmünd
Seite 147: Stadtgemeinde Gmünd
Seite 158 unten: Archiv bezpečnostních složek Praha (Archiv der Sicherheitskräfte Prag)/Fond H (Historický fond StB/Fonds H – Histor. Fonds der Staatssicherheit)
Seite 176: IMAGNO/Votava/picturedesk.com
Seite 187: Wienbibliothek im Rathaus, Druckschriftensammlung, E-348857
Seite 205: Wienbibliothek im Rathaus, Dokumentation, TF-005742
Seite 213: Reinhard Mundschütz
Seite 224: Stadtmuseum Waidhofen an der Thaya
Seite 229: Archiv bezpečnostních složek Praha (Archiv der Sicherheitskräfte Prag)/Sbírka Správa vyšetřování StB – vyšetřovací spisy (Sammlung der Untersuchungsverwaltung der Staatssicherheit – Untersuchungsakten)
Seite 242: Archiv der Stadtgemeinde Hardegg/Repro: Herbert Bednarik
Seite 257: Stadtarchiv Retz
Seite 283: ÖNB Wien/Robert Jäger/Apa-Archiv/picturedesk.com
Seite 285: Dokumentationsarchiv des österreichischen Widerstandes
Seite 287: Stadtgemeinde Laa an der Thaya/Bergermayer
Seite 309: Dr. Karl Renner-Museum, Gloggnitz
Seite 337: Museum Hohenau an der March

Register

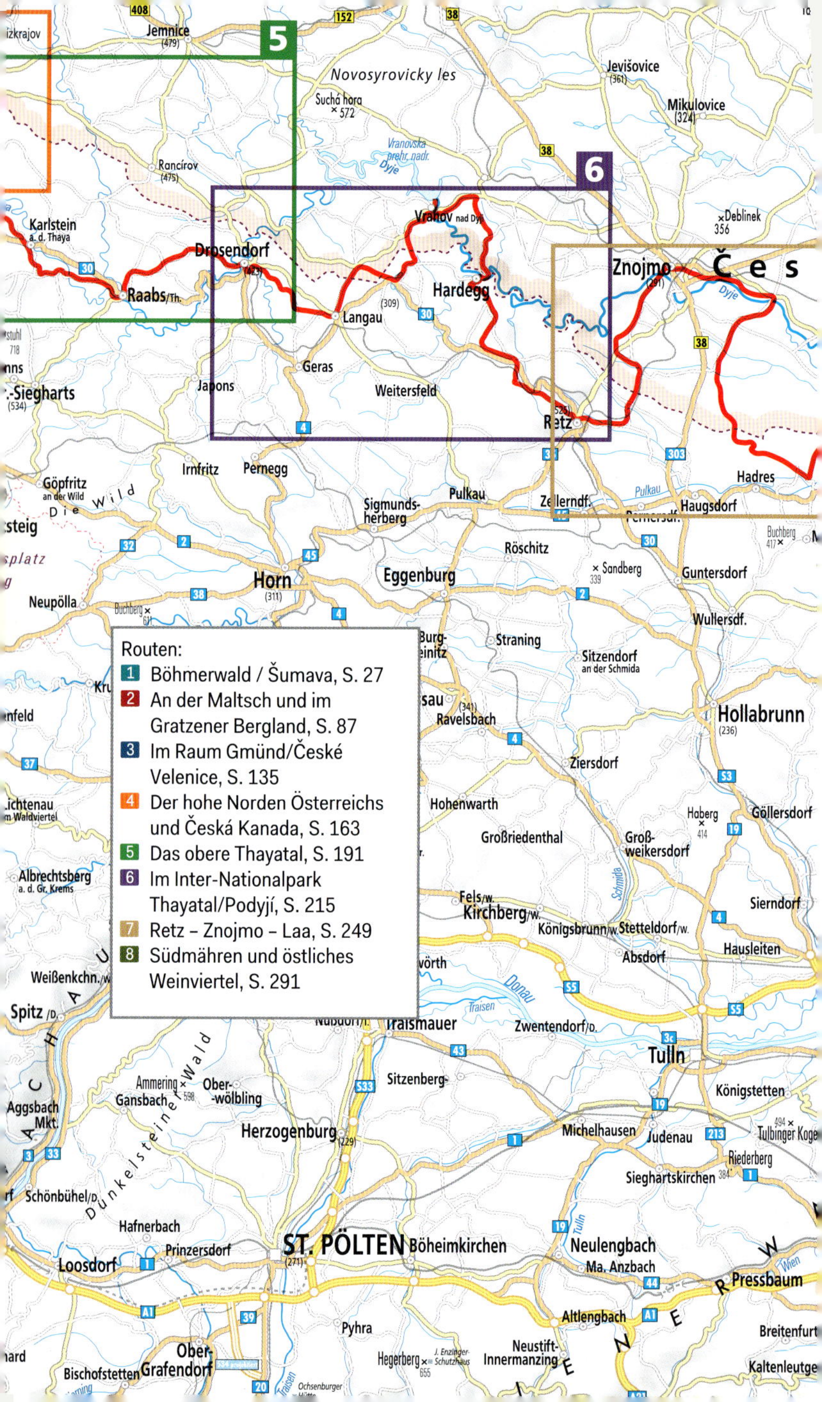

Routen:
1 Böhmerwald / Šumava, S. 27
2 An der Maltsch und im Gratzener Bergland, S. 87
3 Im Raum Gmünd/České Velenice, S. 135
4 Der hohe Norden Österreichs und Česká Kanada, S. 163
5 Das obere Thayatal, S. 191
6 Im Inter-Nationalpark Thayatal/Podyjí, S. 215
7 Retz – Znojmo – Laa, S. 249
8 Südmähren und östliches Weinviertel, S. 291
5
6
Jemnice (479)
Novosyrovicky les
Suchá hora 572
Jevišovice (361)
Mikulovice (324)
Vranovská prehr. nadr.
Dyje
Rancírov (475)
Karlstein a. d. Thaya
Drosendorf (423)
Raabs/Th.
Vranov nad Dyjí
Hardegg
Langau
(309)
Deblinek 356
Znojmo (291)
Geras
Japons
Weitersfeld
Retz (525)
Hadres
Haugsdorf
Pulkau
Irnfritz
Pernegg
Göpfritz an der Wild
Sigmunds-herberg
Zellerndf.
Röschitz
Sandberg 339
Guntersdorf
Horn (311)
Eggenburg
Neupölla
Buchberg 611
Wullersdf.
Straning
Sitzendorf an der Schmida
Ravelsbach (341)
Hollabrunn (236)
Ziersdorf
Hohenwarth
Haberg 414
Göllersdorf
Großriedenthal
Groß-weikersdorf
Albrechtsberg a. d. Gr. Krems
Fels/W.
Kirchberg/W.
Königsbrunn/W.
Stetteldorf/W.
Sierndorf
Absdorf
Hausleiten
Weißenkchn./W.
Spitz/D.
Donau
Traisen
Traismauer
Zwentendorf/D.
Tulln
Aggsbach Mkt.
Ammering 598
Gansbach
Ober-wölbling
Dunkelsteiner Wald
Sitzenberg
Königstetten
Herzogenburg (229)
Michelhausen
Judenau
Tulbinger Kogel 494
Riederberg
Sieghartskirchen 384
Schönbühel/D.
Hafnerbach
Prinzersdorf
Loosdorf
ST. PÖLTEN (271)
Böheimkirchen
Neulengbach
Ma. Anzbach
Pressbaum
Altlengbach
Pyhra
Breitenfurt
Ober-Grafendorf
Bischofstetten
Hegerberg 655
J. Enzinger-Schutzhaus
Neustift-Innermanzing
Kaltenleutgeben
Ochsenburger Hütte
Wien
Pulkau
Schmida
Tulln